叢書・ウニベルシタス　1106

告発と誘惑

ジャン＝ジャック・ルソー論

ジャン・スタロバンスキー
浜名優美／井上櫻子 訳

法政大学出版局

目次

第二部 喪失、方策

第三部 人間は自由な者として生まれた

謝辞

本書収録のテクストはすでにさまざまなところで発表したものである。今回の出版にあたって、すべて見直しをし、時には大幅に修正を加えた。この時期の仕事においてサビナ・アンジェルの協力は大変貴重であった。ここに名前を記して深甚なる感謝の気持ちを表したい。

凡例

一、ルソーの引用文は、原則として白水社版『ルソー全集』の翻訳を借用したが、文脈の都合で一部改訳したところもある。また作品によっては岩波文庫、光文社古典新訳文庫の対応ページを記した。

一、原文イタリックの語には傍点を付した。原著者があえてラテン語やその他の言語のまま引用した原文は原則としてそのまま残して日本語訳を添えた。

一、原注は(1)、(2)……を用い、巻末にまとめた。

一、訳注のうち主に文献出典に関するものは＊1、＊2……を用い、巻末にまとめた。それ以外の補足は最小限にとどめ、本文中に〔 〕で補った。

著者名について

訳者（浜名）は不幸にして著者との面識がない。著者に会ったことがあるフランス人の同僚がポーランド語風に「スタロビンスキー」と発音していたので、そのように表記する予定だったが、「フランス・キュルチュール」などラジオにおけるインタビュー番組ではインタビュアーがフランス語風に「スタロバンスキー」と呼びかけている場合と、「スタロビンスキー」と呼びかけている場合の二通りがあり、本人はどちらでもよいと言っているとのことなので、最終的にフランス語圏の表記を採用することにした。

徳の憤慨

ルソーはこう明かしている。自分の真の使命がはっきりする決定的なきっかけとなったのは「徳の憤慨」であると。怒りが彼にとって「詩神アポロンの代わりを務めてきた(1)」のだ。叙情詩人たちが体験しているような、「神からの」霊感の代わりに、そこにやって来て霊感の欠陥の埋め合わせをしたのは、ある心の動きであった。進行していく世界のスキャンダルに直面して、激しい非難を行なう心の動きだ。告発する勇気は、一七四九年夏の終わりに、〔投獄されたディドロに会いに行く〕ヴァンセンヌへの道で天啓を受けたときに彼に取り憑いたものだが、それはその同じ年の初め、ルソーが『百科全書』のために音楽に関する項目を書こうとしていたときに〔ラモーへの〕復讐心が高まったことにすでに予示されている。一七四四年にラモーから侮辱されたルソーは、ついに反撃する機会を見つけた。ヴァランス夫人に手紙を書いていたときにルソーの頭に浮かんだ言葉を思い出してみよう。

わたしに害を及ぼした連中の尻とタイツをつかんで締め上げてやります。怒りがわたしに力を、才気と知識すら与えてくれます。怒りはそれだけで十分で、詩神アポロンに匹敵します。[2]

ルソーは、自分のなかに恨みに培われたさまざまな力が生じるのを感じた。ボワローの詩句の引用[3]――Natura si negat facit indignatio versum[4]（詩句をわれわれに口にさせるのは憤慨なのだ）というユウェナリスの詩句を真似たものだ――は、不正と悪徳に向けられた、否定的で何にでも反対する性質を備えた人の感情のエネルギー概念を定義するかのような古典的表現で書き留めたものだ。これは諷刺表現そのものである。そのようなエネルギーは、ルソーの言葉にかかるともっと自発的な詩的激情の代わりを務める。つまりその場しのぎの手段なのだ。同時に、そのエネルギーは、思いがけず不意に生じる手段であり、後に急激な活発化の力で「熱狂（詩的霊感）」や「陶酔」や「真の天上の炎[5]」を誘導することができる。怒りは、初めはそれらの「代わりになるもの[6]」（＝代補）でしかなかったようだ。

二点確認しておこう。初めに、ルソーの最初の霊感は何かに反対する性質のものであり、非難＝告発の思いによって力を得ているということ[7]。第二に、ルソーは、『告白』執筆の時期には、この霊感を代替の活力と解釈していたこと。文学創造の、より直接的で原初的な力ではないにしても、少なくとも心の欲求を完全に満たしてくれるものの代わりをする活力である。

特に、『告白』第九編の冒頭でルソーが展開している説明を再読してみよう。文学上の友情が、彼にとっては、自分に足りないと感じていた親密な幸福の代わりとなったと読者に断言している。文学の世界に入ったことは、それ自体が「代補」の働きをする知的な交流に密接に結びついている。虚しい心を埋めなければならなかったのだ。いやむしろ充足感を得られないので、なんとか対処しなければならなかったのだ。

あの打ち解けたつき合いの欲求を感じていたのに、それを完全な形で味わえなかったわたしは、それを補うものを求めた。それは空虚を埋めてはくれなかったが、空虚感を弱めてくれるものだった。徹底的にわたしに献身してくれる友人がいなかったので、その刺激でわたしの無気力を克服できるような友人たちを必要としていた。そんなわけでわたしは、［……］あの不幸な論文［『学問芸術論』］によって、自分では永久にその外に出たと思っていた文学のなかに、思いもかけずまた投げこまれたのである。(8)

ヴァンセンヌへの道すがら受けた天啓（ひらめき）は——のちに「突然の霊感」として（あるいはこの世のなかで「突然の霊感」に最もよく「似ている」ものとして(9)）描かれるのだが——「アポロン的」霊感のように肯定的な充足感を与えるものではない。たとえ「混沌」「混乱」そしてとりわけ「陶酔(10)」が詩的熱狂状態の伝統的な記述に属する特徴であるとしても、あまりにも多くの特徴のせいで、ルソーがのちに経験し、記述することになる情念の状態（「自然」や「偉大なる存在」への同意）とは非常に異なる「恍惚《エクスターズ》＝忘我」が問題になっていることを認めないわけにはいかない。天啓の唯一直接的な痕跡たる〔ルソーがその場で書き留めた〕ファブリキウスの活喩法は、死者たちのなかから戻ってきたローマの有徳な執政官が帝政期の腐敗した同胞たちに向けた非難＝告発の呼びかけである。そして『マルゼルブへの手紙』の二通目では、ルソーは自分が「目にしたこと、感じたこと」の「四分の一」でも書ければ証明できたであろうことを（暗示的看過法によって）喚起しているのだが、大部分は攻撃と告発に終わってしまう。「どんなにはっきりと社会体制のいっさいの矛盾を示してみせたことでしょう。どんなに力強く、現今の諸制度のあらゆる悪弊を解き明かしてみせたことでしょう。人間は生まれつき善良であること、ただそういう制度のためにのみ悪人になるのだということを、どれほど単純明快に証明してみせたことでしょう[11]」。本来の善良さという「積極的な」直観は、「矛盾」と「悪弊」を明るみに出した後で言及されている。ルソーが完全に書ききれなかったテクストについて描くイメージでは、憤慨の念に駆られた抗議、批判的な攻撃が最初の時間を構成している。そしてそれはおそらく天啓そのものの最初の時間でもあった。「生まれつきの善良さ」は、事後的に、制度に対して向けられる批判を正当化する対照的なモチーフとなっている。肯定的な要素は否定の議論をアポステリオリに可能にするのだ。シラーは、のちに、「感傷的な」詩人たるルソーが諷刺的な要素と哀歌の要素の結合に成功したやり方を全面的に認めることになる。

憤慨に動かされ、すべてを否定する勢いに導かれて文学の世界に入っていくルソーは、したがって今にも戦争に出かけるような物腰である。『学問芸術論』の成功に続く興奮状態[12]の数年間は、怒りと非妥協的な態度を見せた年月である。彼は社会のいかなる悪徳も容赦しない。もちろん、社会は、華々しく反論したいと思う数多くの弁護人を見つけることになる。ルソーは、自分の新しい原則に力を得て、やられたらやられただけやり返す。「やがて［……］現代の賢者たちの理論に誤謬と無分別しか見なくなり、現代の社会秩序のなかに抑圧と悲惨のみを見た。自分の愚かな自負心の幻想にとらわれたわたしは、自分がそういう幻惑を一掃するために存在するのだと思いこんだ[13]」。ルソーはアポステリオリに自己の憤慨状態を、非難し告発しようとする思いが制圧的に拡張していくようなものとして記述しているが、そのような思いは過激になり、激しくなっていく。たとえルソーが非難＝告発そのものを取り消さないとしても、彼は自分がその任を任されたと思っている解放者としての使命について皮肉を言う。そのような徳高き緊張と絶えざる挑発は「［彼の］生まれつきの性質とはおよそ正反対の状態[14]」であったとついには考えるようになる。しかしながら彼の激情、陶酔は何ひとつとして見せかけではなかった。「わたしはまったく演技などしていなかったのだ[15]」。

つまり読者に対して、ルソーは告発者の顔をして見せたのである。それは自分の方に成功と注意を引きつけるために初めて試みたことではなかった。しかし選んだ語りの調子、取り入れた態度は、きわめて効果的で、また非常に大きな反響があったので、告発者の身振りは出発点としての意義を持ったのである。それは文学者としての経歴の始まりである。それは「別の世界[16]」の法則に従って人生をやり直すことであり、また、間もなく死に絶えるであろう存在の結末に決着をつける「改革」――勇気をくじかせるよりも奮い立たせるような確信に基づいた改革――の契機でもある。拒絶する勇気は、人びとのあいだのあらゆる敬意を放棄することを許すような、致命的な悪の観念をよりどころにしている。「深い省察から得た、当世の風俗や主義や偏見に対する軽蔑のおかげで、そういうものを持っている連中の嘲笑を感じなくなった。そして彼らのつまらぬ洒落などは、まるで指で虫をひねりつぶすように、わたしの決定的な言葉でひねりつぶしてやった[17]」。この比喩は奇抜である。勝ち誇ったような優位を示す誇張表現（「指で」ひねりつぶす）を、小さく恥ずべき動物のメタファー（「つまらぬ洒落」は「虫」である）に結びつけているのだ。「決定的な言葉＝裁決」はエネルギーが最高度に高まった言葉遣いであり、知恵を有する個人だけが沈黙を破るときにそのエネルギーを発揮できるのだ。「ひねりつぶす écraser」という同じ動詞が、『言語起源論』では、瞑想にふける東洋人の話し言葉を特徴づけている。「あるフランク人がたくさんの言葉を言うために、身をねじまげて奮闘しているのに、相手のトルコ人は口からちょっとパイプを離して、低い声で二言三言いい、警句一つで相手を打ち負かしてしまう[18]」。ルソーは自分がローマ人になることを好んだ。そして孤独な散歩者のイメージを読者に植え付ける前に、彼自身の友人たちから「現代のカトーであり、ブルートゥスであり、文学の批判者」[19]とみなされることに完全に成功した。彼が体現することに成功したモデルとは、群衆にたてつく司法官のモデルであり、堕落した時代の悪徳に染まらない清廉潔白な英雄のモデルである。彼らの口から出る有徳な発言は、稀に見る力、決定的な力、忘れがたい力を持ち、その言葉の力は罪のあるおしゃべりを無に帰してしまう。ダランベールの場合も同じ判断である。「精神にはずみをつけたのは、あらゆることに勇敢に立ち向かう大胆さである[20]」。しかし、ダランベールは、ヴォルテールと同様に、ルソーの背後に、古代の別のモデルが浮かび上がるのを見ている。勝ち誇る悪徳に憤慨させられた孤独な反対者という、もっといかがわしい象徴、つまりキュニコス（犬儒学）派のディオゲネスの姿である。

非難＝告発開始の身振りは、思想の表明であり、判決＝判断であり、行為である。彼は作家とその同時代人のあいだに劇的な関係を確立し、同時代人たちの不幸と有罪の状態を自分のメッセージの受取人たちに通告する。読者は呼びかけられたと感じて、反応を示した。するとルソーは、（手紙、パンフレット、訪問、プライベートな非難や公の非難など）あらゆる可能なやり方で表されたそうした反応の影響を受けて、著作を書き続けた。こうして、この込み入った関係の性質を理解するためには、思想の衝突と、さまざまな場所、移動、和解や決裂から生ずるいわゆる舞台上の要素とを分けないことが重要である。そうした舞台上の要素については、ルソーは（うわべの運命による制約にもかかわらず）そこにつきまとう象徴的な含意に対する非常に鋭い感覚をもって選び取ったように思われる。

外部からやって来た一人の男によって、ある挑戦が始められる。そしてその男は自分が告発する悪には無縁であろうとする。この身振りに、ルソーの思想の始まりと、個人的な運命がかかわる使徒職の始まりが偶然にも一致する。つまり著作の続きとルソーの「奇妙な」運命は、ルソー思想の暗黙の論理、知的な帰結、存在にかかわる影響を服装の選択にまで発展させることになる〔帯剣をやめ、金時計を外し、絹のシャツを着るのをやめる〕。初期作品に続いたのは、まず初めに非難＝告発という行動において提起された主張の詳しい説明だけではない。それは特に、同時代の人びとが間違っていると発言することから始めた者だけに訪れる一連の「不幸」である。つまり感情的・精神的効果の連鎖が作家とその読者を同時に変容させることになるのだ。行為として文学作品に注意を向ける者のために、[21]ルソーは模範的な経験を提示する。彼が初めに正義の味方の反駁としてコミットした読者との関係から何を――彼のために、また他の人のために――生じさせることができたのか。

＊

憤慨は、ルソーにとって、首都パリでの経験と密接に結びついている。都会を去って田舎に行くと、彼は居心地の悪さ――これを彼は精神医学の伝統に基づいて「胆汁」のせいだとしている――が鎮まるのを感じる。

この変化は、わたしがパリを去るとすぐに始まった。そして、この大都会の悪徳を見て、それがわたしに与える憤慨を持ち続けるのをやめた。人びとにもう会わなくなったとき、わたしは彼らを軽蔑するのをやめた。邪悪な連中にもう会わなくなったとき、わたしは彼らを憎むのをやめた。［……］この状態はより穏やかではあるが、崇高さははるかに少なく、それはやがて、かつて長いあいだわたしを夢中にさせた激しい熱狂を和らげた。[22]

わたしがパリで出版した著作のなかに、人びとはこの大都会の気苦労に悩まされ、また大都会の悪徳が頻繁に見られることにとげとげしくなった男の胆汁気質＝苛立ちを感じています。レルミタージュ〔パリ近郊モンモランシーにデピネ夫人から与えられた邸宅〕に隠居してからわたしが手紙を書く人びとには、木立のなかにしか見つからない、心の優しさ、魂の穏やかさがあふれています。[23]

それでは、霊感が衰える恐れはないのか。怒りの源となった社交界から離れて、ルソーは自分の雄弁を生じさせていた毒針を奪われたと感じることはないのだろうか。もちろん、当初の激しさのようなものが和らぐのは避けがたいことだ。しかし社会を非難＝告発するという根本的な行為は、もはや途中で止まることができない知的プロセスを発動させたのだ。非難＝告発にはそれ固有の論理があり、その論理は告発者が非難する際のよりどころとなる規範と法を明文化できることを求めるものだ。彼がたった一人で万人に対して立ち上がったとしても、堕落した人びとと全体に対して自分が正しいのだと考えることは、権利や自然の普遍性を自分の味方につけることによってしかできない。したがって、彼のなすべき務めは自分が権利や自然の原則を知っていること、心のなかに自然を持っていること、さらには自然と一体化していることを証明することである。告発者の思考の論理は、悪の告発を認めるモデル（理想的なモデル、可能なモデル、あるいは現実のモデル）が遅かれ早かれ現れることを必要とする。しかも告発者の思考は二律背反的であり、そのモデルは都会の文明のなかで優位を占めている腐敗の対極にある。（首都の偽の輝きを告発した者にとって）都会の外で生きることは、非難＝告発をあきらめることではなく、むしろ都会ではないものに近づくことによって、二律背反をより十全な形で生きることである。つまり田舎や森の風景、「自然」の地平、そのような場所では永久に失われてしまったもの、すなわち自然状態を夢見ることが許される。のちに〔ロマン主義の時代に〕人びとが理想と名付けるものだ。ものの姿を醜くし、変性させる場である都会を去ること、それは人間本来の姿を、つまり歴史以前の自然＝本性を考える可能性を自分に与えることである。それは変質していない世界を見ることに、あるいは刷新された世界のイメージに近づくことである。

「木立」や「魂の穏やかさ」と結びついた、もの悲しく牧歌的な新しい霊感は、こうして、望ましいものの未来の姿をすべて繰り広げることで、非難＝告発の調子を強め、深めることができ、すべてが当初の憤慨とはまさに反対の魂の状態へ移行したという感情を示すことができる。穏やかさが、非難＝告発に取って代わったおかげで、ほろりとさせる喪のかたちで、すなわちあこがれ、後悔、ノスタルジーといったかたちで人の心に訴えることが可能になるのだ。

すでに、『人間不平等起源論』には、「自然状態」という調整概念とジュネーヴの都市という理想化されたイメージが現れていた。(24) これら二つの規範的指標は、一方は歴史以前の段階に、他方は個人的な記憶と結びついた過去に置かれているのだが、それらは大都会の外に逃げ出すことと引き換えにしかその明白な価値を持ちえなかった。ルソーが一七五三年十一月に「原初の時代の面影」(25) を見出すのは、サン＝ジェルマンの林のなかでである。一七五四年にジュネーヴ共和国への献辞を書き上げ、署名するのは、シャンベリーにおいてである。

「体系」の全体を構成する著作群は、否定ばかりする非難＝告発の肯定的な埋め合わせである。著作は、社会の現実の悪とは反対に、「存在していない」か、もはや存在しないか、それとも存在しうるかもしれない人間のタイプ、精神世界を垣間見せる。このさまざまな様態には、到底容認できないと考えられるものの拒絶の根拠だという共通点がある。

肯定的なものは不在だ――ルソーがパリに不在であるのと同じように、また自然が都会には不在であるのと同じように。その結果、ジャン＝ジャックにとって、都市の城壁の外に住むという選択は、国外追放になった真理、その真価を認められていない自然と一体になると表明することである。彼は真理と自然の知識を保持しただけの人ではない。彼は真の人間であり、自然の人間の権化なのだ。

したがって、『エミール』と『社会契約論』によって作り上げられた理論全体を規範的とか基準論的と形容するのは可能だし、そこに『新エロイーズ』を含めることもできる。これらの著作は、先行する非難＝告発のテクスト、つまり悪を告発するテクスト（『学問芸術論』）、悪の因果関係のメカニズムを明らかにするテクスト（『人間不平等起源論』）との密接な関係のなかで検討されるとき、その意味全体がはっきりするのだ。こうした重要な理論を示すテクストは、修正案として読むことも可能だが、それらは何にもまして非難＝告発の思想の正当化なのだ。つまりいかなる規範の名において、またいかなる価値の名において、さまざまな制度が非難されてきたのかを述べるものなのである。

このような構成は、ルソーにとって、神学的言説によって「世間」の虚栄心に対して伝統的に向けられてきた非難＝告発といかなる点で彼の思想が異なるかを示す機会となるだけにますます必要である。実際、『学問芸術論』と『人間不平等起源論』が、さらに『ダランベール氏への手紙』が非難＝告発する命題は、自尊心、奢侈、不平等、演劇の魅力に対するキリスト教的な不平不満を繰り返しているだけだと確認するのは簡単だ。そのような世間のまやかしに対して、キリスト教の伝統は、個人の精神的な使命、ただ一つの必要なもの、すなわち救済を気にかけることを対置してきた。それに対して、ルソーは最初から、市民意識、「風俗」、質素、マキャヴェッリ的な意味での徳といった政治的・社会的価値を強調する。ルソーの独自性は、非難＝告発の性質にあるのではなく、告発された悪徳を妨げることに使われる価値を入れ換えたことにあるのだ。斬新だったのは、宗教的な問いと政治的な答えを対にしたことである。

したがって、ルソーが最初の二つの論文〔『学問芸術論』と『人間不平等起源論』〕でやっていたように、風俗、徳、愛国主義といった単純な概念の段階にとどまらないで、それらの概念を発展させたイメージ、完璧な形成過程を明確に示すことが重要であった。『人間不平等起源論』が、見事な再構成のなかで、社会的悪のもっともらしい系譜と「発生」を示していたのと同じく、反対の用語——徳のある人間、権利の都市——もまた、もう一つの生成のイメージを同時に提供するかたちで、アブ・イニシオ〔最初から〕作り上げられる必要があった。したがって、徳と市民意識という単純な観念だけに甘んじないだけでなく、理論的実践のなかで、いかなる段階を経て一人の子どもが徐々に徳に向かって教育されうるのかを示す必要があった（『エミール』）。祖国への献身が意味を持ちうるような正当な市民秩序を実現させるさまざまな原則や条件や構成状況について解説することが必要であった（『社会契約論』）。具体的な世界の偶発事と原則の普遍性との中間で、『新エロイーズ』の小説的世界もまた、対照をなす世界のように展開される——より「真のもの」として提示される感情の世界、過ちが贖われる世界、光あふれる充足した世界として展開されるのだが、そうした世界について述べるだけでパリの読者に味わったことのない幸福そのものを感じさせることになる。著作のそれぞれにおいて示される充足は純粋に現世のものであり、それぞれの著作のなかで宗教にめぐってくる補助的な役割は、もっぱら人間同士の関係の透明性に与えられる優位をよりいっそう明らかにすることになる。つまり何より優先されるのは、都市のまとまりであり、個人の良心の開花であり、「美しい魂を持つ人びと」のあいだで自由に結ばれる信頼関係である。ルソーは、三つの異なるやり方で、現実とは根本的に無縁な社会的ユートピアでもなく、ありのままの世界との安易な妥協でもなく、とりわけ宗教が幸福者のためのものとする至福の光景でもない、対照的世界に特異な豊かさを与えることができた。彼がそのモデルを作り上げた敵対する世界は、見たところ矛盾する二つの至上命令に従っている。すなわち、現存する社会とは完全に性質を異としたものであるべきだが、同時に現存する社会に隣接する、ごく近い場所を占めるべきだというものだ。これは、徳に基づく後悔の念にさいなまれ、公平な社会に身を置いていない読者に罪悪感を抱かせるためのものである。すなわち真の人生はおそらく、彼ら読者からそう遠くないところにあるのだ。読者は、勇敢な改宗をすれば、それと引き換えにその真の人生に入ることができたかもしれないのだ。「生きるべき場所」はほとんど目に見える範囲にあり、緑の草木の生い茂るところ、見出された質素な生活のなかにある。ネッケルは、『新エロイーズ』のなかに、「そこに到達したいと望む人を絶望に陥らせずに日々の徳行を最も高い地点にまで推し進める［……］あの崇高さ」(26)を見出す。同時に読者は（都会の住人と同じに）堕落した者になったためにそこからは隔絶されていると感じる。つまり歴史は読者を行ってはいけないところに不可逆的に連れて行ったのである。ド・ブフレ夫人は「でもわたしたちは皆、わたしは皆と言っているのですが、そこから千里も離れたところにいます(27)」と述べている。今日再生した生への憧れと物悲しさとが入り混じった感情が生まれるのはここからだ。この感情がルソーを信奉する人たちの魂の状態を特徴づけることになる。

ルソーは、まず自分の読者を狼狽させたあと、読者に罪悪感を与えるに至り、読者が選べなかった生活を示すことで、自己告発へと誘い込む。読者がジャン゠ジャックによって示された道をとることにしたなら、おそらく内面の再生を経験していただろうに。セネカから借用した『エミール』の銘句 Sanabilibus oegrotamus malis は、「わたしたちが苦しんでいる悪は治療可能なのだ(28)」と約束している。ルソーが作り上げた世界がかくも魅力的なのはこのような事情による。ルソーの世界は、常軌を逸した世界の約束事と隷従と縁を切る大胆さを持った人にとって、新たに始められた人生の場所として現れたのである。今日の経験はわたしたちに次のように教えてくれる。まず自分に罪があると受け入れた人びとは、この新しい信仰と引き換えに過ちから脱してそれを償うことができるならば、自分に示される福音を受け入れる気になるということだ。この方法は宗教的改宗《コンヴェルシオン》のそれであったが、また政治的転換《コンヴェルシオン》の方法になったのだ。ルソーの議論の多くは直接にはセネカや古典主義時代のモラリストから受け継いでいるのにもかかわらず、おそらくルソーはある領域から別の領域への移行の証人なのである。彼は過去からやってきた自己を再び自分のものにするというモラルを再活性化したのであり、そのモラルを知恵の師匠として彼に従おうとする男女の改宗の手段とすることができた。立法者であり夢想家であるロベスピエールとセナンクールはルソーを後ろ楯とした。ルソーが未知の多くの文通相手から受け取った手紙をひもといてみよう。その大部分の人は、今後は彼に寄り添いながら生きるべく、また彼の指導を受けて『新エロイーズ』や『エミール』を真似るためにすべてを捨てるつもりだと述べている。こうした熱心で熱狂的な、罪を悔いた手紙は、非難＝告発の言葉がいかにして誘惑の呼びかけに変わりえたか、そしていかにして人びとの心を動かしえたかをこのうえなく明快にわたしたちに示している。批判の否定性が魅惑的な肯定的イメージの誕生を準備したのだ。つまり読者は、社会的偏見と仮象の呪いから生じる悪の真価を見定めてから、ルソーの夢見た形象がうながす一体化を通して、世界の美しさと心の喜びのなかに真の存在を発見する――ルソーにおいては想像上のものは可能なものにきわめて近しいように見えたのだ。ここに近代のいくつかの神話が始まる。

＊

『書簡集』によれば、一七六四年八月から十二月までの短い期間、ルソーはヌーシャテルからいくらか離れたモチエ＝トラヴェールという小さな村に居住している。したがって彼はプロイセンの領土にいたわけで、ジョージ・キースの友情とフリードリヒ二世の庇護のおかげで、『エミール』と『社会契約論』（一七六二年）に展開された宗教思想のせいでフランスとジュネーヴで受けた迫害から逃れている。彼は「市民の代表者」たる民主主義的派閥のメンバーである何人かのジュネーヴ人と継続的に関係を保ちながら、彼らに援助と助言を与えた。まさにこのとき、『山からの手紙』はアムステルダムで印刷された。ルソーが自分の著作と人格に対してジュネーヴでとられた措置に答える個人的な弁明の書である。この本はまたジュネーヴの少数の権力者に向けられた政治的行為でもある。ルソーはこの本で『社会契約論』では抽象的に述べていた思想を繰り返すが、その思想を控えめに、現実感覚をもって――そのさまはあまりにも容易にジャン＝ジャックに「幻視者」という形容が与えられることに修正を迫るほどだ――その土地の状況に合わせている。これに対する反駁が、とりわけ共通の敵を攻撃することでジュネーヴ政府との関係をいっそう強めて喜んでいるヴォルテールからやってくる。しかしその代わりに、どれほど多くの未知の人がルソーの支持者として名乗り出たことか。

＊

五か月で、四百通近くの手紙だ！　それらの手紙を通読するだけで、ジャン＝ジャックの栄光を称えるすべての声、ジャン＝ジャックを批判するすべての声、あるいは自分をねらう策略が見出されると彼が思っているすべての声が聞こえてくる。

ルソーは、一七六四年八月二十五日、手紙の多さに「参っている」と不平をこぼしている。八月三十一日、ある文通相手に次のように伝える。「わたしは現在五三通の手紙に返事を書かなければなりません」。別の文通相手には、「わたしに手紙を書いてくる人びとの数が多くて頭がぼうっとなります」と。誰が彼に手紙に書くのか。文通相手をグループやネットワークに分類するのは容易だ。昔からの忠実な友人たち。関係を築くか維持するのを喜ぶごく少数の親類。物質的または金銭的な安楽＝充足をルソーに（おじけさせるほど執拗に）保証する男性・女性のパトロン。校正刷りのやりとりをする出版者と印刷屋は、歴史や植物学の本を納入し、何か未刊の原稿がないかとしつこくせがみ、全集のためにできることを提案する。妻たちがつくったお菓子と同時に暗号化された情報を送るジュネーヴの民主派の人びと。そしてとりわけ、見ず知らずの信奉者は、取るに足らない口実または堅固な口実で、ジャン＝ジャックと関係を持つことを求め、彼に助言を求め、彼のもとを訪ねたいと告げる。それらの人びとの手紙の書き出しはほとんどいつも同じである。「知らない人からの手紙を受け取られて、まずはおそらく驚かれていることでしょう」。――「勝手にお手紙を差し上げる無礼をどのように思われているでしょう」。――「いかなる権利で、あなたにお手紙を書くのでしょうか」。――「わたしのふるまいを常軌を逸しているとお考えでしょうか」。こうした文のあとに正当化が続く……。どれほどルソーの著作が読者を誘惑したのか、誰に訴えたのか、なぜルソーの著作は大きな影響を与えたのかを知ろうとするならば、これらの手紙を注意深く読まなければならない。そこにルソーの作品受容についての第一の資料があるのだ。多くの場合そうであるように、わたしたちは、公刊された論文、職業的な批評家の反応だけにとどまらず、作家と読者との直接的な関係に表れる自発的な批評をありのままにとらえる。彼らのうちどれほど多くの人が作家と付き合いたい、作家に自分の感情と内面の困難を伝えたい、良心の導き手として作家を必要としたい、という気持ちを抱いたことか。これこそは文学史上のきわめて重要な瞬間を示している。読者は書物を通して、著者が自分自身の人格と「心」に割り当てる役割を察知したのだ。ルソーの著作に対する人びとの反応＝返事は、まずは著者が言葉と本に委ねたあらゆる思想の、またあらゆる感情のほとばしりの源泉にある精神的存在としての著者自身に対する反応＝返事なのである。そのような返事こそ、著者ルソーは求めていたのだ。したがって彼は理解されたのであり、自分が引き受けようとした役割と人物像を正式に引き受けることになったのである。(29)

現代の心理学は、一体化、投影、転移について問題にする。心理学の観察では、読者の一体化は、ルソーが作り上げた小説のなかの人物、サン＝プルー、ジュリ、エミール、ソフィーを介して行なわれる。ルソー自身、自分の想像上の人物と親密な関係を築いたので、読者がこうした人物の一人と築くどんな一体化も、ルソーには自分の私生活に立ち入ってくるように見える。ある若い子爵は、「あのエミール君の代わりになることができたら、わたしはなんと幸せなことでしょう」と声を上げた。ある心配性の家庭教師は自分の生徒の妹に「第二のジュリ」を見るように思った。ルーアンの卸売業者の息子は、「おお、ルソー！　わたしにぴったりの友よ！　わが優しき父よ！［……］わたしに意見をしてください。あなたの原則がわたしに与えた感情のなかでわたしを強くしてください」と叫んだ。貴族の家庭に生まれた若い神父は、聴罪司祭に告白する宗教上のやましさと嫌悪感をルソーに告白する。ルソーはただ一人認められた聴罪司祭という立場に置かれ、文通相手は「あなたの息子より」と署名するのをためらわなかった。自分の子どもたちを児童養護施設に放置してきたこの男に、どれほど多くの息子たちが代わりの息子になることを申し出たことか！　ある職業軍人は完全に生活を変えるつもりでいた。「わたしはあなたと知り合いになること、そしてもしあなたが望むなら、全面的にあなたにわが身をささげる決心をしました」。二十二歳の作家、アントワーヌ・サバティエ（ド・カストル）は養子にしてくれることだけを願った。「ぶしつけながらあなたにお願いがあります。［……］もしもお邪魔でなければ、わたしをあなたのそばに置いてください。わたしの幸福に足りないのはそれだけです。というのもわたしはそのことだけを願っているからです」。若きシャンフォールは――彼が最初ではないが――同じく子としての気持ちで、「あなたに手紙を書くとき、まるで父に手紙を書いているかのように、安心します」とつづっている。思わず微笑ましく思うこうした行き過ぎた行為の傍らには、時には本当に助けを求める声もある。アンリエットという名前で身を隠しているパリの女性が、心を動かす誠実さと稀に見る表現力で送ってくる手紙はその例だ。「わたしの最初の動機は、現在までわたしを悩ませるばかりだった人生を何とかできるようにしたいというものです。どうぞお願いですから、わたしに生きるすべを教えてください。すなわちわたしが幸福に最も近づくことのできる手段を教えてください」。彼女はまさしくルソーに、「どのようにしたら〔自分は〕救われるか」を見つけてくれることを求めているのである。

これを流行や人びとの熱狂とみなすだけでは不十分だ。これまで何度も指摘されてきたように、むしろこれは一種の崇拝であり、それが言外に意味するものすべてを捉える必要がある。つまり他のあらゆる権威にも勝る一つの権威を認めることである。そしてこの権威の決定はつねに最後の手段として最も強力である。期待外れの家族の権威や既成の教会の権威に反して人はルソーの権威に助けを求める。ところでルソーを魅惑的な人物にしているもの、それは彼が人びとに良心の声を聞くよう教えていることである。数多くの文通相手がルソーの権威と彼ら自身の内面の感情の権威を混ぜこぜにしている。つまり自分自身に対する証言を確認するために彼らにはルソーの言葉が必要なのだ。彼らはルソーに自分の心の高ぶりの保証人、優しい証人を、また「徳」の名において、自分たちの心情をためらわずに吐露することを認めてくれる助言者を求めているのだ。個人的な感情は、ジュネーヴ市民〔ルソー〕の威厳に守られて、無意識の模倣から、至高の権威になる。ある文通相手は、そのことを正直に告白している。「たえず深く考察されたあなたの著作を読んで、もうこれからは自分の心にしか相談しないという勇気を与えられました」。お察しのとおり、こうした崇拝からは、たちまち偽善的なパロディが生まれたのであって、ルソーによる多くの反駁は、彼が罠に落ちるのを避けるすべを心得ていることを示している。お涙ちょうだいといった調子でルソーにかなりいかがわしい話を告白した作家の卵、ラ・シャペルを説教する皮肉たっぷりの手紙を読んでみよう。ルソーはそれが作り話であること、ルソー自身の文体の下手なまねであることを完全に見抜いたのだ。またボズウェルが自己紹介している手紙も読んでみよう。それは熱狂的な素朴さ、ごまかし、悪辣さが完璧に混じったものだ。ボズウェルは、あやしいフランス語で、センチメンタルなレトリックの言い回しをもてあそんでいるが、そのようなレトリックに一瞬たりともだまされているようには見えない。彼の真情の吐露には皮肉なあざけりが入り混じっている。彼は頭がよすぎて自分自身の戯れにのめりこむことなどできないのだ。

あなたがお書きになったものはわたしの心をほろりとさせ、わたしの魂を高め、わたしに想像力の火をつけました。わたしに会っていただければあなたはきっと満足されるでしょう。[……]わたしは胸がいっぱいになっているのを感じています。この気持ちを抑えることができません。おお、親愛なるサン＝プルー！　見識ある助言者！　雄弁にして愛すべきルソー様！　今日、気高い友情が生まれてくる予感がしています。(30)

実際、ボズウェルは他の者が愛人の征服をするような方法で、ルソーの心の中に入りこもうとする。彼ら自身の手柄を確かめ、また幸運を友人たちに知らせるためである。R・A・リーが書簡を出版するというありがたい考えを持ってくれたのだから、ボズウェルが急いでルソー訪問について語っている手紙を見ていただきたい。ボズウェルがデンプスター、ジョンソン、テンプルといった友人たちに語るときの語りの調子は自分の職業の舞台裏を暴露する俳優のそれである。「You may believe I had a difficult task enough to come up the Idea which I had given him of myself. I had said all that my honest Pride believed. My letter was a piece of true Oratory.」（あなたはわたしがわたし自身について彼に与えていたイメージに近づくという困難な任務をこなしたと思うかもしれません。わたしはわたしの正直な誇りが信じたことをすべて語りました。わたしの手紙は一片の本当の雄弁術でした。）周知のとおり、少し後で、彼はルソーの「家政婦」テレーズ・ルヴァスールを誘惑することになる。そのことは盲目的崇拝の対象についての思い出のコレクションに欠けているものを補い、崇拝に冒瀆という当然の帰結をもたらすことになるのだ。

ルソーはこうした手紙のすべてに返事をすることはできなかったし、そうしたいとも思わなかった。

それでも彼が返事を書いた手紙の数には驚かされる。たとえばラ・シャペル、カロンドレ神父、シャンフォール、そして初めはシュザンヌ・キュルショ、つまり未来のネッケル夫人と取り違えたアンリエット、等々に返事を書いたのである。ルソーがこうした心の手紙に返事を書くことを受け入れるのは、一つの理由として比較的暇だからであり、また自分の著作をすでに完成されたものと考えているからである。『音楽辞典』（「十六年に及ぶ泥棒仕事の果実」）を出版することと、「著作の全集によって読者に別れの挨拶をすること」以外の計画がないからだ。彼は、人生の残りの時間は散歩や機械的な生活や植物採集――ルソーは植物採集に熱中し始めていた――に費やす権利があると思っている。他方で、道徳的な手紙や良心の導きの助言を書くことで、そのぶん自分の著作に魂の高貴さ、徳への愛、公平無私の証言を加えているのだ。下書きには削除訂正がびっしり書きこまれており、ルソーがどれほどこの仕事を重視していたかが分かる。それはパリやジュネーヴでルソーを断罪した人びとに対する、自分の信条をよりどころとした証拠物件なのだ。あれほど多くの途方に暮れた魂を救いに飛んでいく者、その言葉が生命と救いの使者となっている者が、罪人でありうるだろうか。彼は受け取った手紙に幸福という語がたえず繰り返されるのを見た。彼の本は幸福への道を切り開いたのだ。人びとが個人的な文通や差し向かいの会話で彼に期待しているのは、幸福が友情という形を取って伝えられるような秘跡の聖体拝領なのだ。のちにジャコバン派の理論家サン゠ジュストは「幸福というのはヨーロッパではまったく新しい観念なのだ」と述べることになる。それよりも三〇年前に、ルソーは文通相手にとって幸福の決まり文句を保持する者だったのだ。その決まり文句は、「自分自身に帰ること」「自分自身であること」というものだ。ルソーはアンリエットに次のように書いている。「わたしは自己自身から遠ざかったところに幸福も休息も知りません。反対に、この地上ではさまざまなものから遠ざかり、自己に近づくに従うときにしか幸福ではありえないと日増しに感じています」。このような教えを垂れる男は自分を迫害している者たちよりも優れていると証明してはいないだろうか。

人びとは公共の至福についてもルソーと議論しに来る、そしてこの問題に取り組むことをルソーに依頼しにさえ来る。コルシカの大尉ブッタフォコがルソーに訴えかけるとき、彼がルソーに立法者になってくれるように勧めるのは、人びとの幸福の名においてである。「あなたの仕事の目的は人びとを幸福にすることだけです。[……]国民は立派な政治制度をもってしか幸福で栄えていると誇るべきではありません。[……]政治制度の計画を描くことで国民全体の至福に協力してくださらないでしょうか」。すでに何度も、ルソーは熱狂的な親たちからエミールの家庭教師の役割を演じ続けるように懇請されていた。これはもう少し数が少なかったが、『社会契約論』で定義したとおりの立法者の役割を果たすように依頼されることもあった。ルソーはそれを引き受け、きまじめに資料収集をしながら、さっそく仕事に取りかかった。独立で生まれ変わったある島の国民に共和国的な法律を提供すること〔『コルシカ島憲法草案』〕は、彼にとっては最も心から願っていることの一つ、つまり自給自足経済、他から守られた空間における充足を実現する機会ではないのか――そのことをモラリストのH・F・アミエルはルソーの島国性と見事に名付けたのだが。『社会契約論』を「あらゆる政府を破壊するものだ」と述べた敵たちに、隷属から脱した国民がルソーこそ憲法草案を書くのにふさわしいと評価していることを示す絶好のチャンスだ！　ただちにルソーは、このように懇請されたと周知させる。情報を広めることで、彼はさまざまな攻撃を和らげ、自分を立派に見せ、人びとに否応なく尊敬の念を抱かせようとするのだ。

＊

それでも、ルソーが指導者という至高の役割を引き受ける手紙のほとんどすべてにおいて、彼はすぐさまといっていいほど自分の病気、年齢、体力の衰えを口実として示す。しかし彼はまだ五十二歳だ。このあと実際には十四年は生きることになる。とりわけブッタフォコに彼は次のように言う。「わたしには健康も時間もありません。不治の〔泌尿器の〕つらい病気にすっかり参ってしまって、長期にわたる仕事が結実するのを見ることはかなわないでしょう」。いざとなれば退却できる口実をどんなときにも得られるよう、単に用心したいのだろうか。そうかもしれない。ルソーにとって、病気は避難場所として役に立ったのである。わたしも彼がきわめて鋭い直観で、自分が被っている不幸と苦痛を合わせれば自分の名声が高まりうると見抜いたのだと考える。そんな風にして彼は古風な原型に従い、治療者が同時に「苦痛を味わっている男」、傷ついた存在であることを望む。ルソーのあれほど多くの手紙がこぼしている不平――何ひとつ見せかけのない――は、彼の言葉に多くの瀕死の人びとの声に見られるような神聖な重みを与えている。

推測をもう少し先まで進めて、ルソーの泌尿器の病気のなかに――この病気は彼にとってこの時期にアルメニア人の服を着る、したがって外国人のいでたちを、そしてある程度は女性のようないでたちをしてみせるための口実として役に立った――、罪の不安が見えかくれするあの心身相関の疾患の一つを見て取ることができる。罪の数多くの動機を見分けることは困難ではない。これまでの解釈者は、ルソーの誕生の状況（母親はルソーを産んだあと数日で亡くなった）、父親と兄とのアンビヴァレントな関係、子どもたちを捨てたことを引き合いに出してきた。他者の幸福の師は、自分自身の内面の不幸を身体的苦痛に変えてきたのだ。自分の過ちを償うかたちで、また病気から同情という利益を引き出すために、過ちを病気に変えたのである。彼は自分の苦痛を人目にさらし、鋭く悪を感知したところ、つまり自分の外、政治制度のなかで悪を攻撃することで、自分は無実だと主張する。彼の過ち、暗い予感、不正な社会に投げかけた挑戦、そしてその見返りとして彼を襲うきわめて現実的な迫害のあいだには、循環的関係があり、ルソーがそこから解放されるのは難しい。一七六四年の終わり、ヴォルテールが出した匿名の中傷文書『市民の見解』は、ルソーが医師トロンシャンに打ち明け、この医師によって暴かれた秘密を世間に暴露している。つまり教育者ルソーは、自分の子どもたちを児童養護施設に遺棄したという秘密である。そのうえ、ヴォルテールは根拠もなくルソーの病気を性病に感染したせいにしている。過ちは隠し立てできずに、面白おかしく誇張されてしまう。これ以後ルソーは、自分の任務は終わったとみなすことはできず、また正義の人の休息を享受することもできない。自分が犯したすべての過ちにもかかわらず、彼はそれに応え、自己を正当化し、自分の心が一度たりとも無垢であることをやめたことはないと後世の人に理解させなければならない。自分自身の幸福を取り戻し、許しがたい攻撃をはねつけるために、ルソーは何人かの友人が依頼していた「回想録」を書き始めることになる。その作業は果てしのないものになる。それが『告白』となり、次には『対話』となり、そして『夢想』となる。一七六四年の書簡集は、聴罪司祭、助言者、「感じやすい魂の指導者」(モングロンの表現による)、党首、立法者の役割を経たあとで、ルソーが果たした役割のなかで最も古いもの——被告の役割——に戻るときに完成する。この役割は最後まで彼のものであり続ける。つまり告発者が彼の意識そのもののなかに宿っているのだ。

ルソーは、腐敗した社交界と社会の不正の批判にとどまらず、理論的著作、そしてそれ以上に『新エロイーズ』では、別世界のイメージ、つまり「美しい岸辺」と「美しい魂」からなる社会のイメージを提供していた。彼の教えが行動する人びとと夢想する人びとによって同時に求められたことがわかる。ルソーの小説が世に出たとき彼が受け取った手紙のなかに人びとは誰を見つけたのか。見ず知らずの人びと、感動した女性読者が手紙を書き送り、自分自身の話を語り、ルソーの助言を求めたのである。そのなかの何人かはルソーのそばで生活し、教えを受ける用意ができていると言っていた。まるでルソーが修道院に属さない宗教団体を創設したかのように。エリートの魂と邪悪な首都から遠く離れて生きるべき風景を見事に喚起し、また大都会の悪徳をしっかりと告発したので、彼は霊的指導者としての懇請を受けた。つまりルソーの著作と言葉は、「感じやすい魂を持つ人びと」にとって、頼るべき道を示していたのだ。彼は感動して気前よく手紙に返事を書き、時には良心の導き手の役割を引き受けた。ナルシスの鏡の働きによって、ルソーが自らの技術が引き付けた人びとのうちの何人かに誘惑されてしまうということさえ起こった。（ある詐欺師ソーテルスハイムは、モチエ＝トラヴェール滞在の折に、ルソーを騙すに至った。）助けを求める人びと、ルソーが非常に多くの読者から受け取った熱心な手紙、熱狂的な手紙、罪を悔いている手紙は、彼が告発した数々の悪にルソーの小説家としての才能が対置した素朴な喜びの持つ誘惑の力をはっきりと証明している。本書に「告発と誘惑」というタイトルを付けることで、『透明と障害』[31]という副題を付けた以前のルソー論と同じ「二項対立」の形式で、わたしが提案してきた考察を、さまざまな新しい側面から展開していきたい。

第一部

真実を語ること

1　あなた方はどうなってしまったのか？

一七五〇年七月一〇日、ディジョンのアカデミー会員たちはジャン＝ジャック・ルソーの論考に賞を授与した。アカデミーは次のような問いを懸賞論文の課題としていた。「学問と芸術の復興は風俗を純化するに寄与したか」。ルソーはこれに否定的な回答を示した。このような方向性で答えたのは彼一人ではなかった。しかし彼の回答の出し方と、その後にしたことが画期的であった。それで彼は有名になった。

「学問と芸術の復興」は、ルソーとその同時代人の頭のなかでは、コンスタンティノープルの陥落とビザンチンの学者がイタリアに移住した結果として生じたものであった。したがって、慣習的に〔フランスで〕ルネサンスが始まったとされる年（一五〇〇年）と『学問芸術論』とのあいだには二五〇年の

❖これは二〇〇〇年六月十九日、ジュネーヴで開催されたジャン＝ジャック・ルソー協会の年次総会の折に行なった講演を「第一論文〔『学問芸術論』〕出版二五〇周年に際して」というタイトルで、『ジャン＝ジャック・ルソー協会年報』、四三号、二〇〇一年に発表した論文の改訂版である。

時間が流れていた。『学問芸術論』とわたしたちがこれを記念する今日という日のあいだには、同じ二五〇年という時間が流れた。これは、過去千年の暦の上で、一七五〇年という日付にコンパスを置いて描かれる不思議な対称である。ルネサンスと現在の中間にある『学問芸術論』は、不幸について語っている。この著作が出版されたとき、標題のページに著者の名前はなかった。それでも一人の人物が生まれた。より正確に言えば、新たに生まれかわったのである。本は「ジュネーヴの一市民」の著作として現れた。それは詐称の資格であった。というのは一七二八年にトリノで〔プロテスタントから〕カトリックに改宗したために、ジャン＝ジャック・ルソーはジュネーヴ市民を名乗る権利がなくなっていたからである。ルソーがジュネーヴに立ち寄り、再びプロテスタントになることで市民の資格を取り戻そうとしたのはこののち一七五四年のことだ。しかし、読者の頭のなかで、最初の著作が彼を換称によって「ジュネーヴの市民」にしてくれることをルソーは願っていたのだ。ジュネーヴの政府と公然と仲違いしたために一七六五年になって市民権をあきらめることになるのだが。名高い一節で、ルソーは、牢獄に入れられた友人のディドロに会おうとヴァンセンヌへ行く途中、ディジョンのアカデミーの課題を読んで、「別の人間になった」[1]と読者に断言している。新しい人間は、「おびただしい光」[2]に貫かれて、十六歳で去った都市の在外市民になったと宣言した。こうした遅まきの文学キャリアの開始期において、変化、改宗は、生まれ故郷への精神的回帰とみなされたのである。

『学問芸術論』の成功はたちまちであった。奪い合いが起こるほど売れた。ディドロはそのことを病気の友人の枕元に告げにやってきた。「大絶賛だよ。これほどの人気を博した例は見たことがない」。『告白』の記述を信じるならば、『学問芸術論』の成功こそがルソーの大「改革」を引き起こしたのである。ざっと読んでみると、収税吏の出納係の役目を放棄し、写譜だけで収入を得ることを決め、着飾ることや帯剣や懐中時計を身に着けるのをあきらめるルソーの姿が認められる。実は、こうした変化はそれほど急激に生じたのではない。(3) その変化は、二年にわたって、『学問芸術論』において人びとが察知した挑戦から巻き起こった論争の進展を伴って起こったことだ。さまざまな提案がそこでは直截簡明に、しばしば唐突な、そして事後でも調子が和らぐことのないような反対命題で述べられていた。雄弁の力――問いかけ、呼びかけ、警句――は、論理構成よりも勝っていた。『学問芸術論』の明らかな不備は弱点のように見えた。反論を述べる者が次から次へと出てきた。

ルソーはすかさず反駁するだけの力があることを見せようとした。反論は彼にとって歓迎すべき障害であり、刺激であり、それによって彼自身のなかに新たな知的な力を見出すことができた。『学問芸術論』の結論部では、「偉大な人間」について、すなわちわたしたちの賞賛に値する哲学者と学者について、「彼らはまさしく最初の障害によって努力することを学んだ〔……〕魂は知らずして魂を占めている対象に釣り合っている」(4) と述べていた。彼の文体のエネルギーと生彩はすぐに人びとに認められ、担当すべき役割を彼に引き受けさせた。『告白』のなかでは「生まれつきの性質とはおよそ正反対の状態」(5) で、その後の六年間を過ごしたと述べている。自分自身に立ち返るためには、一七五六年の「第二の革命」が必要であった。『学問芸術論』の経験から、ルソーは自分が（紙の上で）演説する能力に発明の才を結びつけ、作家としての自分自身の姿を舞台にかける力を持っていると学んだのである。しかし彼はつねに同じ議論をしたのではないし、その結果、もっぱら「ジュネーヴ市民」であり続けたのではなかった。彼は別の執筆状況に身を置いた。そしてほとんどそのたびに、天才的才能が彼を助けた。つまり人びとは、ルソーが作り上げた人物あるいはルソーが代弁した人物と彼とを混同した。ルソーは「ジュリの恋人」、「エミールの家庭教師」、「サヴォアの助任司祭」、「社会契約論の立法者」等々と思われたのである。こうした人物のなかで最も中心的なのは、『対話』のなかの「ルソー」が訪ねていく「ジャン＝ジャック」であった。つまり彼が代弁者に委ねた役割に捕らわれないために身を隠す作家なのである。

したがってルソーは、説得しようと配慮しながらも、見事に作品の調子を変えることができた。彼が採用した調子の変化は、それぞれ「著者独特の」新しい登場人物を舞台にのせた。少し言い換えれば、ルソーが読者との関係においてそのつど築いた新しい権威――論文、手紙、論説、打ち明け話、独白――は、新たなタイプの雄弁術を求めたのだ。『告白』と『孤独な散歩者の夢想』は、なるほど、一人の人生を要約して述べながら、引き受けたすべての役柄のもとに隠れているただ一人の同じ「わたし」、ただ一人の同じ夢想家を認めるように促している。『夢想』において語る声は、作家がゲームから退き、もはや他人が彼について抱くイメージは気にしないと語っている。しかしこの身の引き方は、たえずつきまとう不幸を忘れるために植物採集をする散歩者の最後のシルエットを固定するのに一役買った……人びとのあいだに広まったイメージは、さまざまに異なる姿、つまり放浪者、立法者、魂の導き手、激情にかられる者、静謐を見出すために植物採集をする者といったそれぞれの姿において、唯一無二でありたいと思った男の自己肯定が広範にわたった結果である。

明るみに出された起源

ルソーは何度も自分の思想の起源に立ち返っている。『学問芸術論』はほぼ一貫してその起点とされている。彼はそれを『ナルシス』序文（一七五二年）で、冷静な語り口で再び語っている。さらに、一七六二年に書かれた『マルゼルブへの手紙』の第二の手紙、『ボーモン師への手紙』（一七六二―一七六三年）、『告白』（一七六八―一七六九年）、そして第二の『対話』（一七七二―一七七五年）で、ルソーは『学問芸術論』が誕生したときの状況について新たな意味づけを付与しながら物語ったり、言及したりした。『学問芸術論』誕生という事件のインパクトが弱まるのは〔絶筆の書〕『夢想』の執筆期においてのことである。

ルソーが自分自身の思想について語ったくだりで、わたしたちに二通りの物語を提示したことについて検討してみよう。第一の物語は、いくらかの異同がないわけではないが、初めに彼が最も強調したもので、うっとりし、さまざまな知識の光がどっと押し寄せてきたという話である。ルソーはプラトン的な伝統から、「至高の知は［……］万物の真理を一目で見抜く[6]」と教わっていた。プラトン的伝統は、この全体を包括する直接的な至高の見方を神のものとしていたが、それはもっぱら人間精神にはこの見方を認めないためであった。「魂の先端」が恍惚として感知しうるものは、まさしく神の知の前兆そのものだ。しかしながら、天才的才能があれば、人間精神は美と真の高みに向かって上昇することができる。ルソーは、イタリア音楽のなかでは、「ディ・プリマ・インテンツィオーネ（di Prima intenzione）の曲」を深く愛していた。これは「稀に見る天才の働きによるもので、そのすべての観念はきわめて密に結びついているので、言わばたった一つのもので、どちらかが欠けても心に浮かんでくることはできなかった[7]」。こうして、ヴァンセンヌへの道での天啓についての物語では、すべてが一挙に、定着しないまま、めくるめく直観のかたちで彼の感情に示されたものだ。彼は、一挙に自分に与えられたものを言葉によって、また断片的に再構成しなければならなかった。

あの木の下で十五分のあいだに天啓のようにひらめいた無数の偉大な真理のうちで、記憶にとどめ得た限りのものは、わたしの三つの主要な著作、つまり、あの最初の論文と不平等論と教育論のなかに、ごく薄められたかたちで散りばめられています。この三作は分けられないもので、合わせて一つの全体をつくっているのです。(8)

二番目のタイプの物語は、〔『夢想』の〕「第三の散歩」に見られるものである。(9)この二番目の物語では、〔文壇デビューを〕自発的な計画だと強調している。若い頃から、ルソーは「四十歳を出世のための努力をやめる時期」[*1]と定めていた。この年齢に達したら、「精神の休息」に落ち着き、「その日その日」を生きていくのだと前もって決めていたのだ。確かに、彼は自分のなかに起こり、彼に「別の精神世界」を示した「大きな革命」に言及している。しかしこの革命は、もはやすべての始まりの、決定的な出来事としては示されない。ルソーは、すでに始まっていた「外面的な、物質的な改革」(10)の話の後でこの革命に言及している。知的・精神的な革命は、「長時間の静かな瞑想」を必要とする「大々的な見直し」を加えることで、かなり前から温められていた計画を拡大させた。(11)こうして「知的・精神的な改革」(12)は、哲学的確実性と怠惰とを完全に一致させることになった。そしてもはや最初の二つの「論文」には言及せずに、「第三の散歩」では次のように付け加えられる。「わたしは時間をかけて何度もやり直しながら、しかもできうる限りのあらゆる努力と注意を傾注して、この計画を実行した」(13)。それこそは「つらい探求」であったが、その探求が最終的には「サヴォアの助任司祭の信仰告白」へと至る。あれほどひっきりなしに言及されてきた知的な努力は、反省に基づくこのうえない犠牲を払って、願っていた平穏な生活を彼に手に入れさせたのだ。

すべては、ルソーが自分の確信を二重に正当化する必要があったと示しているように見える。一方で、この確信は直観的に彼に示されたのだが、長期にわたる執筆作業を強いられたにもかかわらず、初めの天啓を不十分にしか再現できなかった。他方で、彼は自分の確信を一歩ずつ、言葉によって周到に練り上げていった。「第三の散歩」の記述を信じるならば、この思考の大いなる努力は、天啓から出発したのではなく、不満の念から始まったのだ。

オートフィクション

他人を考慮に入れることも必要であった。ルソーは自分の理論が強固になるにつれ、まさに自分が展開している観念に縛られていると感じた。それは彼が保持することを自らに課した役割であった。彼は自分が見せたイメージの責任者であって、読者の好奇心はこのイメージに捕らえられていた。『学問芸術論』への反論者たちに反駁し、自分の思想に今まで以上に精密ではっきりとした形を与えながら、彼は（「われわれは見せかけの正義に欺かれる（Dicipimur specie recti）」というホラティウスに由来する第二のエピグラフによって示される）実体《エートル》と外観《パレートル》を対立させる伝統的な反対命題を先鋭化していった。言葉と物、身体と装い、仮面と顔というあの古い対立を深く掘り下げていって、その対立を彼は、社会に重い負担をかける不平等と不正の告発に変えた。『学問芸術論』を要約しながら、『ナルシス』序文（一七五二年）で次のように言う。「すべてこうしたことは大げさな物言いをする連中が百度も言ってきたことであるのは承知している。しかし彼らはそれを大げさな物言いをしながら主張してきたのであり、わたしは根拠に基づいて述べているのである。彼らは悪に気づいた。わたしは、悪の原因をあばき、とりわけ、すべてこれらの悪徳が人間本来のものであるよりもむしろ、悪しき支配体制下の人間に特有のものであることを示して、大いに慰めとなり大いにためにもなる事実を知らしめるのだ」[14]。そして彼の言葉が真実らしさを得るために、彼はみずから自分の理論通りの人間として公衆の前に見せる義務があると感じた。大胆不敵に真実を語る者、徳の強硬な擁護者は、その行動を自分の発言に合わせることから始めなければならなかった。彼は自分自身のイメージに縛られているとたえず感じていた。そしてこの後見ていくように、この自己イメージの構築は、一連の葛藤のなかで、また葛藤によって実現するべく定められているのだ。（これは、ルソーが熱心に読んでいたモンテーニュには当てはまらなかった。いや少なくとも同じ程度には当てはまらなかった。）

　マルセル・レーモンとベルナール・ガニュバンは、ルソーの「使命」の預言者的要因をきわめて適切に強調した。預言者は霊感を受ける者であり、またその結果、人びとが耳を傾け、従わなければならない真理を叫ぶ者である。ルソーの語りの近代性の背後には、宗教的な前例が見分けられる。天啓の偉大な原型はパウロとアウグスティヌスによって示されたが、ルソーが彼らを知らなかったはずはない。彼が語った話――『メルキュール』誌を開いて、課題を読んだとき衝撃を覚えた。ヴァンセンヌに行く途中の道は暑かった。「枝を切られすぎた」木々は「ほとんど日陰」をつくらず、興奮で押しつぶされそうになって、「一本の木の下」に倒れこんで思いついたことをメモしようとした――によれば、彼はまず自分のなかに無数の思いが沸き起こってくるのを見る人であった。彼は幻覚をほとんど受動的に受けとめた。その後で眠れぬ夜に「信じられないほどの苦労をして」[15]何度も検討を重ねた「時期」にその幻覚を積極的にとらえ直そうとしたのだ。彼の自伝的な著作の論証において、幻覚＝見ることの文学的成功は彼をして注目の的となる＝見られる人間にしたのだ。こうして見ることは結果として見られることとなり、すなわち悪く見られること（人から悪く思われること）となった。自己の真理を手に入れた彼は、名声から免れることはできず、その名声に影のように悪意ある噂がついて回った。その悪意ある噂こそのちに自分から友人たちを奪い、のちに彼が経験することとなった迫害と受難の原因だと彼は考えた[16]。

ルソーの精神生活のなかでは、根本的に相反するイメージのあいだに溝、分裂があった。彼が高揚する一方で、遠くでは、哲学者や社交界の人びとの悪意のなかで、歪められたイメージ、憎まれる怪物になっていないだろうか。「彼があの不吉な職業に身を投じたのは、言わば不意打ちのようにしてであり、またしっかりと計画を立てたうえでのことではなかったのですが、その時からたぶん人びとは彼の足下にあの不幸の深淵を掘ったのであり、その深淵に人びとは彼を突き落としたのです[17]」。「各自がわたしを好き勝手に思い描いた。原本である人物がそのことを打ち消しに来ることを恐れることはなかった。社交界には一人のルソーがいたし、またいかなる点でもそのルソーに似ていない別のルソーが隠居していた[18]」。ルソーの頭のなかでは、この対照は決定的である。自分の願望が狙いを定めている幸福なイメージと、他人の言葉と思考のなかで形作られるように思われる彼の人格についての暗く、嘘の多いイメージとの対照である。自分についてのフィクションをコントロールすることには、その代わりに他人（すべて仮想の敵）が思いのままに操るイメージにいかなる制御もできないという不安が伴う。ルソーが自己についてのフィクションを作る力を持てば持つほど、ますます彼はその力がもっぱら自分だけのものではないと感じざるをえない。やがて、不思議にも閉じ込められ歪められた自己イメージとその埋め合わせをする想像力の悪循環が生まれることになる。彼が自分の妄想の王国で所有しているものはすべて、ひどい剝奪を受けることとなる。彼が去った社会で彼に関して残っているのは、彼ではない幻である。

もちろん、アウグスティヌスからルソーまで、天啓はその性質を変えた。アウグスティヌスは、決定的な瞬間に、神の命令に従った。ルソーは、同じような目がくらむ突然の出来事のなかで、世界に抵抗した。ルソーのなかで生じた閃光のような思考は外部の源からやって来るのではない。受動的に受け入れられたとしても、彼はその思考を自分のものとして要求していく。それは彼自身が巻き込まれていると感じた問いへの個人的な回答である。彼は社交界における自身の状況、挫折、過ち、彼自身の過失(すでに二人の子どもが捨てられていた)、そしてとりわけ人びとから受けた損害から回答へと向かう。(音楽の分野で、また外交官としての経歴での)一連の失望を経験した後、ルソーは自分が物書きとしての能力を備えていることを発見する。歴史のプロセスを告発することで、彼は自分自身が大いに不満を感じていたことから解放されることになったのだ。[19]

しかし預言者の原型はたった一つではなかった。ルソーは標題のページに掲げたオウィディウスの「Barbarus hic ego sum quia non intelligor illis ここでわたしは、人びとに理解されないのだから異邦人なのだ」という詩句が定めた、亡命者の役割を果たした。そして彼が自らを外国人に仕立て上げていくやり方は、人びとが彼に対して感じた魅力を増大させた。「わたしの部屋は、さまざまな口実のもとに、わたしの時間を奪いに来る連中で、空くことがなかった。女性たちはあらゆる策略を用いて、わたしと食事をともにしようとした。わたしがそっけなくすればするほど、相手はねばった」[20]。パリの社交界を激しく批判し、その腐敗ぶりを非難しながら、ルソーはその同じ社交界の大部分の人に強力な魅力を振りまいた。直観的に、彼は改宗させる人が使う主な手段、つまり非難=告発し、誘惑するという手段——悪=病気を指摘し、その治療薬を知らせるという手段——を実地に適用していたのだ。今日の用語で言えば、罪悪感を抱かせると同時に治療、つまり救いの道を示すことだ。ディドロは、ルソーがヴァンセンヌに自分を訪ねてきたときに与えた返事、「だれもやろうとしないことをやりたまえ」を、おそらくでっち上げたのではないのだろう。というのはディドロは友人のことをかなりよく知っていたので、ルソーがアカデミーの懸賞論文の課題に反対の立場を選ぶことを予想していたからだ。ルソーは「大砲の火薬の樽だった［……］あの火花がディジョンから発して、彼を燃え立たせることがなかったら、彼は爆発しないままであっただろう[21]」。

オートフィクションは判決を待つあいだにしかつくられない。『学問芸術論』に続く三年のあいだ、ルソーが自分のなかに抱く確信を次第に強めていく様子をたどることができる。それには一七五〇年の『学問芸術論』の序論と、一七五三年に書かれたボルドへの第二の手紙の草案を突き合わせてみるだけで十分だ。一七五〇年の序論ではまだ、法廷に出廷し、ディジョンのアカデミー会員にへつらい、気を配る――誇りを持っているが、気遣いがないわけではない――志願者である。「わたしが言うべきことを、わたしが出廷する法廷にふさわしいものにすることは難しいように思われる[22]」。一七五三年には、彼は弁論上の配慮を問題にもしないでいられる。つまり彼は「悲しいが偉大な体系[23]」を手にしているのだ。あらゆる「分野」で展開されてはいないにしても、その体系に欠けているものは何もない。だから彼は断固たる確信を表明するのだ。その体系とは「真理と徳の体系である。［……］そして、故なくしてこの体系を放棄してしまったがために原初の善性から堕落してしまったほとんどの人は、彼らを盲目にさせてしまうあらゆる誤謬に、また彼らを打ちひしぐ悲惨に陥ってしまった[24]」。ルソーが法廷のイメージを捨て去ることはない。一七五四年、受賞を目指してディジョンのアカデミーに送られたが報われなかった『人間不平等起源論』は、この論文が印刷に付されたときにはもはやこの団体を気にかける必要がなかった。長い献辞を行政官の名のもとにジュネーヴ共和国そのものに捧げながら、ルソーはジュネーヴ市民権を取り戻したことを厳かに祝う。その次に序論の終わりで、彼は「プラトンやクセノクラテスのような人を判事（審査員）に、人類を傍聴人（聴衆）に」[25]招きながら、あらためて裁判の状況を想像している。彼は劣った審判者を無視していた。想像上の弁論を繰り広げながらも、そこではまだ「礼服」[26]を着ていた。そして彼は、自分が裁判を受けるべき者であると相変わらず感じ、出廷する覚悟をしながら、自分の主義主張について確信している。『告白』の冒頭で「無数のわたしの同胞」を招き入れながら至高の判事に語りかける彼は、「永遠の存在」にしか従属しない人間である。[27]続いて『対話』は、未来の判決のために、非常に複雑な証人尋問の手続きを演出することになる。

絵画と額縁《タブロー》に収まった絵——事実、推論

「この作品は、熱と力にはあふれているものの、論理と秩序がまったく欠けている。わたしの筆になったもののうちで、理論が最も弱く、律動と諧調が最も乏しいものである」[28]。『学問芸術論』に対する『告白』第八編の判断は厳しいものだ。『不平等論』の手堅い構成を考慮に入れると、論理展開に関するこの判断が間違っているとは思われない。律動と諧調は『学問芸術論』にはまったく欠けてなどいない。『告白』の作者の厳しさは、この分野における作者の要求の多さを示している。しかしながら、容易に解読可能な論理展開の代わりに、『学問芸術論』のなかには語りの秩序が見出されるのである。

ざっとテクストに目を通してみよう。読者への序文のすぐ後で、アカデミー会員に向けた前置きで問題がどのように議論されるか示される。はなから、彼は学問と芸術の批判を予告し、わずかな言葉で「学問研究に対する侮蔑と真の学者に対する尊敬を両立させる」[29]という結論を伝えている。論説に推奨

されるように、前置きの受け手は賞賛され、弁論家は徳を愛する、立派な人間（＝善の人間）として立ち現れる。[30] その後で、序論が展開される。

『ナルシス』序文では、ルソーは自分の論文の全体構想を次のように記している。「わたしはまずさまざまな事実から始め、世界中のどの民族においても、学問研究と教養への好みが広まるにつれて、風俗が堕落したことを示した[31]」。このさまざまな事実の記述は個別の観察事項から一般法則へとさかのぼる帰納法にかなっている。そのうえルソーは、『学問芸術論』第一部の終わりで、「歴史的演繹の結果[32]」について語っている。この演繹的方法によって、ルソーは潮の満ち干と月の関係と同じくらい堅固な因果関係を築くことができた。そのことをルソーは壮麗な迂言法で断言していた。「大洋の潮の日々の干満は、夜われわれを照らす天体の運行に規則正しく支配されているのと同様、風俗と廉潔の運命は学問と芸術の進歩に支配されている[33]」。そこではルソーは人びとの運命における道徳的要因の役割を再確認しているにすぎない。彼は次のように強調する。「それだけでは十分ではなかった。というのも、これらのことがつねに相伴って進行してきたことは否定できないとしても、一方が他方をもたらしたことは否定できたからである。そこでわたしは、この関連が必然的なものであることを示そうとした[34]」。経験に基づく仮説を補強し、「学問の修養があらゆる場合に人びとの風俗に」どんな影響を及ぼすことになるかを「見せる」必要がある。[35] したがって必然関係を具体的に明らかにしなければならない。この必然関係はルソーが「より一般的で、かつ重要な」問題と考えるものだ。

『学問芸術論』第二部は、こうして「推論」によって、不足している証拠を集め、推敲する作業に充てられる。「したがって、学問と芸術をそれ自体において考察してみよう。さらにそれらの進歩からなにが生じてくるはずかを見てみよう。そしてわれわれの推論が歴史的な帰納の結果と一致するようなあらゆる問題点をもはや躊躇なく認めよう」[36]。ルソーは、引き合いに出したほとんど天文学的な規則性を補強したいと思っていることについては、それほどはっきりと述べていないが、彼の用いる用語は『不平等論』で採用することになる方法を予告している。彼は「不確かな年代記」を補う「哲学的な探究」について語っている[37]。事実の明白な証拠は決してすべて列挙できないとしても、合理的な思索がすべての欠落を埋めることができる。ルソーが提案するのは一種の仮説＝演繹的実験であり、この実験は、既知の事実がたとえ不完全であったとしても、すでに認めた因果関係を確認するためのものである。この実験は、歴史的時間とかかわりなく、芸術と学問の情動的「源」と「起源」、その「対象」、「結果」にかかわるものだ。それでもルソーは『学問芸術論』の第二部で、歴史的事情のなかで自分が知っているとおりの芸術と学問に言及せざるをえない。彼は距離を置いて物事を捉えるようなことはほとんどない。思索に基づく再構成はそれに先立って述べていたこととほとんど同じだ。その結果、彼は「事実」を列挙しながら、すでに進めていた考えを反復し、くどくどと繰り返しているだけという印象を受ける。有史以前の状況にまでさかのぼることで、「あらゆる事実を遠ざけること」[38]から始めて必要な連鎖を展開するのは、『不平等論』においてはじめて可能になるのだ。しかし『学問芸術論』は、その第二部で、主たるテーマを見失うことなく、時間の喪失[39]、奢侈[40]、その後「軍人の徳」と「道徳的品格」[41]の喪失についての議論を主に展開している。「不平等」と「才能の区別」は関係づけられているが、その方法はルソーがのちにあの二重の動機に結びつけることになる重要性を予感させるようなものではない[42]。治療法についての考察を手短に示し、注のなかで「印刷術がこれまでに引き起こした恐ろしい混乱」[43]を断罪した後で、ルソーは、最終的に「少数」の「第一級の学者」[44]は別だとしながら、王侯とアカデミーは学者を擁護する義務があると結論を下している[45]。

ヴォルテールに抗して

『学問芸術論』を通じてルソーが問題にするのは、もっぱら風俗とそれが芸術と学問の影響を受けて腐敗したことだけだ。このテクストに環境保護の筆致を探したところでむだであろう。いかなるときもルソーは学問と技術が自然を機械仕掛けにしてしまったとか、世界の美しさを歪めたとか言って非難＝告発したことはなかった。彼のその後の作品でも事情は同じである。彼は湖や川や山をじっと見るのが好きだ。なぜならそこには静謐が見つかるからだ。彼はそうした自然に対する危惧の念を抱くことなどない。産業革命はまだその工場から出る煙を振りまいてはいない。ルソーは、都市と田舎の、鉱山労働と「畑仕事」(46)の古くからの対照を指摘するにとどまっている。ラテンの詩人たちはすでにこの対照法を知っていた。彼は宮殿を告発してはいるが、工場は告発してはいない。それではいかなる点で、ルソーの『学問芸術論』は挑発的・革新的価値を持っていたのかと人びとは思うだろう。いかなる理由で彼はセンセーショナルだったのか。

この問いには二つの答えを出すことができるだろう。第一の答えは、ルソーが支持した思想に関係し、第二の答えは、彼の雄弁に関係する。

奢侈に関する議論の展開は、ヴォルテールが挑発者の役割を果たしたその直近の論争を一新させた。伝統的には、中庸の哲学に照らしても、キリスト教の道徳に照らしても、奢侈は君主制国家においてさえ、魂を危険にさらすもの、また人間関係に混乱を持ち込むものとみなされていた。社会秩序の維持、健全な公共経済は、しばしば個人が自分の地位よりも上にのし上がるのを妨げるさまざまな制限を必要としてきたと思われている。それゆえ奢侈は、明確な社会的階層を混乱させるとの理由で非難されることがあった。しかし経済的繁栄はまっとうな目的であったし、「節度ある贅沢」（ピエール・ベール、またはもっと自由な立場ではサン＝テヴルモンがこのように述べた）を支持する有用性の議論はすでに人びとの理解を得ていた。ヴォルテールは、『俗世人』（一七三六年）という一二八詩句から成る一〇音綴詩で、マンデヴィルが『蜜蜂の寓話』で展開した考察を真似て、快楽主義的調子で、おおっぴらに奢侈弁護を広めた。

この世俗の時代はわが風俗にうってつけ。
わたしは奢侈を愛する、そして惰弱な生活さえも、
すべての快楽、あらゆる種類の芸術、
優雅さ、趣味の良さ、飾り物も［……］。
おお、よき時代よ、この鉄の世紀は！

奢侈礼賛に挑発の調子を与えながら、また地上の楽園におけるわたしたちの始祖〔アダムとイブ〕の極貧を嘲笑しながら、ヴォルテールは奢侈を無宗教に結びつけた。彼は説教師たちの怒りを買った。教会の人間と敵対し、『俗世人の擁護』（一七三七年）で聖職者の反論者を登場させそれを明らかにした。この聖職者は美食が好きで、上等な凝った食事を擁護する議論に一切反論しないのだ。一七四八年、モンテスキューは『法の精神』第七編の冒頭で、さまざまな政体に関わる奢侈の問題を検討している。ルソーがそのくだりに強い関心を持たなかったはずはない。というのもこの問題について（他のいくつもの

問題についても)、『学問芸術論』はモンテスキューの考えと語彙に依拠しているからだ[47]。

奢侈は、「財産の不平等」や「他に抜きん出たいという欲求」とともに進行する、とモンテスキューは述べている[48]。君主制国家では「奢侈が必要である」[49]。それに引き換え、「共和政においては、奢侈が少なければ少ないほど、共和政はますます完成度を高める」[50]。あらゆる点からルソーはモンテスキューの見解を先鋭にしながら取り入れたと分かる。彼は反絶対主義に賛同しただけでなく、共和国を全面的に支持したのだ。自ら「ジュネーヴの市民」と名乗ることで、彼は人びとが——原則として——統制された厳格な体制のもとで生活していた民主政にとっての、在外国民と称した。奢侈を一七五〇年に攻撃することで、彼もまた『俗世人』およびその著者と反対の立場をとることになるのを知らないわけではなかった。彼は、今日わたしたちが「市民のヒューマニズム」と名付けるものに属する立場をとった。古代に由来するがマキャヴェッリ的でもある彼の原則[51]は、富の特権を否定していた。ルソーは、モンテスキューがやったように共和国の制度を検討するだけでなく、共和主義的発言にふさわしい激しさで、共和主義者として話すことを望んだ。かくして宗教への参照は、完全に消失するわけではないにせよ、さほど執拗ではなくなった。『学問芸術論』は『俗世人』に対置される道徳的批判を共和主義化していたから、それは、ディドロの投獄が証明しているように、社会的・政治的緊張が激化した年にルソーがパリで成功した要因の一つとなった。

テクストそのものの連鎖のなかでとりわけ示唆的であるのは、ルソーにとって、奢侈の主な結果は「軍人の徳」が失われたということだ。論の流れで言うと、第二部における「戦士の資質」についての長い言及は、「道徳的特質」の言及に先立っている[52]。この主題は当時の世論でいくらか現代的意義を持ちえた。フォントノワでのフランス軍の勝利(一七四五年)にもかかわらず、オーストリア継承戦争は満足のいく仕方で終わらなかった。アーヘンの和約の領土割譲（一七四八年）は、フランスにとっては苦いものであった。その結果、執拗に古代を参照しているにもかかわらず、ルソーが「わが軍隊[53]」の価値について提起する問題は、理論的なものとはまったく別のものと受け取られる可能性が確かにあった。芸術を断罪するために、『学問芸術論』は、古代史および近代史の書物から、すでに何度も引用された社会の腐敗と帝国の崩壊の実例を集めている[54]。

学問と「無益な好奇心[55]」を断罪するために、ルソーは、スタニスラス王への回答において、福音の教えと教会の教父たちにかなり多くの紙面を割いている[56]。しかしモンテーニュもまた、根本的にほとんどそれと対等の資格で規範となっている。特に強調しておかなければならないのは、ルソーが、説教師たちと同じ主題に取り組むとき、彼らが使っていた語彙の意味を市民の徳を擁護する方向に変えてしまうか、あるいはそのような方向に意味を補完してしまうことだ。彼が社交界の軽薄さに対比させる神聖なものとは政治的次元のものだ。そして彼が何度も強調している言葉は「祖国」という語である。『学問芸術論』第一部からすでに、「国民の憎しみ」が消え去ることを喜びながらも、ルソーは、文学のせいで「祖国への愛」が消えてしまったことを嘆いている[57]。「ローマは哲学者、雄弁家などであふれんばかりであった。人びとは軍事訓練をないがしろにし、農業を軽蔑し、党派を信奉し、祖国を忘れたのだ[58]」。「祖国という甘美な名前[59]」がコレージュで教育される子どもたちの心を打つことはない。「われわれには物理学者、幾何学者、化学者、天文学者、詩人、音楽家、画家はいるが、もはや市民を持ってはいない[60]」。

『ナルシス』の序文では、『学問芸術論』よりも公然と、奢侈によって引き起こされる腐敗が「しっかりと構成された国家」で支配している美徳と対比されている。つまりそこでは、平等が義務の遂行に優先されるのだ。「無為」と「他に抜きん出ようとする欲望」の入りこむ余地はまったくない。[61] ルソーは宗教を擁護することを忘れたのだろうか。神について語ることを忘れたのだろうか。そんなことはない。『学問芸術論』の結論近くには、神への祈りが見つかる。ルソーが、「悪からわれらを救いたまえ」という主の祈りを彼自身の立場に適合させながら、「われらが子孫たち」が語るであろうことを予言する活喩法を登場させるとき、神は第三者を通して引き合いに出される。「彼らは天に向かって手を上げ、心に苦々しさをこめて言うことだろう。「いっさいの精霊を掌握し給う、汝、全能の神よ、われら父祖の知識と呪わしき芸術からわれらを救いたまえ。そして、われわれの幸福をつくりだすことができる、汝の前では貴重な唯一の善なる、無知と無垢と貧しさをわれらに返したまえ」[62]。こうした文体の与える効果は聖書のそれに似ている。しかし宗教と神の大義はもはやそれ自体のためには擁護されない。ルソーが、宗教、神、「宇宙の支配者[63]」を挙げるとき、それらはつねに「祖国」と結びつけられている。この結びつきは『学問芸術論』の伝える、より豊かな歴史的発展を約束された新たな要素なのだ。

わたしとしてはこの組み合わせのなかで最も目立つ二つの例だけに言及するにとどめたい。第一の例は教育に関するものだ。あなた方の子どもたちはいったいどうなってしまうだろうか、とルソーは問う。「この祖国という甘美な名が彼らの耳を打つことも決してあるまい。人が神について語るのを聞くとしても、それは神に畏敬の念を抱いているというよりも、神をこわがっているためだ[64]」。第二の例は、祖国と宗教、徳と信仰は、無神論者がこれらに示す軽蔑に対して、ひとしく対概念として構成されているということだ。「あの空虚にして浮薄な口舌の輩は、悪しき逆説によって武装し、いかなるところへも赴き、信仰の基礎をくつがえし、徳を抹殺している。彼らは〈祖国〉とか〈宗教〉とかいう古風な言葉に軽蔑的な笑いを浮かべ、人間のうちにあるいっさいの聖なるものを破壊し、卑しめることに、その才能と哲学を捧げている」[65]。匿名の複数の人びと――「あの空虚にして浮薄な口舌の輩」――という表現は、読者に個別の実例を自由に選ばせるものだ。読者がいろいろな人のなかから、宗教に対する軽蔑したような笑いで貫かれたあの詩編『俗世人』の作者を思い浮かべなかったはずはない。

ルソーはよく承知の上でヴォルテールを非難していた。というのは、ヴォルテール問題はラモー問題と関係があり、『学問芸術論』を着想した感情的な源泉の一つに数えられるからである。すでに何度も引用され、注釈を加えられてきた事実をここで想起しておかなければならない。若い日のジャン＝ジャックが『哲学書簡』と『アルジール』をどれほど賞賛していたかは周知のとおりだ。『アルジール』のグルノーブルでの上演は彼を「息ができなくなるほど感動させた[66]」のだから。しかしこののち『告白』執筆期のルソーは、リシュリュー公爵がヴォルテールとラモーのオペラ『ナヴァールの王女』のヴェルサイユ宮殿での上演のために手直しして短くするようにとルソーに依頼したのを受けて、大幅な修正に二か月かけた後、一七四五年末に、いくらにもならなかったときの深い落胆を回顧している[67]。

ルソーはのちに『ラミールの祝宴』として結実したこのオペラのために詩を書き、序曲を作曲し、音楽の転調とつながりをしっかり確認する義務を負うこととなった。つまり彼はヴォルテールの詩的言語とラモーの音楽の内部に直に入り込み、賞賛されている巨匠たちの声に自分の声を混ぜるという特権を手に入れたのだった。ルソーは自己紹介のためにヴォルテールに次のような手紙を書いている。「わたしは十五年前からあなたのお眼鏡にかなうように精進しています」。ヴォルテールは、愛想よく、この「情けない素描」をルソーに好きなように直す許可を与えた。ヴォルテールはこうつづっている。「幸いなことに、それは今あなたの手元にあり、あなたが絶対的な支配者です。わたしはどうしていいかすっかり分からなくなってしまったのですから[68]」。この問題は、ヴォルテールにとってはまったく重要ではなかった。ルソーのほうは、この仕事に多くの希望を持っていた。何という入門儀式の試金石か！　音楽家にして詩人でもあるという二つの肩書きでルソーを世の中に知らせるきっかけになりえたのだから。ところが「観客に配られた冊子」には彼の名前はなかった。ヴォルテールからは挨拶の一つもなかった。ロレーヌ地方を旅していたのだ。ラモーは、数か月前に『優美な詩の女神たち《ミューズ》』〔ルソーのオペラ〕がラモーに紹介されたときとまったく同じように、この作品を非難し屈辱を与えた。ルソーはそのことを苦にした。それだけに、しばらくしてディドロとダランベールから『百科全書』の音楽に関する項目の責任を任されたときは幸せであった。これでラモーとのけりをつけることができるだろう。(69)しかしヴォルテールの名は——わたしたちにはこう推測する権利がある——これ以後、ルソーにとってはラモーの名と一体になっていた。

ルソーが一七五〇年一月にヴォルテールに書いた手紙はしばしば取り上げられてきた——彼が自分の署名に、おそらく初めて、「ジュネーヴ市民」という肩書きを付け加えた手紙である。(71)そのとき彼は『学問芸術論』を執筆中だった。この手紙のきっかけは、彼が（おそらくピエールという名の）別のルソーとはなんら関係がないことを知らせることであった。ヴォルテールは自作の『オレスト』上演の際にこのもう一人のルソーとはケンカをしていた。ヴォルテールは誤って自分の敵をジュネーヴのルソーと取り違えていたのだろうか。ルソーはヴォルテールに対して「尊敬」と「賞賛」の気持ちを伝え、『ラミールの祝宴』のためにやった仕事に触れた。彼はヴォルテールに自己紹介しなかったことを詫びていた。その後であの挫折の結果を告げた。「あの日以来、わたしは文学をあきらめ、名声を得るという気まぐれをあきらめました」。彼はヴォルテールが犠牲になってきた「羨望」から来る「ごうごうたる非難」を「軽蔑」した。「わたしは自分が過ちを犯すのを恐れずに申し上げました。「わたしの魂を高め、わたしの勇気を燃え立たせてくれるこれらの書物は、徳に無関心な男の産物ではありません」」。彼はさらにその先に進んで、ヴォルテールに非難を向けるまでに至った。「あなたは共和主義者のことをしっかり［……］評価できていません。というのもわたしはあなたからはそのような者として知られていたからです」。手紙の末尾で、文学をあきらめたと言っているこの若き作家は、それでもいつの日かヴォルテールにもっと有名になりたいと思っていることを示唆する。「もしそのような幸福がいつかわたしに訪れるなら、それはあなたの評価にふさわしい一節によってであってほしいと願います」。たぶんヴォルテールはこのジュネーヴのルソーの手紙を読んで自己定義を（あるいはオートフィクションを作ろうと）しているのだと思い、ごく手短な返事を書き送るにとどめた。

ところで、この同じ時期にルソーはヴォルテールから「いつの日か認められる」ようにと努めていた。確かに、ディジョンの懸賞で自分の『論文』が成功するかわからないという不安をかかえてもいたが。そしてこの執筆作業において、ヴォルテールは彼の頭から離れなかった。ヴォルテールはこのテクストのなかで名前の出てくる同時代の唯一の作家である。それは奇妙な強調を伴っている。というのも彼は次のように不意に呼びかけられるからである。「高名なるアルーエよ〔ヴォルテールの本名〕、言っていただきたい。あなたがわれわれの偽りの繊細さのために、男性的な力強い美をどれほど犠牲にされたか、そして瑣末な事柄に満ちた優雅の精神が、あなたにどれほど偉大なものを失わせたかを」[72]。この後、非難の調子を和らげて、画家のカルル・ヴァン・ローとJ－B・マリ・ピエール、次いで彫刻家のピガールに呼びかける。「趣味の退廃」についてや、「浮薄な若者」と（遠回しな言い方で「男たちの自由の専制君主」と名付けられる）女性に芸術家が期待している拍手喝采についてのこうした議論は、軍人の徳の喪失についての考察の直前に置かれている。

反対命題を帯びた「高名なるアルーエ」への呼びかけは、ヴォルテールに対する説教なのだ。まずは、彼から栄誉あるペンネームをはぎ取り、実の名字を用いている。仮面をはがしたということだ。次に、力強さと男らしさが欠けているとしてヴォルテールを非難する。彼は「男性的な美しさ」を犠牲にして、「繊細さ」と「優雅」に没頭したのだ。その結果、激しい呼びかけのなかで、また君主制国家にたてつく貧しい人びとへの言及の延長線上で、[73] 男性性の特権を要求するのはルソーなのだ。ふたりの画家とピガールへ向けられた次の呼びかけは、宗教画（「われわれの神殿の威厳を」高める「崇高にして聖なる画像」）の放棄、ギリシャの神々の忘却を嘆いている。しかるにこれらの芸術家は「差し向かいの様子を描いたみだらな絵」や「醜い泥人形の腹」の〔彫刻の〕制作に専心しているのだ。[*2] ルソーは男性的なものと聖なるものの偉大さを支持するのだが、これは奢侈と快楽好みが忘れさせてしまったものだ。この話は、たとえ単なる意地の悪いあてこすりだとしても、あまり好意的なものとは言えない。人びとが賞賛しているのはヴォルテールの著作のほんの一部だけであって、もはやヴォルテールの庇護など必要としていないのだと本人に宣言するようなものだ。『学問芸術論』の結論部――〈徳〉への呼びかけ――は「情念を静めて良心の声」[*3] を聞くために、自己自身へ回帰するというアウグスティヌス的表現を継承している。それは当然、ルソーが自分のものだと主張する心の動きである。ただし、彼はヴォルテールに呼びかけるときアルーエという名にまさに添えていた、「高名な」という形容詞が含まれる文を結論に加えたのである。「そこにこそ真の哲学があるのだ。そうした哲学にこそわれわれは満足すべきなのである。そして、文学の世界で不滅な存在となっている高名な人びとの栄光をうらやむことなく、そうした人びととわれわれのあいだに、かつて二つの偉大な国民のあいだに認められたあの光栄ある区別、つまり一方はよく語ることを知り、他方はよく行なうことを知っていたというあの区別を認めよう」[74]。「高名な人びと」というこの複数形の表現に、ヴォルテールがあらためて言外に含まれていると考えるのは無謀ではない——同じ文の「われわれ」にルソー自身が含まれているように。結論部の命題で、ジャン＝ジャック・ルソーとヴォルテールのあいだの相違は、ラケダイモンとアテネを対立させていた相違とまさしく釣り合うものになっている！　この区別は光栄ある区別と言明されている。なぜならこの区別は、物を書かず、議論したのち沈黙に戻る敵対者であるといういっそう光栄ある長所によって、この文人の「栄光」を消し去るからだ。『学問芸術論』は『俗世人』への遅まきの反論として読むことが可能であるだけでなく、名指しでヴォルテールに投げかけた挑戦を含んでいる。ヴォルテールは、ある文通相手が知らせてきた『学問芸術論』のことを、そのときすぐに気にかけることはなかった。つまり彼は、「学校の作文程度のもの」には興味がなかったのだ。しかし、この作品を読んで彼は間もなくルソーの高慢さを理解した。遅ればせのヴォルテールの反論は、『ティモン』（一七五六年）という題の教訓譚だった。その本で、この作品のタイトルとなった者の名を借りて、彼は人間嫌いに話をさせる。「ありがたいことに、わしは持っている本をすべて燃やしてしまった」とつい先頃ティモンはわたしに言った。［……］「それは人類を堕落させる者たちだ。幾何学と建築の先生たちも怪物だ。学問はこの地上で最もひどい災禍だ。学問がなければ、われわれは相変わらず黄金時代にあっただろう」。これこそは素晴らしい未来を約束された、ふたりの敵対の始まりであると言ってもよい[75]。このふたりの関係が後戻りのできない状況に陥ったのは一七六四—一七六五年、『山からの手紙』第五の手紙でルソーがヴォルテールにかなり長い弁舌（またもや活喩法！）を振るったときである。この手紙でヴォルテールは不敬虔な『五十人の説教』の作者だとしながらも、この作品に対するあらゆる責任を放棄しているのだ。ヴォルテールが自分への告発とみなしたものへの反論は、手厳しい『市民の見解』となり、この作品をルソーはあくまでもヴェルヌ牧師によるものとみなし、それに対する回答として準備したのが、他ならぬ『告白』なのだ。

実は、お気づきのように、ルソーによってあの雄弁な結論部で引き合いに出された「よく行なうこと」とは、「よく語ること」のなかで増幅したものでしかない。ここでのパラドックスは、ある演説の最も悲壮な瞬間に「行なうこと」の無言の徳を強く勧めている点である。

雄弁

ルソーの考えに賛同した人も、また彼の考えを受け入れなかった人も、おおむね同意したのは、論文に展開される雄弁術が優れているという点である。ルソーに認められたこの長所を、敵対者たち――フィロゾーフであれ反フィロゾーフであれ[76]――はすぐにも非難することがあった。すでに見たように、ルソーは反論せずにはおかなかった。彼は敵対者たちに、大げさな物言いをする連中にすぎないという非難を苦もなく投げ返した[77]。もっとも「大げさな物言いをする連中」というありふれた表現はこうした口論に適している。

ルソーは自分の考えに対する評価を落とすような文体の賞賛には何度も反論した。その実例としては、ルソーが決して知ることがなかったが、彼には何ひとつ目新しくなかったであろうディドロの次の文を引用するにとどめておこう。「彼は真であるよりも雄弁、論証的であるよりも能弁、論理学者であるよりも才気ある人であることに心を砕いている。あなたに教えるよりもあなたの目をくらますことに心を砕いているのだ。[……]この人は雄弁な演説家であり、自分の詭弁に最初にだまされる人だ。人心にどんな変革を起こそうとも、ルソーは決して軽蔑される作者の類に堕ちることはない。彼は物書きに数えられる。素描家としては下手だが、偉大な色彩家が画家に数えられるのと同じように[78]」。

論証的な雄弁の規則によれば、演説の構成には、冒頭の命題を立てたらただちに、一般的には聴衆に情報を与える物語が含まれなければならない。ここでは演説家はそれゆえ、本当の物語（ナラシオ narratio）というよりもむしろ、初めに一連の光景 tableaux を示したのである。この「光景《タブロー》」という語（すでに見たように、その後の「絵画」peintures という語）こそ、ルソー自身がいままさに書いているものを指し示すために用いているのである[79]。ダイクシス〔発話状態によって意味が変わる〕(deixis) 的語彙と統辞法が冒頭から用いられた。光景 spectacle という語は『学問芸術論』の書き出しからすでに出ている。「これはまさしく、偉大にして高貴な光景である*4」。

視覚への呼びかけは大げさに示される。ルソーの文学的成功として、勝ち誇った日の出の最初のイメージが、輝かしい外観を備えながら、魂の奥底が見通せず、はっきりしない二重底の世界――われわれの世界――のイメージに席を譲るやり方を挙げることができる。心地よい見かけ（「花飾り」）の下に、ルソーは隷属（「鉄鎖」）の真理を感知する。人は輝かしい黄金時代から鉄の時代へと移ったのだ。そのとき舞台の上に「悪徳の数々」が入り込む。そしてルソーがまだ「われわれの世紀の光[80]」について話すとしても、それはこの言葉のなかに苦い皮肉を持ち込みながらであり、痛烈な皮肉の調子をにおわせながらなのである。人びとが互いに敬意を払っているように見えるが、実際には互いにだまし合い、朝から晩まで、「夜明けから太陽が沈むまで[81]」互いにそしり合っている。その光景は暗くなって、鉛色になった。もはや空を駆けめぐる太陽を眺めることはできない。眼差しは現代の社会に向けられる。イメージは変質し、悪がイメージを圧倒したのだ。

読者の注意はただちに『学問芸術論』第一部の山場であるファブリキウスの活喩法に釘付けになった(82)。それは一世紀半にわたって名作集の一断章、学校の練習問題の一つとして用いられた。すでに見たように、ルソーはマルゼルブに、それはヴァンセンヌへの道の「あの木の下で」、すなわち彼が「無数の光」に襲われた場所で書かれたものだと伝える。したがってそれは、ルソーがすべての始まりの天啓として提示するものの一つのきらめきなのだ。『学問芸術論』では、活喩法という方法が望むように、演説のなかの演説——話し言葉の代理の資格による演説——なのである。ルソーはローマ共和国の奥から一人の偉大な亡霊（決して妥協しない超自我）を立ち上がらせる。ルソーは自分自身の子ども時代の奥から、父親と一緒にプルタルコスを読んだ作業場の奥からその亡霊を立ち上がらせるとも言えよう。「たえずローマとアテナイに心を奪われ［……］わたしは伝記で読んだ登場人物になるのであった(83)」。したがってファブリキウスは、『学問芸術論』では、共感して体験した昔のアイデンティティーの回帰、あるいはこう言った方がよければ、「祖国への愛が最も強い情熱であった」父親の代理人なのである。

おお、ファブリキウスよ！　あなたの腕によって救われ、あなたの尊敬すべき名前によって、あなたのいっさいの征服よりもはるかに有名なものとなったローマ、不幸にして、あなたが再びこの世に生き返り、あのローマの壮麗な外観を見たならば、あなたの偉大な魂は何と思ったであろうか。あなたはこう言ったに違いない。「神々よ。かつて中庸と徳の住むところであった藁ぶき屋根と質素な家々はどうなったのか。なんという呪うべき華麗さがローマの素朴さを受け継いだのか。あの耳慣れない言葉は何であろうか。あの女性化された風俗は何であろうか。あれらの彫像、絵画、建築は何を意味するのか。無分別な者たちよ。お前たちは何をしたのだ。諸国民の指導者であるお前たちよ、お前たちが征服した軽薄な人間どもの奴隷となりはてたのか。お前たちを支配しているのは、修辞家たちであろうか。建築家、画家、彫刻家、道化役者などを富ませるために、ギリシャやアジアにお前たちの血を注いだと言うのか。カルタゴの戦利品は笛吹きの餌食なのか。ローマ人たちよ。ただちにあれらの闘技場を破壊するがよい。あれらの石像を砕き、絵画を焼くがよい。そしてお前たちを屈服させ、その呪わしい芸術がお前たちを堕落させているあの奴隷たちを追放するがよい。空しき才能によって名を顕すのは、ほかの人びとのなすことなのだ。ローマにふさわしいただ一つの才能とは、世界を征服し、そこに徳を打ち立てることである。キネアスはわれわれの元老院を王者の集まりと考えたが、空虚な壮麗さにも技巧をこらした優雅さにも眩惑されはしなかった。そこで彼は、くだらない人間たちの研究と魅力の的である、あの軽薄な雄弁をいささかも聞くことはなかった。ではキネアスは何を、かくも尊厳あるものと見たのであろうか。おお、市民たちよ！　お前たちの富やお前たちの芸術が決して与えることのない光景を、彼は見たのだ。それはかつてこの空の下に現れた、最も美しい光景であり、ローマを指揮し、この地上を統治するにふさわしい、二百人の有徳の士の集まりなのである(84)」。

これに続く文章もやはり重要である。というのはファブリキウスの言葉はフランスの二人の国王――伝説的なよき君主――が当時の社会の悪徳を見たとしたら繰り返したかもしれない言葉の代わりをしていると言えるからだ。修辞学によれば、ファブリキウスの活喩法のおかげで、暗示的看過法を用い、否定の形で語ろうと意図しないことを示唆することが可能になるのだ。

しかし、場所と時間の隔たりを越え、われわれの国土において眼下で何が起こったかを見てみよう。いやむしろ、われわれの繊細さを傷つけるような、おぞましい描写＝絵画を遠ざけてみよう。そして同じ事柄を別の名で繰り返すような労を省いてみよう。わたしはいたずらにファブリキウスの死せる霊を呼び起こしたのではない。この偉大な人物にわたしは何を語らせたのだろうか。ルイ十二世やアンリ四世にその言葉を語らせることができないとでも言うのだろうか。(85)

したがってファブリキウスはもう一人の話し手であり、代理の雄弁家なのだ。彼の厳しい非難は帝政ローマを対象としている。間接的に示される真の標的は、今日の腐敗なのだ。ルソーの見かけの告訴取り下げには二つの意味がある。一方では、それによってローマをアリバイに使って非難＝告発者の演説をすることができるし、また反抗を勧めることさえできる。偶像破壊の呼びかけ、体制破壊の勧めは別の場面に向けられたのだ。ルソーは自分の目を「おぞましい描写＝絵画」を生ぜしめたものに向けたくはなかった。ここには修辞学的な移動の適用が見られる。周知のとおり、これをフロイトは夢に割り当てることになる。反抗＝憤慨はもはや名目上のものでしかない。それは明らかに非難の的となる現在によって呼び起こされるのではなく、誰でも知っている、すでに何度も告発されてきた、類似の昔の状況を非難しているのである。眉をひそめるような検閲を受けるべきものは何もない。ルソー自身、さまざまな危険を前にして自分の不安な気持を述べながら、検閲官のルールに従って行動している。彼は「危険な」という単語を頻繁に用いる。この語は、ルソーのあまりにも自由な実践が社会の基盤に与える可能性があるダメージを恐れる哲学の敵たちの語彙に属するものであった。ルソーは、ディジョンのアカデミー会員に語りかけるとき、多くの「危険」をよく知っているというような態度を示しているのだ。(86)

他方で、プルタルコスのオーラに包まれた英雄の姿は、崇高さへの上昇を権威づけている。それを自分一人で独占せず、発言を譲るふりをしながら、ルソーは『学問芸術論』にある程度の追加効力を与えている。活喩法の迂回手段によってよりインパクトを強めること——荘重にすること——が可能になる。発言の委譲というやり方は、想像のなかで個人の過去に立ち戻る際に、また『エミール』で形而上学と宗教の重要な教えを展開すべく「サヴォアの助任司祭」に助けを求めるとき、ルソーによって再び用いられる。ルソーが自分の「教育論」と呼ぶものにおいて、この入れ子構造の説得力のある演説は、一方ではより緻密な議論を展開することもできるし、他方ではより高度な熱狂へと向かうこともできる。しかしここでわたしたちは活喩法の限定的枠組みから脱することになるのだ。

エクリチュールという技巧の助けを借りることで、活喩法が、読まれることを念頭に置いた雄弁の断章に、読むことから聞くことへの移行の効果を生み出していることを付け加えておかなければならない。ソクラテスへの言及と、活喩法に先立つ『ソクラテスの弁明』からの長い引用は、程度はわずかではあるが、すでにこの口承性への移行の効果を生み出していることを強調しておく必要がある。ルソーは、このように偉大なアテナイ人と偉大なローマ人との対比を行なう機会を逃したくなかったのだ。

引き合いに出された人物は歴史上遠い時期に属しているにもかかわらず、この「発言」は現代への闖入のような効果を与えようとするものだ。ルソーは、多くの同時代人と同様に、政治的な雄弁は彼の時代の君主制国家においてはもはや市民権を持っていないと信じていた。それは共和制ローマがそうであったように、自由な国民のものでしかありえない。ファブリキウスの活喩法は失われた力の代表者を演出するものだ。市民の雄弁は不可能な仮説という形式で再び現実化されている。この想像上の再生は、有徳な「発言」を理想化することで、失われたものを惜しむ気持ちを増幅させるばかりである。

この雄弁の断章が人気を博したことは――悲劇とオペラに対して起こったように――パロディがすぐに現れたことに示されている。ヴォルテールの『俗世人』を非難した「宗派」は、ルソーが加勢したことを警戒した。そして彼の批判が風俗だけにとどまらなかったことを遺憾に思った。ただ一つだけ例を挙げると、『トレヴー評論』(87)の執筆者であるイエズス会の神父たちはルソーの文体に感心するが、知識に対するルソーの敵意は容認しない。彼らは、省略なしに、ファブリキウスの活喩法を引用するが、すぐに反対の意味にパロディ化された活喩法を示すのである。

おお、メディシス！　おお、レオン！　おお、フランソワ！　学問と芸術の見事な復興者たちよ、あなたたちが光に呼び戻されて、人びとがあなたたちの善行を不幸とみなし、あなたたちの寛大さを不吉な毒とみなしていることを知ったなら、あなたたちが賢者の頭を飾ることに喜びを覚えた冠を壊すのを見たなら、あなたたちが消滅させた無知が墓から出てきて、あなたたちの栄光をたたえるために建立した趣味と才能の記念建造物を破壊したなら、あなたたちはいったい何と思うだろうか。あなたたちの激怒を止めろ、激怒を抑えよ、とあなたたちは言うだろう。あれらの彫像、絵画、建築物がどんな罪を犯したというのか。あなたたちが破壊しようとしている、あの豊かな図書館、博学の神殿、有名な学校をいかなる契約金を得た上で罪あるものにしたのか。なんということだ！　鉄と火で武装したヴァンダル人がやって来てあの襲撃の光景を新たにするのか。迫害者たるイスラム教徒が、共通の廃墟の下に、知識、賢者、そして知識と賢者の栄光を埋葬するだろう。

『学問芸術論』のイメージの役割と継起に注意してみよう。そして、ファブリキウスの演説から再び出発するとしよう。「おお、ファブリキウスよ！」という祈願が「この世に生き返った」という仮定によって強固なものになるやたちまち、偉大な人間のイメージはわたしたちの目の前に存在する。それが身近なものだとはっきり示されるのだ。ファブリキウスは読者の想像力豊かな眼差しにとって、また期待する読者の聴覚にとって、ある明白さ（evidentia, enargeia）を獲得し始める。そしてその明白さは増大していく。このテクストがファブリキウスを位置づけた現実のレベルで、ファブリキウス自身、ある一枚の絵を見ている（「あなたが見たならば」）と仮定される人間である。この登場人物は自らが築く関係によって一貫性を得る。ファブリキウスの記憶から出てきた、新しいイメージが形成される。つまり彼が執政官であった共和制ローマのイメージである。雄弁の調子は、喪失と衰退が記される「どうなってしまったのか」という問いによって放たれる。それは疑問を投げかける愁訴、つまり「だが彼らはどこにいるのか」というトポスのヴァリエーションである。この愁訴は、ルソーの作品、とりわけ『新エロイーズ』と『告白』に幾度となく響きわたるものだ。その対となる肯定的な項は過ぎ去った時代に属している。この活喩法の文学的成功は、指名と問いかけが混じり合うさま、感情をかき立てる見方と、また別の見解を条件づける感情と、疑問、感嘆、命令、描写のあいだの推移とが混じり合うさまに由来する。

たとえば、「宛名」の向けられる方向を見てみよう。ルソーは、死者の王国にまでさかのぼることで、過去の深みにいるファブリキウスに呼びかけていた。ファブリキウスは、まず天から人間の社会を支配している神々に語りかけ、その次に帝政時代の退廃期の「無分別な者たち」に語りかける。彼は最後には——これが非難の頂点だ——「市民」というかつての彼らの身分のもとに彼らに語りかける。こうした宛名は時空の枠を極端に拡げる。したがって活喩法の成功に不可欠な度合の悲壮さに、すぐに到達するのだ。

一つの都市の百年にわたる変化の一大絵巻は、ファブリキウスが仰天し、憤慨している対象を名指すのに合わせて、わたしたちの眼下で繰り広げられていく。消滅してしまった現実に言及しながら、彼は「あれらの藁ぶき屋根と質素な家々」という、説得力のある表現を重ねていく。賞賛に値する過去を現在によみがえらせながら、不在にむしばまれた現在の非難＝告発を展開する。ファブリキウスが感知する世界は彼には無縁である。彼が耳にする言語――ギリシャ語――は、決して彼の言語ではなかった（少なくとも彼の言葉はわたしたちにそのように信じさせる）。それと同時に、彼はそれ自体がすでにイメージである途方もなく新しい対象を発見する。つまり「あれらの彫像、絵画、建築物」である。三要素または四要素からなる芸術＝技芸の集合は、一覧表《タブロー》＝絵巻が担う悪を凝縮することでそれを完全なものにする(88)。「お前たちを支配しているのは、修辞家たちであろうか」と、ファブリキウスの激しい言葉が雄弁を告発しているように、ルソーによって喚起されるファブリキウスというイメージは、したがって凝固した、勝ち誇るイメージの敵である。劇場、彫像、絵画を破壊することで消し去らなければならない不正は、正当な役割の転倒――つまり奴隷が主人になり、皇帝が笛吹きになり、女々しさが征服の精神に取って代わるという役割の転倒――にある。ここでは徳の概念に関係する実体は、外観に取って代わられたばかりでなく、持つこと＝財産（「建築家、画家、彫刻家、道化役者」が豊かになること、「カルタゴの戦利品」の異常な消費）にも取って代わられたのだ。それゆえわたしたちは疎外された世界――その疎外に気づくことができず、したがって破滅する運命にある世界――の告発という典型的なイメージの一つに直面している。ついでに、この種の非難＝告発の演説はルソーの時代には新しいものではなく(89)、ファブリキウスの不満がわたしたちには時代遅れで、さらには反動的に見えるとしても、その後世は失われていないことを指摘しておこう。ファブリキウスというイメージの怒りは、あの権力を簒奪するすべての存在の破壊を命じる命令法の連続に表されている。これは「革命的な破壊行為」の先取りだろうか。政治的な偶像破壊運動を考える前に、宗教的な聖像破壊運動を考えなければならない。「あの大理石像を破壊せよ」。これはコルネイユの悲劇に登場するポリュークトの、異教の神々に対する英雄的な行為であった。「石と金属でできたあの神々を打ち壊しに行こう」(90)。

活喩法とは、要約された演説である。したがってそれは演説の結びにつながるものだ。ローマの帝政の使命についての断固たる裁決の後——「ローマにふさわしいただ一つの才能とは世界を征服する才能である」——ファブリキウスの言葉は再びローマの過去に関わるものとなる。彼は自分自身の歴史の一場面を思い出す。そこにはプルタルコスの同じ本から出てきた人物がプルタルコスが伝えている言葉を発するのだ。「キネアスはわれわれの元老院を王者の集まりとみなした」。こうして活喩法はローマの元老院がギリシャの大使に見せる光景（この単語は繰り返される）によって結ばれる。したがってこの場面には破壊の時の後、誰も登場しないままではない。彼の心を占めることになるのは、過去の政治的規範の象徴的なイメージである。つまり主権が具現される共同体である。二百人の人の集まり——キネアスの目には同じ数の王者の集まりだ——は、価値のある唯一の光景であり、富と芸術が与える光景が決して取って代わるはずのない唯一の光景である。ルソーが、実際にはタルクイニウス・プリスク〔古代ローマ第五代の伝説的な王、生没年未詳〕の時代から三百人であったローマの元老院に、二百という数の議員を割り当てるとき、彼はまたもやジュネーヴのことを、より正確に言えばジュネーヴの二百人の総評議会を念頭に置いている。これは、こののちルソーの作品において、とりわけ『社会契約論』と『ダランベール氏への手紙』において、理想化された二つの姿をとることになるものがいまだ簡潔なかたちで素描されたイメージなのである。つまり一方は完全に男性的なイメージとしての民衆の集まりであり、そして他方は、女性が果たすべき役割を担っている公の祝祭である。ファブリキウスの言葉は、善のイメージで、つまりモデルとしての共和国の意志が集中する集会に具現された透明さのイメージで終わる。しかしながらこの善は裏切られ、否認された過去に属する。美しいイメージは、それ自体想起された共和国の英雄の記憶にしか属さない。それは二重の回顧を背景に描かれるものなのだ。

もう一度次の点を強調しておこう。今はなき美しいイメージ、「かつてこの空の下に現れた最も美しい光景」は、不吉で、それらの対象の重さであまりにも重苦しいもう一つのイメージと矛盾するものだ。活喩法に先立つ一節で、ルソーは学問と芸術の影響で退廃し、滅びさえした社会の「一覧表＝絵巻」に言及する、つまりエジプト、ギリシャ、ローマ、ビザンチン、同時代の中国だ。彼はただちにそれらの国といくつかの有徳な原始的民族を対比した。有徳な民族とは、初期のペルシャ人、スキタイ人、タキトゥスが記述しているようなゲルマン人であり、「貧しい時代のローマそのもの」であり、少し先で彼が「貧しい山岳住民の一団[91]」と呼ぶことになるスイス人である。その後に、アテナイとスパルタの対比がやって来る。この対比ではルソーはアテナイに不利な裁定をする。というのもアテナイでは「建物の優雅さは［……］言葉の優雅さに対応していた」からだ。なぜアテナイを断罪するのか。なぜなら「あらゆる腐敗の時代において模範として役立つことになる驚くべき作品が生まれたのは[92]」このアテナイからだからである。それに対して、スパルタについてはいかなる物質的痕跡も残っていない。「この国の住民たちについてわれわれに残されているものは、彼らの英雄的な行為の記憶だけである。こうした記念碑は、アテナイがわれわれに残した奇妙な大理石像よりも、われわれにとってははるかに価値のないものであろうか[93]」。

ルソーは目に見えるいかなるものにも結びつかないこの記憶のほうを好む。それはさまざまな行為と関連のある、精神的なイメージである。ルソーは明らかに、いかなる手段でこの記憶が広められたかは問わずして、加工された大理石の美しさよりも徳の非物質的な概念のほうを愛すると——これみよがしに——示す。しかし、アテナイを全面的に断罪しなければならないのか。アテナイに好感を示しつつ悔いる演説において（フォンタニエなら「先祖返り」と呼ぶかもしれない）、ルソーはアテナイの「賢者」のうち「最も不幸であった人」(94)、ソクラテスを登場させる。それは『ソクラテスの弁明』のかなり長い断章——『学問芸術論』の第一部の全体の構成のなかで活喩法と対をなしている(95)——をきわめて自由に引用する機会となった。自分自身の無知を認める賢者は、今日では、「無益な学問」の敵となることだろう。賢者は作品を執筆することはなく、「今日、至るところに氾濫している洪水のような書物を増大させることを彼は助けたりはしないであろう。自らの徳の範例と記憶のみを［……］残すことであろう」(96)。学者と芸術家に厳しい判断をするソクラテスのこのイメージは、すぐさまカトーのイメージと結びつけられる(97)。それがファブリキウスの登場を可能にしたのだ。しかしわたしたちの眼差しがファブリキウスと共和国元老院の美しいイメージから離れるとき、また「われわれの国土において、眼下に起こったこと」が呼び覚ます「醜悪な絵」を放棄するとルソーが宣言するとき、最後のイメージが立ち現れる。それは「われわれのなかに」(98)生きているソクラテスの仮定上のイメージである。「ソクラテスは毒を飲むようなことはあるまい。しかし、はるかに苦い盃で、侮辱的な嘲笑を、そして死の百倍もひどい軽蔑を飲み干すことになるであろう」(99)。

模範例の長い連続の最後に現れるイメージは、したがって精神的迫害のイメージである。確かに、ソクラテスはディドロがしばしば要求する後見人であるし、ヴォルテールはディドロにソクラテスというあだ名をつけている。しかし、『対話』と『夢想』の執筆期のルソーが不平を言うのは、嘲笑と軽蔑（そしてこれがいっそう悪い）についてである。ルソーの意識にこののち何が起こるのかを知りつつも、わたしたちはここでオートフィクションと『学問芸術論』の議論の収束点に出会っているという印象を持つ。「われわれのなかの」ソクラテスの仮定的運命は、ルソーが追い込まれたと遠からず感じるであろう状況の先取りとして読み取れるのだ。

『学問芸術論』のなかで、「イメージ」という単語が唯一出現する重要な一節では、永久に過ぎ去った「原初の時代」に言及されている。文明の精神史全体を象徴的にたどり直す第二部のある段落の冒頭には、次のような文がある。「風俗について思うとき、必ずや、原初の時代の素朴さのイメージが、楽しく思い起こされるのである。それは自然の手だけによって飾られた美しい岸辺であり、人びとはたえずそこに目を向けながら、そこから遠く離れていることに哀惜の念を抱いている[100]」。これに続く文は順に神々と人間の住まいについて言及している。あばら屋（そこで神々は人間とともに生活していた）、「壮麗な神殿」（神々はそこに追いやられ、そしてそこから神々は追い出された）、そして凱旋の悪徳を正面に陳列する「高位高官の宮殿」である。そこには「大理石の円柱に支えられ、コリント式の柱頭に刻まれた［……］神々の姿が、言わば、入り口に見られる[101]」。素朴さの喪失（徳は、「美しい岸辺」と「自然の手」という隠喩によって想起される）は、すぐれて人為的なもののイメージが増幅され、人びとの視野を埋めつくす神殿や宮殿の建築によって表現される[102]。この数行のうちに、透明の世界と、建物の豪華な正面によって光をさえぎられた世界のあいだで繰り広げられる、人間の歴史の破滅的な進展が記される――豪華な正面とは不平等の象徴であり、個人のあいだのコミュニケーションを妨げる障害なのだ。自然、素朴さ、それらの美しさへの回帰については、いかなる手段も提案されない。病気＝悪は行なわれ、しかも病気は治らない。もはや人間の情念は「だます」ことしかできない[103]。ところで情念を「だます」（＝変化を与える）とは、代わりのイメージ、「代補」、すなわち次善の策または罠を新たに創り出すことである。治療薬は、もし存在するとしても、すべての「ありきたりの治療薬」がそうであるように「不十分な」ままであろう[104]。その対極にあるいかなる治療薬も完全には効果的ではなく、もはや「一時しのぎの手段＝応急処置[105]」でしかありえない。ルソーが『学問芸術論』結論部で賞賛している人びと――そしてこれは当然のことながら便宜上命じられる偽の解決策である――は、国王やアカデミーに本物の学者――こうした学者はきわめて少数だ――を保護するよう促している。ルソーは、ひとまとまりの概念を形成しながら、「人類の幸福[106]」のために「徳、学問、そして権威」、すなわち道徳、知識、政治権力が協力して働くようにとの願いを表明している。彼は、今日のわたしたちなら、希求法をもって「よき政府」と名付けるものを、きわめて抽象的に考えているのだ。しかしこの願いは、『学問芸術論』が間断なく提示した抑止力にはならない。結局、ルソーは、相変わらず敵対関係にある決裂を幻滅しつつ確認するにとどまる。「権力が一方だけにあり、知識と叡智が他方にだけある限り、学者は偉大なことに思いをいたすことがきわめて稀で、君主が立派なことをするのはなおいっそう稀で、そして国民はつねに卑しい、腐敗した、不幸な存在にとどまるであろう[107]」。

　不幸なというのは、これは、『人間不平等起源論』でルソーが決定的な天啓について想起するとき、彼がディジョンのアカデミーの課題にあてはめる形容語である。なぜ不幸なのか。それは人間の不幸の源、道徳的悪の起源をルソーに発見させたからではなく、「おそらくそのときからすでに彼を陥れたあの不幸の奈落が彼の足下に掘られていた、あの不吉な道に[108]」ジャン＝ジャックを投げ込んだからである。ジャン＝ジャックを訪ねてきたばかりのルソーという人物が「フランス人」という登場人物に話しかけるのを聞いてみよう。この『対話』のなかには三人のルソーがいる。プラトリエール通りでこれを書いているが、注のなかにしか姿を見せないルソー。次に、「あのお歴々」によって、すなわちルソーの迫害者たちによって警告を受けるがままになってしまった、フランス人の対話者ルソー。そして最後に、三つの対話で話題にされる対象だが自ら直接に発言しないジャン＝ジャック。このジャン＝ジャックは、中傷されるジャン＝ジャックであり、かつ本物のジャン＝ジャック、正直なジャン＝ジャック、人から非難される犯罪を犯したこともないし、彼のものとされる本を書いたこともない無実のジャン＝ジャック、すべて併せたものである。ジャン＝ジャックの物語は、すべて「心」と想像力を重視する順序で配置される。彼はもはやジュネーヴの市民と名乗ることはなく、「われわれの世界」から離れて、自分は「理想世界」の住民であると言う。彼はもう一つの自然のなかで生きるのだ(109)。彼の最も強烈な人生は、彼が作家になった時よりも前にあったと彼は断言する。

彼の慈しんだ空想がすべての代わりをなし、青春の炎のなかで、生き生きした想像力が次から次へと想像力を満たしてくれる魅力的な対象であふれんばかりに圧倒され、彼の心を途切れることのない陶酔に浸し、そこでは自分の思想をまとめる力も、定着させる力も、書きとめる時間も、人に伝えたいという欲望も、入り込む余地がなかったのです(110)。

「ペンを用いること」が彼にとって可能になるためにはこの大きな動きが鎮まらなければならなかった。つまり自分の思想を伝えたいという願望と可能性は、彼にとってはもっと後になってやって来たにすぎないのだ。

2 偶像破壊論者のアトリエ

ルソーと視覚芸術との関係は、彼の思想のきわめて重要ないくつかの側面を明らかにする。しかしながら彼が参照し、そして実際に参照したとわかっている作品は、あまり多くはない。幸運にも、それらの作品に彼のフィクションのなかの肖像、彫像、庭園を付け加えることができる。そしてそのうえに、彼の著作のなかで絵になるもの、イメージを形成するものがたくさんある。身振りと等価の文、「タブロー＝絵」と称されるページ、「光景《スペクタクル》」を示すと思われるページがある。要するに、同時代の人びとがただちに認めたように、彼は雄弁が必要とする「文彩」と「色彩」を駆使する名人の一人なのだ。

彼は自分自身との密接な関係において、しばしば深い「関係妄想 concernement」(1) とのかかわりで、視覚芸術に言及した。それほど版画家や画家の示すイメージは彼の人となりに関わる〔人となりを眺める〕ものだったのだ。これは当然のことながら彼の肖像画に当てはまるだけでなく、『新エロイーズ』の版画や『社会契約論』のタイトルページの小型装飾挿絵にも当てはまるものだ。

ルソーの自伝的作品は、視覚芸術に関係する作品や活動への参照を少しずつ含んでいるが、こうした参照箇所が登場するのは散発的かつ、また束の間のことであって、彼の人生のさまざまな出来事や彼の内面の「感情」の「連続」とつねに密接につながっている。[2]『告白』冒頭にある母親についての注記には、「彼女はデッサンをし、歌も歌った」[3]とある。牧師ランベルシエの書斎の近くにある、「歴代の教皇を描いた」一枚の版画は、ボセーの思い出と切り離せないほど密接に結びついている。[4]デュコマン親方〔彫刻師〕の家でジャン＝ジャックの「ビュラン彫りの遊び」がどんなものであったか夢想にふけることも可能だ。ルソーは「時計仕事のための彫金の才能は非常に限られている」と述べ、ひそかに彫ったメダルにしか言及していない。[5]ジャン＝ジャックに挿絵の切り抜きをさせていたファヴリア伯爵については大目に見ることにしよう。ルソーは嫌な仕事を思い出すが、それらのイメージのどれひとつとして彼の記憶のなかに長くは残らなかったようだ。[6]

シャンベリーで土地台帳を作成する仕事をしているとき、彼は絵の具を買って、「花や風景を描き」はじめた。[*1]彼はこれに夢中になるが、間もなく「この芸術に対する才能はほとんどない」と気づき、やがてそのために「生まれてきた」と感じていた音楽を好むようになった。[7]同様に、サン＝プルーは「あまり絵は上手ではない」が、絵描きに指示を与える程度には十分絵のことはわかっていると述べる。[8]一七四三―一七四四年のヴェネツィア滞在に関しては、ルソーはさまざまな音楽の発見について語るが、絵画についてはひと言も言わない。[9]彼が「近眼」[10]であったのは事実である。

『告白』第九編と第十編[11]では、ラ・トゥールによるジャン＝ジャックの「パステル画の肖像」、デピネ夫人の肖像画、リュクサンブール夫妻の肖像画が問題にされる。これらの肖像画は、贈られたか与えられたもので、ルソーとその庇護者との関係の証人または人質として言及されている。芸術作品としての質は問題にならない、というのはそれらの肖像画は何にもまして友情の象徴だからである。『告白』がわたしたちに教えるところでは、ルソーは、「モンモランシーの主塔」[12]の額縁に収められた版画のなかに、フリードリヒ二世の肖像画を所有していた。彼はこの版画の下にプロイセン王についての媚びのない見解を表す二行の詩を刻んでいた。自分を訪ねてくる人がこの詩句について言いふらしているのを知って、ルソーはそのことがフリードリヒ二世に知られるのではないかと心配していた。ここでもまた、視覚芸術作品は、それが関連していたジャン＝ジャックの人生の状況のせいで話題になるのだ。作品は一人の人物のしるしであり、そのとき重視されるのは、表現の質ではなく、表現される主題なのだ。銘文として刻まれた詩句はイメージそのものよりも重要である[13]。

『告白』は、ジュネーヴ人フランソワ・コワンデがどのようにしてルソーの交友関係に入ってきたのか、そしてこの人物が「『ジュリ』〔『新エロイーズ』のこと〕の版画にとって」どれほど「役に立った」かも教えてくれる[14]。しかしこの自伝は当該の人物を、ルソーを犠牲にしてリュクサンブール家に取り入ろうとしたそのずる賢さを告発するためにのみ登場させている[15]。実際、コワンデはちょうどよいときに介入してきたのだ。ルソーは作品に挿絵を入れたいと思っていて、イメージ――彼が想像していた人物と世界のイメージ――が彼の標語や作品冒頭の引用文と同じ資格で彼を表すものになるだろうと直観的に感じていたのだ。それは読者にとっては、密使も同然であった。ルソーは、自分が挿絵を管理し続けられないのではないか――すでにそのようなことが起こっていた――と疑いながらも、自分を世に知らしめる挿絵に細かく気を配ったが、故なきことではなかった。コワンデは、テリュソンとネッケル銀行の従業員で、ルソーが公衆との関係において代理人を必要とする可能性があると察したのだ。いずれにしても、コワンデは見逃せないほど魅力的な利益が得られると当てにして、絵描きと出版業者の仲介役となった。版画と小型装飾挿絵は、テクストの意味を厳密に守りながら伝える使命を帯びた「パラテクスト[16]」となった。

わたしは別の論考でルソーが自ら示した作者の人物像をもとにオートフィクション[17]について問題にした。つまり「ジュネーヴの市民」、長編書簡体小説の「出版者」あるいは隠れた主人公、「立法者」、「エミールの家庭教師」、夢想家である。オートフィクションは画家と版画家が公衆に明かすイメージにも及んだ。こうしてルソーは公共空間と公衆の想像世界の大部分を独占した。しかし彼の名前が広まり、そのイメージと栄光が結びつくと、間もなく不安の動機となった。ルソーは最善のものに向き合っているというよりもむしろ、最悪のものにさらされていると感じた。

コワンデを介して、また才能のあるアマチュアの版画家であり、『百科全書』の絵画に関する三〇項目の執筆者であるクロード゠アンリ・ヴァトレ[18]を介して、ルソーはモチエに、次いでイギリスに持って行った版画コレクションを増やしていった。これは貴重な所蔵品で、ルソーは「すっかり子どもに[19]」戻って、それを眺めるのが好きだったと断言している。アンリ・マイスターは、父親への注目すべき報告書簡で、モチエでのルソーとの対話から集めたという話について次のように報告している。


人生でわたしの心を打った絵は一枚しかない――それは洪水を描いているプッサンの絵だ。わたしはその絵を一時間たっぷりと眺めていた。するとその絵がわたしの魂全体を非常に苦い思いで満たしたとはいえ、その絵から離れることができなかった。――そこに〈自然〉全体が苦しんでいるのを感じたように思ったのだ。――わたしはそれを長いあいだずっと目の前に置いていた。ああ！ この絵が置かれている部屋には長くとどまることができない、つねにひどい悲しみに打ちひしがれてしまうのだ。絵はあまり好きではないが、版画は大好きだ。――わたしの想像力をかき立てる何かを残してくれる。想像力は気の向くままにそれらの版画に色を付け、わたしはそれらの物が〈自然〉のなかにあるがままの姿を見ているという気になる。[20]

想像力は版画の効果を見る者に引き継がせるという考え方は、ルソーに固有のものではない。それはデッサンと下書きへの好みを正当化するために頻繁に行なわれた議論でもある。想像力は「しばしば下書きでしかないもの」を完成させる、とケイリュス伯爵は「デッサンについて」と題されたアカデミーの講演で述べている。[21] ルソーが「版画の主題」について、次のように書くときも同様だ。

動きのある人物像においては、その行動の前後を確認し、行動させるときにある程度の自由を与えなければならない。そうでなければ、表現しなければならない瞬間の統一性を決してしっかりと捉えられない。芸術家の才能は、版画の板の上にない多くのものを〈見る者〉に想像させるところにある。[22]

一七六五年一月一日、イギリスへの旅の途中、彼はデュ・ペイルーに次のように書いている。「ご存じのように、わたしの持っている版画のなかに小鳥に接吻している少女の版画があり、その版画はあなたのためのものでした。その版画は魅力的で、売りに出すつもりはないので、あなたにお話しするのです。黒いのが二枚、赤いのが一枚あるはずです。どうぞ選んでください。ヴァトレ氏がわたしに版画を贈ってくれたので、版画に対する好みが再びかき立てられました」[23]。イギリスで、一七六六年から一七六七年にかけて荷物がすべて届いたとき、ルソーは自分の本を売りに出し、次には版画を売った。彼は人から贈られた版画は売りたくない。そんなことをすれば、贈り物として受け取ったものをお金に換えることになり、したがって贈り物をもらったということが慈善＝ほどこしを受け入れたことになってしまうだろう。こうした版画は、競売にかけさせるよりも、人にあげるほうがよい、または貧しい人びとのために競売にかける版画に添えたほうがよいと思っている。ルソーが多数所有しているヴァトレ自身の版画とサン＝ノンの版画の場合がそれにあたる。彼が私財を売ったり、交換したり、ほどこしたりする方法からは、あらためて、自分自身のイメージを大変気にかけているルソーの姿が見えてくる。ルソーの肖像画を描いたアラン・ラムゼーが何枚もの版画をウートンに持ってきたとき、ルソーはそれらをたちまち手放してしまった。(24)「第二対話」のしばしば引き合いに出されるページで、彼はこの肖像画と、それを広めた版画について思いつく限り悪口を言う。つまり彼は「片目の巨人」のような姿だとされているのだが、それこそは彼の迫害者たちが望んでいることだというのだ。一七六七年三月五日、彼がニューンハム子爵に手紙を書いたとき、どうしても手元に置いておきたいと思う版画は一枚しかなかった。「元帥卿」（ジョージ・キース、スコットランドの伯爵）の肖像画である。「これはわたしが自分のために取っておきたい唯一の版画である。これに似た人物像が複数ほしいと思ったとしても、このような趣味のせいで破産することはないだろう」。元帥卿は父親のような人物像で、好意に満ちあふれ、彼がいるとルソーは安心したのだ。（少し後で、プラトリエール通りの住まいでは、彼は額縁に入ったイギリス国王の肖像を保持していた。）それに対して彼はヴォルテールの肖像画なしで済ませた。この肖像画をウートンまで彼が持って行ったというのは驚くべきことですらある。「わたしはユベール氏［原文のママ］の切り抜きについてあなたにお話しするのを忘れていました。それは確かに芝居の衣装を着たヴォルテール氏です。わたしは元帥卿の絵とまったく同じようにヴォルテール氏の絵を持ちたいとは思いませんので、この紙くずを取っておくか、捨てるか、誰かにあげるか、それとも燃やすかは、あなたにおまかせします。それがまたわたしの手元に戻ってさえこなければ。それだけがわたしの望むことです」〔一七六七年三月五日付元帥卿宛〕。

『告白』の最初の下書きが確かに示しているように、この著作は歪曲の脅威を避けることを目指していた。序文の最初の草案の一つに次のような文がある。「ここで問題になるのはわたしの肖像画であって、一冊の本ではない。わたしは言わば暗室で仕事をすることになる。そこでは際だった顔の特徴を正確にたどる以外の技術はいささかも必要ないのだ(25)」。この喩えは最終原稿では引き継がれない。暗室とはモデルの顔立ちを最も忠実に書き写すことを可能にする技法上の装置であった。しかし、単純でうそ偽りのないイメージを画家の画布、版画家の紙、新聞や書物、そしてとりわけ、捕らえがたく、他人の意識に広まっていた偽りのイメージと対比させるだけで十分だっただろうか。ルソーは、自分の真実の姿がたった一枚の絵に残されるには自分があまりにも変わりやすく、不安定だと感じた。彼の本当の存在は、カメラ・オブスクラ（暗室）で得られるスナップショットのようなものではとらえることはできなかった。彼は「結果の連鎖を感じ取らせるために第一の原因を(26)」示したいと願っていた。「読者の目に「彼の」魂を透明にして」見せたいと望みながらも、複数の「観点」を設け、読者に「そこから認められる要素を集めてそれらが構成する存在を明確にする(27)」任務を委ねる必要があると思ったのだ。したがって言葉で語るという手段を用いなければならなかった。言葉による肖像は、いかにしてルソーが現在あるものになったかを理解させるために、時間という次元を必然的に含んだ。この次元だけが唯一無二の運命の特異性と同時に、持続性を欠いたさまざまな瞬間と感情の織りなす多様性を明らかにするのに適している。これがルソーが十分に意識している難しさである。つまりジャン゠ジャックはしばしば彼自身とかけはなれた人生について、できるだけ自分の人生と似かよったものであるかのように語らねばならなかったのだ。

見ること、見られること、自分が見られていると思うこと

「第二対話」では、ルソーがジャン＝ジャックを訪ねた後で、最初の対話者たち、すなわちルソーとフランス人が対面することになる。「あなたは彼に会いましたか」。『対話』の原則は、まずはジャン＝ジャックの人格と、そして彼の作品という二つの形で表される、唯一無二の中心を持つ一つの真実を探すことである。最初の調査──彼に会うこと──は、ルソーという登場人物によって行なわれる。第二の調査──彼を読むこと──は、「フランス人」という登場人物によって行なわれる。

ジャン＝ジャックについての真実を究めることはきわめて重要であり、それは緊急性の高い義務となるので、多少なりともその真実に関係のある事柄しか問題にならない。版画や絵といった物質的イメージは、それらが彼に関わりがある限りにおいて、またそれらが、regarder という語のあらゆる意味で、すなわち彼を見つめている＝関係がある限りにおいてしか重要性を持たない。彼が視覚芸術を気にかけるとき、まずは人が彼を題材にして描いた肖像か、または彼が想像した登場人物と場面を描いた絵に関心を寄せているのだ。ジャン＝ジャックの最大の心配の種の一つは、自分を中傷していると思われるイメージをアラン・ラムゼーが広めたことであった。

眼差しについての眼差し。眼差しの方向の問題、彼に罪を着せる意図という問題、眼差しを交わすことという問題は、たえず出現する。ルソーという登場人物、この人物はジャン＝ジャックを「調査する」ため、また「研究する」ためにジャン＝ジャックへの架空の訪問を行なうのだが、その代わりにジ

ャン＝ジャックがどのように自分を見たかを述べることになる。初めは彼はおびえ、次に「感動に満ちた眼差し」(28)で彼に答えるジャン＝ジャックを示す。続いて彼はジャン＝ジャックがどのように世界を見ているのか述べるだけでなく、偶然目にした対象に注意を払うとき、街頭で人びとに見られることをどうして避けられないのかという点についても述べる。ジャン＝ジャックの注意を引く出来事や、事物のちぐはぐで一貫性のない連続は、一人の男の姿を露わにする。その男は夢想するのをやめるとき、「本当の計画」を立てることもなければ、いかなる意図によっても活気づけられることもなく、その結果悪を望むこともできない。それはその時々の感覚に身を委ねる散歩者なのだ。

彼は耳元や目の前で起こる、何かの動き以外には何にも気づいていないのですが、それで十分なのです。定期市のパレード、閲兵式、演習、行進などが彼を楽しませるばかりでなく、起重機、巻き揚げ機、杭打ち機の落槌、何かの機械の動き、通り過ぎる船、回る風車、畑をすく牛飼い、ボールやラケットで遊ぶ人、流れる川、飛ぶ鳥などが、彼の視線をとらえて離さないのです。[……]陳列されているがらくた類、河岸に並べられ、表題しか読まれない古本類、ぼんやりした眼にとまる壁の版画、そうしたもののすべてが、彼の疲れた想像力が休息を必要とするときは彼を立ち止まらせ、楽しませるのです。(29)

「ルソー」という登場人物は、ある日不思議な場面に立ち会ったと言う。そこでは無実のジャン＝ジャックが、ある版画を吟味するために立ち止まったとき、意地悪く監視されていたというのである。

ある日、わたしは彼がかなり長いあいだ一枚の版画の前に立ち止まっているのを見ました。何がそれほど強く彼の心を引いたのか知りたくてうずうずしている若い連中が、それでもいつになく礼儀正しく、絵と彼とのあいだに割り込んでいったりせずに、おかしいほどいらいらして待っていました。彼が立ち去るや、若者たちが版画に駆け寄ってみると、それはケール要塞攻撃の図だとわかりました。わたしが見ていると、彼らはそれから長いあいだ口角泡を飛ばして話し合っていましたが、ありったけの知恵を絞って論じ合っていたのが、ケール要塞攻撃の図を見ながらどのような犯罪に思いをめぐらせるかということだと理解したのです。[30]

『対話』のこのページ全体は街頭の場面に置かれており、そこではデッサンを描く人は散歩者の孤独を悪意のある若者の野次馬一味と対置している。ルソーが自分に投げかけられたと感じる陰険な眼差しのなかでは、版画は敵意が通過する媒介となっているのである。つまり版画は憎悪の「移行対象」の一種なのだ。彼らは彼がじっと見つめたものを見ている。彼らは悪意を持って彼の好奇心を解釈する。ルソーはこの想定された解釈を記憶にとどめ、再解釈している。

「ルソー」という登場人物は、「ジャン＝ジャック」のほんの些細な動き、ここでは一枚の版画への偶然の関心も、他人の視線には罪を犯した人の視線のように映っているのだと確信する。「ジャン＝ジャック」は遠ざかっていき、自分の道を歩き続けていくが、一方「ルソー」は若者たちしかいない場面を見おろしている。彼は若者たちの思考がどのように機能しているかを理解していると断言する。三審における彼の視線は、版画を見るジャン＝ジャックの視線と、ジャン＝ジャックを見る若者たちの視線を認めた。もちろん、版画そのものがすでに複数の視線を引き受けていると付言できる。版画は、おそらく武勲を図式化しながら、それを描いている。というのも、「図面」が問題だからである。版画家は、軍隊の配置、要塞、標的、敵の陣地など何が戦略的狙いであったかがはっきり分かるものにしようとした。ルソーの言葉によれば、それは、彼が夢想に疲れたとき、「野次馬」根性から好んで関心を寄せるあらゆる人びとと同じ次元の何の変哲もない「感覚に飛びこんでくる事物」でしかなかった。しかしそれでは「どうでもよいもの」なのだろうか。彼が敵に「つきまとわれている」と語っている『対話』のなかで頻繁に起こっていることを見ると、疑いの余地がある。現在の文脈での意味で、同じ語彙を用いるとき、わたしたちはフランス人による要塞「攻撃の図」に対するジャン＝ジャックの関心のなかに、つい「攻囲妄想」という強迫観念の表現を見たくなる。そのとき要塞の攻撃は、「迫害を受けている」という彼の状況を「入れ子《アビーム》」にしたイメージであるかもしれない。「若者たち」はそこでは、攻撃する側の役割を演じているのだろう。彼らは防御のすべもないジャン＝ジャックを非難しているのだ。救い――救援――は、その場面の証人であり、すべてを見抜きたいと願う視線をその場面に向けている「ルソー」という人物からやって来る。彼が自らに与えている上位の観点――何も見逃さない観客の観点――からすると、攻撃を仕掛けてくる人びとなどどうでもよくなってしまう。彼の反撃は、避けがたいと思われる武器を使う。つまり笑いだ。ルソーが若者たちの「笑ってしまうほどの＝おかしいほどのいらだち」について語るとき、彼は自分の最も沈鬱な不安を乗り越えるために何度も『夢想』でやるのと同じく、自分を弁護しているのだ。こうして先入観を抱いた人びとの無駄な努力を笑うことで、「ルソー」は逆境にあっても揺るがぬストア派の賢者の態度を採用する。しかし彼の笑いはそれ自体一時しのぎのものだ。というのもそれは不安の最終的な解毒剤ではないからだ。この場合、皮肉は解放する力を持つには至らないのだ。ルソーのテクストはそのことを述べている。若者たちが「ありったけの知恵を絞っている」やり方を笑いものにすることから始まる一節は、彼らがジャン＝ジャックの「罪」を待ち伏せしているという揺るがぬ確信で終わる。敵意をもって関係しているという確信は岩のように堅固なままである。ルソーは瞬間的に理解した。彼は自分が考えていたかもしれないことを不当に悪く解釈していると若者たちを非難するとき、自分が他人の視線と身振りを解釈していることを知ろうとは思わないのだ。

『告白』第三編の冒頭で、ジャン＝ジャック・ルソーは、トリノでの少年時代に、〔倒錯的な〕性的快楽を覚える懲罰を受けるべく、露出狂的な衝動にかられてしまったことについて語っていた。「第二対話」のこのページでは、ルソーは自分が街頭で（ジャン＝ジャックの人格で）人びとに観察されているのに気づき、憤慨している。そして見られているということはすなわち、非難されているということだ。かつては、マゾヒスト的な満足を得るために、彼は共犯者の視線を必要としていた。『対話』のこのページでは、彼は悪意のある不当な視線の犠牲者である。今日の読者のなかには、たぶん、実際にはいずれの場面においても問題になっているのは同じ性的快楽なのだと仮定してみたくなる人もいるかもしれない（というのは――偏執狂の人にとっては――自分のなかに生じさせる苦痛の回帰にある種の性的快楽があるからだ）。彼らはこう言うかもしれない。迫害はルソーが自分自身の存在を享受することを認められていると感じるために、彼が必要としていたものだ、と。しかし、そのような主題について、ジャン＝ジャックが考えていたかもしれないことについて思索をめぐらす若者たちの役割を執拗に繰り返すのは、慎むことにしよう。

比較される感覚分野

ルソーは、視覚芸術そのものに触れることなく、比較対象として視覚芸術を介入させることがよくある。ルソーは、理論的著作において、ロック、そして特にビュフォンの例に従って、さまざまな感覚分野と、それに関連する活動に好んで言及する。彼は基本的な相違と同時に、相同にも注意を払っている。

一七五四年七月一日付でジョルジュ=ルイ・ル・サージュ父に宛てた音楽についての手紙のなかで、ルソーは、それぞれの芸術は固有の「規則」に従っているのだから、ある芸術にそれとは異なる感覚分野に属する呼称や基準を適用するのはふさわしくないと確信している、と述べている。[*2] そしてホメーロスやラシーヌや『プッサンの洪水』[31]を批評するにあたって味覚の基準を用いるような人のばかげた反例を引き合いに出す。しかしこの慎重な原則は、「和声重視論者たち」や対位法を実践する人びとの行きすぎた主張とみなされるものに反論して、旋律の優位を擁護すべくルソーが参加する大論争〔ブフォン論争のこと〕では尊重されない。彼は音楽と絵画、あるいは時には音楽と建築の比較をせずにはいられないのだ。視覚の分野は、比較対象、そして隠喩表現が豊かで、ルソーはそれらを喜んで用いる。『フランス音楽に関する手紙』(一七五三年)では、フーガのさまざまに異なる変化は「野蛮と悪趣味の残骸であって、わが国のゴシック様式の教会の正面玄関のように、それらが今でも残っているのはもっぱらそうしたものを辛抱強く造った者たちの恥をさらすためにだけなのです」[32]。『言語起源論』では、旋律はデッサンと比較され、和声は色彩と同一視されている。想像力と結びつきの強い色彩に自由に訴えるルーベンス派と、理性と結びついたデッサンの優位を信奉するプッサン派との争いを暗示しているのは明白である。ルソーの選択に曖昧な点はない。つまり彼はデッサン派なのだ。こうした分野に関する彼の好みは断固として新古典主義である[33]。しかしルソーはデッサン/色彩という対と旋律/和声という対を並列に置くアナロジーを示すにとどまらない。これらの相似は彼にとって、視覚による模倣と音楽の模倣とのあいだの根本的な差異を覆い隠すことはないのだ。

絵画はしばしば死んでおり生命がない。絵画は人を砂漠の奥深くに連れて行くことができる。しかし声による記号があなたの耳を打つと、それはあなたに似た存在がいることを知らせる。その記号は、言わば魂の器官である。その記号は人気のない場所も描くことができるが、あなたはそこでたった一人ではないとあなたに言う。鳥はさえずるが、人間だけが歌い、歌や交響曲を聴くと、その瞬間に「ここには感受性を持った存在がもう一人いる」と思わずにはいられない。
聞くことができないものを描くことができるのは音楽家の大きな利点の一つである一方、見えないものを表現することは画家には不可能である。そして〔心の〕動きによってのみ作用する芸術の驚異は、安らぎの像さえ作ることができることだ(34)。

しかし、和声が旋律に従うことで旋律と両立するのと同様、また線の純粋さが色彩を排除しないのと同様に、絵画と音楽が協力し合う可能性はある。『音楽辞典』の「オペラ」という項目で、ルソーはわたしたちがいま引用した文章を繰り返すことになるが、それは二つの芸術の相互補完性を示すためである。そして彼はまたもや次のように書く。「眼の器官または装飾と、音楽または耳の器官とのあいだには、何も共通するものがないように見えるこの二つの芸術のあいだにある以上の関係性がある」。機械を作ったり、タルタロスやオリンポスのような「空想的な」場所の「幻想的なイメージ」を展開したりする必要もない。画家は「立派な宮殿、心地よい庭園、巧みな廃墟」を見せてくれる。感受性は理性と両立するだろう。「音響効果と遠近法が協力するとどのようにして幻想を完成させ、多様ではあるが類似した印象によって感覚を喜ばせ、魂に二重の喜びをもたらして同一の関心をもたらすのかがわかる(35)」。

『エミール』第二編の結論部は、「感覚的理性」とその構成要素に充てられている。ルソーは、五感を発達させる方法を提示するために、五感のもとになる資料にまでさかのぼる。彼は触覚から出発して嗅覚に至る。視覚への長い移行は実践的教育学の目標に支配されている。他の感覚にとってと同じく、〔この視覚を〕訓練したところで芸術に至ることはない。

エミールにとって、デッサンは観察することと事物の世界に向かうことを教えてくれるという限りにおいて重要な役割を果たす。客観性を学ぶことは視覚を通して行なわれる。「子どもが見ることのできないものは、決して子どもに示してはいけない」[36]。したがって可視的なもののカテゴリーは優先されているのだ。しかしそれは直接アクセスできると想定される存在や場所や事物そのものの可視性であり、「視覚芸術」の可視性ではない。十八世紀の字義的な意味によれば、「montrer 示す＝見せる」という語は、「enseigner 教える」という語の類義語である。家庭教師は、この語の文字通りの意味で、示す＝教えることに専心している。彼は徹底的に事物そのものへと向かう。というのは彼は書物を信用していないからだ。彼は決して絵を見せない[37]。というのは、彼がエミールにデッサンをさせるのは、まず「視覚のコンパス」を訓練するためだからだ。

子どもは、模倣が上手であり、誰でもデッサンをしようと試みる。わたしはわたしの子どもにこの技術を修めさせたいが、技術そのもののためにではなく、眼を正確に、手をしなやかにするためである。〔……〕だから、わたしは彼にデッサンの先生を与えることはしない。そんな先生は、模写を模写したり、デッサンをなぞってデッサンをさせるだけだ。わたしは、彼が自然以外に誰も先生を持たず、対象それ自体以外に一つもモデルを持たないようにさせたい。彼が目の前に原物そのものを見て、原物を表す紙を見ないように、家を見て家を、木を見て木を、人間を見て人間を描くようにして、物体とその外観をよく観察する習慣をつけ、型にはまった間違った模写を本当の模写と取り違えないようにさせたいのだ[38]。

ソフィーの最初の教育では、芸術に対するこうした留保はさらに強い調子で主張される。若い娘たちはデッサンをするだろうが、彼女たちの進歩は「風景にまで至ることはないし、まして人物像に至ることなどない」というのだ。

木々の葉、果物、花、衣服のひだといったような、身繕いに優雅な輪郭を与えたり、自分の気に入らないときには自分で刺繍の図案をつくったりするのに役立つものであれば、それだけで彼女たちには十分なのだ。一般的に言って、男性にとっては、その勉強を実用的な知識だけに限ることが重要だとすれば、それは女性にとってはなおさら重要である[39]。

ルソーは直接的なもの(一方では自然、他方では有用な物)を特に好むため、芸術によって提示されるモデルを遠ざける。『エミール』第二編で扱われるすべての分野において、危険は子どもにおける想像力の早熟な介在に潜むもので、その治療薬は、現実と密接に結びついていて、すぐにも実際の活動に役に立つ正しい感覚の運用に見出される。それではどんな現実なのか。子どもが自分の能力と欲求に従って理解し、整理することができるような現実と理解しておこう。エミールは自分が見ているものを忠実に書き写し、一覧表を作成し、その一覧表をもとに推論することを学ぶことになる。というのはルソーがエミールに身に付けさせようとしているのは職業であり、芸術ではないからだ。一般に認められた約束事に関しては限定的なこの教育法は、想像の産物に関しても同じように限定的である。それは、自然と調和しようとしながら、[40]目の前にあって感知されるものや有用性が確認されている以外のものはみな、頑なに抑えこもうとする。ルソーは彼自身の生活に決定的に介入してきた影響を、自分の授業計画から排除する。早熟な読書、小説や音楽に対する子どもっぽい趣味などである。[41]想像力は、別の時期になって発達するまでは「予備として[42]」、潜在的に取っておかれる能力の一部となる。

しかし思春期の「危機」のときには、若者の内部にも目の前にも新しい現実が現れるが、それはルソーが結婚の時までしりぞけておきたい感覚である。そして、今度は役割をひっくり返して、彼は想像力に助けを求めるのだ。以前のように、彼は想像力の幻惑に対しても予測（「先見の明」）に対しても、もはや警戒しない。想像力は驚くべき「幻影」を官能の誘惑と、あるがままの社会で示される下品な誘惑とに対置できるのだ。エミールはこうして「しつけにうるさい人」の手から逃れる。生徒が二十歳に達したとき、家庭教師は彼に「与えるつもりの愛人」の姿を描くことになる。そしてルソーは次のように付け加える。

> 誰のことかも知らずに、前もって熱愛するように彼をできなかったら、わたしは最も不器用な人間であるに違いない。わたしが彼のために描く対象が想像上のものであってもかまわない。それが、彼を誘惑するかもしれない人びとに嫌悪感を持たせられれば十分なのだ。彼がどこに行こうとこれと比較して、彼の心をとらえる現実の対象よりもこの幻影のほうを好むようにさせられれば十分なのであって、真の恋愛そのものも、幻影、欺瞞、錯覚以外の何であろうか。人は、自分が作り上げるイメージのほうを、これを当てはめる対象よりもずっとよく愛する。自分が愛するものを、正確にあるがままに見るとすれば、この地

上にはもはや愛は存在しなくなるであろう。愛することをやめたとき、彼が愛した人は以前と同じままであっても、もう同じ人には見えなくなる。眩惑のヴェールは落ち、愛は消え失せるのだ。[43]

幻想は有用なものになる。エミールは長いこと——学習の長い旅の期間——教育係の支配下に置かれたままでありながらも、愛する人を選ぶことと性的満足を得ることを遅らせることに成功する。教育係ののぞき趣味とサディスティックな傾向は、その支配を延ばすにつれてますます明らかになる。フェヌロンの『テレマック』の小説的虚構はソフィーに対して同じ効力を発揮する。つまり彼女はこの小説を読んで、望ましい愛人の人物像を見つけると同時に、まだ定まっていない未来へと向かう期待の延期の正当化を見出す。

「自分が作り上げるイメージ」。先ほど確認されたこの表現は、ルソーを理解するためには重要である。文字通りの意味に取れば、彼はこの表現を一つ以上のやり方でアレゴリー化した。とりわけ『ナルシス』と『ピグマリオン』という二つの典型的な作品において。ヴァレール〔『ナルシス』の登場人物〕は、自分を誘惑するような肖像画をつくりはしなかった。それはつまり、彼の欲望を彼自身のイメージに投影させる疑似餌なのだ〔ヴァレールを描いた肖像画が美しい少女に見えて彼は自分の肖像画に恋をしてしまう〕。ピグマリオンのほうは、自分の夢に合致した立像を作る。ルソーはヴァレールを幻想を打ち砕くのが困難な道に置き、ピグマリオンを神聖な見返りを受け取る道に置く。二人とも本当は自分自身から脱却していない。ピグマリオンは、自分の作品たる立像が生命を得るのを見、その立像に手を触れたときそれが「わたしだ」と言うのを聞き、そして立像が彼の上に手を置くときには「これもやはりわたしだ！」と言うのを耳にするのだ。

さらに注目すべきは、ルソーが確かに古い用法に触発されて、精神的活動の分野で、可視的なものと視覚芸術に関わる語彙をきわめて広い意味で用いていることだ。「イデア」という語を初めとして、哲学の語彙は、この概念の最も広い意味での視覚の領域、しばしばグラフィックアートの領域に属する語を本質化することで生じる。そうした事情で、エドワード卿は、ジュリに彼女の性格（または「際立った性格」の明らかな欠点）について考えていることを述べるとき、「文字《カラクテール》」〔性格〕と「図柄《ティプ》」〔型〕の概念に本質的に属する刻印の隠喩を繰り返す。彼は次のように版画の語彙に頼るのだ。

> 版画を刷ってみるとそれぞれに欠点があって、それが一枚一枚に特色〔性格〕を与えることになります。ところが完全なものができてしまうと、初めて見たときには美しいとは思いますが、それが完全な作品だとわかるには長いあいだ熟視しなければなりません。〔……〕愛はあなたの魂の実体のなかにあまりにも深く忍び込んでしまいましたから、もう追い払うことはできません。愛は腐食性の硝酸液のように、あなたの魂のあらゆる刻み目を深くえぐり、そこに浸透しているのです。愛から受けた深い刻印をすべて拭い去ろうとなされば、自然から受けた繊細な感情もすべて同時に消し去ることになるでしょう。(44)

次のことを思い出しておこう。修辞上の「証拠」evidentia は、可視的なものの特質を厳密には視覚の分野と関係のない語に与える。マルク・フュマロリが強調したように、十七世紀、特にイタリアでは、文学における「雄弁な絵画」と絵画における「無言の雄弁」とのあいだにいくつもの接点があった。(45) ルソーの場合、おそらく他の人に見られるものよりもはるかに、視覚芸術の語彙が、文学作品であれ音楽作品であれ、さらに心理学的能力であれ、あらゆる種類の模倣に適用可能な比較対象を多く生み出している。詩は描写する。音楽は描写することができなくてはならない。記憶と想像力も描写する。そして、すでに見たように、ルソーにとって大事な絵画は、感情を描いたものである。

ルソーの自伝的著作や手紙は、ある時期に自分のイメージと、そして時には自分の「幻覚」が押し寄せてくるのを耐える存在、そうした幻覚を制御したいと思い、並外れた努力をもってそれらをうまく組み立てることができる存在について想像することを可能にする、多くの指標を提供してくれる。ルソーを訪ねてきた人のなかで、会話の際に、彼の語ることがすべてすぐに絵になるという印象を持たなかった人はいない。ジャック＝アンリ・マイスターは父親に次のように書いている。「あの方はすべての言葉を、驚くほど力を込めて正確に、そして同時に余裕をもって発言します。彼が言い表すものをすべて、人は目の前に見ているように思います」。それこそは語られた絵、あるいは絵になる（話し《パロル》）言葉なのだ。

イメージに富んだジレンマ

先ほどわたしたちは、エミールの家庭教師によって示された「想像上の対象」の絵画が、家庭教師にその理想的な対象と現実の世界との比較をするように仕向けている一節を確認した。ところで「空想」、あるいは「黄金時代」というモチーフがルソーの心によみがえってくるたびに、現実とイメージを比較する誘惑が繰り返されることになる。イメージは対照させる役割を担っている。不十分な現実と、エリートの人びとや社会からなる別の世界の想像上の完璧さとが対比される対照を、イメージは具体化するのだ。

しかしまだここで立ち止まってはならない。というのは、理想的な世界に有利に働く対立関係は、ルソーにおいては対照をなすイメージを生み出す唯一の源泉ではないからだ。運動はしばしば逆の方向に作用する。内面の活気は、ルソーにおいて非常に強烈なので、ルソーの場合どんなイメージもすぐに別の、異なるイメージを必要とするようになる。この別のイメージは、あるときは不安定にし、またあるときは修復または埋め合わせをするもので、新たな論調でさまざまな比較へと誘うのだ。彼の視線がどこに置かれようと、対照法が目覚めると、こうした逸脱は総合しようとする試みよりも頻繁に生じる。ルソーは現実の美しさと虚構のごまかしとをたえず対比させる力を保持しているのだ。

『新エロイーズ』において、ジュリの肖像のエピソード(46)がつくられる際の堂々たる様子はまばゆいばかりである(ここで意図的に視覚の隠喩を用いることにしよう!)。このエピソードを、サン=プルーのパリからの一連の手紙のなかに置き直さなければならない。彼は旅に出るときにジュリの昔の手紙を持って行き、それで書簡集をつくる。それらの手紙は愛されている人を象徴し、「その代わりを務めている」。それは肖像画なのだ。「あなたという人を実によく描いている［あなたの］手紙が、あなたを偶像のように崇拝してやまない恋人に、時としてあなたがそこにいるのと変わらない効果を与えるのです(47)」。ジュリから送られた肖像画が到着すると、彼は「書簡集」によってつくられる最初の絵と対照させるだけでなく、(読者のために)サン=プルーが「愛すべきパリの女性たち」の集団的肖像を描いていたそれ以前の手紙〔第二部、手紙二一〕とも対照させる。細密画はとりわけジュリの不在と対照をなしている。それはジュリの不在を錯覚で消し去るにもかかわらず、より残酷なかたちで感知できるようにするのだ。つまり、現前‐不在の両義的感覚を植えつけるのだ。サン=プルーは「ヴェールが破れました……ぼくにはあなたが見えます」と熱烈に叫ぶ。しかしほとんどすぐに、「不在の苦悩がよみがえり、痛みは鋭くなる」[48]のである。この出来事はパリの生活研究を中断させない。サン＝プルーの批判的気質はオペラについての長文の手紙（「かわいいいとこの君」宛）で発揮される。この満たされぬ気分は、サン＝プルーを初めはあれほど感動させた肖像画についての第二の手紙に再び見出される。

　サン＝プルーの落胆は今では最初の興奮と対照をなしている。彼はこの肖像画と彼の心に住んでいるモデルとを突き合わせた。このように緻密に検討をしてみると、二つのイメージは一致しない。その相違点が徹底した不満を生じさせ、本物のジュリと画家が従った暗黙のしきたりとを対比させる。そこにほどこされる調整はわざとらしい。頬の赤は「目に近すぎる」し、襟ぐりは開きすぎて「趣味の欠如」を証明している、等々。ここでは詳細に描写されたイメージが、芸術家の裏切りを露わにする。画家は顔の「欠点」、左右が不揃いであること、小さなしみや傷跡を「描くのを忘れた」。画家は「美しさを覆っている優雅のヴェール」[49]を尊重しなかった。「あなたの生活のあらゆる瞬間におけるあなたを描く」――実現不可能な願い――べきだったのに。絵画が、言語や音楽のように時間を意のままに扱えないことを残念に思うべきところだ！　そこで肖像画の修正というアイデアが浮かび、それをサン＝プルーは新たな画家に依頼する。[50]この最後のイメージが喚起されるやいなや、わたしたちはサン＝プルーの次の手紙を読もうとページをめくる。そのとき、賞賛の頂点から罪悪感の深淵へと移ることになる。肖像の持つ効力、それを恋人たちは魔除けのようなものにしたかったのだが、それが最も残酷な否認を受け取ることになるのだ。以前のイメージを暗くしてしまう物語のなかで、サン＝プルーは、ジュリの「尊敬すべきなつかしい面影」〔手紙二六〕に語りかけながら、自分の「罪」を認める。彼はある晩、娼婦たちの家で仕掛けられた罠にはまってしまったのだ。彼に酒を飲ませ、頭がくらくらしたのだが、彼の過ちは「意図せざるもの」であった。[51]サン＝プルーは、裁きを受けるべき者としてこの話をジュリにしている。彼はへりくだり、彼女の「判決」を待つ。彼自身はすでに、自分に有罪宣告していたのだ。

否定性の文彩——『学問芸術論』

ルソーによって喚起されるイメージはつねに——変わりやすいものとして——質的な役割を担っている。それらのイメージは何らかの魅力を示しているか、そうでなければ非難される。最初の魅力には、のちに厳しい非難が続くことがある。つまりそれは錯覚を与える魅力であり、悪質な誘惑であった。イメージは、それが重ね合わされる背景の効果で立ち現れてくるとき、すでに対照的性質を担っている。しかし、のちにルソーから向けられる批判からこうしたイメージを守ってくれるものは何もない。出現してくるイメージの場合、否定は暗黙のうちに示される。つまり、新しいイメージが以前の精神状態や世界の様相を撃退するのだ。こうして出現したイメージが批判の対象となるとき、または新しい期待を満足させてくれないとき、否定は明示的なものとなる。ルソーは「第二対話」で最後に行なう話のなかで『学問芸術論』の経験を要約するとき、イメージのこの弁証法を完全に形にしている。

> 『メルキュール』誌で読んだアカデミーの忌まわしい問題が突如として彼の目を覚まし、頭のなかの混沌を追い払い、彼にもう一つの世界、真の黄金時代、純朴で賢明で幸福な人間たちの社会を示し、彼自身を支配していた偏見、すなわちそれこそが人類の悪徳と不幸の源であることがこの瞬間にわかったと信じた、あの偏見を打破することによって、彼の見た光景すべてを希望のうちに実現してくれたのです。〔……〕これらの偉大な対象をじっと見ることによって火を付けられた彼は、たえずこうした対象を自分の思考のう

ちに据え、それを事物の実際の状態と比較しながら、毎日毎日彼にとってはまったく目新しい関係のもとにそれを見ていました。やがては偏見と嘘に対して理性と真実を打ち勝たせ、人間たちに真の利益を示して彼らを賢明にするという滑稽な希望に惑わされた彼の心は、人類の未来の幸福という観念や、それに貢献する名誉で熱くなり、これほど偉大な企てにふさわしい言葉を彼に書かせたのです。(52)

（傍点は引用者による）

このテクストがわたしたちに提供しているのは、イメージする活動と、その継続的段階にあるイメージそのものである。否定の運動は、初めは個人的な次元において、非＝知からの脱却という段階を経る。目が開く、精神的混沌が解消する、真実が熟視できるようになる。同じ否定、闇の外への脱却はそのとき、集団的次元で行なわれるのを期待する。そこでは否定は偏見を打破し、嘘に勝利し、人びとに彼らの「真の利益」とは何かを示すだろう。しかしこのように勝利を収める力も、未来へと投影されて振り返って捉えられるときには、否定的な仕方で形容される。それは「滑稽な希望」であった。この希望が空しいものに終わったとしても、少なくとも、「視覚」が直観を与えた「偉大な対象」と「事物の実際の状態」との比較を対照的に行なうことを可能にしただろう。

もし『学問芸術論』を参照するなら、確かにこの処女作では、未来の幸福に対するいかなる展望も真の意味では提示されなかった。それでも、最初の「光景」を通して、次に一連の「絵」を通して、一連の対照的なイメージが見事に展開されたのである。

その段階をたどってみることにしよう。「学問と芸術の復興」の際の最初の否定によって、人間は無知の闇を打ち破ることができた。

人間は自らの努力によって言わば虚無から抜け出し、その理性の光によって、自然が人間を包んでいた暗黒を消失させ、自己を超えて向上し、精神によって天上界にまで飛翔し、太陽のごとく巨人の歩みによって宇宙の広大な領域をくまなく歩き回り、そしてさらにいっそう偉大かつ困難なことであるが、自己の内部へ立ち戻り、そこで人間を学び、その本性、義務、目的を知ろうとしている。これはまさしく、偉大にして高貴な光景である。そしてこれらの驚異が創世期から繰り返されてきたのだ(53)。

その後で、ルソーは第二の否定が生じたと述べている。つまり人間のなかで「まさに本源的自由のために生まれたと思われる、その自由の感情」を押し殺し、「人間が背負っている鉄の鎖の上に花飾りを」拡げてしまったことへの否定である*3。この否定を、人間の知識＝光そのものが空しいと証明するための最後の否定で反駁すべく、論調にはずみがつく。非難＝告発は、わたしたちの前で彼の展開する独特の声によって発せられ、真相を解明する。この雄弁家の声は、どんなライバルの声をもしのごうとする目論見によって、当然のことながら大きくなる。その声は、「第二対話」に現れる概念をここで繰り返すなら、比較しながら論を進める。そして断固とした確信の調子を用いるのだ。「芸術＝技芸がわれわれの作法を定める以前は」人間の風俗はどんなものだったのか。「今日」それはどうなっているのか。この対比は、実像《エートル》と虚像《パレートル》のそれである。

一般的な命題として初めに主張したものを守り、例証するために、ルソーは続いて個別の実例を引き合いに出すのだが、詳しい「説明」にはなっていないそれらの実例を、彼は「光景《タブロー》」と名付ける。「見よ」、「われわれは見た」、「ほらそこに……がある」等々のような論証的表現の頭語反復は、わたしたちの視線をエジプト、ギリシャ、ローマ、コンスタンティノープル、中国へと差し向ける。そしてそこにそのつど、「われわれの学問、芸術が完全なものへと進歩するにつれ、われわれの魂は腐敗した」[54]という証拠を見出すのだ。命題は反例、すなわち反対の証拠によって強化される。「このような光景《タブロー》に対し、もう一つの光景《タブロー》を対比してみよう。空虚な知識のこうした汚染から守られ、自らの徳によって自らの幸福をつくり出した少数の民族の風習である」[*4]。そのとき、教科書から抜け出して、初期のペルシャ人、スキタイ人、ゲルマン人、「貧困の時代」のローマが出現してくる。[55] スイスはこうした反例のなかに入る。ルソーはこうしてイメージにはイメージを、光景《タブロー》には光景《タブロー》を用い、有徳な民族を引き合いに出して、腐敗が「学問と芸術の進歩」の後に続かざるをえなかった社会の情けない光景と、これらの有徳な民族とを対比させる。

『学問芸術論』第一部でルソーに残されているのは、もはやその権威でルソーの権威を補強してくれる別の語り手を導入することだけだ。それは演説のなかの演説である。まずはソクラテスの演説。プラトンの表現によれば、ソクラテス自身が『弁明』のなかで、自分自身を定義しているようなソクラテスである。つまり詩人やソフィストや雄弁家や芸術家とは反対に、自分が何も知らないということを知っているソクラテスだ。ソクラテスの叡智は他の者たちが断言できると思い込んでいるすべてを否定しているところにある。次に、ルソーは二人目の語り手、ファブリキウスを導入し、この人物にも明敏な目撃者の役割と新たな否定の任務を委ねる。

ファブリキウス、仮説上甦った人物は、徳の時代の英雄であると同時に、腐敗した時代の証人でもある。彼は遠く離れた時代の二つの光景を比較する能力を突然引き受ける人物であり、彼が最悪の危険から救った都市国家に取って代わった世界を見て、その激しい怒りを抑えきれない人物である。

死者の中から戻ってきた共和国の有徳な執政官は、帝政ローマの壮麗さと卑劣さが示す光景を見て憤慨する。アテナイとスパルタの対照がプラトンの『弁明』の引用を準備するのと同様に、有徳な共和国とギリシャ風になってしまったローマという対照はファブリキウスの霊を呼び起こすよりも前に示される。そしてそのつど、アテナイであれ、スパルタであれ、あるいは少し時代がくだって同時代のフランスであれ、ルソーは言葉の芸術、および建物、絵画、彫刻の基本的な三つ組みを同時に標的とする。[56] ルソーの言葉によれば、ファブリキウスに発言を委ねること、活喩法による擬人化（「活喩法《プロソポペ》」の語源であるギリシャ語の prosopon は「顔、人物」という意味だ）、「感情や言葉や行動を無生物や想像上の存在、死者、不在の者に付与する」[57] 思考の文彩は、最初の驚嘆＝眩惑と切り離すことができなかった。彼はこの伝説的な人物になった――他者になった――と想像し、一方で彼は、「精神が無数の光で目がくらむ」[58] のを感じていた。彼はまたこの不思議な「心の動き」のなかで体験したことを伝えるために、「陶酔」についても語っている。

ルソーはのちにこの活喩法を、彼の体系の「偉大な真理」を見出したまばゆいばかりの燃えさかる炎のきらめき――唯一残ったきらめき――として提示している。「その他のものはすべて失われてしまった」[59]。ヴァンセンヌへの道で、「あの木の下で」、その瞬間に書かれた活喩法は、一七四九年十月のその日、ルソーが『メルキュール』誌にディジョンの懸賞論文の課題を見つけたとき、「見たこと、感じたこと」の唯一の名残りになったのだと考えられる。

活喩法は一連の呼びかけ（頓呼法）とイメージで展開する。初めにルソーの声が向けられるのは有徳な執政官にであり、それは死者の中から共和国の英雄を呼び戻すことによって現実に近づくことを強いるか、または仮想現実を呼び起こす、仮説の形であると同時に疑問形でなされる。活喩法の主題はこのようにして構成され、わたしたちはすぐにも彼の声を聞くことになる。ファブリキウスは、贅沢な都市の光景に動転して、証人として神々を呼び出し、次に感情の高まりのなかで、腐敗したローマの「無分別な」住民たちに非難の言葉を浴びせる。問いが繰り返された後に差し迫った勧告が続く。問いと命令が反復され、また大急ぎでなされるので、どの言葉にも備わる行為遂行的役割が極度に強調される。

一連の呼びかけは、同時に一連の眼差しとして読むことも可能だ。雄弁の方式では、ある個人を引き合いに出すことは、その人物を名指すことであり、名前という代理を通してその人物を見せることである。つまり、「この世に呼び戻された」ファブリキウスはその名前が呼ばれることで舞台に登場し、今度は彼の言葉が呼びかけて、新たな舞台を描写する。それは問いかける名称や名指す問いを増やし、呼びかけの悲壮さと可視的事物の出現とを結び、融合させることによってである。それこそは、読者の想像上の視線にとって、また読者の言葉の期待にとって、活喩法が「現実的な効果」(明証性、迫真性)を生み出しうる方法の好例である。ファブリキウスは読者の視線の前に立つやいなや彼自身がローマの話に感動した読者になる。「あなたは見たかもしれない」と。テクストが位置づけた現実のレベルでは、ファブリキウスは眼下に広大な光景を見ている。彼は記憶をたどり、わたしたちにまず初期のローマの〔素朴な〕建物を想像するように促す。「藁ぶき屋根」という表現は、都市全体といまだ田舎風の生活様式にとっての換喩——つまり部分で全体を表すこと——なのだ。すなわちそれは消え去った現実のイメージ、不在の確認によって生じるイメージなのだ。次に続く一連の疑問文は、ファブリキウスの視線が彼の目の前に現れる現実を発見するにつれて、「事物の現実の姿」に向けられるものとなる。「有害な壮麗さ」の複数の顔は至るところで外国人の支配、すなわち少し後で使われるようになる単語を用いれば、疎外を明るみに出す。悪の総体は、円形競技場、大理石像、絵画といったものへの壮大な具象化において確認されることとなる。腐敗した社会の断罪の決定的瞬間は、「かつてこの地上に現れた最も美しい光景[60]」が出現したあとに続くのだ。

　というのは、ファブリキウスの時代には善が存在したからである。贅沢なローマは、その権勢を誇示する外観にもかかわらず、征服され支配されている都市である。共和国のローマは、芸術を知らず、支配者かつ征服者であった。三つの光景《タブロー》がこうして次から次へと提示されたわけだが、その最後のものは「有徳な人びと」の集まりによる権力の行使の光景《タブロー》である。後悔、非難＝告発、誘惑が連続するように仕向けるルソーの方法がこの一節以上にはっきり表れているところはない。そして誘惑は、他の多くのルソーの一節に見られるように、失われた世界へのノスタルジーと切り離すことができないのだ。

　誇張法の使用によってファブリキウスは偶像破壊を命じるという極端に走ることとなり、それをルソーは書き取るのだ。「ローマ人たちよ。ただちにあれらの円形闘技場を破壊するがよい。あれらの大理石像を打ち砕け[61]」。否定は破壊への呼びかけにまで至る。非難＝告発者は反抗と、解放のための行為へ移ることを要求する。もちろん、遠い過去の聴衆に語りかけているのは亡霊である。このファブリキウスは演劇の登場人物であり、その言葉はコルネイユのポリュークトの次の言葉とそれほど違わない。「あれらの石と金属で出来た神々を壊しに行こう[62]」。ポリュークトは宗教的な立場を守ろうとしたのに対し、ファブリキウスは倫理的＝政治的な動機に駆り立てられていた。ルソーの筆になるローマのフィクションは、この行き過ぎを認めている。ところで、十八世紀の演劇における古代のフィクションは、外見上は中立的であり、その中では現在への当てこすりや同時代の世界への批判が展開できたということを思い出さねばならない。活喩法のすぐ後で、ルソーがファブリキウスの演説を「ルイ十二世やアンリ四世の口に[63]」代わりに語らせることができるだろうと言うとき、彼はそのことを知っているし、またそう知らせてもいる。ファブリキウスはその言葉が一七五〇年のフランス人に向けられたフランスの君主のものとみなされることだけを目的として、『学問芸術論』に登場したのだと考えなければならないのだろうか。もしそうなら、ここでルソーのなかにプロテスタントの偶像破壊主義と革命の破壊との接合点を見るのは、事態を大いに誇張することになるだろう。この点についてはルソーは、「おぞましい光景を退ける」ために何もしない、と言っている。修辞学の観点から、ファブリキウスの活喩法は暗示的看過法を用いることができ、また否定を通じて、人が語るまいと述べていることを聞き手＝読者に推察させ受け入れさせることができる。事実、ルソーは『学問芸術論』第二部で同時代の芸術について手厳しく批判するが、そのときには方法を変えるのだ。

その方法とは、一つは作家や芸術家が公衆に示すもの、もう一つは彼らが生み出さなければならなかったか、または生み出すことができたであろうものという二つを対比させることにある。「芸術」をその全体において受け入れるか拒絶するかはもはや問題ではなく、受け入れ可能な主題を定義することが問題となる。それはすでに、偶像破壊主義者による拒絶の調子を弱めたものだ。この新たな二律背反において、分割線は芸術制作の中を走っている。非難＝告発は芸術家に向けられたのではなく、芸術家に注文を出す人びと、芸術家が気に入られようとする相手に向けられた。ヴォルテールは女性の読者から要求される「ギャラントリー」の犠牲になり過ぎた。それでも彼には「男性的な美しさ」を生み出す力があった。カルル・ヴァン・ローとジャン＝バティスト・マリ・ピエール[64]は、軽薄な主題（「対面式二人用馬車の鏡板をみだらな絵で飾ること」）に専心する代わりに、宗教画（「わが神殿の威厳を高めること」）に打ち込むべきであっただろう。ジャン＝バティスト・ピガールは、「陶器の人形の腹を磨き上げる」代わりに、ギリシャの神々と古代の偉大な彫刻家を、「プラクシテレスやフィディアス[65]」を思い出すべきであっただろう。ピガールはこうした古代の彫刻家に匹敵する才能を持っているのだから。しばしば引用されてきた『学問芸術論』のこの一節[66]では、文学や絵画や彫刻への攻撃よりも同時代の芸術が置かれている社会経済的条件の告発が問題になっている。理想的な対照的イメージにはいつも、ルソーによる皮肉のイメージが伴う。それはルソーが子どもの教育に充てる二つのパラグラフの二番目のものになおさらあてはまる。庭園の芸術はそこでは束の間現れるだけだが、問題は、模範的な人物を尊敬する代わりに、子どもたちの目の前に彫像が提示される事態を断罪することなのだ。

われわれの庭園は彫像で飾られ、われわれの回廊は絵画で飾られている。公衆の賞賛の的となっているこれらの芸術の傑作は何を表していると、あなた方は考えるだろうか。祖国を守った人びとであろうか。それとも徳によって祖国を豊かにした、なおいっそう偉大な人びとであろうか。そうではないのだ。それは、古代の神話から注意深く借りてこられた心情と理性のあらゆる錯乱の像なのであり、早くから子どもたちの好奇心に向けて提供されたものであった[67]。

この「偉大な人びと」の回廊を作りたいとの願いには反響が生じた。一七七七年に、ダンジヴィレ伯爵〔一七七四年王室建造物長官に就任〕がルーヴル宮殿のためにそのような回廊を作ることを思いついたのである。

対照法の実践は、おそらく『学問芸術論』の成功に寄与した。この論文の結びで、ルソーは――ヴォルテールに抗して――自分は文学の分野で不滅の存在になるなどという願望は持っていないこと、アテナイに反対したラケダイモン＝スパルタに味方すると語っているが、このとき彼はスパルタの栄光の分け前を要求しないわけではない。「文芸共和国において不滅の存在になっているあの高名な人びとの栄光をうらやむことなく、かつて二つの偉大な国民〔アテナイとスパルタ〕のあいだに認められた、一方はよく語ることを知り、他方はよく行なうことを知っていたという名誉あるあの区別を、高名な人びととわれわれのあいだで、はっきりさせることに努めよう」(68)〔強調は訳者〕。

対照法は『ダランベール氏への手紙』でも同じように用いられるが、よりいっそう強調され、明確なものとなっている。そこではラケダイモンは、演劇に別の種類のスペクタクルを対比させる夢の高まりのなかで、結論部に現れる。ルソーは喜劇に対抗すべく、民衆の祝祭とダンスが繰り広げられる古代とジュネーヴのイメージを対置させる。手紙を通して演劇への非難が展開される一方で、野外での祝祭が賞賛される。子どものときに見たサン゠ジェルヴェでの祭りの有名な思い出が注に記されたページでは、ルソーはプルタルコスが『リュクルゴス伝』で語る「ラケダイモン゠スパルタの若い娘たち」が服を脱いで踊るダンスに言及している(69)。サン゠ジェルヴェの祭りでは、宴会の後、互いに手を取って踊るのは軍服を着た男たちである。本文と注のあいだで、性が逆なのは何と奇妙なことか！　ルソーはジュネーヴをラケダイモン゠スパルタにするのがよいと考えているのだろうか。もちろんそんなことはない。彼は真に裸のスペクタクルをジュネーヴの同胞市民にやらせようなどとは夢にも思っていない！　しかし誇張法の対照的イメージは何とも魅力的で、これを使わずにはいられなかったのだ。ルソーはそのイメージを比較を進めながら正当化している。つまりこの素朴さは、同時代の視覚芸術に広がっている男の気をそそるイメージよりも好ましいのだ。議論の中では一度ならず想像力の危険が非難されている。

しかしながら、現代の女性の巧みな装いは完全な裸体よりも危険が少ないと考えられるでしょうか。

〔……〕立像や絵画はさまざまな衣服が裸体をわいせつにするときにのみ、見る者の目に不快感を与えるということが知られてはいないでしょうか。感覚の直接的な力は弱くて限られています。感覚が最大の猛威を振るうのは想像力を介してです。欲望の対象に自然が与えた以上の魅力を与えることによって、欲望をそそるように仕向けるのは想像力の働きなのです。目が単に裸としてだけでなく、衣服を着せられるべきものとして見ているものを、その目にスキャンダルであるかのように思わせるのは想像力なのです。いかに慎ましい衣服でも、想像力によって火をつけられた視線がその衣服を通して欲望を抱かないようなものはありません。(70)

ルソーが民衆の祭りについて語るその語り方はフランス革命の祝祭をつかさどるイデオロギーの形成に貢献しえた。何冊もの優れた論考がそのことを明記している。(71) 先ほど引用した一節は、それほど大きな影響を与えなかったとはいえ、閨房の軽薄さを同じく拒否するところから生まれ、古代人の高貴な純朴さを取り戻そうとする新古典主義的趣味を予告するものとして読まれることがあり、スパルタの幻影、共和国の英雄主義というルソーにとっての哀惜の対象は、ヨーロッパで形成された来たるべき芸術——遠い過去と自然への眼差しによって再生した芸術——の新しい計画にかなうものであった。

しかし例証すべき論拠はルソーの場合にははるかに多かった。レマン湖のほとりで覚えた情熱、母性、子ども時代、アルプスの風景、等々。ルソーが示していた好みは純化された芸術ではあるが、模範的で、センチメンタルで、安心させる芸術に通じる可能性があったことをきちんと認めなければならない。ルソー的な図像解釈学には学ぶところが多い。「心」の真実を表したい気持ちが強すぎたせいで、絵画とグラフィックアートを手がける者は、うわべだけで人の心を動かそうとする場面やアレゴリーや象徴を制作する誘惑に抗えないことが多かった。さまざまなルソー主義に貫かれた作品のなかには、ひと目でわかるイメージと言い回しからなるものがあり、それらはしばしばルソーのテクストそのものを正確に理解する代わりとなった。しばしば指摘されてきたように、ルソー崇拝は宗教画の世俗の代用品を豊富に産み出した。それらは一七九四年、ルソーのパンテオン入りに際して行なわれた二日間にわたる荘厳な式典に用いられ、見世物になった。ルソーとその世界のイメージをよみがえらせるためにはボナパルトの人気が必要であった。こうした後世の形象化と歪曲について、それはルソーのせいだと言わずにいられようか。彼自身が見て、体験し、夢見たものについてたくさん見せることで、ルソーが自らの過ちの口実を提供したことは否定できないのだ。

3　ルソーと雄弁

「雄弁な作家にして哲学者」、こんなふうに換称法を使って、ダランベールは『百科全書』「序文」でルソーを名指している。雄弁、それは『学問芸術論』の出現からすでに、万人が――支持者も敵も――敬意を表す明らかなルソーの特質である。熱、エネルギー、色彩（これらは聖なる用語である）は、ルソーの言葉と話し方に皆が認め、賞賛するものだ。ルソーのファンはさまざまな賞賛文のなかでこうした賛辞を述べる。悪口を言う者も、ルソーの雄弁に敬意を表することを忘れないが、それは雄弁を危険がいっそう強まっていることの指標とするためだ。なぜなら雄弁は偽の危険思想を魅力的なものにしてしまうからである。ある人びとにとって、彼は徳の熱狂的な代弁者であり、他の人びとには危険な雄弁家となる。その二つの側面によって彼は、言葉においても人格においても、ほぼその始まりから雄弁術に内在する曖昧さを具現している。

　ルソーが自分の執筆活動の起源について語るページの一つひとつにおいて、彼の発言の最初の時を印象づけるのは、いつも非難＝告発の衝動である。牢獄に入れられたディドロを訪ねる際、ヴァンセンヌへの道で受けた天啓の直接的な唯一の痕跡は、ファブリキウスの活喩法であった。それは、ローマ帝国の退廃した人びとに対する非難を、死者の中から呼び戻された共和国の有徳な執政官の口を通して語らせたルソーの非難＝告発の呼びかけなのである。

雄弁な発言の最初の飛翔——悪に対する熱烈な告発の始まりである——に第二の動きが続く。すでに初期の『学問芸術論』、『人間不平等起源論』で示されていたこの動きをルソーは（『告白』の物語のなかで）『ダランベール氏への手紙』とともに誕生させる。「そのときまで徳の憤慨はわたしにとって詩神アポロンの代わりを務めていた。今度は優しく和やかな魂がその代わりになった」（『告白』第十編、一一五頁）。悪に対して向けられた雄弁に、同じ「興奮状態」において、悪ではないすべてのものに断固たる明証性を与えることを目的とした雄弁が続く。悪ではないすべてのものとは、社会的悪が入り込む以前にあった人間性であり、人間が悪の領域から離脱することによって見出せる幸福のさまざまな形だ。この雄弁を失われた幸福が問題になる場合にはノスタルジックと呼び、修復の希望、償いがつねに可能であるという希望を示している場合には誘惑的と呼ぶことにしよう。「体系」を完成させる作品である『エミール』と『社会契約論』は、否定的な非難＝告発の肯定的な代償である。それらは、すでに『新エロイーズ』においてそうであったように、現実と対照的な世界を展開している。そしてこの世界は読者の心に一つの救いを、遍在する悪からの脱出口を出現させる。それらは、社会に現在認められる無秩序とは反対の一つの秩序のイメージを提供する。あらゆる観点から、望ましい状態を見せるのだ。つま

❖『二〇〇年後のルソー、ケンブリッジ二〇〇周年シンポジウム記録』（R・A・リー編、ケンブリッジ（イギリス）、ケンブリッジ大学出版局、一九八二年）に同じタイトルでフランス語で発表した論文の改訂版。

りもはや存在しないもの、存在するかもしれないもの、「いま存在していないもの」である。こうしたさまざまな様態に共通しているのは、代わる代わるいま存在しているものに対する拒絶の理想的基盤となりうることだ。

非難＝告発の雄弁と誘惑の雄弁とのあいだの分割線が、作品間の区別を示しているなどとは思わないようにしよう（ルソーは時にわたしたちにそう思わせるのだが）。『エミール』を注意深く読んでみると、しばしば分割線が、連続する段落のあいだに、あるいは一つの段落のなかにさえ通っているのがはっきり見えてくる。読者を有罪にする非難＝告発と、読者の心と信頼を手に入れようともくろむ人の心をほろりとさせる言葉とのあいだの鼓動は速いことが多い。

この雄弁の策略ははなから、奇妙にも効果的であったし、また実際そのように認められてきた。その効果を妨害するために、ルソーの敵たちがどんなに効力のある発言にも反論しうる伝統的な論拠に頼ったとしても、何も驚くことはない。つまり、それは雄弁でしかない、という反論である。そして他の誰よりもこうした非難に敏感なルソーが同じように伝統的な否認に頼ったとしても、何も驚くことはない。つまり、それは雄弁ではなくて、「生き生きとした説得」が命ずるところなのだ、というものである。

> 人類の未来の幸福という観念およびそれに貢献するという名誉で熱くなった［彼の］心は、これほど大きな計画にふさわしい言葉遣いを彼に命じた。［……］［彼は］俗悪な魂が雄弁と機知しか見ない作品を生み出してヨーロッパを驚かせた。(1)

物を書くための本当の才能がわたしにはいくらかでもあったのでしょうか。それはわかりません。わたしの場合、生き生きとした確信がいつも雄弁の代わりを務めてきました。そして強い信念に欠けるときには、いつも気の抜けたようなまずい文章しか書けたためしがありません。(2)

生き生きとした確信がわたしの書く物を命じ、時には論証力を補えるような熱を与えてくれるようになった。扱う主題の崇高さから、言わば自分自身を超えたところにまで高められて、あたかも雄弁というよりもむしろ有名で大きな訴訟を擁護したために大演説家とみなされる弁護士のようでもあり、あるいはまた、なんの技術もなしに説教しているのだが、自分が感動しているために人びとを感動させる福音の伝道師のようでもあった。[……]上手に話すためにはつねに自分の考えていることを言うのが大きな強みであって、誠実さは修辞法の役に立つし、正直さは才能に役立つものである。そして強く確信している人の調子ほど雄弁に近いものはない。(3)(傍点は引用者)

ルソーはまたもや代わりとなるものについて強調している。彼にとっては怒りが「詩神アポロンの代わりを務めてきた」と彼はわたしたちに言っていた。そして今度は、「生き生きとした確信」が彼にとっては「雄弁の代わりを務める」というのだ。この場合、代わりとなるもの、「代補」は次善の策ではない。それは芸術的特質——打算を含む場合は疑わしいものになる——の代わりとなるもので、真正性、自発性、内的真理を備えたものなのだ。

こうして自分の言葉の真実性を守るため、また修辞法の技巧に意図的に頼ってはいないと主張するために、ルソーは第三の雄弁を展開するわけだが、これは弁明の雄弁と名付けることができる。この雄弁は効果を十分に発揮するために、演説口調ではなく、間接的に行なわれねばならない――そしてこれは物語、対話、独白という「婉曲な」形式をとる。それは（これに先立つ著作における）ジャン＝ジャックの熱烈な演説を対象とした激情的ならざる考察の調子を帯びる。その点に関しては、『対話』は特に重要である。というのは、『対話』は初めに作家に対して（フランス人の口を通して）考えられる限りの非難を示し、それに対してルソーという登場人物が長々と反駁――償いとなる正当化、埋め合わせ――をするという形をとっているからである。正当化という精神的な作業に結びついた快楽の可能性を得るべく、まるで最もひどい傷を自分に加えることを望んでいるかのように、作家がうんざりするほどまでに自ら繰り返している中傷に注意を払ってみよう。想定上の攻撃は弁論のあらゆる側面、あらゆる部分に向けられる。初めは語り手――より正確に言えば、作者――を対象とする。つまり作者の身元《アイデンティティー》を疑うのだ。ジャン＝ジャックは彼の著作、彼の音楽の本当の作者ではない。彼は盗作者であり、他人の作品を横領したのだ、等々。第二に、想定上の非難は著作の内容を対象とする。それは矛盾しているし、一貫性がないし、逆説的である、等々。最後に、メッセージが読者に及ぼす効果である。それは有害で、邪悪で、破壊的であるとみなされる。これに対して、ルソーという代弁者は「第三対話」で、ジャン＝ジャックという語り手の身元を回復すること、その体系の一貫性を証明すること、彼の作品が読者の心に及ぼす効果の道徳性を主張することができる論拠によって応答する。もろもろの証拠は、互いに他を補強することを目的としている。ジャン＝ジャックは、確かに彼が書いた本の作者なのだ。なぜならあれほど人の心を打つ仕方で自分の意見を表明することができたのは彼だけだからだ。彼の著作は有益な効果しかもたらしえない。なぜならそれは、徳の熱狂に興奮した無垢な魂の忠実な表現だからである。彼の体系は、パラドックスの織物ではない。たとえペンを取った者の考えを忠実に表す絵であるからだというのにすぎないとしても、と。

心を許し合った人びとの住む「理想世界」という神話は、ジャン＝ジャックがその誕生に関わっているものだが、その性質上の（ただし限られたエリートにのみ許された）所与として、メッセージがゆがめられることもなく、エネルギーが失われることもなく、ある種のアクセントを持った何らかの記号よりも発達した手段に頼ることもなしに心から心へ伝わっていく完璧なコミュニケーションが可能だと示す。記号は、もしそれがしっかりと感知されるならば、記号に頼る人の感動を完全に写しとるものとなるだろう。

　こんな出来具合の特別な人物たちは、必然的に通常の人間とは別のやり方で自分の考えを表現するはずです。こんなにまで別物に変容した魂の持ち主である彼らが、感情と思想の表現のうちにこの変容の刻印を帯びていないなどということはありえません。［……］それは心の通じ合う仲間たちが一目でお互いを認め合う特徴を示す記号であり、ほとんど知られておらず、用いることがさらに稀なこの記号に大きな価値を持たせているのは、それが偽造できない点、現れる源の水準でしか決して作用しない点、そして真似ようとする人の心の底から発していないと、見分ける力を持った人の心にも届くことがないという点です。でもこの記号が心に届くや、もはやどのようにしても見誤られることはなく、感じられただけで即本物なのです。[4]

ルソーが別の世界――「魔法の世界」――の言語規則として立てているものは、実は、彼が彼自身の弁明のために用いることになる基準なのである。ジャン＝ジャックは魔法の世界の住人として話をする。

彼はこの住人たちから認められる。もっとも、彼自身がこの二つの役割、つまり話すことと認めることという役割を果たしているのだが。そして脅かされている身元の確認は、「心」から「心」への内的作用として展開するのだ。

＊

同時代の多くの人と同じように、そして古代にまでさかのぼる伝統と決別することなく、ルソーは（学校や論文で教えられているような）修辞学への軽蔑と、（情熱にかられた人間の唇に現れるような）雄弁の賞賛との二つを組み合わせている。『サント＝マリ氏の教育案』は修辞学を完全に排除していないが、「せいぜい」ベルナール・ラミの『話術』に頼る程度で、最小限の使用に抑えている。

エミールについても、〔修辞学に対するルソーの〕同じような横柄な態度が認められる。修辞学は、わたしたちに与えることができる人たちの同意を強制することで、わたしたちが強く望むものを手に入れる技術である。したがって、それはお世辞の構造と関係がある。望まれる対象は「われわれの情念にへつらう」ものであり、そのうえ、他人にへつらうことで、「技巧を凝らした雄弁」はその目的に達するのである。ルソーはコレージュで教えられる修辞学をばかにしている。

話す話題もないのに話すよう彼らを訓練するという計画、誰かを説得することになんの関心も持っていないのに情念の力強い言葉ときわめて強力な説得術とを、学校の椅子にすわっているだけの彼らにわからせようとする計画は、何と非常識な計画であろうか！　修辞法のあらゆる教えも、自分の利益になるような利用法のわからない者には、まったくの駄弁としか思えない(5)。

したがって修辞学は、取引の機能を持っている。つまり、「ある利益」の取得の暴力的でない、礼儀正しい姿なのだ。情念がこれに頼るのも納得がいく。情念は「文彩」の源である。「人間にものを言わせた最初の動機は情念であったので、その最初の表現は直喩《たとえ》であった」*1。『言語起源論』のなかに、文彩への——原初的な言語が持っていた雄弁の熱への——ノスタルジーが認められるが、一方、『エミール』には、ラ・フォンテーヌをあまりにも早い時期に読ませることをルソーが非難しているのが確認される。なぜなら子どもは、寓話の比喩に富んだ言葉遣いを理解できないからである。つまり情念、文彩、低俗なへつらい、これこそが『からすと狐』は子ども向きのテクストではないとされる理由だ。情念によって誘発される「過ちの時期」、「寓話の時期」となるものは、もっとずっと後でやって来る。しかしエミールはほとんど情念を持たず、ほとんど欲望を持たないと仮定されている。彼は他人の善意には依存しない。何ものも、彼がおべっかを言うようにそそのかしたりはしない。説得の手段として情念に頼ることは、それ自体学校での学習よりも好ましいけれども、したがってルソーが登場させる生徒の行ないではない。

［わたしの］エミールは、弁論術にとってそんなに好都合な状況に置かれていない。ほとんど身体的な必要だけに限られており、他人が彼を必要とするほどには他人を必要としない。そして、自分自身のために他人に求めることは何もないので、彼らを説得しようと欲することがあるにしても、それに極端に心を動かされるほど切実に感じることはない。したがって、一般的に言って、彼は単純で、比喩の少ない言葉しか

持たないはずである。たいてい本来の意味での言葉を使い、ただ理解してもらうために話す。自分の観念を一般化することを学んでいないので、格言風の話し方をしない。稀にしか情念にかられないので、イメージ豊かな語り方をすることもない。

とは言うものの、彼がまったくものに動じない、冷たい人間だというのではない。［……］彼の言葉は調子を持ち、時には激情的である。彼を動かしている高貴な感情は言葉に力強さと気高さを与える。やさしい人類愛でいっぱいで、話しながら、自分の魂の動きを伝える。彼の寛大な率直さには、何かは知らぬが、他の人びとの人為的な雄弁よりもずっと魅力的なものがある。いやむしろ、彼のみが真に雄弁なのだ。というのも自分が感ずるがままを言い表すだけで、彼の話を聞く人にこれを伝達できるからだ。[6]

悪の王国から善の王国へと雄弁を移すためには、一個の形容詞（「人為的な＝狡猾な《アルティフィシェー》」）、次には一個の副詞（「真に」）があれば十分である。エミールは「魔法の世界」の「心を許した人びと」が話すように話す。つまり、彼は誤解の危険を免れている。

こうして、本を遠ざけ、情念の発露を遅らせる「消極的な」教育のおかげで、遅れた＝異なった結果に到達するが、それは学校と教科書による教育が目指していた目的を上回るものであった。「寛大な率直さ」は、見出された直接性の技術というより優れた技術となる。「雄弁」という語は、渇望の取引と関係がある限りにおいては疑わしいが、それが感動の直接的移行を保証する力を明確に示すときには、その正当性と無邪気さを回復する。話し言葉はそのとき、もはや策略の介入でも、不平等交換の通貨でもない。言葉は、眼差しに補強されて、感情の忠実な伝達を保証する。言葉は目に見える形で示す――それに対して悪は、あるときには偽装のなかに、またあるときには「偽の輝き」によって引き起こされる眩惑のなかにある。

もっと後になって家庭教師が生徒の好みの形成に取り組むようになると、(7) 教師は「演説の分析を行なうことを生徒に教え」、そして「雄弁と話し方のすべての美しさ[*2]」に対する感受性を磨かせる。そののち「読んで楽しい本」に触れる時期、つまり、フランスとラテンの偉大な作者たちを比較しながら読み、一般文法を習う時期になると、エミールは「話す技術の規則」を勉強する。そうなると、家庭教師が彼の判断で提案する娯楽の対象は、伝統が認めてきたものにとどまる。つまり古代人の雄弁と詩である。エミールはこうして、長い迂回の後、まともな道に戻るのだ。

しかしこうした学習は趣味の形成以上に重要なものに役立つことになる。『エミール』に続く書簡形式の物語『エミールとソフィー』において、エミールは海賊にさらわれて、他の仲間と一緒に「アルジェで」捕虜となる。奴隷たちは主人からひどい扱いを受けている。勇気はあるが、言葉以外の手段を持たないエミールは、仲間に話して、労働を拒否することを提案する。しかしながら彼の話は「それほど反響を呼ば」ない。それに対して、マルタの若い騎士は、捕虜の一団に「より激しい調子で」話す。こうして「彼らの憤慨」をかき立て、「勇気」に火を付ける。熱狂のうちに取られたこの解決策は、ほとんど長続きしない。それについてエミールは次のように観察している。


わたしは雄弁の効果というものはめざましいけれども、一時的であることを承知していたのです。そんなにたやすく心を動かされる人間は、同じようにたやすく平静に戻るのです。冷ややかで、強力な論理は、人を沸き立たせることはできません。しかし一度取っかかりをつかまえれば、中へ浸透して行き、それが生み出す効果は二度と消えることはないのです。(8)

新たな基準――実践的、道徳的次元の基準――がここに現れる。つまり、演説によって伝えられる説得の〔効果の〕持続時間である。悪い雄弁とは、誤った報告を通して働きかける雄弁だけでなく、その効果がたとえ生き生きとしたもの、喝采を送られるものであっても、短時間にとどまる雄弁である。エミールの「冷たいが強力な推論」、「簡潔にして、率直に口にされる演説」は、別の雄弁を、話し言葉のよりよい使用法を示している。

ルソーが彼の歴史哲学において雄弁に割り当てている地位については検討すべきだろうから、今度はこの点に注意を払ってみよう。すると、初めにわたしたちが指摘した曖昧さが――増幅したかたちで――再び見えてくる。

最初の二つの論文を読んだ人は誰でも、ルソーが雄弁術、つまり見せかけだけの言葉の害悪に対して向ける皮肉を覚えている。ファブリキウスは退廃したローマ人に語りかけながら、「お前たちを支配しているのは修辞家なのだ(9)」と叫んだ。雄弁はさまざまな「技芸」のすべての中で高く評価されているのに、ルソーによればその起源には数々の悪が存在するという。他の技芸についてはその起源に悪は一つしかないというのに。

天文学は迷信から生まれた。雄弁は野心、憎悪、へつらい、嘘から生まれた。幾何学は吝嗇から、物理学は無益な好奇心から生まれたのだ。いっさいのものが、そして道徳でさえ、人間の驕りから生まれた(10)。

古代の都市国家では、雄弁が舞台に登場するやいなや、男性的な美徳の衰退を引き起こした。

ローマは哲学者、雄弁家にあふれていた。人びとは軍事訓練をないがしろにし、農業を蔑視した。[11]

アテナイ人の風俗と政府の退廃は雄弁家たちのなせるわざであった。[12]

同じ非難＝告発が『不平等論』で語られる仮定的な歴史に沿って、時代をさかのぼることでも見出される。家父長的な社会は家族をまとめ、祝祭は若者を集める。

各人が他人をじろじろ見始め、自分も眺められるのを望むようになりはじめると、公の尊敬が一つの価値を持った。最も上手に歌ったり踊ったりする人、最も美しい人、最も強い人、最も巧みな人、あるいは最も雄弁な人が、最も重んじられる人となり、それこそが不平等への第一歩、同時に悪徳への第一歩であった。[13]

そして市民社会がまずい始まり方をしたのは、金持ちがひどい契約——服従の契約——を結ぶよう仕向けるために、人びとを欺く立派な言葉を見つけるすべを心得たからである。ここで一つ指摘しておかねばならない。「技巧を凝らした雄弁」の害悪を語るあの物語に沿って、ルソーは拒否の雄弁の潜在能力を喚起し続ける。この拒否の雄弁は、〔歴史の流れの中で〕活性化することはないが、人びとが破滅へと向かい、詐欺師の話に耳を傾け、詐欺師の約束に信頼を置くのを妨げるために、人びとに呼びかけたはずのものである。

杭を引き抜き、あるいは溝を埋めながら、こんないかさま師の言うことを聞かないようにしよう、と同胞に向かって叫んだ人は、どれほど多くの罪と戦争と殺人から、またどれほど多くの悲惨と恐怖から人類を守ってやれたことであろうか。(14)

かくして非難＝告発者としてのルソーの激しさは、仮定的な過去に、雄弁の害悪を告発したに違いない雄弁な代弁者たちを投影するのだ。

それだけではない。ここには一見すると、驚くべきものと映るかもしれないことがある。つまり、ルソー自身、非難＝告発者としての雄弁をふるうのをやめて、ノスタルジックな雄弁の激情に身を委ねるとき、哀惜の対象となるのは、またしても雄弁なのだ！

平等ならびに原初の幸福の喪失を引き起こした原因のうちに言語活動（そしてとりわけ雄弁な言語活動）を入れた後、ルソーは言語の歴史を同じ喪失のモードで考えざるをえなくなる。それは堕落の歴史、コミュニケーション力の減退の歴史である。わたしたちの言語ははっきりしない、冷たい、表現力に乏しいものになった。失われた本来の力を何と名付けるべきなのか。語の多義性のおかげで、提案される語はまたもや雄弁という語だ！「フランス語は日毎により哲学的になり、ますます雄弁さを失いつつある」(15)。こうして同じ語が、最初の喪失を引き起こしたものを指し示すと同時に、失われた貴重なものを指し示すことになる。

実際、哀惜は、雄弁が一つの切り離された＝独立《セパレ》した技術ではなく、したがって、切り離す《セパラン》力ではなかった原初の時代に向かうこととなる。

南方の［原初の言語は］生き生きとして、響きがよく、抑揚があって、雄弁で、しばしば多くのエネルギーのせいで難解であったに違いない(16)。

言うことと歌うことは、かつては同じものであった、とストラボンは言っている。それに付け加えて彼は、そのことからして、詩は雄弁の源泉であることがわかる、と言うのだが、本当は詩も雄弁も同じ源泉を持っていて、はじめのうちはまったく同じものだったと言うべきであった(17)。

こうして雄弁は、推論よりも前にあった。そして人びとは、哲学者である前に長いあいだ雄弁家であり、詩人であった(18)。

またもや、ルソーは「ギリシャ人における雄弁と詩と音楽の驚異的な効果(19)」を、緊密な相関関係のうちに喚起する。そして、『言語起源論』の今では有名になったページにおいて、ルソーが言語の雄弁な音楽性の喪失、音楽と話し言葉の不一致、政治的自由の消失を相互にどのように関係づけているかは周知のとおりである。

言語の終末と社会の終末――寒さ、意識の分離、無言の暴力による終末――についてのこの極端に悲観的な見方は、反省能力がいっそう努力することと引き換えに、再生の可能性、文化と自然の和解の可能性を排除してはいない。もし技術が悪の原因だったとしたら、治療薬は技術の拒否のなかにではなく、悪そのもののなかに見つかるかもしれないし、救いは「完成された技術」から生ずるかもしれない。社会関係のうちで真なるものは、何にもまして、言語と音楽にとっても真であるに違いない。完成された技術は、原初の徳とエネルギーを、「生まれたばかりの技術」の分離的＝切り離す効果よりも前に存在した充足を新たに見出すことを可能にするに違いない。最初の言語は話し言葉と音楽を密接に結びつけていた。『村の占い師』のなかで、ルソーが誇りに思っていること、それは「転調の妙があり、休止の巧みさがあり、アクセントの豊かな」レチタティーヴォを生み出すのに成功したことであり、「せりふと音楽の完璧な一致[20]」を実現したことである。彼は歴史が分離＝切り離してしまっていたものを、統一性へと立ち返らせることができたのだ。「説き伏せることなく納得させること[21]」、これが原初の言語の持っていた力の一つ——わざとらしくない雄弁の力——であった。ところが、ある国民に社会体制を与える立法者は、必ずしも時代の始まりに登場するわけではない。国民は、深刻な「危機」の後、「死の腕から脱して若さの活力を取り戻す[22]」ときに立法者を必要とするのだ。完璧な言語の技は、生命を甦らせることができる。それは、意識的に、熟慮のうえで、国民にまったく人間的な知恵の掟を課すために、宗教の権威に頼ることになる。得られた効果は原初の言語の効力を見出すことになるし、ルソーは、もはや起源ではなく、再生されたものを表現するために、同じ言葉を用いることになる。「こういう次第であるから、立法者は力も理屈も用いることができないので、暴力を用いることなしに誘導し、説き伏せることなく納得させることができるような、特別の秩序に属する権威に頼らざるをえない[23]」。『社会契約論』第一草稿は、立法者の雄弁についてもっとはっきり定義しようとしていた。

しかし神々に話させることも、神々の代弁者として予言するときに信じてもらうこともすべての人間にできるものではない。立法者の名において言われた事柄の重大さは、人間のものを超えた雄弁と力強さによって支持されなければならない。熱狂の炎が知恵の深さと確固とした徳に結びつかなければならない。ひと言で言えば、立法者の偉大な魂こそは真の奇跡であり、この奇跡によって立法者は自らの使命を人びとに証明しなければならないのである。(24)

ルソーが期待しているのは、長い熟慮の努力の成果(「知恵の深さ」と「徳の恒常性」)である道徳的特質と結ばれた、言語の原初的特質(「熱狂の炎」)からなる混合物である。立法者の雄弁は、始源の情念による言語の熱量上の特徴(「熱さ」、「沸騰」)と、情念を制御することでしか得られない穏やかな安定性(恒常性)とをともに併せ持っている。したがって、この「人間のものを超えた雄弁」というのは、一つの総合であって、そのなかでは、「どんな人間にも」、どんなに巧みな嘘つきにもありうる「無益な威信」をはるかに超えて、ただし最高の技巧、恩恵をもたらすフィクションという意味＝方向で、技芸は乗り超えられるのである。

立法者の最初の雄弁は一つの秩序を創り出すのであって、そこでは市民は互いに頻繁に集まりながらも、ほとんど雄弁を必要としない。『社会契約論』の都市国家は、「集まった国民」によって表明される一般意志によって支配されている。ルソーによって理想的だと想像される状況では、なすべき決定を明証するにあたっては、いかなる雄弁を費やすことも前提とされていない。

このように治められている国家は、ごくわずかの法律しか必要としない。そして、新しい法律を公布する必要が迫ってくるにつれて、この必要は誰にも見えてくる。新しい法律を提案する最初の者は、すべての人がすでに感じていたことを口に出すにすぎない。それで、各人が他人も自分と同じようにするだろうと確信するとき、各人が実行しようとすでに決心していることをそのまま法にするのであるから、術策も雄弁も問題ではない。(25)

すでに見たように、エミールの言葉遣いは「簡潔で、ほとんど比喩のない言葉遣い」である。しかし原初の言語の熱は失われていない。成人の年齢に入ろうとするこの男は、自分のうちに、諸時代の始まりに優位を占めていた激しく熱いエネルギーを保っているのだ。

青春の炎のなかで、血のなかに閉じ込められて蒸留された、活力を与える精気は、若者の心に熱を送り込み、この熱は彼の目を輝かせ、話しぶりに感じられ、行為に見てとれる。(26)

昇華された熱(「蒸留する」は「昇華」にきわめて近い化学作用である)は、情念の力を「高貴な感情」に変換する。エミールの雄弁は、冷たい理屈――入念に作り上げられた近代の話し方はこの点で秀でている――と、原初の言語を活気づけていた抑揚、熱を折り合わせたものである。この卓越した雄弁は、「他人の狡猾な雄弁」よりも効果的で、最初の言語に備わる豊かな表現力を取り戻しているが、もはや情念ではなく、道徳的信条に役立つものとなっている。それは卓越した総合としてわたしたちに示され、そこでは自然と文化の対立は解消され、おさまっている。ルソーが期待しているのは、原初の特質と完成能力からなる混合物である。

『エミール』と『言語起源論』は、ほぼ同時期に完成している。つまり雄弁の理論は、一方では、公の雄弁の死ならびに自由の死の確認に行き着き、他方では、自分の行ないと発言に責任を持つ個人を形成する私的な教育に行き着く。言葉はどのようにして用いられる機会を見つけるのだろうか。〔『エミールとソフィー』では〕国外追放と捕虜生活のなかで、不運な仲間たちに奴隷の身分を拒否するよう仕向けるべくひっそり始まる。ところで、「アルジェで」捕虜になったエミールが仲間に労働の拒否をそそのかすという抑圧された状況は、ルソーが『言語起源論』の末尾で、当時のフランスの状況として描き出す息苦しい言語の状況と酷似している。いずれにも、ルソー自身が捕虜になったと想像し、読者に語りかけるという状況の大げさな象徴を見てとることができる。フィクション、歴史的考察、そして「自己理解の」表象という三つの角度から、極端な脅威にさらされるという同一の状況に直面していて、そこからの出口と救いが可能になるのは、「発言という行為」と引き換えにでしかない――それは「同胞」に語りかける大胆な男のなせるわざということになろう。これが「雄弁の状況」であって、ルソーの想像力は半ば強迫観念にとりつかれたようにこの状況にたえず立ち返るのであった。すぐれた先見の明に恵まれ、前もって死を受け入れているか、または死者の中からやって来た一人の英雄、一人の孤独な雄弁家が、捕虜たちに呼びかける。彼は解放されるように捕虜たちを励まし、救済の解決策を吹き込む。

　この行為によって、彼自身新たなアイデンティティー、今までよりも強固だが、同時にリスクの多いアイデンティティーを帯びる。そしてこれは、非難と告発の調子で、メッセージの受け手に彼らが自分のアイデンティティーをどうしてしまったのか、なぜ彼らは自分の最初の存在に固執し続けなかったのかを問う行為でもある。自分自身のアイデンティティーを強固にした雄弁家が、アイデンティティーを守るすべを知らなかった人に話しかける。

　「架空の」登場人物、ファブリキウスは退廃したローマ人を質問攻めにする。「あの藁ぶき屋根と質素な家々はどうなったのか。［……］無分別な者たちよ、お前たちは何をしたのだ？」[27] これはジュリが

「改心」の後、サン＝プルーに行なう質問でもある。「わたしたちはどんなだったのでしょうか。そしてどうなったのでしょうか。［……］あれほど優しい恋人たちはいま何をしているのでしょう。［……］それを知れば彼らのことを嘆かずにおれますまい。いまや罪に身を委ねているのです！［……］いったい、同じ人間なのかしら？ 彼らの魂は変わらなかったのかしら？[28]」一七七二年頃、街で「回状」を配りながら、ルソーはあらためて同じ問いをしつつフランス人に呼びかける――生成に関わる問い、もとのイメージを忠実に守っていないことに関わる問いである。

フランス人諸君！ かつて愛すべくして心優しかった国民よ、諸君はいったいどうなったというのです。不幸な外国人から見ればなんという変わりようでしょう。［……］[29]

このたびたび繰り返される問いは、ジャン＝ジャックの雄弁の本質を定義するものではない。これは彼が自分の告発者としての話を強調するために用いる、好みの主題の一つにすぎない。しかしこれはわたしたちにとって、変化するもの、悪化するものを前に、変化しないものの証人になろうとする発言の基本的な特徴を見抜く機会となる。ファブリキウスの非難＝告発の雄弁はジャン＝ジャックの弁明の雄弁、自己防衛の辞となった。しかし、生成の勢いは変わらなかった。過度の憤慨から生まれた発言は、孤独者の唇に抗いようもなくのぼる。無実の沈黙、徳の平安のうちにとどまるほうがよかったのに。彼は話さなければならない、なぜなら、他人の不幸と彼らのひどい過ちが、彼に沈黙を守ることを許さないからである。彼は他人を悪から救出したい、そしてそれと共に彼らの悪意から解放されたいのだ。彼は罪を免れぬほど変わってしまった他の人びとを非難する。一方、彼は守るのが困難な身分《アイデンティティー》、何ものも変質させることができなかった善意、そして決して消え去ることがなかった自然のイメージの守り手であり続けている。おそらくそこにこそ、ルソーの雄弁に備わるつねに人を動かす力の秘密がある。おそらくそれは、ルソーがたえずわたしたちをいらだたせる理由でもある。彼は、歴史の流れが激化させ、強めるばかりであった罪悪感をわたしたちに植えつける。つまりわたしたちは、わたしたちがそうなってしまったもの、世界がそうなってしまったものを、誇りに思えないのだ。しかし、言語の見事な、しかし憎むべき特権ではないとしたら、どんな特権が、ルソーに自分だけを例外とし、自分に——彼だけに——文明を裁く権利、人類のすべての悪に対する治療薬を自らの心の声を聞き、書きとることに求める権利を与えているのか。彼はわたしたちを傷つける、それは間違いない。彼の立法者と同じように、彼は「説き伏せることなく納得させる」すべを心得ている。しかし、この影響力をどうしてただちに疑わないでいられようか。というのは、結局、もしルソーが預言者として話しているならば、彼はいかなる神の、またいかなる権威の預言者なのか。ただ単に、ルソーは自らの雄弁にわたしたちが反抗することを予想したのだ。彼はその点について、あらかじめ長々と返答している。「したがってわたしは立法という仕事には、どうしても互いに排除し合うように見える二つのことがあると思っている。つまり、一つは、人間のどんな力をも超えた企てであり、もう一つはその企てを実行するための権威だが、この権威は無に等しいものなのである」[30]。したがって、もう一度（いったい何度「もう一度」と言えばよいのか）、ルソーの話に耳を傾け続けなければならない。

4　スタール夫人とルソー——感情の権威

宗教的道徳において、ある観客が悲劇の登場人物と一体化し、男性読者・女性読者が小説の主人公の感情を共有するように仕向ける心の動きほど疑わしいものはない。文学が人びとの魂を情熱の抗しがたい力に委ねてしまうほどまでに誘惑するやいなや、それは他愛ない娯楽ではなくなってしまった。個人を想像上の人間と取り違え、その登場人物の欲望と悩みを共有するように誘うことで、文学は単に色欲の罪や思い上がりの罪を助長する点で非難されるべきものとなったのみならず、宗教の競争相手になってしまったのだ。文学は信仰の実践の世俗的な模造品を提案し、唯一正統な対象である神に代えて、大量のまことしやかな餌＝誘惑を撒いたのだ。観客や読者は、聖人を範とすれば確かな人の手に委ねられたかもしれないのに、我を忘れて熱狂し、虚構の主人公の情念のなかに自分を見失ってしまった。唯一信仰のみがもたらしうる幸福の幻影を追い求めるのを、彼らに思いとどまらせる必要があった。喜劇と小説を批判しながら、ボシュエ、ニコル、ブールダルーは偶像崇拝の一形式、認めるべき唯一の権威に背くことを非難していた。彼らの目には、文学の危険は、ただ単にその軽薄さにあるどころか、その魅惑の強烈さ、そして盲信的な人々がこの世に抱く強い嫌悪感をパロディにするほど自己と日常の義務から引き離してしまうところにあった(1)。

文学は人びとの魂を悪い同一化の誘惑に委ねる。こうした危険に対し、説教師たちは検閲を行っていた。こうした判断は（厳しい非難、有罪判決という意味での）批判的行為である。ところでそのような批判を可能にし、必要なものとしたのは、別の同一化に与えられる絶対的権威である。道徳的な判断は完全に定まった基準を持っていた。つまり、いかなる違反も認められなかったのである。しかも、この種の非難＝告発に対するどんな弁護も、どんな弁明も、疑問を挟む余地のない基準、既成の教義と純粋な虚構作品との両立可能性を論証できなければならなかったのだ。

しかし規範は変わることがある。それは転移することがある。十八世紀はフィクションの復権が達成された時代であった。そこに不評の解除を見るだけでは十分ではない。さらに、次のような重要な事実を認めなければならないのだ。つまり情念、感情は、復権されるやたちまち、それらのために、またやがてはそれらのためだけに、説教師たちが神に示された言葉にしか認めようとしなかった権威を要求するのだ。この権威の転移はきわめて重要である。というのも、新たな権威はすべての道徳的判断、すべての批判的非難の参照源かつ参照語として幅をきかす傾向があるからだ。

情念を承認することは、芸術家たちから要請された情念による一体化を正当化することである。観客や読者がフィクションの領域で自分が引き付けられていると感じること、気持ちが動転するような状況でフィクションの世界を生きること、錯覚の力で観客や読者に登場人物の心の高ぶりを身をもって味わわせること、それこそは作品が優れていることの証拠であり、読者、聴衆、観客の感受性の証である。そこから、いくらかぼんやりした一つの確信が生じ、そこに美的考察と道徳的動機づけが組み込まれる。

こうした承認はそれでもなお権威となり、魅惑された読者は、自分を取り巻く現実について判断するため、この世の流れ、偏見、不正を断罪するために、これ以降はこの権威を引き合いに出すことができるのだ。読者は、心の底に、確実な基準を持つことになる。

この新たな形の創造は、新たな批判を呼ぶ。『新エロイーズ』は、二つの序文とその後の自伝的解説に明らかにされているが、その道徳的意図と著者がこの作品に与えている社会的有用性（この点では、この作品は興味をそそり、教訓を与えようとする他の多くの書物とほとんど違わない）によってのみ正当化されるのではない。わたしたちには著作をその起源から理解することが今でも求められている。しかもルソーは、さまざまな自己正当化のテクストにおいて、文学的な質や本当らしさを気にかける批評の手の届かない場所に身を置けるような退却線をしっかり記している。これらの書簡に仰々しさ、ぎこちなさ、説教調、田舎臭さがあるなどと非難してはならない。首都パリの影響で口先が達者なだけの人間になったのは社交界の人だけではなく、情念に駆られた若者たちなのだ。文法の批判、趣味の良さへの異議はここでは不当であろう。ルソーは、二つの序文でそうしたことを警告し、それによって不当な批判を和らげようとしている。そして書簡集の編者の役割を引き受ける注のなかで、不適切な言葉や不器用で不合理な展開に対する最初の告発者であろうとする。彼は最初から自分で厳しい批判を展開する役を引き受けて、その厳しさを中和している。こうした登場人物たちが自然のなかにはいないということ、誰にも似ていないこと、本物の「怪物」であるということで非難してはならない。環境を変えることを正当化し、パリから遠く離れてアルプス山脈の麓で主人公たちのように生きること・感じること・愛することが魅力的であると認めさせるために、できることはすべてやった後で、ルソーはそれが自分の心が書き取らせた夢でしかないと認めている。ルソーの登場人物たちは、彼の願望の創造物である。

外界に彼らのモデルはない。したがって、こうした人物たちが本当らしくないと非難することも、この小説が善良な人びとしか示していないと非難することもできない。彼らが属している別世界とは、ジャン＝ジャックの心であり、その心が彼らの存在に十分な保証をもたらすのである。ルソーは何度もこう伝えている。作者の深奥の感情に――登場人物のこちら側に――起源を持たない判断はすべて、その対象を取り逃がしてしまうだろう、と。ところで感情は、世界を証人に立てながらも、「人びとの判断」によって正統化されることを望まない、還元不可能な力として現れる。したがって感情は、ジャン＝ジャックをその空想的な被造物へと導く融合に類似した、愛の行為、情念の融合に訴える。ルソーが自分の願いから呼びかける読者（あるいはむしろ女性読者）は、小説の声と――ほろりとしながら――一体化できるだろうが、それとほぼ同時にこの小説の声を、もっぱらその声の主たちの人生、熱、誘惑の力、徳への愛の源にさかのぼることによって考察するすべを知ることになる。したがって読者は、創造者の願望の重力場にとらえられていると感じる。そしてそこに、書物の作用を生み出し、活気づける絶対的権威を認める。もし『新エロイーズ』を読むことで、読者の内面の精神状態や外に表れる行動や社会的意見が変わるとしたら、要するに『新エロイーズ』を読むことが、外界において批判的役割を持つとしたら、それは、魅惑という回り道の手段を経て、書物の内的空間を通して読者が書物を産み出した感情にまで引きつけられたからなのだ。

おわかりのとおり、書物の「有用性」、精神的変化の可能性、偽のキリスト教徒や悪しき哲学者たちに向けられた否定的批判の可能性そのものは、感情の権威に与えられた全面的に肯定的な同意のなかにその基盤を見出す。和解した世界という空想的な――しかし同時に希望を抱かせる――イメージを産み出した後、ルソーは自分の人格、魂を読者の熱烈な支持へと差し出す。この支持の帰結は、世界の不正に対する根本的な拒絶となるだろう。ルソーが伝統的な風刺やその月並みな表現の枠組みを超える社会批判のきっかけを作ると同時に、新しい文学的アプローチの誕生の兆しも（いっそう秘かな仕方ではあるが）示していることに、おそらく驚く必要はない。ある著作の長所と欠点について検討してきた伝統的批評は、演劇や小説の登場人物にもはやとどまることなく、作家の主観と共鳴する共感の高揚に取って代わられる。こうした「批評」の新しい意味は、同時に生まれる。社会的現実の拒絶されるべき側面は「心の掟」に従って、「不正なもの」、「受け入れがたいもの」、「けしからぬもの」と定義されるのだ。結集や一体化を訴える神の絶対の後継者たる道徳的絶対が現れなかったとしたら、現実世界の「根源的な批判」などここにはなかっただろう。逆もまたしかりで、客観的な世界の所与がいささかの価値にも影響されているように見えず、真正性の重大な欠陥の刻印を帯びているように見えないとしたら、作家の主観性への関心がおそらくこれほどの重要性を持つことはなかっただろうと推測できる。内面性崇拝と世界の不正に対する反抗は、同時進行するのだ。

＊

一七八八年（『告白』出版から六年後）、スタール夫人が出版した『ジャン＝ジャック・ルソーの著作と性格についての手紙』は、この手紙そのものが証言しているとおり、〈賞賛演説〉のアカデミックで修辞学的な伝統に属するものだ。ネッケルのサロンの常連、アントワーヌ＝レオナール・トマは、こうした「論証ジャンル」の訓練の理論と実践においてひときわ秀でていた。ジェルメーヌ・ネッケルは、最初の著作を世に問うにあたり、賞賛を得るべくオリジナルで新しい主題を見つけるという条件付きで、その大胆さと才能を示したいと願っていた。「まだルソーへの賞賛文は存在していません。わたしは自分の感嘆の気持ちが表現される必要を感じました」[2]。この文学ジャンル、うら若き女性が自分の著作を関連づけるこの文学ジャンルが、歴史家たちの関心を引いたことはほとんどなかった。フォントネルの場合も、ダランベールの場合も、そして他の何人かの場合も、賞賛文は雄弁のしきたりからも、アカデミックな場や葬儀の場からも独立して、まさしく試論の形式を取ってきたし、文学史家がのちに取り上げることとなる下位区分、つまり生涯、作品、影響に従って整理されてきた。十七世紀にあって賞賛の文学は、ある作品または思想の本質をとらえることを目指すより最近の批評の前触れとなっている（時間的にかなり先取りしているケースが多いことは事実だが）。いずれにしても賞賛の文学は、（資料を読むこと、年代を確定すること等々を気にかけている）碩学の「批評」や、軽い応酬や「キャンペーン」に辛辣な言葉を書き散らしていた同時代のジャーナリストの批評以上に、最近の批評に近い。

しかし、スタール夫人が考えているような賞賛文は、もはや単なる訓練などではない。この賞賛文は、コンクールや議会の礼儀作法とはまったく関連がない。それは「手紙」であるが、宛名のない手紙である。確かに、この時代のデリケートな修辞学にかかわる呼びかけ、感嘆、習慣的な方法がこの手紙になっていわけではない。しかしながら、ジョルジュ・プーレが『批評的意識』の冒頭に置いた論考で、現代批評の開始の行為を指摘するにあたって『ルソーについての手紙』を引用しているのは故なきことではない。ルソーは、先ほど見たとおり、新しいタイプの批判的コメントを必要としていたし、すべてはあたかも熱狂的な若い女性読者が既存の文学的伝統から外れて、感嘆を覚えている作者に対し、期待通りの答えをもたらすかのように進行する。新しい文学には新しい批評が必要というわけだ。

情熱的な感嘆が（ジョルジュ・プーレが見定める最初のコギトを構成するほどの）第一の事実である

とすれば、これこそがただちに、検討と判断の伝統的な流れをひっくり返すものである。通常は、判断(判決)、決定は、いったん長所と欠点を念入りに吟味して、判決理由を注意深く述べた後に続くものであった。ここでは、感嘆を示す興奮が最初に来る。つまりルソーは、感情レベルの賛同を初めからもぎ取ったのである。

批評活動とは、強烈に体験されたことを「表現すること」、内省的に説明することにある。「わたしは自分の感嘆の気持ちが表現される必要を感じました［……］。わたしの熱狂の思い出と印象を思い出すことでいくらか喜びを味わったのです［……］。わたしたちをせき立てる感情について語るのをどうして不確かな未来の時代にまで遅らせることができましょう(3)」。批評の言説は、あまりに強烈で、適切な証拠を見つけるのを難しくするような発見の熱狂のなかではなく、思い出のなかで練られる。にもかかわらず、思い出が最近のものであること、その分析が急を要するものであるように見えること、内省の後退が感動によって明らかにされたものに真っ向から反対しないことが重要である。反省は、激烈さを完全に保ち続ける感情に課せられた束縛から生じる、困難な努力としてたち現れることになる。

したがって、批評的文章は、強い意志のおかげで得られる隔たりを前提とする。『新エロイーズ』に関する手紙の前文ほど示唆的なものはない。

この著作がわたしにもたらした効果を思い出すとうれしくなります。とりわけ、作者の才能以上にわたしの魂の傾向による熱狂にとらわれないように努めましょう。本物の感嘆は人が身をもって感じることを共有させたいという願望を起こさせます。人は説得するために節度を保ち、ついてきてもらうためにその歩みをゆるめます。したがってわたしは、自分が受けた印象からいくらか距離を取ったところに身を置いて、もし時間がわたしの心に年を取らせてしまったならば、『エロイーズ』〔『新エロイーズ』〕についてこう書くであろうというふうに、書くことにします。(4)

批評の言説が生まれるためには、ある種の知的技巧によって、読者の意識が直接の印象——目がくらむような、また言葉にできないような印象——から引き離されなければならない。過剰な印象は厳格な文章とは相容れない。「熟考する情念」といった態度を取らなければならない。確かに、説明すべきは最初の感動であり、論証的に示された証拠をもって再構成しなければならないのは最初の印象なのだ。しかし、読書という心を揺さぶる瞬間と、この感動の内容を特徴づけることを目指す書く行為という第二の瞬間とのあいだの隔たりは、時間の法則と同時に、理解可能な言表の必要性によって不可欠なものとなっている。ジョルジュ・プーレは「最終的に、知るということは、結合と同じくらい、不和にも依存している」(5)と記している。

スタール夫人は、『新エロイーズ』を読むことが彼女にとって参加型の経験であったと認めている。

ああ！　わたしたちの人生の出来事のようにわたしたちの興味を引き、わたしたちの心を乱すことなく、ありとあらゆる感情と思考を動揺させる読書が終わってしまうのは、何と辛いことでしょう！(6)

読むという行為は、新しい空間への道としての価値を得たのである。小説が若い女性読者を引きつけたにせよ、登場人物と状況を自分のものとしたにせよ、フィクションの世界と実人生の世界はもはや、根本的に別のものではなくなっている。

しかしながら、こうした一体化には、どうしても限界が課される。感情と思考が「動揺する」としても、「心」は乱されない。女性読者の共感はアリストテレスやバークの認めた地点よりも先には進まないようだ。つまり、文学作品の主人公たちの危険はわたしたちの気を動転させるが、わたしたちは安全だという意識によって、わたしたちを楽しませもする。わたしたちは危険の外にいるのだ。ルソーは登場人物の本物らしさよりも、彼らの〔言葉の〕表現的機能のほうを強調している。彼らの宿命が人を感動させ、興味を引くとしても、だからといってそこに立ち止まっていてはならない。彼らの感情はすべて、ジャン＝ジャックの心を反映している。ジュリやサン＝プルーと一体化するだけでは、まだ中途半端だ。彼らの物語を生み出した源泉や夢想にまでさかのぼらなければならない。スタール夫人が取っている参加型であると同時に自由な態度、彼女が保っている穏やかな心は、彼女が文学の対象において展開される幻影に完全にはとらわれていない証拠である。彼女はルソーの厳命そのものに従っていて、彼女の情念すべてを小説に潜む主観に捧げている。ジョルジュ・プーレはこの心の動きをきわめて明確に示した。「感嘆はそれが一体化に達するまではやまない。なるほど感嘆すべき対象との一体化ではないが、一種独特な作用により、その対象を存在させる天才そのものと一体化するのである」(7)。最も深い内面の参加は、結局のところ比喩的な世界でしかない小説の世界とではなく、スタール夫人が「感情の真実」と呼ぶものとのあいだに起こる。そこでは読者の意識は、敬服する作者の意識と同じ火で燃えていると感じるのである。「感情の真実、魂がとらえなければならないあの真実。感情の真実を提示するその瞬間に、この真実のために人びとを燃え上がらせることのない才能には災いあれ！」(8) 炎の隠喩、呪いの文句に（なるほどいささか芝居がかっているが）訴えることは、疑いもなく、神聖なものの存在を知らせている。ジョルジュ・プーレは、ノスタルジーと無意志的記憶の幸福が語られるなか、スタール夫人の声がルソーの声とどのようにして混じり合っているか、また魅惑された服従のうちに個人的にルソーの声をどのように存続させているかを見事に示した。もう一つの「感情の真実」——過去にではなく、未来に向けられる真実——は、同じ偶然の一致を引き起こす。つまり自意識と密接に結びつくこの真実は、自由の意識なのだ。『ルソーについての手紙』の第四の手紙では、宗教的な語彙に訴える本能的な行為のために、神聖なものの現前が理屈の放棄を要求するに至っている。

わたしは自由も愛しています。わたしの最初の感情の力強さと激しさから、自然によって示された区別以外の区別を人びとのあいだに置かないあの自由を。この自由は『山からの手紙』の作者と一緒になって興奮しながら、アルプス山脈の頂で、またはこの山脈の人の近づけないほど深い谷で考えられるようなものであってほしいのです。今やより強い感情が、それとは反対のものではないとはいえ、わたしのすべての観念を中断します。わたしは、考える代わりに、信じます。反省する代わりに、自分のものとして取り入れるのです。(9)

これこそは信仰の言葉遣いであり、しかもほとんど神秘神学に近い語り方である。しかしこの場合、信仰の行為は、批判的検討の後に来る。それは注意深い判断の結果であり、判断の最終段階、完遂となるのだ。

しかしながらわたしは、自分の判断を高貴に用いた後ではじめてそれを犠牲にしました。最も驚くべき天才が最も純粋な心に、最も強い魂に結びついていたのを見たのです。その情念も性格も、一人の人間に与えられた最も崇高な能力を決して道に迷わせることはないでしょう。そしてこうした検討を行なった後で、わたしは信仰に身を委ねたのです。信仰をつねに正当化するような推論をわざわざしないためにです。[10]

一見したところ、スタール夫人の議論は、ルソーが哲学の放棄を正当化し、また直接の感情が命ずることに素直に従うのを正当化するために何度も繰り返して展開している議論[11]を子細に追っているということに注目しなければならない。したがって、否定しがたい無意識の模倣を考慮に入れることにしよう。しかし、それだけではない。女性読者がついに「信仰に身を委ねる」こととなるその心の動きのなかで、一つの円環が閉じるのがわかる。すでに指摘したように、批評の言説は、熱狂的な賛同の最初の瞬間の思い出のなかで飛躍的に発展したのだった。そして今や、「判断」、「推論」、「検討」といった行為がいったん完了すると、最初の一体化、熱狂状態、そして共有の充足感を見出すことが可能になったかのようにすべては進む。批評的眼差しが、その無関心のおかげで認めることができた真実は、隔たりのない確信へと至るのであって、その確信はもはや合理的な証拠なしで済ますことができるのだ。つまり、警戒怠りない理性は、その媒介的任務を十分に達成するや、消滅し、降参し、吸収され、そしてただもっぱら感情に席を譲りうるのである。この感情は、視覚の外在性を断念するため、「盲目的な感情」という名を持つこともある。こうして批評の明晰さは盲目に変容し、この盲目は探究が完成される点を示すのだ。スタール夫人は、挑発的な仕方で撞着語法に頼り、対立しているものが不思議なことに偶然一致しているとためらわず示唆する。彼女がルソーと共有する絶対自由主義の確信は、彼女の筆のもとで「わたしが自らの光としたあの盲目的な感情[12]」と表現されるのだ。

＊

「感情の真実」に達すること、それはルソーの主観の奥底でルソーと合流することである。それはまた、自己自身のうちに同じ感情を発見し、敬愛する作者と一体化することである。こうして批評の行程は、検討対象の作品の源泉として、さらには女性読者が他者の意識に向けた注意によって自身に示された、彼女の心の奥底として現れる一つの終点に達する。感情は、それまでは唯一理性の特権であった普遍性という性質を獲得するので、どんな「感情の真実」も出会いの地点、精神的な結婚の場となりうるのである。

もし批評活動の目的が瞑想的な知や純粋に味わわれる親密性における休息だとしたら、この地点、この場所はいったん到達すれば批評活動の最終的な終点となるかもしれない。しかし、スタール夫人にとってもそうだろうか。「感情の真実」とは、最も高いところにある権威である。ところで、権威はじっと眺められるためのものではない。それは認められること、広まること、支配することを求める。権威を認めること、それは普遍的に広がるはずの価値を発見することであり、偶発的な事柄のあいだの一致やずれを評価するために、こうした事柄をすべて権威に関連づけるように強いる規範を認めることである。

内面的な権威と世界の現在の実態とを突き合わせて、ルソーは自分の殻に閉じこもった。つまり、世界は彼には規範に従わないもの、したがって住みにくい場所と映ったのである。同じ「感情の真実」を共有する男性読者・女性読者は、確かにルソーの拒絶を繰り返すことができる。そうすれば完全にルソーを真似することになるが、それではあまりに盲従しすぎということになるだろう。にもかかわらず彼らは、世界と「感情の」規範との対決を、別の文脈において繰り返しうるのだ。ある意味では、彼らは迫害された預言者であった者を復権し、彼らの願いによって、それまで「美しい魂」の奥底に閉じ込められていた権威に従わせるべく外部世界が変化することを求めうる。それこそは主人の従者になることであり、内面の確信であったものを公に「実施」する際のリスクを負うことである。その点でこの読書は、隔てられた主観の孤独ではなく、自由の感情を最重要の権威として認めていることをしっかり示している。ところで自由は、最初の読者の熱狂を勝ち取ると、世界の敵意と不透明性以外には限界を持たない拡張力の証を示そうとする。自由は潜在的に、普遍的な解放の力であり、自由を経験した読者は自分たちを、のちに広く広まるはずの飛躍における最初の仲介者としか考えない。彼らは自由の雄弁が魂に「火を付ける」ことができると知っていて、その炎が広がることだけを期待している。

したがってジャン＝ジャックの著作によって伝えられた「感情の真実」を手に入れるとすぐに、スタール夫人はそれを自分の周囲に広めること、好都合な環境のうちに拡散させることに懸命になる。一七八八年、三部会の召集はフランス社会の「再生」の展望を開く。ルソーの思想こそが、現在の瞬間を新しい誕生の瞬間と解釈するよう要請しているのだ。そしてスタール夫人はフランス人に、「あなた方、偉大な国民よ、やがてあなた方は結集し、自らの権利について相談することになるでしょう(13)」と呼びかける。

今やスタール夫人の批評的思考の行程がどんなものであったかがよくわかる。「[自分が]受けた印象からいくらか離れたところに(14)」身を置いて、彼女はルソーの著作を検討し、判断した。（すでに引用した）象徴的な一文において、最初の瞬間は、ルソーに向けられた、見るという他動的な行為によって占められている。「情念も性格も、一人の人間が与えられた最も崇高な能力を決して道に迷わせることがないのをわたしは見た」[15]。二番目の瞬間は反省の時間であり、そこでは批評行為の結果を引き出しながら、女性読者は、自身のために重要な決定をして、もう一度自分自身と向き合う。「そしてこうした検討を行なった後で、わたしは信仰に身を委ねたのです。信仰をつねに正当化するような推論をわざわざしないためにです」[16]。スタール夫人が自身の内面生活にしかもはや注意を向けていないように見えるこの短い瞬間は、意識の普遍性への呼びかけの拠り所となっている。というのは「あなた方、偉大な国民よ」というフランス人への呼びかけがすぐ後に続くからである。以上がこの批評的思考の新しさである。文学を、文学の埒外にあるような、宗教的または美的な一つの基準に従わせるのではなく、ルソーの作品の起源そのものにおいて一つの原則（「自由」）を発見するのであり、現在の状況のなかでその原則の適用が促進されることを願っているのだ。

フランス人にはスタール夫人が自分の「光」とした「盲目的な感情」を覚える能力があるのだろうか。彼女はそのことをフランス人に尋ねるところまではしない。つまりこうして理想的な要請と現実とのあいだにしつこく残っている隔たりを示しているのだ。しかしながら、理性が人びとのあいだに「全員一致の合意」を保証することが不可能だと思っているわけではない。期待されるこの合意、満場一致は――それが「感情の真実」における十全な共感に完全に基づくものではないとしても――根本的な変化、真の「革命」の展望を開くのである。それまで厳しい非難のこもった批判にさらされてきた「外部の」世界と、ルソーがかくまってくれる避難所を求めていた「内面の」確信とのあいだの和解が、漸近的に告げられる。スタール夫人は、祈るような調子で（これは市民たちに向けられる祈りだ、というのもすべては彼ら市民次第だから）、「内面の」感情自体が世界の現実のなかで認められるような瞬間を予言してみる——すなわち、自由によって得られた行動と社会生活がもはや主観的な確信と衝突することがない瞬間のことである。スタール夫人はルソーに欠けていたものを提供すべく、ルソーを生き返らせることを夢見る。つまり彼でも受け入れることができたような人間の世界である。全員一致の未来が訪れる可能性に言及してから、スタール夫人は、次に続く文で過去に向き直り、今度はルソーに呼びかけ、一つの現前への不可能な願いごとをする。そしてその現前のうちに生き返った作家は、孤独のなかで熱望していた心の透明が集団の歴史の白日の下に達成されるのを見ることを願うのだ。「人びとが天上のものとして有するものを［……］共有[17]する人びとのあいだに戻ってきたルソー。これは国民規模で達成された彼の願望に向き合う創始者たる天才のイメージである。スタール夫人の「熱狂」は、宿命が不完全なままに残しておいたものを完成させる未来——ルソーの雄弁が潜在的な普遍性として有していたものが、栄光のうちに実現される未来を——を創り出す。批評家の意見をうっとりとして聞くことが、おびただしい数の聴衆の次元にまで広がる。

それではルソー、あれほど不幸な偉大な人間よ、この地上であなたを惜しむことはほとんどない。［……］あなたはフランスが今から見せる堂々たる光景の証人ではないのか！　おそらくそこにおいてこそ、人びとはあなたをさらに尊敬にふさわしい人とみなすことだろう！［……］ああ！　ルソーよ、あなたにとって何と幸福だったことか、あなたの雄弁がこの厳かな集会で聞かれていたとしたら！　才能にとって何とすばらしいインスピレーションとなったことか、役に立つという希望があるということは！　どんなにか違う感動を覚えることか、思考が自身に降りかかるのをやめ、それが到達しうる目的、産み出しうる行動を自己の前に見ることができるとしたら！［……］だから甦れ、おおルソー！　だから灰からもう一度生まれ出よ！　姿を見せよ、そしてあなたの願いが力を発揮し、善の完成を目的として、悪の極端な状況から出発する者を道すがら勇気づけてくれますように。(18)

説得力のある悲壮感をもってなされた降霊術師の呼びかけは、ルソーを切迫した歴史的瞬間の霊感を受けた指導者に仕立てる。進行中の出来事は彼のあふれんばかりの雄弁の結果として解釈される。スタール夫人は自らが他動的な行動に変わり、一つの「目的」、自由の願望の実現を目指す力となる。この自由の願望は、ルソーの生前は、それ自体から生気を得ながらも自らを「容赦なく非難する」ことを余儀なくされたものだったのだが。

ルソーは、一七七八年に亡くなっているので、目的を指示したり行動を導いたりする者としてはもはやこの世に存在していない。喚起されるルソーのイメージは、半ば本人が目の前にいるかのように思わせるのだが、それはもっぱらその不在をより生き生きと感じさせるためである。「感情の真実」は普遍化しようとしてもむだである。それは尊敬を受けている人から――集まった群衆が励ましと厳命を受ける演説が行なわれる状況において――伝えられるときにだけ効果を発揮する。あたかも政治的行動が――知識や確信の名目で、また同時に特異な人間によって口にされる目標の魅力によって――その方針と意義を持つためには、化身した権威の存在が必要とされるかのようにすべてが起こる。スタール夫人はルソーが提案した「一般意志」の概念を明確に忌避していなかった。しかし彼女は同じくルソーのなかに見つけることができた立法者のイメージにいっそう愛着を覚えていたようである。立法者は、生身の人間であるから、愛の対象になりうるし、スタール夫人は献身と行動の飛躍を混ぜ合わせる必要がある。ルソーは、一〇年前に亡くなっているので、彼女の欲望をかなえることはないし、偉大な亡霊という姿によってしか出来事の証人、導き手にはなりえない。ルソー讃美者たる彼女は、その後継者と代理をすぐに見つける。彼女自身の父親、ネッケルである。

実際、基本的な象徴のレベルで、また無意識に訴える必要もなく、父親は起源、「神聖な」先行性を表している。そしてこの時期に彼が果たす歴史的役割において、彼は未来の鍵を手に握っているように映る。起源から未来まで、ある意味づけが働き、ある思想が作用している。ルソーとの密接な一体感のうちに感じた「感情の真実」の勝ち誇った投影は、こうして一連の移行、延期、転移を通じて行なわれ、実の子による感動的だが同時に過度の我有化のうちに完成する。スタール夫人のこのページは、彼女の思い違いにおいても素朴さにおいても、革命前の精神状態を完璧に説明してくれる実例である。というのは、熱狂させる読書の恵みによって身をもって知った一体感が、普遍的な融合の原型の価値を持つことがかなりはっきり認められるからである。共有された自由の主観的経験は、集団の歴史の規模で繰り返されることを求める。つまり、心の声は、万人の宣誓による激しい抗議に拡大することを熱望するのだ。しかし権威の擬人化された現前を失わないために、失われた「指導者」の役割を果たす奇跡の人（この場合「父親の形象」）に助けが求められる。「悪の極端から」「善の完成」まで、彼は国民が幸福を手に入れるまで引っ張っていき、歴史に意味を与える。なぜなら、彼は〈真〉と〈善〉しか望むことができないからだ。すでに「首領」の顔が彼のなかに描かれるのが確認される。この首領に、革命集団は新たな権利を擁護して新しい社会的現実を組織する責任を与えるのだ。そしてすでに、その子スタール夫人の筆のもとに、「個人崇拝」の言葉が登場している。つまりネッケルその人は、「フランスがその守護天使と名付けた人物であり、自分の激情のなかにフランスに対する義務しか見なかったのです(19)」。

やがてナポレオンがやって来る。ナポレオンはこの役割を支え、この賞賛を受けるのにぴったりの人物だ。しかし周知のとおり、彼はスタール夫人を敵にするほうをよしとした。彼女は、ナポレオンにとって、それほど邪魔者にはならなかった。そして彼女のほうでは、ナポレオンを拒絶する動機をきわめてはっきりと持つことができた。

これが、尊敬する作者や芸術家の主観が最も大切に秘めているものに対する注意深い批評がスタール夫人においてとった拡張的な姿である。感情が最も高い価値、つまり道徳意識、自然の善性、あるいは自由といった権威をなす価値の表現様式であることがいったん認められれば、この熱狂には何も逆説的なところはない。権威に固有の性質は、拡がろうとすること、最も広範囲での適用を求めることである。神学の権威はそういったケースであった。スタール夫人にとってはつねに天啓があるのだが、その源は異なる。つまり人間の「心」であったり、天才の思想であったりする。そして神学的な天啓には代弁者として聖職者の組織があったが、「感情の真実」の天啓は作家に、そして極端な場合には一人ひとりの読者に聖職者の役割を引き受けさせる。そこからスタール夫人の採用した救世主的な調子が生じるのだが、それはルソーの言説が個人の経験と要求のなかに再移植された宗教的な価値を内包しているのを認めるかのようであった。

しかし主観と普遍的な価値のあいだの一致ほど不確かで、不安定なものもない。極端な場合、意識の内省は隔たり、差異、妥協不可能の意志を示すことになる。このように行使される自由は、外界との接触の危険からのがれる方法の一つでしかありえないかもしれない。自由は外界を拒否し、他者やさまざまな状況から課されるいかなる決定も押しのける無限の力として示されうる。したがってそこではどんな出会いもどんな運命も不可能とみなして、自由は近づきがたいものになろうとし、自らの特性を手の届かないところに置こうとする。個人の意識はだからといって自分のために権威を要求するのをあきらめない。しかしこれ以後は閉ざされ、孤立した権威となり、この権威は世界に広がるのをあきらめ、権威がそれ自体のために保持している明白さにもかかわらず、他者の意識からやって来る感謝の念はもはや当てにしなくなる。その実例は初期「ロマン主義」時代からすでに数多く存在する。

『告白』、『対話』、『夢想』の熱狂的ないくつかの一節が読者に投げかけるのはこの種の挑戦である。批評的解説は、隠れているものを前にして、慎重を期してあきらめることも、立ち止まることもできる。つかまえることができないものをつかまえるなどとは言わず、つかまえることができないものを遠くから名指すだけである。しかしあきらめへのいかなる勧めも反撃を挑発する。ルソーの狂気に対して、最後に非受容を対置するほうが都合がよい。徹底的に断罪するのでないにしても、罪を軽減する状況を考慮に入れてルソーの狂気を哀れむほうが好都合なのだ。そのような状況にも確かに事欠かない。そして、もし批評があきらめることにも反対にも甘んじないとしたら？　批評は頑固な特性という外観のもとに示されるものを普遍的なものと和解させようとするだろう。隔たりや奇妙さや狂気を認めようとするだけでなく――説明と理解という忍耐を要する努力と引き換えに――それらを縮小しようともするだろう。

スタール夫人によってルソーに当てはめられた心理学的解釈は当初はかなり初歩的なものであった。それは『ドイツ論』において洗練され、ここでは作者は高慢を非難する一人の「宗教的隠者」からルソーに与えられた助言を想像することになる。

スタール夫人の最初の著作では、ルソーの妄想は自ら望む死において絶頂に達する。主観的な差異、共通の合理性への挑戦、奇妙さは、自殺のなかにその極端な表現を見出す。この行為がいかに理解不能に見えようとも。つまり解釈という仕事は、許容可能な動機や、一人ひとりの寛大な読者が内面で追体験できるような心理的原因を見出すことにある。人生から逃げるために顔を背ける意識という説明不可能な現象、それをスタール夫人は説明可能なものにし、共通の「感覚」に――各自が近づくことができなくなる感情に――するまでやめない。テレーズに裏切られたルソーは完全な孤独に耐えることができなくなったと彼女が推測する一節では、ある種のタイプの批評的意識が、荒削りとはいえ、じつに示唆的な形で、根本的な奇妙さをもっともらしい心理的動機に帰する努力として明確に示される。しかし、この一連の推測において、解釈者は隠し立てせずに自己をさらけ出している。解釈者は「批判精神」なしに、自殺の仮説を受け入れた後、容認しうる原因をこの仮説のために考え出す。そんな風に愛の嫉妬のドラマを想像しながら、彼女は自身の実体でまかなおうとする。彼女は前もって、ルソーをズルマの役割に位置づけるのだ……解釈者は、尊敬する作者の死を小説化しつつ、ある種の空虚への恐怖に突き動かされているように見える。つまりルソーという存在は、最後の瞬間まで、情感豊かであるに違いない。死の悲しみは最後の悲壮な身振りであるに違いないというのだ。

彼は一人でいること、自分のそばに心のある人が一人もいないこと、たえず自分自身に舞い戻ること、いかなる関心を持たれることもなくいかなる関心も持たないこと、自己の天才にうんざりし、愛する必要に苦しめられて、自己の栄光に無関心であることにおびえていた。そして愛されないことの不幸［……］。世界に二人でいることはこうした恐れをすべてしずめてくれるのだ！［……］ルソーはたぶん後悔なしに自らの自殺を許した、なぜなら彼は宇宙の広大さのなかであまりにも孤独だったからだ。人は自分の後に生き残る心のなかに居場所がなく、自分の命が何の価値もないとみなしうる場合、それほどむなしくはないのだ。(20)

スタール夫人が彼女自身をルソーのなかに投影していて、彼女自身の孤独恐怖症をルソーのものにしている と言うだけでは十分ではない。より正確には、彼女が自分に欠けていたもの、彼女からかすめ取られた対象について定義づけることによって、(初めは理解不能な)主観の神秘を解き明かそうと試みている点に注目しよう。この対象は、彼女自身の愛する欲求に合わせて、また彼女がたえず強く求め、与えたいと思っているものに見合うかたちでスタール夫人が考え出したものだ。つまり慰めとなる存在、二人でいるという事実によって世界が変貌することである。ここでは解釈は、人びとが「合流」してくれることを期待している詩人が、言葉と宿命の奥底で苦しんでいる欠如を埋めるために差し出された読者の欲望として、その実体そのものにおいて現れる。

いかなる解釈も、それが解釈される対象に結びつけられると同時に、解釈者を参照すべきものとして指示する。ここでは、自己を指し示すこと、すなわち、批評者の自我が明るみに出される自己への参照が広く支配的であるという印象だ。つまりスタール夫人は、ルソーを絶望から守った女性として、またルソーに生きる意欲を回復させた女性として自らを定義している。彼女は最終的には、彼を生き返らせることはできないけれども、少なくとも彼の不在を強く感じるあまり、半ばこの不在を幽霊のような存在にするのだ。「人は記憶が奪い去ることができるものを死からかすめ取る。しかしこれほどの人物を失ったという印象は、もっと恐ろしいことだ。その姿が見え隠れして、その人を呼ぶ、すると深淵が答えるのだ」[21]。解釈の任務は、遠ざかり、わたしたちのもとから去ろうとしていた人を、わたしたちのすぐ近くに引き留めておくことである。喪に服した記憶につきまとう空しいイメージは、いったん別離が起こると、親密さを最大限に示すようになるのだ。

ルソーの自伝的著作——謎めいたドラマに対する永遠に未完成の解釈として展開される文学——に応

えるのは、現前の充足に必要な解釈を補足したいと欲する批評の飛躍である。若きスタール夫人の感情の吐露が、いかにナイーヴに映ろうが関係ない。つまり「世界に二人でいること」への渇望は、尊敬する作者と自分を関連づけて生きたいという、補完性の理想を説明づけるものだ。彼女はおそらくこのようにして感情の吐露――その表現と魅惑は『新エロイーズ』のなかに見出していた――をルソーに返すのである。おそらくこれらの「批評的な」六通の手紙と、ルソーの著作全体との関係は、ジュリの多くの手紙とサン＝プルーの手紙との関係と同じである。つまり、精密な観察や〈永遠の和合を避けるための〉道徳的議論や、いくつかの反論に裏打ちされた複数の愛の行為である。しかしこのようにしながらもスタール夫人は、自分自身のために、同じ愛に満ちた返事を求めている。彼女が自分を魅惑したものを真似るのは、魅惑が広がり、その眼差しが彼女、つまり霊感を受けた解釈者に注がれるようにとの思いからだ。彼女がルソーについて語るとき、深淵の奥底に「彼の姿が見え隠れする」ようにする彼女の努力は、一人の人間の復権のために、また不在に対して勝利する明晰さのために、暗闇にとらわれて格闘する彼女の姿をわたしたちに見せるのである。やがて今度は彼女が消え去りたいと望み、自殺の観念と戯れ、そして自分を生者たちのなかに引き留める言葉が他者から彼女に発せられるのを待つことになる。ここで〈心の解釈という〉批評の役割が、十全に示される。つまり批評は〔作者を〕生き返らせるためのもの、あるいは少なくとも別離の呪いを祓おうとするためのものである。彼女が仕えたいと思う権威、それは現前である。そしてそのことによって、彼女は至るところで欠如と不在に出会うように運命づけられているのだ。

第二部

喪失、方策

……あなたたちが忘れれば、あなたたちは破滅だ。

ルソー『不平等論』

5　国外追放の詩人

ルソーは一七四二年、彼の最初の詩――「アロブロゲス族の詩神あるいは親指小僧の作品」――を書き写したノートの冒頭に、エピグラフとしてオウィディウスの『悲しみの歌』の二行を書き込んでいる。

ここではわたしは異邦人だ、というのは人びとはわたしの言うことを少しも理解しないからだ
愚かなゲタイ人たちはわたしのラテン語を嘲笑する(1)
Barbarus hic ego sum, quia non intelligor illis
Et rident stolidi verba latina Getae

❖「Quia non intelligor illis（人びとはわたしの言うことを少しも理解しない）」のタイトルで出版した論文（『ジャン＝ジャック・ルソー協会年報』第四二号、一九九九年）の改訂版。

このような国外追放者の嘆きを、ルソーは、一七五〇年末に出版した『学問芸術論』のエピグラフとして、続いてずっと後の一七七六年に完成した『対話』のエピグラフとして（先の二行の詩句の一行目を）繰り返す。ルソーは、詩編全体を思い出していたに違いない。というのもここでオウィディウスは、たえず危機に瀕した生活を記しているからだ。

この二行の詩句の文脈はいかなるものか。詩人はローマに支配された土地の果てに追放された。彼は黒海沿岸のトミスという町に住んでいるが、そこではさまざまな民族が混じり合い、彼の言葉は理解されない。身振りによってしか自己を表現できないので、彼は嘲笑の対象になるが、それも彼には理解できない。オウィディウスが嘆きの皮肉を展開する状況は、逆さまの世界として記される。野蛮で荒涼とした地方では、人びとは他の蛮族に囲まれて生活しており、野蛮人の顔をしているのはラテン語の名手、首都ローマではお気に入りとして歓待されていた詩人その人なのである。彼の運命は、人びとが話すことをまだ学んでいないような遠方からやって来た、一人の男の運命である。

オウィディウスにおいて反語であるもの――「ここではわたしは異邦人だ barbarus hic ego sum」――は、ルソーの場合にはもはや反語ではない。というのは、ルソーは本物の野蛮人《バルバール》＝異邦人、すなわち「ドナウ川の農民」、パリの人びとが忘れてしまった自然の言語を話しにパリにやって来た者だからだ。ルソーの執筆活動の始まりとほぼ終わりに同じエピグラフが繰り返されていることで、そこに同様の追放のイメージが築かれる。彼が最初に非難＝告発の行為を始めようと思ったのは、一七五〇年の『学問芸術論』で「野蛮人＝異邦人」としてであった。（死者の中から甦った）ファブリキウスの活喩法が、彼にとって（ジュネーヴからやって来た）「野蛮人」たる彼と共和国ローマの有徳な執政官とのあいだの比較を行なう絶好の機会となる。つまり、二人とも同じ声で話すのだ。ずっと後の「第二対話」では、「ルソー」は彼自身舞台に登場し、本当の「ジャン＝ジャック」をフランス人から、そして特に社交界の人びとから間違った道に案内された、「理想世界」の住人——したがって外国人であり野蛮人——として描く。

『悲しみの歌』の詩編では、オウィディウスが閉じ込められている異国の町はそれ自体、異国の民族に脅かされている。「周囲ではすべてが無数の未開の小部族の残酷な戦争でわたしたちを脅かしている。これらの部族にとっては略奪で生活しないことのほうが恥なのだ。外では何ひとつ安全ではない(2)」。町はほとんど戒厳令下にある。「しばしば、街の城壁の内側にいるわたしたちは、町の門が閉まっているにもかかわらず飛んでくる毒槍を通りで拾う(3)」。さらに悪いことに、敵意に満ちた野蛮人たちが町のなかにもいるのだ。「野蛮人はわたしたちと一緒にごちゃごちゃに住んでいて、家々のなかで一番大きな部分を占拠している」。オウィディウスは理解してもらえないばかりか、人びとから嘲笑される。

彼らは共通の言語を使っているが、わたしは身振りで理解してもらわなければならない。ここではわたしは異邦人＝野蛮人なのだ、というのは人びとはわたしの言うことを少しも理解しないからだ。そして、愚かな、ゲタイ人たちはわたしのラテン語を嘲笑する。しばしば彼らはわたしの目の前でずけずけとわたしについて悪口を言う。たぶん彼らはわたしの国外追放のことを非難しているのだ。よくあることだが、彼らが話しているときにわたしが否定や同意の合図をすると、それをわたしの思っていることとは反対に解釈する(4)。

オウィディウスのテクストは人びとのあいだに拡散した敵意の感情を表している。敵は至るところ、遠くにも近くにもいる。町の外から放たれた毒矢、侵入してきた戦士、話し相手の無理解や嘲笑や不満などだ。身振り手振りで自分の考えを述べる状況に追い込まれた国外追放者は、人びとが悪意のある解釈をして、その身振り手振りを彼の考えとは反対に受け止めていると確信する。言語上の誤解のせいで、彼は四方八方から攻撃されていると感じる。彼が理解できない人びと、また彼を理解できない人びとは、敵でしかありえない。もちろん、そこでは「パラノイア」的反応が問題となっている。精神医学はずいぶん前から耳の聞こえない人および外国の言語環境で生活している人に典型的に見られるこうした反応を取り上げてきた(5)。

『対話』と『夢想』は、耳の聞こえない人や国外追放者と同じタイプの「解釈者」の作品である。一つの仮説として、ルソーが『告白』第六編で「一刻もわたしから去ることがなかった」と言っている聴覚障害(「動脈の鼓動」と「耳鳴り」)(6)を引き合いに出したくなる。ルソーがパリの社交界への出入りを異国の言語世界との衝突として経験したことは確かである。誤解と悪意による疑い深い恐れが社交界ではたえず彼の意識に影を落とした。彼はあまり認知されていなかったが、自分を認めさせる手段をもって社交界に入った。彼の文学的成功は、彼が自分を理解してくれないと感じていた人びとを非難＝告発し誘惑するために、自分自身の通訳になった瞬間に始まった。オウィディウスのように、彼は反論し、埋め合わせるために文学を利用するのだ。

一七四五年にルソーがオウィディウスを『優美な詩の女神たち』に登場させる方法は示唆的だが、まだ平凡な素描状態にあった。国外追放に少し触れるだけで彼には十分なのだ。彼は特に『愛の歌』の詩人を念頭に置いている。実際、ルソーが『優美な詩の女神たち』第二幕の主人公とするためにオウィディウスを選んだのは、架空の女性エリュティアに心を奪われたオウィディウスの姿を示して、「優しい人」[7]〔女性〕を詩に描くよう彼に頼めるからという理由によるものだった。ルソーのオウィディウスは庭園を所有していて、その庭園の遠景には「断崖絶壁が点在し、雪に覆われた恐ろしい山々がある」[8]。しかし国外追放を嘆き悲しむことはほとんどない。せいぜい彼はきわめて儀礼的な愛の哀願の興趣をいや増すだけだ。「恐ろしい国外追放のうちに日々を過ごさねばならない」[9]。

「わたしの辞書をもっと学んでください」

ルソーは――この手紙を書いた頃にはまだパリにいて、レルミタージュに到着するのはそれから一か月後である――デピネ夫人に侮辱的な言葉を書き送る。「友人を従僕にしたいと望むなんてあなたはご自分の利害をよく理解していませんし、またそんな理由でわたしが決心するなどと思っているのだとしたら、あなたはわたしの心をよくわかっていないということです」[10]。いったい何が起きたのか。正確にはわたしたちにはそのことがわからない。彼の文通相手は、今日では失われてしまった手紙で、今まで以上の安全と独立を彼に保証するに違いない「取り決め」を提案したのである。相変わらず貧しく、しかし手にしたばかりの栄光で毅然としているルソーは、「お偉方と金持ち」が自分を庇護することで利益を引き出そうとしているのだと推測するが、それには理由がないわけではない。彼らの好意は束縛なのだ。その贈り物はルソーという人物の誘拐計画同然なのだ。このような状況で、彼は乱暴に拒絶を表明する。提供された取り決めを受け入れれば、屈従することになるだろうからだ。二番目の手紙で（これもまた失われてしまった）、デピネ夫人は、気を悪くしてこの拒絶の調子に不平を言った。ルソーは折り返し釈明し、自分の考えを説明し、とげのある言葉を和らげようとするが、だからといって完全に自分の主張を取り消すわけではない。

急ぎあなたに短い手紙を書くことにします。なぜならわたしが怒っているとあなたが思ったり、わたしの表現についてあなたが思い違いをしたりしているのは辛いからです。

従僕という語はわたしの原則を放棄すれば必然的にわたしの魂の品位が落ちることを示すためにのみ用いたのです。わたしたちは実際よりもよく理解し合えていると思っていました。あなたとわたしのように考えたり感じたりする人びとの間柄でこんなことを説明しなければならないとは。〔……〕

お互いに理解し合うことを望まれるのでしたら、わが友よ、わたしの辞書をもっと学んでください。わたしの使う言葉がふつうの意味であることはめったにないとお考えください。あなたと話し合っているのはつねにわたしの心なのですから、たぶんあなたはいつの日にかわたしの心が他の人と同じように話していないことを知るでしょう(11)。

どれほど多くの無理解について、またどれほど多くの軽蔑について、ルソーは文通相手の女性を責めずにいることか！　誤解があるとはいえ、しかしそれは彼女のせいではないというのだ。「あなたはわたしの心をよくわかっていないということです」。「わたしの表現についてあなたが思い違いをしたりしているのは辛いからです」。「わたしの辞書をもっと学んでください」……。これは反撃と命令の口調である。誇張法が魅力的であることを直観的に知っているルソーは、断固としてそれに頼る。つまり彼は文通相手の女性に別の言語を、すなわち彼女が用いている言語の語彙とは異なる意味を学ぶように勧める。誇張法の隠喩が問題になっているのだから、命令が実行されないこと、命令される人に彼が無限の負担を負わせているのは明らかである。「辞書」はどこにも存在しない。それには物理的な実態はない。そのような辞書は一度も書かれたことがないのだ。真の意味で「学ぶ」ことはできない。この理想的な存在はルソーが自分は犠牲者であると言っている「理解」の不在の想像上の埋め合わせでしかない。話し相手の女性には「遅れをとって」おり、「辞書」は、女友達の無理解の暗号化を指し示す冗談めかした表現でしかない。おそらく、もっと理解してほしいと訴えながらも、ルソーはデピネ夫人が「遅れをとっている」状況が解消することを望んでいないと思われる。人びとが彼のことを理解するに至らないのは、本当は、彼が「他の人と同じように」出来ていないからであり、彼は自分が特異な存在であるのを気に入っているのだ。

ルソーのこの奇妙な懇願について考察を続けよう。先の手紙が乱暴であることを認め、自分の非を認めて謝罪するというよりもむしろ、彼は女友達に新たなメッセージを送る。あたかも、相手を傷つける自分の言葉をより理解しやすい、友情に満ちた言葉遣いに翻訳しようとするかのようだ。こうして彼は言い訳をしないで済むようになる。誇張法と断固たる対照法（「友を従僕にする」）によって彼が当初表明していた拒絶は、優しい性質と彼の打ち明け話（「わたしの心は他の人と同じようには話さない」）の特異性によるものだ。相互理解を回復するために、ルソーは「友人」と「従僕」という単語の代わりに、「原則」とそれを放棄したときに生じる「品位の下落」という、社会的には暗示的意味が少ない概念を用いる。しかし彼個人の辞書を学ぶ必要性に言及しながら、ルソーは自分が用いた単語を書き写すことを要求している。辞書が問題になっている以上、誤解はただ一つの単語ではなく、語彙全体に及ぶこととなる。ルソーはまるで別の国からやって来たかのように自己を正当化する——この国は「第一対話」

の「理想世界」となる——、そしてこの別の国の住民は「必然的にふつうの人びととは異なる仕方で自己を表現するに違いない[12]」。これは単なるフランス語の内部における類義語と明確化といった問題ではない。話しているのは彼の心であり、しかも彼は他の人とは異なる仕方で話すという理由から、ルソーはこの他者たちが、自分が口にしたり書いたりする単語を再評価するようになることを要求している。もしデピネ夫人が友情契約に忠実であり続けたとしたら、彼女の友人の言葉遣いのあらゆるずれを理解する鍵を彼女に与えたはずの感情と思想の共同体を既成事実とみなしたに違いない。なぜ彼女は自分を理解しなかったのか、と。ルソーは非難を重ねながら弁解する。彼の逃げ口上は非難＝告発なのだ。そう、彼は熊のように付き合いの悪い人間になったのだ。だが女友達が繊細さをもって耳を傾けていたなら、ルソーは自分の使う言葉を明確にする必要がなかっただろうに。ルソーを奴隷にする意志が彼女にあると無骨に指摘する言葉を通して、彼女は友情のこもった心の声を聞き取ったことだろう。ルソーは「わたしたちが理解し合うのをあなたが望むなら」と条件を出す。相互理解を学ぶこと、欲することを彼は自分の恩人の責任に帰している。

　わたしは友情契約のことを問題にした。これはまさしく一年後、ディドロとのトラブルが始まったときにルソーがデピネ夫人に事細かに述べていることだ。ルソーは互いに尊敬し合うなかでしか友情を思い描くことはできない。敬意が保たれている限り、小言や叱責は、必要とされるのではないにしてもありうるものとなる[13]。しかし友人について悪く思い始めるやいなや、精神的な制限はふさわしくなくなり、当てこすりは許しがたくなる。つまり友情など破ったほうがよい、ということになるのだ。

　わたしは友人たちが友人たちのままでいてほしいのであって、わたしの主人にはなってほしくはない。

［……］彼らにはわたしに自由に、しかも率直に話しかけてもらいたい。彼らは何でも言うことができる。つまり軽蔑以外は、わたしは彼らにすべてを許すのだ。無関心な人の軽蔑などはどうでもよい。しかし友人からの軽蔑にわたしが苦しむとすれば、わたしはその軽蔑に値するのだろう。友人がわたしを軽蔑するという不幸に見舞われたならば、わたしにはそのことを言わないでほしいし、わたしのもとから去ってほしい。それは自身に対する彼の義務なのだ。(14)

この手紙に続いて、ルソーは自分が他人の話を「誤って解釈する」こと、「訳もなく」気難しくなること、「時宜を得ず怒り出す」ことがあると認めている。確かに、それこそは彼の本当の気持ちであるが、「彼［友人］がわたしをやさしく愛撫し、頰にキスしてくれるのを望んでいる」と付け加えている。「わたしの心の奥底には、涙で消すことができない火事は一つもなかった」と。彼は自分の話が彼自身の意図を超えて展開してしまうのを必ずしも避けられない。そのような場合に、書かれた言葉であれば、彼はそれを送ることはない。友情契約に関する手紙の続きで語っているケースのように、彼はその言葉を燃やしてしまうだろう。

それがあなたに関わることであってもあなたが予想だにしないようなちょっとした例をそこで示してみせることができるでしょう。しばらく前に別の短い手紙への返信としてわたしがあなたから受け取った手紙のことです。その手紙であなたが満足していないこと、あなたがどうやらわたしの考えをきちんと理解しなかったらしいことが見て取れます。わたしはかなりうまく反論をしました、少なくともその反論はかなりよいと思われました。その手紙には確かに本物の友情の調子がありましたが、同時に自分で差し控えることができない、ある種の激しさがありました。そしてその手紙を読み返しながら、最初の手紙以上にあなたがその手紙に満足しないのではないかと恐れました。たった今、わたしの手紙を火にくべました。わたしの雄弁が燃えるのを見てどれほど満足したかあなたに言わずにはおれません。(15)

ルソーは自分の手紙を読み直して、自分自身を批判している。彼は無意識の部分、抑えきれない行き過ぎた言動があったことを認めたのだ。彼は手紙の受取人に彼の短信が及ぼす効果について自問し、手紙を燃やすことを選んだ。(彼がいつもこのような慎重さ、あるいは友情を守りたいという願望を持っていなかったことをわたしたちは知っている。)かくして、二日前にルソーはディドロに手紙を書いて、自分が言い過ぎるのではないかと恐れて、会談の日付をずらしたことを認めていた。「わたしたちは二人ともいらいらしていました。わたしは言葉を慎むことがまったくできません。あなたは警戒心が強く、疑い深く、不用意に口にされた言葉を厳密に吟味し、たくさんの単純な事柄に人が思いも寄らないような微妙な意味を与えるのです(16)」。かくも厳しい条件下で、しかも内にも外にもかくも大きな危険を抱えた状況で、友情はどのようにして存続しうるだろうか。デピネ夫人宛の友情契約の手紙は次のような問いで終わる。「親愛なる友よ、率直に話しましょう。わたしのことを友として認めていますか。確かに、友なしに済ますことを学んでいてよかったのです」。これはアリストテレスのものとされる言葉をモンテーニュから借りたものだ。「おおわが友よ、友などいないのだ(17)」。ルソーの場合、それが引用であるにしても、その引用は奇妙な形で追体験されたのだ。

ルソーの書簡集の読者は、デピネ夫人に対して自己を正当化するためにルソーが用いる方法が、ある友人が人を傷つける言葉に反抗するときに習慣的に用いる手段だとすぐに気づくだろう。こうして、一七六五年三月七日、彼は「主人」デュ・ペイルーに次のような手紙を書く。「わたしには一つの口調しかありません。それは時としてややきつく聞こえます。わたしの表現からわたしを判断するのではなく、わたしの行動から判断しなければなりません[18]」。ルソーは、自分の言葉、自己を表現するやり方を押しつけることと、文字通りに受け取られるのを拒否することのうちにある、二重の思い上がりをひけらかす。つまり彼の内面の存在、行動は、自分の口から漏れる「表現」とは別物だと主張しているのだ。前言を撤回することを嫌いながら、彼は言葉と物の二律背反に基づく理屈を自由に操っているのだ。自分の言葉でその行動を指し示す可能性（この場合に彼は自分の行動が正当に評価されることを求める）、あるいは彼が言い表せなかった感情を引き合いに出すために、言葉にせよ行為にせよ、自分自身について彼が示したものをすべて否定する可能性をつねに残したままにしている。その場合には、彼は人びとが彼の心のなかを読み取ることを学ぶこと、彼の言動の背後にある彼の意図を見抜くことを求める。つまり彼の心の底は、彼にとってはつねに開かれた隠れ家なのだ。場合によっては、彼がデピネ夫人に行なったように、彼自身その翻訳を引き受ける。つまりより正確な、そしてとりわけ人びとに受け入れられる言葉を提案するのだ。このような議論は彼の著作、特に書簡において、晩年まで登場する。「残念ながら、わたしの宿命について話すためには、わたしのためにだけ作られたまったく新しい語彙が必要になるでしょう[19]」。

ルソーは「内的感情[20]」のままに、言葉を介さずにコミュニケーションできる特権を有する「美しい魂の持ち主」や「心の仲間」の社会をたえず夢見てきたと主張している。彼はこのような人びとの一人であると感じた。この透明なコミュニケーションは言葉と辞書を不必要とするだろう。つまり、相互理解は最も簡単な符牒のもとに確立されることになる。それが真の祖国であったかもしれない。ルソーは大都会に住む幻想にとらわれた人びとに祖国のメッセージを送りたかったのだろう。しかし人びとは彼の話に本当の意味で耳を傾けることもできなかったし、そうしようとも思わなかったのだ（これは彼がたえず繰り返す不満である）。人びとが彼を褒め称えたのはただ罠にかけるためだった。不幸なことに、彼が公衆に委ねた符牒は誤解されることとなった。悪意のせいで反対の意味に受け取られ、ジャン＝ジャックの顔には醜悪な仮面をかぶせられることになったのである。彼自身についてルソーが知らせたものはすべて、途中で奪われて、悪意のある暗い語彙で翻訳された。最悪なのは、彼自身が無意識のうちに、悪口の種をまくことがあった点である。

彼らが眼を皿にして、ちょっとした表現や仕種や、何気ない言葉尻をすばやくとらえて、自分流に解釈し、ある人間のふとした動作の一つひとつに自分たちの頭のなかにしか存在しない微妙な意味を読み取って、おのれの炯眼を誇るのを見てきたのです。いったい、どんな才人だって、ばかなことを決して言わぬ人などあるものでしょうか。どんなに誠実の士だって、非難さるべき言葉を心ならずも口にしてしまうことのないような人がいるでしょうか。どんな完全な人間でも、その冒した過ちを余さず正確に記録して、それ以外のことはすべて削除してしまえば、この人間はどのように見られるでしょう。いや、過ちどころか、どんなに罪のない行動も、どうということのない振る舞いも、きわめてまともな会話も、こうと思い込んだ観察者にはすべてが偏見を助長させそこに安住させるばかりです。この観察者は一つひとつの言葉や行為を前後の位置から切り離し、自分に都合のいい光に当てて見るのですから。(21)

ルソーは自分が犠牲者になった誤った解釈に対して抗議する。彼は最初からその誤った解釈が生じた理由を知っている。そうした「解釈」は彼を歪めてしまおうとする徹底的な意志から着想されたものだ。それは彼の敵たちの低劣さの投影でしかない。ルソーの過激な話のいくつかが、文脈の外に置かれてはじめて過激になるのは事実である。『不平等論』第二部の冒頭の、「ある土地に囲いをした最初の人」に対して口にされたはずの言葉がそれにあてはまる。このような非難の言葉は最初の過ちに対して有効である。その非難の言葉が口にされなかったので、歴史はもはや逆行することのできない道をたどってきたのだ。土地の所有権は確立されるべきでなかっただろうが、廃止するには遅すぎる。わたしたちにできるのはただ単にその行き過ぎを抑制しようと試みることだけだ。しかし憤慨した語り手の文はしばしば、農業共産主義への今日的な呼びかけとして引用されてきた。

こうした憎悪は、黒塗りの検閲をもって事を進めてきた。危険を伴う話のいくつかを文脈から取り出してきて、「残りのすべて」を削除してしまうのである。彼の言葉のなかから、悪意のある読解に委ねられそうなものを、人びとは強調した。こうして敵意のある偏見が、彼の「心」によって命ぜられた過剰のしるしを担っているものに飛びついてきたのである。彼の言葉のなかにはつまらぬもの、無効と考えられたものもあったに違いないが、「しかるべき場所から切り離される」べきではない言葉もあった。誠意があれば、彼の言葉と身振りからその無垢で特異な「魂」――その確信は、彼にとっては明白である――へとさかのぼるはずだったのに、彼の敵たちは、悪意からそれらの言葉を悪の言語に翻訳したのである。

誤解と隔たりがいったん確認されるや、ルソーはその議論をひっくり返すことができる。それではいったい、誰が変質した言語を話しているのか。もちろん彼ではなく、お偉方、金持ち、パリの人びとである。ここでも相変わらず辞書が問題になる。彼自身の用いる記号体系と他の人びとのそれとの違いは、確かに彼が要求したものだが、彼はこの他者性を自分には責任のない歪曲のせいにする。過ちの責任は他者、「文明化された」社会、パリの軽薄さにあるのだ。確かに、彼は自分の心に「特有の語《イディオム》」を話す、すなわち独自の言語、個人言語を話す。それに反して、貴族の奥方たちは上流社会の仲間内の言葉にとらわれたままだ。それこそは逆方向の、鏡に映ったような逸脱なのだ。どちらの場合も、ルソーは自分が脇に追いやられていると感じているか、または（これは結局同じことなのだが）他人との差異のなかに避難することを強いられていると感じている。あるいは時には他の人びとが理解できない言語的正確さのなかに逃げ場を探さなければならないと感じている。ヴェルドラン夫人に自分の行ないを皮肉を込めて語っている奇妙な弁護からそのことを判断してみよう。

> あなたのように言葉に注意され、話し上手な美しいフランスのご婦人の好みから見れば、わたしは言葉遣いもわきまえぬ人間です。しかしお考えください。わたしは言葉をフランス語の普通の意味にとっているのであり、パリの徳高い社交界で人びとが与えているような、礼儀正しい意味には通じておりませんし、またそれを気にかけてもおりません。もし時に、わたしの表現が曖昧であっても、わたしは自分の行動がその意味を決定するように努力いたします。(22)

ヴェルドラン夫人との関連では、身振りを適切な単語に翻訳するという意味論的な問題は頻繁に起こる。引用された手紙はこんな風に続く。

> 奥様、あなたからの最初のプレゼントについては、贈与であれ、贈り物であれ、あるいはあなたのお好

きな呼び方であれ、どのように呼んでもほとんど困難を覚えないことに気づきました。というのは、わたしには適切な語が見つからないからです。あなたのやさしい心の証拠、またあなた自身がおっしゃっていたように、あなたの友情の気遣いを受け取って感謝しています。(23)

もし誤解があったとしても、それは彼が悪いのではない。パリの社交界の生活では、人びとは外国語を話している。だから「社交界の事情にうとい第三者」は排除されている。「わたしたちはいろいろな家に行くが、そこでは礼儀、趣味、作法が支配している。別世界にいるかのように感じてすっかり驚いてしまう。そこではさっぱり分からない繊細で優雅な言葉が話されているのを耳にするのだ(24)」。したがってそれは耳が聞こえない人びとの国であり、その国では人びとは話を聞いているが理解していない。一七四〇年の教育案では――わたしが今引用したばかりの文はその教育案から来ているのだが――ルソーはこの別世界の言語の適切な学習を強く勧めている。彼は自分の生徒が「聞く＝理解する」ことを学び、〔人びととの〕隔たりを小さくすることを望んでいる。のちにルソーは、そのような世界に背を向け、自分は反抗者であると宣言することを選ぶことになるのだが。

サン＝プルーはジュリに手紙を書いて、パリの会話とクラランの会話を対比している。サン＝プルーの手紙は、ジャン＝ジャックの想像力の生み出す特権的な文彩に頼りながら、透明／障害、直接性／媒介という反対命題を立てている。パリでは、「社交界の事情にうとい第三者」は排除されている。すぐに理解される符牒と、暗号化されたメッセージを書き写すために持つべき暗号とでは大きな違いがあるのではないだろうか！　クララン Clarens は、その名前が示すように透明さ clarté と、何も途中で遮ることのない視線の稲光＝きらめき éclair の場である。パリはその反対に、またその名前からおおよそわかるように、暗号化されたメッセージと意地の悪い笑いrires、つまり当てこすりの笑い、困惑の笑いの町である。パリの夜食では、「ふさわしい《コンヴニール》」と思われる会食者《コンヴィヴ》には門戸が閉ざされていて、決して互いに出会うことがない。

こうした選り抜きの社交界で一番ぼくを驚かせたことは、いっしょに快適におしゃべりするために特に選ばれた六人の人がいて、この人たちのあいだにはしょっちゅう秘密の関係ができていて、それでこの六人といると、ものの一時間のあいだにパリの半分はかならず俎上にのせられる。まるで彼らの心には何ひとつ互いに語り合うことがなく、その場には彼らの関心を引くに足る人物が誰もいないかのような、こういう人たちに出会ったことでした。ねえ、ジュリ、覚えていますね、いとこの君やあなたのお家での食事がどんなだったか。遠慮や隠し事はあったけれども、ぼくたちは自分たちに関わりのあるほうへうまく話題を引き寄せましたね、そして心に触れる反省の言葉や微妙なほのめかしを耳にすると、その一つひとつに眼は稲光よりもきらきらとし、それとわからない、かろうじて察知できるため息が洩れ、それが一つの心からもう一つの心へ甘美な感情を運んできたのでしたね。

話がたまたま同席の人たちに及ぶと、社交界の仲間内の言葉が使われるのが普通で、これを理解するには鍵が要ります。この暗号の助けを借りて、人びとは時代の好尚に従って互いに無数の悪い冗談を交わすのですが、この間、一番のばかが最も冴えないというわけではないのです。ところが、事情にうとい第三者は、退屈するか黙っているか、それともさっぱり分からないことを笑うか、それしかしようがありません。(25)

『告白』では、ルソーは改めて「パリの仲間内の言葉、ちょっとした言葉、微妙なほのめかし」[26]を攻撃する。言語のゆがみに対する彼の激しい非難が、その代わりに幸福な透明性の理想化されたイメージを提示しながら、あらゆる期待を超えて彼の公衆を誘惑したのをわたしたちは知っている。[27]ルソーは、人を欺く雄弁の力を、伝統的な修辞学のなかで非難する方法を見事に適用する。確かにルソー以前にも、プラトン以来、美辞麗句の言葉の罠を告発した人びとはいる。しかしこうした批判は基本的には衒学者、君主の助言者、集会の演説家、あるいは才女気取りの女性たちを対象としていた。もちろん道徳面での重要性もあったが、むしろそれは雄弁家たちのあいだで行なわれていた報復措置の手段であった。ルソーは彼の時代の「上流階級の人びと」が実践しているような言語の作法を攻撃することによって、報復措置の方法を社会批判の論拠とする。彼は都会の「社交界」全体、社会の一階層全体を非難するわけだが、それは彼の読者のいる社会である。その結果、彼の批判は同時に、その文学的クオリティーのおかげで、その批判の対象となっている人びとの賞賛を勝ち取るにふさわしいエスカレートした雄弁を伴うものになった。ルソーはコミュニケーションの欠落に対する抗議の持つ「コミュニケーションの」効力の証を示しているのである。

暗号と激情

先ほど確認された暗号の問題は、暗号文の作成と解読の操作がルソーの経験においてさまざまな意味を帯びることがあったという理由で重要である。というのは、彼は鍵と暗号の魅力につねに無感覚であったどころか、その反対だったからである。楽譜を直接読み取ることと移調を容易にする（と彼が考える）数字によって音符を表すこと（『音楽のための新記号案』、一七四三年）を提案するときの事情がそうである。しかし、エリートのしるしである「仲間内の言葉」を理解するために鍵や暗号を手にすることが必要なのであれば、不当に獲得した優越性のなかで悦に入っている人びとよりも自分のほうが優れていることを示すために、なぜその鍵暗号を横取りしないのか。それが十八世紀の卑しい出自の作家たちの取った方策である。ヴェネツィアのエピソードの物語で、外交文書の暗号をやすやすと解読しえたという事実がモンテギュ大使に対する平民ジャン＝ジャックの知的優位を象徴的に表しているのは明白である。

宮廷や他の大使たちからの公文書が山のようにあったが、解読に必要な暗号がすべてあったのに、大使には暗号で書かれたものが読めなかった。役所で働いたこともなく、使者の暗号を見たこともなかったわたしは、はじめは困るだろうと心配した。しかし、これほど簡単なものはないことがわかった。そして一週間もたたないうちに、わたしはすべてを解読した。(28)

大使との決裂の物語に際して、ルソーは翻訳者の役割に立ち戻る。「元老院からやって来る回答のために、イタリア語を知っていて、大使が何も手を出さなくても、いっさいの公文書、そのいっさいの事務を行なってくれる秘書が大使にはどうしても必要だった」。(29) ルソーがヴェネツィア滞在を語る際の喜びは、しばしば彼が、バウッタ〔仮面〕に守られながら通訳したり演説したりし、フランス語とイタリア語のあいだを行ったり来たりするときに味わった気楽さを思い出す喜びに由来する――わたしはそのように考えたい。若き日の「放浪癖」のエピソードを語る際、偽修道院長を送っていったときにすでに引き受けていた「代弁者＝通訳」という立場を彼はそこに再び見出した。そのとき彼は一人の詐欺師の雄弁な助手だったのだが[30]。

暗号は言語間の隔たりを自在に操ることを保証する。ルソーはそのような操作ができるという証拠を得たいと願っている。しかし、青年期に書記見習い――すなわち記録係、転写係――であることを受け入れられなかったのと同様に、ヴェネツィアでも外交文書の受信と発信を確保する者という下っぱの役割を続けたくはなかった。彼はこの仕事に上位の特権を結びつけ、象徴的な承認を手に入れたいと願った。モンテギュとの争いは、大使が君主たちに提供する午餐の折に、平民という身分のせいで食卓から排除されているにもかかわらずルソーが食卓につくことを要求するときに起こる。彼は自分が占めているポストが自分を「貴族にしてくれる[31]」とみなしている。最終的な決裂の物語では、大使はついにルソーを「暗号を売り飛ばしたかどで」非難するに至る。ルソーは大使に対して手厳しい返事をしたので、モンテギュは激怒し、脅迫する。「しかしこの脅しで今度は、わたしのほうが怒りと憤慨でかっとなった。［……］自分の部屋へは上がらずに、わたしはすぐに階段を降り、そのまま館を出て再び戻ることはなかった[32]」。

このもめ事は象徴的である。他の多くの場合と同じように、勤勉のすえに得られた卓越した技量がルソーにおいては忍耐のなさの原因となるのだ。彼にはもっと必要だ。特に自分の宿命を変えることができるようになることが必要なのだ。この場合、社会的上昇の欲望（殿下たちと一緒の会食）であり、また規格外の運命という夢でもありえた。ここでの「激高」は、偶発的な感情の高ぶりであるだけではない。彼は上流社会の身分の魅力に対し、自分の才能から期待される特別な役割への道を開きたいと願っていたのに、自分が認められず、儀礼上の障害に出会うことに激しくいらだった。激しい感情の動きが、足かせをはめられてしまった野心の勢いを見せつけている。

ルソーは、自分の生涯を物語る著作に、自己の愚行、突然の逸脱した行動、訳のわからない行為、情熱に駆られて夢中になったことを好んで書き留めた。夢中になったことのうちのいくつかは長続きした。暗号、したがって数字の利用に関係し、ゲームやコレクションの趣味を満足させるものは特にそうだった。たとえばチェスや植物採集——あるいは靴紐を編むこと等々。つまり強迫的な傾向が、規則正しくあらかじめ定められた碁盤目を守るのを不可欠とするような活動のすべてである。ルソーがこうした活動から引き出す利点、それはこうした活動が感情の「激発」による混乱に用いられかねないエネルギーをしばらくの間押さえつけるということである。気まぐれは規則に変わる。数字の束縛によるこの自家療法はうまく功を奏するどころか、その反対だったと付け加える必要があるだろうか。

「第一対話」で、ルソーは言葉が過ぎると白状しながらも、自分の思想の一貫性——「この長い一連の著作、つねに同じ原理が息づき、同じ言葉が同じ熱っぽさに支えられている著作群[33]」——を主張している。彼は「目標を越えて作者を引きずっていってしまう血気[34]」にはやるたちだ。『対話』の架空のルソーは、ジャン＝ジャックとその作品について判断しながら、例外的な行き過ぎを詫びるように促している。それは「自分を信じていて、人に疑惑を抱かれるなど夢にも思わない寛大な心の持ち主が冒した軽はずみな行為にすぎない[35]」のだ。彼は人びとが自分の言うことを「文字通りに」受け止めないようにと要求する。彼は「守りが甘い側」を隠し立てせずに残しておくことに成功した。その守りが甘い側から「意地悪な解釈者」は「短剣をぐさりと刺す[36]」ことができるのである。彼は別の解釈に訴える。その解釈は、テクストをその道徳的「効果」、特にテクストにたえず霊感を与えてきた感情に基づいて判断することで、彼のテクストを正当に評価するのである。

［……］こういう作者の文章は、すべてそれが読者の精神に自然に生じさせる意味、そしてその文章がそれを書いているときの作者の精神のなかで持っていた意味に読んでください。その文章が書かれている箇所で、前後のつながりとともに読むのです。読んでどんな気持ちになったかを考えてみるのです。本当の意味を明らかにしてくれるのは、そのときの気持ちなのです。(37)

意地悪な解釈は実のところ彼のテクストを翻訳するのではなく、「ずたずたに引き裂いた」。語の文字通りの意味で、ばらばらに分解されたのである。かくして、迫害の不安の絶頂期にあったルソーは、歪曲や束縛のみならず、ばらばらにされることも恐れた。ルソーが自分にふさわしいと思う復元は、ばらばらにされたものを元に戻すこと、人格と思想を持った本物の身体の復活である。実際、先ほど読んだばかりの一節で、彼は三つの復元を要求している。第一に、彼の用いた語が「すべてそれが読者の精神に自然に生じさせる意味で」復元されなければならない。次に、彼に対して敵たちが用いる「文章」は、その文章が属している文脈のしかるべき場所に戻されなければならない。最後に、そしてこれが最も多くを要求することになるのだが、彼は自分の感情と観念のつながりを理解してもらうためには、読者が距離を置いたところではなく、彼のいる場所に身を置いてほしいと求めるのである。

この共感は、あふれんばかりの感受性ゆえに彼が手に入れたいと思っているものだ。ここではただ一つの例が思い起こされる。(『対話』に続く)『先の著作の顛末』に語られるように、ルソーはノートルダム寺院の側面の扉が閉まっているのを見て大きなショックを受けた。自分の原稿を大祭壇に置くためにその扉口を通りたいと思っていたからだ。そのときの動転ぶりを、次のように語っている。「最初は我を忘れて天までも人間たちの不正のたくらみに手を貸していると信じたが、わたしの口からつい漏れた怒りのつぶやきはわたしの立場に身を置きうる者にしか理解されないし、心の奥底を読み取れる人にしか説明がつけられないものである」[38]。

「外にあふれ出る」感情は、ルソーの場合、これもまたえも言われぬ域に達する。「わたしは恍惚を感じる、言わば存在の体系に溶け込み、自然全体と一体となる、言い表しようのない恍惚状態を感じる」〔強調は訳者〕。「言わば」という表現は、ルソーに（また「感性」の時代の作家たちに）頻繁に見られるもので、言い訳の決まり文句であると同時に、言葉に表せないことの付加的な証である。当時の文体では、「言わば」は、一方では厳格な理性ならば非難するかもしれない大胆さを示し、他方では言葉に表せない現実をおおよその形で表そうとする努力を示す。「溶け込む」という誇張した隠喩は、したがってルソーによって、彼が不適切で不十分であると明言する運動そのもののなかで、必要とされるのだ。否定辞（接頭辞、副詞、副詞句等々）の意図的な使用は一つの限界を示し、作家が語りえることの手前または彼方に位置する感情を信じるように読者に求めている。わたしたちはウェルギリウスの不気味 infandum の勢力圏にいるのだ。

素朴かつ高慢に、作者は読者が占めるべき場所を自分自身に与える。このテクストで用いられている、言葉に表せないものの修辞学は不可能なものに訴える。作家は動物の叫び声に類似したもの、つまり「怒りのつぶやき」の翻訳は不可能だと語ることで、暗示的看過法に頼る。極端な場合には、暗示的看過法は、神の全知にきわめて近い、全面的な共感を必要とする。類似の状況の多くで、また特に『新エロイーズ』の登場人物を通じて自己を表現するとき、ルソー（あるいは登場人物）は、心の高ぶりを完全に「表現する」彼自身の能力と、表現された心の動揺に読者が一体化する能力とをともに疑ってかかる。置き換えは不可能なのだ。彼はもっと上手に語ることができるのを望み、もっとよく理解されるようにと願うこともできただろうに。というのは彼の心の高ぶりは、それが完全に理解されることがない限りにおいてしか例外ではなかっただろうから。文学的効果はこの隔たりを利用するのだ。極端なことに囚われている意識に注意を引きつけながらも、彼はその意識が傷つけられないところに置く。不可能な表現の持つ悲壮感は内的経験が類稀なものであることを明らかにし、またそのためこの内的経験に近づくことを禁じるのだ。この内面は神にしか見えないだろうし、この唯一の〈証人〉は他のすべての証人を補ってくれるのだ。

「激情」という語——自分の外へと我を忘れて動くこと[39]——が、ここで解釈を進めるなかで一度ならず認められた。それは極端な情念の逸脱を表現する心の動きの文彩である。特に悲劇におけるフランスの古典主義文学の詩的言語は、「炎」にならって、この用語をかなり広く用いてきた。この語は、剝奪と混乱を指し示すのに充てられる表現の一つとされてきた。つまり愛の恍惚、忌々しい気持ちの激しさ、信仰の高まり、等々。「わたしは自分でもよくわからない激情に負けてしまう」[40]。慣用は行き過ぎた言動を示す「高貴な」呼称として、したがって行き過ぎた感情を示すわずらわしい表現ではなく、都合のよい表現としてこの語を採用していたのである。

激情 transport は言葉に表せないものである。しかし別の語、同じ接頭辞を持つ転移＝転用 translation は、言語空間のなかで個別の動きを指し示すために用いられてきた。つまり、表現可能なものの限界を越えない動きである。転移＝転用は、隠喩の同義語である。ルソーはこの語をよく知っていて、『言語起源論』で用いたことがある[41]。すべての理論家が共有し、ルソーも採用した古典修辞学の教えによれば、隠喩的な言語は感動した意識の言語[42]であり、「感動 émotion」や「心の高ぶり émoi」という語は、語源的には「激情 transport」と同じ空間的・力学的意味を持っている。歴史的には、感動した意識によって作り上げられた語は、理性的な意識が「本来の意味」を充てることで同じ対象を指し示すべく入念につくる語よりも先にあるとルソーは考えている。比喩的な表現、特に誇張法は原始的であり、それが比喩であるということを知らない。（たとえば）激しい恐怖のなかで口にされる単語が、隠喩的で翻訳され＝言い換えられたものとみなされるのは後になってからである。そのような単語が言語のなかに残っているのだとすれば、それらはこれ以降、自分のなかに「最初の過ち」の和らいだ記憶を保つことになる。その結果、それらの語は原始的人類が（外見上は）身をもって感じていた「同じ情念」を効果的に、また意識的に真似しようとする詩人たちが意のままに使えるものとなるのである。したがって、感動は今度は、最初の出会いの心の高ぶりと結びついた語群の、暗号化された繰り返しをもって表現されうるものとなる。隠喩のずれはこうして、制御された表現、すなわちなんらかの芸術表現として役立つことになる。感動の「絵画」は、原則として実現可能なものになる、なぜなら言語は、旋律と同じように、抑揚のある誇張の方法を持っているからである。隠喩によって築かれたブレース〔複数の五線を結ぶ括弧〕は、激情には手に負えないものを引き留めることになるのである。

転移＝転用 translation はまた、古仏語では、翻訳 traduction を指す名称である。（translation はそのまま英語に残った。）ところで翻訳とは、すでに見たように、数字＝暗号によってずれを支配することである。それは、共通の言語から遠ざかっているもの、つまり外国語や「行き過ぎた」表現等々を、事後的に共通の言語に復元することで、「激情」や隠喩とは反対方向にはたらく。ポール・リクールは、優れた言い回しで、「どんな翻訳も外国語とは異なる母語を前提としている」(43) と指摘している。翻訳は外国語の表現を「母」語のなかに戻すのである。

しかしルソーはしばしば、彼が願っていた翻訳と元の場所に戻すことを満足にできなかったと嘆いた。彼は、自分の感情の激しさと頭の回転が遅いこととのあいだで引き裂かれていると感じていたのだ。

まるでわたしの心と精神は同じ人間に属していないかのようだ。稲妻よりも速い感情がやって来て、わたしの魂を満たす。しかしわたしを明るく照らさずに、燃え上がらせ眩惑する。わたしはすべてを感じるが、何も見えないのだ。[……] この感動のなかにあっては、何もはっきりと見えず、ただの一言も書けないだろう。わたしは待たなければならない。知らず知らずのうちに、この激動は鎮まり、混沌ははっきりとしてくる。事物はそれぞれ、しかるべき位置におさまる。ただしゆっくりと、しかも長い混乱した動揺の後にである。(44)

もしすべてが本当にしかるべき位置を見出すなら、不満を感じる者などいないだろう。しかしルソーは文句を言う。「もしもわたしが最初に待つことができて、それから〔頭に〕描かれた事物を、その美しさのままに表現できたとすれば、わたしをしのぐ作家はほとんどいなかっただろう(45)」。今度は、ルソーが文句を言うのは言葉の過剰(「熱情」)ではもはやなく、熱情と眩惑の激しさに比べての表現の不十分さである。「わたしはすべてを感じるが、何も見えないのだ」。感じることは見ることを排除する。ライプニッツが知覚と統覚とのあいだで行なう区別を、ルソーは自分のなかで両立不可能なものとして感じている。今まさにこの瞬間に彼のなかに描かれた絵は、たちまち彼からかすめとられてしまう。したがって、ルソーは幕間の混乱のなかで、消え失せた光景の断片をつなぎ合わせてこの光景を復元せざるをえなくなるのだ。元の場所に戻すことは、欠落のある、不十分なものにとどまるだろう。すでに見たように、ルソーはこの非難の言葉を自分に向ける。彼は「待つことができ」なければならなかったのだが、彼には忍耐心がないという欠点があり、そのために事態は解決しない。元の位置に戻すことが不完全なまま、激しい熱情は消えるだろう。したがってルソーはあるずれを被るように定められていると感じる。そしてそのずれが時には、彼を貫くもののなかで最も明確なものを彼に失わせる。彼は自分の並外れた感受性、思考の遅さを引き合いに出す。そしてそのせいで彼は、稲妻のように輝かしかったものを部分的に隠すことを余儀なくされる。

しかしこの論証の修辞学的効果は強力である。わたしたちは言葉による翻訳の不完全さをめぐる彼の告白によってかくも強められた動揺の激しさを信じるようになる。この例外的な瞬間を表現するためには物語風の話し言葉は無力だと言明されるとき、このように理解不可能とされる内的体験はそれだけ高揚する。それ以来、過去について話すことはルソーにとって、過去の幸福の冷めた記憶によって支配される行為では必ずしもなくなる。書くことは、似たものであると同時に異なったものである新たな熱狂が可能な、現在の感情に支えられている。それは反復と償いを実現する。「自分に語りかけながら、わたしは楽しんできたし、いまなお楽しんでいる(46)」。

ルソーがヴァンセンヌへの道での天啓について語ったさまざまな物語で、ルソーの言を信じるならば、彼は首尾一貫した、欠落のない、真理の総体によって全身が痺れたのだが、彼の精神のなかにはその一部しか残らなかったという。彼の言を信じるならば、苦労して復元した体系はもはや完璧ではなく、同じような熱も同じ輝きももはや持っていない。廃墟の野だとされたものから出発して、夢に見た大建築物の美しさを想像するのは読者の仕事である。この中傷は批判を予告し、それに反撃する。ルソーの弁解はよく知られている。彼のメッセージは矮小化されてしまった。彼は上手に語るすべを知らなかったし、すべてを語ることに成功しなかった。しかし彼の理論的なテクストにおける欠点を認めることに同意しながら、彼は自分の誠実さ、率直さを補う担保を与える。そして同時に、彼の最初の直観から救い出せたものをもとにして、その直観を、共感によって再翻訳する義務を読者に託す。もちろん体系全体を再び見出すためではなく、少なくともそこに示された「内面の気持ち」を認め、感心してもらうためである。

これらの本を読んでみて、わたしがその内容についてだまされていたこと、美辞麗句で飾られてはいても支離滅裂で矛盾だらけの大げさな演説だと思い込まされていたものが、深く考え抜かれ、真実ではないかもしれないけれどなんら矛盾するところのない一貫した体系をなすものであることがわかるのに大した手間はかかりませんでした。[47]

ルソーは、自分の著作の性格が矛盾していないことを認めさせるために、著作の本当の出所と「本当の目的」を見分けられる注意深い読解をたえず要請しているのだ。

6　信条の選択

『ダランベール氏への手紙』（一七五八年）の長い注のなかで、ルソーは信条として Vitam impendere vero〔人生を真理に捧げる〕を選んだことを告げている。[1] この宣言は、もったいぶった言い方で、読者への呼びかけと真理への祈願を伴っている。

読者よ、わたしは自分自身が間違いを犯すかもしれないが、しかし意図的にあなた方を欺くことはない。わたしの犯す間違いには用心していただきたいが、わたしの不誠実を恐れる必要はない。公衆の利益への愛がわたしを公衆に向かって語らせる唯一の情熱なのだ。そのときわたしは自分自身を忘れることができる。〔……〕わたしが自分の人生を捧げてきた神聖で純粋な真理よ、わたしの情熱は、わたしがお前に対して抱く真摯な愛を決して汚すことはないだろう。利益も恐怖もわたしがお前に捧げる賛辞を変えることはできないであろうし、またわたしのペンは、それが復讐に武器を与えはしないかと恐れること以外はお前に対して決して何ものも拒みはしないであろう。[2]

これは宣誓の定型表現である。唯一なる真理への忠誠は、ルソーがディドロと仲違いし、友人なしに生きなければならないと納得するときに見出す慰めである。このときにルソーが仕えようと思う真理は、「公衆の利益」に、すなわちすべての人に貢献する真理である。一七六二年に『エミール』と『社会契約論』を出版してからは、彼の「体系」を突き動かしていた有用性という目的をルソーが否認しないまでも、彼の真理の表明はますます自我を目的とするようになる。『告白』の冒頭で、彼がこのことをどれほど強調しているかは周知のとおりである。「これは自然のままに、そしてまったく真実のままに、正確に描かれた唯一の人間像である。[……]わたしは自分の同胞たちに、一人の人間を、自然の真実のままに示したいと思う。そしてその人間というのはわたしである(3)」。

自伝は一つの物語である。ルソーはそれを、自分の行動の最も深い動機もはっきりするように、詳細に至るまで展開する。こうした行動はなるほど「奇妙な」ものであったが、もとは決して悪意はなかった。そこに語る喜び、過去のイメージを重ねる喜びは明らかであり、この喜びは気持ちを和らげる確信を伴う。語が完全なものになればなるほど、ジャン＝ジャックは、一度も悪いことなど考えたことがないのに、自分に中傷の重圧がのしかかってくると感じていることがはっきりしてくる。彼は自分が無実であると感じている以上、すべてをさらけ出すのは自分の身のためなのである。

一七六二年初めの『マルゼルブへの手紙』四通は、最初の重要な自伝的テクストで、ルソーの行動の「動機」を述べたものである。これらの手紙の最初の一通で彼は、「自分の行動について説明する」人びとすべてにならって、この動機について思い違いをしている文通相手によく説明するために筆をとった、と断言している。まず、孤独を選んだ「本当の理由」について訂正しようとする。それは、憂鬱のせいでもなければ虚栄心が裏切られたということでもなく、「生まれながらに孤独を好んだ」[4]ということである。「人びととの交際においていつも覚えた」「どうにも抑えられない嫌悪の情」に関しては、ルソーは「その原因」について彼自身「長いあいだ思い違いをしていた」と述べている。彼は遅ればせながら、それは「何ものをもってしても押し殺すことができなかった、あの懐柔しがたい自由の精神」[5]に由来していることを発見する。長いことそれがわかっていなかった。自分自身の内面をよりよく読み取ることに専念すべきだっただろう。つまり個人的な「辞書」はたえず見直され続けているということだ。[6]

したがって、ルソーの告白のなかには、すぐさま彼が感知できる内的な動機があり、またはるかに感知しにくく、より多くの注意を要求する別の動機がある。『告白』の冒頭で「わたしは自分の心を感じる」と記すとき、ルソーは困難な解読を必要とせず、即座に得られる確信を誇っている。原則として、そのときになすべきことは、思い出されるイメージであれ現在の感情であれ、意識に認められるものをすべてエクリチュールによって固定することにほかならない。しかし『告白』の、続いて『夢想』の多くの一節から、彼の行動をその「真の原因」によるものとするのはルソーにとって問題であり続けただけでなく、彼が十分に果たしていないと思っていた義務でもありえたことがわかる。こんな風にして、『対話』の流れに沿って登場した二人の人物――ルソー、フランス人――は、迫害の「不可解な謎」を解き明かそうと努め、手探りするかのように、本物のジャン＝ジャックを探そうと決める。ルソーという名前を持つ登場人物は、「できることならジャン＝ジャック自身の内面に入り込む」[7]ために、彼を訪ねることに決める。フランス人のほうは、ルソーの著作を読むことにする。確かに、ここでは「露出方法」が問題になっているのだ。続いて彼らは「第三対話」で、それぞれ発見したことについて語り合う。とはいえ、〔作者との〕この距離の置き方は実に示唆的だ。というのも、二重の忍耐強い外側からのアプローチと引き換えにしか本物のジャン＝ジャックと彼の「本当の動機」をつかめないのだから。本物の確証を得るまでには、まだ多くの道のりがある。

『対話』では形式上の要請として距離が置かれているのに対し、『夢想』では極端に距離が近く、もはや読者といかなる関係を結ぶこともあきらめるように要求する。『夢想』はいかなる読者をも排除することを望み、絶対的なモノローグであろうとする。周知のとおり、『夢想』の計画は、部分的には思考の移ろいを直接書き写す計画でしかない。この計画は、まだ隠れているかもしれないものを明るみに出すために、未完成のままの検討を、もっぱら自己のためだけに補って完成させることでもある。『夢想』は気ままな夢想ではない。不安の種が新たに生じる一方で、それぞれの夢想が不安からの解放の作業を生き生きと物語っている。自分の不幸の償いを見出そうという粘り強い計画のなかで、ルソーは万人からの敵意に対する内面の避難所を見つけるために自己の解読を続ける。幸福感をもたらす夢想は限られているが、その恍惚の瞬間は、対照の力でそれだけますます強烈なものとなる(8)。

「第一の散歩」を再読してみよう。そこではルソーは自分を検討し、「自分の魂に気圧計[*1]」を押し当てることで、「自己の内面の傾向について反省[*2]」する計画について述べている。二つの異なる計画が書きつけられているのが見える。第一の計画は、予知できない感情の変化に従う魂の計画である。第二の計画は、大気の変化を気圧計で読み取る観察者のそれである。この観察者は、精密ですべてを見透かそうとする。気圧計のイメージはただ単に（マルセル・レーモンが示したように(9)）気分の突然の急変に委ねられる内面世界の気候学的識別を意味するだけでなく、情念の変化をミリメートル単位で数値化して表すというユートピア世界も表している。観察者という主体が彼自身にとっての他者となるのだ。自分に対する裏切り者にならずにいるにはあまりにも冷静で、共犯者にならずにいるにはあまりにも近すぎる。

自分の魂に気圧計を押し当てるとき、隠喩と文法的構造は、観察者という主体たる自我と観察対象である自我とのあいだに道具としての関係を生じさせている。それは内省のパラドックスであり、これは〔自己との〕分裂と引き換えにしか心の内奥の空間を開くことができない。自己の試験官は、同じ言語のなかで一つの語からその定義へと移ったり、または外国語での対応語へと移ったりするのを可能にする辞書の方法を正確さの点でしのぐ方法によって、ある次元から別の次元へと自ら移動しなければならない。ルソーは、このようにまったく人為的な努力によって、「〔彼の〕性向についての新たな認識」[10]を得ようとしている。彼は知に仕えるべく超然としているのだ。

自然の無垢

魂の秘密のうちに、原因、動機、精神状態を認めようとすること、それは情念の哲学的理論によって、またアウグスティヌスの教えに忠実であろうとする教会から教えられた道徳によって、十七世紀のモラリストたちが行なっていたことである。彼らの終始一貫した方法は、外観の仮面をはぐために、実在と外観を対立させることであった。彼らはたいていの場合、ある行動を「本当に」引き起こした「動機」、あるいはその行動が求めた「目的」を明らかにするために、偽の美徳、偽の輝きを告発することに専念した。「いかなる原因によって、いかなる目的によって、そしていかなる意図で人が行動するのかを知ることが第一に重要なことである」[11]と、アウグスティヌスは記している。後で見るように、このような道徳的な問いは、裁判の修辞学がずいぶん前から推奨していた尋問に似ている。

ラ・ロシュフーコーとその友は、心の奥底が利己愛=自尊心《アムール・プロプル》に支配されていることを明らかにした。

彼らはそこにたえず働く原因のなかの原因を見ている。それによってこそわたしたちは行動するのだ。それこそがわたしたちに動機を、すなわち満足感を与えるのだ――わたしたちが企図するのはこの満足感のためだ。パスカルとポール・ロワイヤルの友のように、彼らはわたしたちを操っている意図と欲望の告発者になる。「社交界」の規則と約束事に従うならば名誉なことが、天啓の真理――これによると、人間の本性はアダムの不服従の遺産の刻印が残されるがゆえに、傷ついているとされる――によると逆に罪となる。社交界の舞台では、数々の栄光と名声が繰り広げられるが、信仰の眼差しからすればすっかり輝きを失ってしまう。このような対立は、世俗の現実を超自然の光のもとに読もうとする解釈行為なのである。宗教的モラリスト（あるいはこのモラリストに共鳴する一般信徒）の疑いに耳を傾けるならば、わたしたちを動かす本来の利得感情は、直接に表れることは決してない。それは策略を用い、変装し、受け入れてもらうために嘘を用いる。それは、フロイトの理論において徴候が見られるように、遠回りの手段を用いる。わたしたちに宿る所有欲はつかんでいたものを放すことはないが、わたしたち自身の良心までだましながら言葉遣いを変える。観察者たるモラリストの炯眼は隠れた原因を突きとめて注目されるのだ。単純な言い方によるならば、こうした操作――読解、翻訳――は、因果関係の反転とされるに違いない。

キリスト教徒のモラリストの思想は、うわべの行動をそのもとになる動機によって説明するために、いかなる解読格子を適用したのだろうか。彼らの方法は、もともとの「意図」や「性向」に半ば自立した地位を与えることで、それらを本質化することにある。モラリストたちが打ちのめす有罪者と、のちのあらゆる情念を産み出す原初の欲望である。彼らは欲求を告発する――人間の持っているすべての悪徳とうわべだけの美徳はその欲求の変わりやすい顔だというのだ。アウグスティヌスを引き合いに出すフランスの神学者の言葉によれば、このような愛着は現世欲という名前を持つのだが、このせいで被造物たる人間は、その創造主から解き放たれて、自分自身のほうを好むのである。こうした作家たちによれば、人間は原罪の瞬間からすでに、三つのリビドー――官能欲 libido sentiendi、知識欲 libido sciendi、支配欲 libido dominandi にとらわれていた。[12] モラリストたちは、それぞれの場合に、「…でしかない(…にすぎない)」や「なぜなら」といった、説明的でことを単純化する操作子(副詞または接続詞句)を介在させながら、これらのリビドーを参照させる。「われわれの美徳は多くの場合変装した悪徳にすぎない」、「最も神聖で、最も誠実な友情も商取引でしかない」(ラ・ロシュフーコー)。こうしてわたしたちの視線は外観に先立つだけでなく、外観を産み出した現実へと向けられるのである。

周知のとおり、ルソーは社会の悪徳を非難=告発するために、人間の心に対する宗教的批判の議論を利用した。これには、重要な緩和的表現が伴う。つまり利己愛=自尊心は生得的なものではなく、人類の歴史の流れのなかで、初めはばらばらであった人類が社会化したために入り込んできたというのである。完全に無垢な自己愛《アムール・ド・ソワ》は、その成り立ちから利己愛=自尊心に先立つものである。こうした「系譜学的」考察と大きな質的区別をもとに、ルソーはその歴史哲学のほぼすべてを築いている。つまり社会的人間のすべての悪徳の源である利己愛=自尊心は自然の人間のなかにあって、すべての動物に共通の自己保存本能に近い、最初の自己愛の遅まきの変化形――改悪であり過ち――なのである。ルソーは、理論的著作において、原罪の教義と公然と戦ってきた。したがって、悪の責任はもはや原初の人間本性にではなく、現在あるような姿に変容した人間たちにのしかかってくるのだ。それゆえルソーは、キリスト教徒のモラリストたちによって断罪されてきた罪深いリビドーを人間本性の奥底に書き込むのを拒む。「自然の手から」出たとき、人間は「生まれつき善良」である。そしてこの原始的な無垢のうちの何がしかは――ルソーが自分自身のためにその特権を要求しているように自分の良心にたずねることを知るような人びとには残っているのだ。アウグスティヌス的な霊感の心理学は、人間の見かけだけの美徳の背後に利己愛のたくらみを見抜いていて、美徳を隠された悪徳として翻訳し直していた。それに引き換えルソーは、悪に直面して、生まれつきの善性にさかのぼることで有罪とみなされた人びと（初めは彼自身）を許しながらも、悪の責任を社会に負わせるすべを獲得する。この教義は、社会生活によってひどく歪められていないあらゆる人に――まず初めにジャン＝ジャックに――あらゆる罪深い弱さも、再翻訳し、それを浅はかな無垢、足枷をはめられた善性に還元させることを可能にする。ルソーが自分の「心」のなかに、また自分の「原初の」感情のなかに逃げ場を求めると述べるのは、そこに社会生活のせいで引きずりこまれてしまったかもしれない悪の痕跡を見ないようにするためである。大胆にも彼は、自分よりも善良な人間は今までいなかったと断言する。アンリ・グイエはルソーがどのようにして「自然」を「恩寵」の代わりにしたのかを説得的に示した。自分自身を「自然の人間」と定義することで、ルソーは透明な起源に帰る道を、すなわち罪を帳消しにし、損なわれていない世界を祖国として手に入れる可能性を開かれたままにしておこうと努めたのである。(13)

盗まれたリボン事件と裁判の雄弁

『告白』のなかのある有名なエピソードにおいて、ルソーはまず順次自らを告訴し、そして無罪だとしている。それはプロテスタントからカトリックに改宗して間もない頃、トリノで従僕をしていた家で彼が盗んだリボンとある女中に対する嘘の告発の物語である（第二編）。のちに「第四の散歩」で展開される真実と嘘についての考察において、ルソーは十七歳のときのこの過ちにあらためて立ち戻ることになる。この出来事についての二度の言及は、ルソーがどのような仕方で因果関係の反転を実践したか、すなわち、「犯罪」告発の重みを感じている彼自身の物語の瞬間をどのように彼が語り直したかをわたしたちに示している。

このエピソードをざっくりと思い出しておこう。ヴェルセリス夫人の死に続く混乱のなかで、ジャン=ジャックは亡くなった夫人の女中、ポンタル嬢がなくしたリボンを盗んだ。誘惑こそが、当初この盗みのために引き合いに出された唯一の理由である。それはあたかも自己中心的な強迫でしかなかったかのようだ。「このリボンだけがわたしの気を誘い、わたしはそれを盗んだ[*3]」。盗みはたやすく発見されたので、ルソーは家庭内の裁判に出頭する。彼は盗みを否定し、彼に興味を持っている若い女中のマリオンに罪をなすりつける。「わたしは顔を赤らめて、マリオンがくれたのだと言った」。それよりもっと悪いことに、彼は若い娘からの非難に冷淡なままである。彼は「地獄のような=非道な厚かましさで」あくまでも嘘を続ける。マリオンとジャン=ジャックは二人とも暇を出される。「予審はわたしに有利だった[14]」。したがってこの偽の告発は「犯罪」であり、「重罪」である——このような言葉で『告白』のテクストはこの罪を白状している。というのは暇を出されて、もはや「いい勤め口」を見つけられないマリオンにとって、嘘の告発の「その後」はおそらくひどいものであったからだ(とルソーは推測している)。「あの年頃で、無実が傷つけられたという落胆のために、彼女がどんなふうになったかは誰にもわからない」。

ボセーの不当な罰の物語では、ルソーは「外観によってわたしの罪が決まっていた[15]」と記している。トリノでジャン=ジャックが犯した嘘についての『告白』と『夢想』における二回の言及と、折れた櫛のエピソードにおいて彼が標的となった嘘の偽の告発〔ルソーはここで櫛をこわしていないのに犯人扱いされ、嘘をついているとされる〕を伝える物語のあいだには、語彙の類似がある。この二つの場合には宗教的道徳の語彙が登場する。ランベルシエ家の人たちは誤って「悪魔のような頑固さ」の持ち主を非難する（『告白』第一編）、それに対して彼はマリオンの告発において「地獄のような＝非道な厚かましさ」を自分のものだと主張する（『告白』第二編）。折れた櫛のエピソードから五〇年後、彼は「天に向かって」自分がそれについては「無実」であったと「断言している」。「第四の散歩」では、彼は「天に向かって」トリノでの嘘の「結果」を自分だけで「かぶるため」ならば、「喜んで」自分の血をすべて流しただろうと誓っている。*4

嘘とその後を語るページを注意深く検討してみると、それらが一つのモデルに一致していることに気がつく。そのモデルとは、古典的な裁判の修辞学が弁論家に勧めるモデルにほかならない(16)。ルソーは、ヴェルセリス家の家庭内裁判で不当に裁かれた事件のためにあらためて自分自身の前に出廷する。わたしたちは自伝作者が自分自身に対して起こす、時間をおいての裁判に立ち会っているわけで、その裁判で彼が自らを認める罪は、リボンの盗みよりも、非難されるべき中傷的な告発である。したがって、彼は自分自身に対して、四〇年前に行なわれ、あくまでも有罪であることを否認していた裁判の再審を始める。かつてのジャン＝ジャックは、盗みに関してはその当時は疑惑に助けられたが、マリオンを中傷する嘘をついたせいで、ルソーに告発される。彼は規則に従って弁護する。彼は自分の過ちを認める。確かに彼が犯人であった。しかしその後で彼は、自分の過ちを当初悔やんでいた過ちに比べれば小さいものにしてくれる一連の状況に言及する。そして結局は、ペンをとるルソーは青年ジャン＝ジャックに無罪を宣告する。「彼女［マリオン］に対するわたしの侮辱がいかに大きなものであったにせよ、その罪 coulpe を負い続けるという心配はあまりしていない」[*5]。この「罪」coulpe という語は宗教上の語彙に属するもので、周知のとおり、ルソーが自分の「罪」の検討を終えるのは天上の裁判所は寛大だという確信においてである[(17)]。あれは小さな過失にすぎなかったのだろうか。ルソーは同じ語を「第三の散歩」において自分を無罪にすべく、自分が誠実に作り上げてきた哲学体系には誤りがあるかもしれないという仮説のなかで用いる。「それでもまだ誤りに陥るとしても、わたしたちにその罪 coulpe はないのだから、理の当然として、わたしたちがそのために罰を受けることはありえないだろう[(18)]」。

このテクストの構造はいかなる点で、この技芸〔雄弁〕の昔の大家の指示に適合しているのだろうか。第一に、テクストの部分（パート）の順序、構成、配置によってである。いくつもの独立した部分（パート）が相次いでいることがわかる。前置き exorde が要約の形でこのケースを定義する。つまり「犯罪」とジャン＝ジャックの良心にとっては、耐え難い「その後」である。次に、語り narration が（いつ、どこで ubi, quando という問いに答える）出来事のディテールを述べる。その後で、論証 argumentation が行なわれ、語りによって明かされた事実を念入りに評価する。最後に、結論 péroraison に達し、そこで求刑された判決が表明される[(19)]。

語りの展開のなかで、ルソーは告発側の弁護人が彼に向けるかもしれないすべての非難を引き受けながら、耐え難い事実に言及する。事実は語られ、罪に問われていない証人の眼前であるかのように解釈される。語りはトリノの場面で終わらない。ルソーがその後たえず自分に向けてきた非難＝告発の物語が続くのだ。非難＝告発の語りのいくつもの要素はこうして弁護の立論の際再び用いられることがある。彼が犯した「唯一の」「犯罪」によって残された「恐るべき印象」への言及は、過ちの言い訳を容易にするだろう。告白という英雄的行為の強調もまた重要になるように。ルソーは、あの「残酷な行為」を全面的に告白する決心が一度もできなかったのだが、それを『告白』執筆そのものの主な動機の一つにしている。「そのことからなんとかして解放されたい」という願望が、「自分の告白を書こうと決心するのに、大いに役立った[*6]」と彼は打ち明けている。こうした事情から、自伝の計画は正当化される。のちに見るように、キリスト教的道徳は、人がそうする義務がないうちは（sine debita causa）、自己について語ることを認めない。わたしたちが手にしている本はそのために存在しているのだと信じることが求められている。語りの終わりに登場する「解放する」という語は、きわめて広い射程を持っている。それは確かに秘密を破ることとなのだが、同時にすでに、過ちの赦免のために弁護することでもあるのだ。

続く論証は、物語のすべての事実を、「なぜ（cur）」と「どのようにして」を伴いながら繰り返す。責任の軽減を認めさせるために、犯罪の性格づけをしようとするのだ（この技芸の規則に従って、性質qualitasを確定しようとする）。つまり、誰も彼の「大罪」の「邪悪さ」を覆い隠したとして彼を非難することはできないというのだ。それこそは正しい方法の進め方である。クインティリアヌスはそう言明している[20]。「はい、わたしがそれをやりました」（ego hoc feci）と人が言うときの確信は、肯定による証拠（probatio ex affirmatione）である。語りの全体はすでに、犯罪を肯定するものであった。弁護の議論が展開するにつれて、古典的な修辞学が予想するさまざまな「トポス」が認められるだろう。それらの「トポス」が『弁論家の教育』の作者によって二つのカテゴリーに分類されることは誰でも知っている。つまり人（persona）と物（res）である。人から引き出された証拠に優先権を与えなければならない、というのは最も説得力があるからだとクインティリアヌスは命じている（V, 10）。「わたしが最も力強いとみなす証拠はそれぞれの人に基礎を置く証拠である」(ex sua cujusque persona. V, 12)。これらの証拠のなかには、年齢 (aetas) と魂の恒常的な傾向 (animi natura)、あるいは (怒りや恐怖のような心の乱れ (commotio) や一時的な魂の衝動 (temporarium animi motus) と名付けられる) 一時的な心の高ぶりがある。*7 これらの「内的な傾向」の場合、古典的な修辞学は個人的主題 (locus a persona) と係争中の主題 (locus a causa) とを結びつけている。

このような方法でルソーは〔自己〕弁護した。ジャン=ジャックは「ようやく〔……〕子ども時代から抜け出したばかりであった」だけでなく、公衆の面前でマリオンと対面したとき、彼は自分自身に対して外国人のようになっていたのだ。ルソーのお気に入りの表現によれば、これは彼がしばしば経験した「混乱」と錯乱の瞬間の一つであって、その後でそこから我に「返る」必要があった。それは疎外の瞬間であり、したがって無責任の瞬間である。

しかし同時に、わたしが自分の内心の感情を示さなければ、また真実に一致する限りにおいて、弁解を恐れるようでは、この本の目的を果たしたことにはならないだろう。あの残酷な瞬間ほど、わたしが悪意から遠かったことはなかった。そして、あの不幸な娘に罪を着せたとき、奇妙なことだが、彼女に対する好意が原因だったのは本当である。彼女のことが頭のなかにあったので、最初に思いついた相手に罪を着せたのだ。自分がしたかったことを、彼女がしたのだと言って、つまりわたしが彼女にリボンをあげるつもりだったのだから、彼女がわたしにそれをくれたのだと言って、罪を負わせたのだった。ついで彼女が姿を現したのを見たとき、わたしの心はひどく痛んだ。だが大勢の人が居合わせたことのほうが、わたしの後悔よりも力を持った。罰はほとんど恐れていなかったが、恥だけが恐ろしかった。しかも死よりも、罪よりも、この世の何よりも、恥を恐れていたのだった。〔……〕自分がこの場で泥棒、嘘つき、中傷者として認められ、公に宣告されるという恐怖しか目に映らなかった。すっかり混乱したために、他のいっさいの感情がなくなってしまったのだ。もしもわたしを我に返らせてくれたならば、間違いなく、何もかも話しただろう。[21]

一連の論証は、明白な行動のさまざまな瞬間の手前で、一連の隠れた動機を明らかにしようとする。若い嘘つきはいかなる動機に駆り立てられたのか。ルソーは自分の文通相手にたえずよりよく学ぶように勧めている辞書を自分自身に適用する。自己防衛の論証で持ち出される語はすべて、先行の語を否定する。状況の流れに沿って作られる語りにおいて、ルソーは自分の「残酷な心」について語る。それに反して論証では、ルソーはいかなる悪意をも退ける。本当の原因はまったく別のものであった。「彼女に対する好意が原因だった」のだ。残酷さは瞬間のせい、「あの残酷な瞬間」のせいにされる。

マリオンに対する好意が贈り物をしたいという考えを思いつかせたのだが、ジャン゠ジャックは混乱していて、ものが二重に見えた――あるいはむしろその贈り物は彼女からだと言い張って、贈り物をするという行為の方向性を逆にしたのである。言い間違い（lapsus linguae）を言い訳するように[22]、彼はそのことを弁解している。「内面の傾向」に対する回顧的な眼差しは驚くほど効果的に統辞法をまとめている。並置されたこの二つの節をより詳しく検討してみよう。

彼女のことがわたしの頭のなかにあったので、〔わたしは〕最初に思いついた相手〔＝最初の対象〕に罪を着せたのだ。[*8]

これは並列配置の二つの独立した連続する節である。二つの節のあいだにある読点は主語〔彼女のこと〕が別の主語〔わたし〕に置き換わるその速さを示している。しかしながらここでは真の意味での破格構文が問題になっているのではない。というのも、破格構文は構成の切断を示すものであって、異なる主語とともに並列される、短い独立節にはあてはまらないからだ。[23] 最初の文の動きは「彼女」から「わたしの頭のなか」へと向かう。第二の文の動きは「わたし」から「最初に思いついた相手＝最初の対象」と示されたマリオンへと向かう。初めは自己の内部（「わたしの頭のなか」）に吸収され、次いで外（「最初に思いついた相手」）に向けられる「わたし」は、中心にある。初めは受動的で受容力のある状態にあって、主観的に女性のイメージを受け入れる。その次に、積極的な役割で、外で出会った「最初の対象」となった「彼女」への弁解を述べる。きわめて正確な揺れが主観的な中心の周りで起きている。ルソーは、自分の論証をうまく運ぶために、最初の文の主語である「彼女」、「わたし」の想念の対象としての「彼女」に優先権を与え、第二の文では、彼女を弁解行為の間接的な対象＝補語として最後に再登場させる。[24] 二つの文から成るグループのなかで利用されている装置は、（「対句交差法《キアスム》」をつくる）換入である。「彼女」と「わたし」のあいだの関係において、この装置はすべての攻撃的要素を消滅させる。論証は、まるで「彼女」が率先して行動したかのように、配役を変えた結果、逆に、彼女は（「わたし」の）弁解によって傷つけられるのだ。次の文では、言い訳にされるのは贈り物をしたいという願望である。ルソーはリボンを受け取ったと主張することで確かに嘘をついたが、実際にはそのリボンをあげたいと思っていたと言うのである。ルソーの文は、そのことをまるで鏡の作用のように繰り返しと倒置で語っている。

自分がしたかったことを彼女がしたのだと言って、つまりわたしが彼女にリボンをあげるつもりだったのだから、彼女がそれをわたしにくれたのだと言って、わたしは彼女に罪を負わせたのだった。[*9] Je l'accusai d'avoir fait ce que je voulais faire et de m'avoir donné le ruban parce que mon intention était de le lui donner.

この文は対称と平行で構成されている。能動の動詞「彼女に罪を負わせた je l'accusai」は補語として二つの不定法節を持っていて、二つめが一つめを明示している(「彼女がしたのだ d'avoir fait」という節には、より明示的な、「わたしにくれたのだ de m'avoir donné」が続いている)。その後で、この二つの不定法の補語＝動詞のそれぞれは、ルソーの本当の意図の表明を導く補語(「であること ce que」や説明(「なぜなら parce que」)を通して、それ自体エコーとして繰り返される(「した fait」は「したかった voulais faire」を必要とし、「わたしにくれた m'avoir donné」は「彼女にリボンをあげる le lui donner」を必要とする)。二つの平行する言表は、補語と従位詞の連続の果てに、最終的には非難＝告発者たる主体という当初の「わたし」に戻るわけだが、ただしその「わたし」を「大罪」以前の動機となる意図――「自分がしたかったこと」と「彼女にリボンをあげるつもりだった」――を持った「わたし」にすることによってである。非難＝告発は、「地獄のような＝非道な」行為であった。贈り物は無垢な行為であり、それはこの場面全体のもともとの意図として、言い訳に使われる。当初の立場から最終的な立場へ至ると、「わたし」は(事実上の)非難＝告発者から(意図的な)寄贈者に変わったのである。この文は時間的な後退と同時に質的な変換を行なった。にもかかわらず、あの善意による過ちがあり、ルソーはその理由をわたしたちに示したところだ。それは調書の次元に属するものだ。そこにはいささかの悪意も入る余地はない。「彼女のことがわたしの頭のなかにあった」。マリオンは「最初に思いついた相手」で、結局は、盗みそのものと同じように偶発的な状況でしかなかった。非難＝告発は贈り物をしたいという願望の不運な翻訳であった。自分自身に対して起こす新たな訴訟と、最終的たらんとする判決のときに、ルソーは感情の原始的言語で嘘の言葉を翻訳し直している。つまり、マリオンがジャン＝ジャックの頭のなかに忍び込んで、彼は誘惑されてしまったというのだ。

ルソーは『告白』第一編で、若い頃の窃盗癖について説明していた。彼はそれを「治る」ことがない「気まぐれ」として語った。「何も言わずに欲しがる」彼の習慣を正当化するため、またちょっとしたお菓子や物品の窃盗（お金は決して盗まない！）について理解してもらうために、彼は自分の内気な性質、友人の誘惑、親方のひどい扱い、欲望を口にするのはタブーだったことを言い訳にしていた。ルソーは何よりも、フラストレーションを自分の渇望の源泉にしていたのだ。「目に見えているもののすべてが、それが禁じられているというだけの理由で、わたしの心にとっては羨望の的となるのであった。［……］手の届くところにある欲しいものは、どれも安全ではないということになった」[25]。それ以前に、このように隷属状態に置かれる前、家族と一緒だった時には、ルソーは「自分の手の届くところに」ないような楽しみは知らず、密かな欲望も覚えなかったと断言している[26]。一連の盗みの始まりを示す欠如の感覚が――「わたしは何もかも奪われていたので」――誘惑と錯乱をはからずも過ちを犯すという結果へと帰着させるのである。そして盗まれる物品も、彼の目にさらされ、手に取られたとしても何の落ち度もないということも、また確かなのである。

少年時代の最初の盗みの正当化はポンタル嬢のリボンにも有効だ。というのもこのリボンは「手の届くところ」という同じ語彙の指標を伴っているからである。「他にもっといい多くの物が、わたしの手の届くところにあったが、このリボンだけがわたしの気を誘った」[27]。この盗みの新たな話のなかでもやはりフラストレーションがその役割を果たしているのだ。ポンタル嬢はロレンチ家の姪で、家計に関して「家をとりしきって」いた。ポンタル嬢は死期の迫ったヴェルセリス夫人の寵愛を独り占めにしていた点でロレンチ夫妻の共犯者であった。ジャン＝ジャックはヴェルセリス夫人のそばにいることがもはや許されなかった。（すでに陰謀という考えだ！）そして夫人は遺書を書いたとき、若い下僕のことは忘れてしまっていた。「わたしは何ももらえなかった」[28]。そのことで彼は屈辱を与えられたのだ。そして盗みの物語はこの喪失の物語に続く。彼を無視した女性を所有したと責めることで、まるでジャン＝ジャックは象徴的に復讐しようとしたかのようだ。

論証のなかで次に引き合いに出されるのは羞恥心である。「どうにもならない羞恥心がすべてに打ち勝ち、羞恥心だけがわたしを厚かましくした」*10。ルソーはプルタルコスの論による「はにかみ」の定義を知っていた。そこでは恥ずかしさはギリシャ語で dysopia と名付けられ、厚かましさに対置されるものと定義されている。プルタルコスによる「はにかみ」では、人は他者を前にして勇気がくじかれるものの、他者にたてつく代わりに、他者に気に入るように努める。はにかみは「譲歩し、あらゆる祈りを行くにまかせ、自分に求めてくる人たちをあえて面と向かって見ない」のだ。

というのは、はなはだ恥ずかしがる人びと、しかも恥ずかしがる必要のないところで恥ずかしがる人びとは、恥知らずで厚かましい人びとと同じように、しばしば同じくらい過ちを犯すからである。もっとも過ちを犯したときに残念で、不愉快に思うという点は別であるが。というのは厚かましい人は不誠実なことをしてもいささかも居心地が悪く感じないが、恥ずかしいと思う人は誠実でないと思われるが実際にはそうで

はない事柄に容易に心を乱されるからである。(29)

厚かましさよりもむしろ恥を受け入れること、そして彼の有罪の態度の責任を恥に負わせること、それこそは、ルソーからすれば、反対のことを別の反対のことへ、つまり憎むべき悪徳を恐れゆえの大目に見てもよい欠点へと転倒させることなのである。(30) いや、彼は長たらしい話の物語風の部分で自分自身に差し向けていた「地獄のような＝非道な厚かましさ」*11 という非難を受け入れないのだ！

ルソーが「はにかみ」に関する神学者の定義も知っていたのは間違いない。ピエール・ニコルの『神学および道徳の教育』にこの主題に関する一章が見つかる。(31) はにかみは「人びとの判断を恐れること、人びとから有罪にされること、人びとの不興を買うこと、からかいの対象になること」と定義されている。そして「[……]このはにかみこそ罪を告白するのを妨げ、また告白する際に多くの困難を伴うのだ」とされる。ニコルによれば、現世欲から生まれる三種類の罪深い情念（快楽への愛、学問への愛、出世への愛）があり、さらに加えて三つの罪深い情念があるなかで、恐れはその根源となる情念で、神へと導く道の途中でわたしたちを引き留めることがある。アウグスティヌスへの参照はきわめて正確である。「人間には二つの罪があり、貪欲と恐怖である(32) Peccata duae res faciunt in homine, cupiditas et timor」。はにかみは現世欲（あるいは「色欲」）に起因するわけではなく、「人間の悪への恐れ」に、あるいは「悲しみ」に似ている。相変わらずアウグスティヌスに言及しながら、ニコルは恐れに起因する罪のいくつかは軽微なもので、永遠の罰をこうむることはないと認めている。(33) ルソーが『不平等論』、『エミール』に記すところによると、他者の判断を恐れることは不安を覚えた利己愛＝自尊心の産物であって、人間が自然状態から離れるとき、利己愛＝自尊心は自己愛を押しのけるのである。こうして社会生活が利己愛＝自尊心を助長し、過ちはそれ以後は集団的なものとなる。したがって、プルタルコスが提案する規範（恐れまたは恥または厚かましさ）によるにせよ、アウグスティヌスの勧める道徳規範（恐れまたは現世欲）によるにせよ、あるいはルソー自身の「体系」の解釈格子（社会の悪、あるいはありえないことだが、自然の＝生まれつきの悪意）によるにせよ、ルソーは若き日の自分の過ちの解釈としては最も厳しくないものを選び、自分の過去の悪事の「本当の原因」をほんのささいな悪へと帰着させている。翻訳＝解釈は透明性のために働くのであって、邪悪さのためではないのだ。

こうして、罰を重くする推論を展開する代わりにルソーが持ち出す感情が相対的に平凡であるせいで、彼が告白したばかりの「残酷な行為」を色あせさせる。弁明は心理的な前歴にさかのぼり、最終的には、「認められることの恐怖感」のような、子どもじみた苦悩にぶつかる。犯された悪は「本当の邪悪さ」ではなく、「弱さ」であった。モラリストによって不利な事実に頻繁に用いられる「…でしかない（…にすぎない）」という物事を単純化し過小評価する表現は、ここでは無罪にするための言い回しとして機能している。「若いときの本当の邪悪さは、大人になったときよりも罪が重い。しかし気の弱さだけのことならば、それほど罪は重くない。そしてわたしの過ちは、実を言えば、それにほかならなかったのだ」[*12] こうしてルソーの過ちは、意図と「内面の」感情の言葉によって読み直され、翻訳されて、大幅に軽減される。嘘をつき、またその嘘に固執したときの感情と動機にはおそらくは、もはや「地獄のような＝非道な」ものや怪物的なものは何もない。トマス・アクィナス的な決疑論によれば、これは偽の証言が中傷するという意志からではなく軽率から生じるとき、告発者が被告の許しを受けることができるケースである。

被告は、もし無罪であるならば、彼に対して行なわれた過ちを許すことができる。特に被告が、他人を中傷によってではなく、魂の軽率さのせいで不当に非難された場合には。［Accusatus, si innocens fuerit, potest injuriam suam remittere, maxime si non calumniose accusavit, sed ex animi luvitate.］(34)

ルソーは状況が異なっていたら違った風に行動しえただろうと、わたしたちに知らせている。ここで問題となるのは、雄弁の規範に従って「事物」を引き合いに出す論証（argumentatio a rebus）である。この種の論証で引き合いに出される複数の判決の前提事由のなかには、場所と時（ubi, quando）があり、またより広くは状況（peristasis, circumstantia）がある。(35) ルソーはそれらを忘れてはいない。ルソーは「大勢の人びと」の前に出廷させられた。彼は「大勢の人が居合わせたこと」に動揺してしまった。こうして彼は、過ちを犯す羽目に陥ったのではないか。すでに見たように、ルソーは「もしも気持ちを落ち着かせてくれたならば、間違いなくわたしは、何もかも話しただろう」*13 と確信をもって言い切っている。その結果、新たな「もしも」、新たな仮定節が別の状況に触れることになるのだが、その状況では家庭内裁判所の判事は内々の対応をして、ルソーの告発を断念させただろうというのだ。ルソーは想像の上でもう一つの場面を再構成する。そこでは別の言葉が彼に告げられただろうし、もう一人の彼自身が盗みを告白しただろうというのだ。これらは済んだことをもとに戻すことができずにいら立つメランコリックな哀惜と同じ次元の不可能な仮説である。

ラ・ロック氏がわたしを引き離して、「あのかわいそうな娘を破滅させてはいけない。もしも君に罪があるなら、わたしに白状しなさい」と言ってくれたならば、わたしはすぐに彼の足下にひれ伏しただろう。

それはまったく確かだ。けれども、わたしに勇気を与えてくれなければならないときに、わたしが怖じ気づくようなことしか、人びとはしなかったのだ。*14

こうして罪の一部は判事自身に、そして外部の人びとによるものとされる。ジャン＝ジャックは脅かされた、すなわちintimiderという動詞が十八世紀に持っている本来の意味で、恐怖の犠牲者だったのだ。そのとき事物による論証が人とその感情（心の動揺commotio、一時的な魂の動揺temporarium animi motus）による論証にどれほど密接に結びついているかがわかる。恥は、この一節に先立つ箇所ですでに「極度の恐れ」と「恐怖」を伴っていた。ルソーはこうして、先の語りにおいて彼自身が代弁者となり、展開していたある行動における厚かましさと大胆さへの非難を和らげていって、彼が中傷する天使の面前に悪魔として登場するまでに至る。

最後の議論、それはこの過ちはジャン＝ジャックがその瞬間には予測できなかった結果を確かにもたらしたというものだ。(36) 彼はそのことに苦しんだ。「罪そのもの」のせいよりも、罪がマリオンの運命に「引き起こしたに違いない」損害のせいで。しかしそれは幸せな過ちでもあったのではないか。Felix culpa〔幸せな過ち〕。罪は、精神的な苦痛を引き起こしたのだから、善に変わる。その思い出は、「わたしに善をもたらしさえもした。つまり、わたしがかつて犯したただ一つの罪について、恐ろしい印象が残ったので、その後の生涯のあいだ、およそ罪への傾向があるいっさいの行為から身を守ることができたのだ。わたしが嘘を嫌うのも、大部分は、これほど陰険な嘘をつきえたことについての、後悔から来ているのだと思う(37)」。今や強調されるのはもはや過ちに先立つ感情ではなく、罪に引き続いて起こった結果である。というのもその結果は最終的には善行となるからだ。

最後の三つの文は結論とみなすことができる。ここでは一つの長文にエピソードの終わりを告げる宣言が二つ続いている。

もしもそれが、わたしがあえて信ずるように償いうる罪であるならば、わたしの生涯の最後が多くの不幸で打ちひしがれていることによって、また困難な状況のなかでの四〇年間の廉直と名誉とによって、償われるべきである。そして気の毒なマリオンの仇を討ってくれる人が、この世にはたくさんいるのだから、彼女に対するわたしの侮辱がいかに大きなものであったにせよ、その罪を負い続けるという心配はほとんどしていない。このことに関して言うべきことはこれだけだ。もう二度とこの話はしなくてもよいことにしたいものである。*15

最後の省略三段論法、不規則な三段論法は、見事に連結された一文のなかで仮説（肯定的な返事を求めている）から始まり、結果節で終わる。動機が解明された以上、罪は「償いうるもの」（したがって比較的軽微なもの）とみなされ、語り手は安心して来たるべき世界の方を向くことができる。彼の不幸はマリオンに対してなされた侮辱に比べて小さくはなかった。その代償があったのだ。四〇年の時間を経て、『告白』の作者はかつてのジャン＝ジャックの罪を赦すのではなく、帳消しになったと言明する。つまりのちの善行と「不幸」は十分な「不完全痛悔」のしるしなのだ。「罪の償い」、「この世で」受けた苦しみ、「罪」。このように雄弁の結論部は宗教的な表現で書き込まれる。彼はマリオンに対する過ちを確かに償ってはいないが、彼自身の罪についてはを借りを返したのである。

以上がルソーによって示された解釈である。この解釈はさまざまな出来事に基づいていて、それらの出来事については彼が唯一の情報源である。語られている出来事を「現実のもの」とみなすこと、そして作者が出来事について与える解釈に対してもっと説得力のある読みを提案するために異議申し立てをするのは、今日ではよくあることだ。わたしたちが取ってきたような最も急進的な態度は、出来事の物語と、ルソーによる解釈を不可分の全体として考察することにある。つまり、もはやどんな検証によっても近づきえない記憶に基づく文学的創造である。わたしたちはルソーの行為に彼がはっきりと述べている動機以外のものは求めない。もし歴史家がルソーによって構築された心理学的自己解釈を疑わしいものとみなすとしても、別の解読格子によって、特に今日精神分析が提供する解読格子によって、メタ解釈を作り上げるのは自由である。新たな資料の検証や、主な関係者によって語られる未知の詳細情報が他にないので、結果は決して確認されることはない。心理学的メタ解釈は多様化し、反論に出くわすことなく無限に増えることがある。「真の動機」の再解釈は、ルソーが後世に委ねるのがよいと判断した事実と説明に全面的に依存する。そこには内面の露出=詳細な説明と同時に克服しがたい内向的傾向が認められる。作家は彼を苦しめるバッカスの巫女たちに委ねられたとはいえ、今後は沈黙することで、ゲームを牛耳り続けるのだ。真実を語ったと主張する過去の作者の「真の感情」については、何も損なわれることはありえないので、何とでも言うことができる。(38) 出来事の起こった瞬間に事態を牛耳ることができたかもしれない無意識の力について、あるいは後年過ちの物語をつづるときに働いていた無意識の力について思索をめぐらすとき、解釈者は存在しているテクストに依存している。このテクストを解読する際に使う解釈のコードからは自分にぴったりの因果関係の補足が得られる。必然性(必要条件)の体系はこうして、テクストの偶然性を考慮に入れない入念さをもって予測される。唯一の方策はテクストをそれが提示されるままに、わたしたちがそれを選んだ通りに受け入れることであり、またテクストに先立ってあるような自白していない動機とは無関係にテクストを理解しようと試みることである。そうした動機の代わりに、わたしたちの注意はそのテクストの内的関係、そのテクストが作者の作品の他の部分と築き上げるつながり、テクストが外部世界と築き上げる明示的な関係あるいは暗黙の関係に向けられなければならない。リボンの盗みおよびその結果として生じた嘘については、さまざまな解釈案を想定できるが、それらはみな証明するのも反駁するのも難しいものだ。ルソーによって順に提示された二つのバージョン――すぐに満たされた単純な誘惑、あるいはマリオンに贈り物をしたいという願望――を退けるとしても、精神分析がリビドーのさまざまな形についての聖典が完成された今は、選択の幅は広い。つまり喪の感情によって引き起こされた動揺、最も古い愛情のフラストレーションの代償、フェティシズム（リボンは代替物となる）、女たちが恋愛関係において先手を打つのを見たいという願望、サドマゾ的な幻想によって抑制されていない現実の関係を女たちと持つことの困難、等々である。洗濯女のテレーズ・ルヴァスールと出会ったとき、女中マリオンの思い出が隠れていなかったかどうかは誰も知る由はない。追い出されて娼婦となったマリオンは、ルソーの頭のなかでは、迫害の犠牲者、長きにわたる後悔と責め苦をかき立てる復讐の女神エリニュスではなかっただろうか。[39]『告白』のあのページでルソーはわたしたちにそのように信じることを求めると同時に、この過ちに対する借りを返したと信じるようにわたしたちに求めている。

真実と嘘――グローティウス、プーフェンドルフ、アウグスティヌス

『告白』第二編の終わりで、ルソーはトリノでの彼の「犯罪」についてもう二度と話さないことへの

許可を求めている。この決意を彼は守らない。というのは自分をよりよく裁くべく真実と嘘の定義に関する長い検討を始めるために、「第四の散歩」の冒頭から、マリオンの思い出に立ち戻るからである。彼は書類のなかに、ある文通相手からの彼の信条「人生を真理に捧げる」に対する当てこすりを見つける。(40) ルソーはこの当てこすりを皮肉なのではないかと疑う。彼の精神が働き始める。そして彼は『告白』の後書きの代わりに、彼の「内的傾向」をもとに過ちの解釈を新たに行なうのだ。今度は、あらゆる外部のメッセージの受け手を忌避し、自分自身と差し向かいのかたちでしか審議しないと主張しているので、彼はもはや裁判での雄弁という方法は採らず、もはや読者を証人にはしない。つまり書く作業は、忍耐強く真の言葉と真実の義務についての一般的な決疑論を展開するのだ。自己防衛のために、ルソーは相変わらず同じ道徳的、「心理学的」議論を提示するが、テクストの構成はまったく別である。彼はマリオンを「傷つけるつもり」はまったくなかった。彼の嘘は「錯乱」であって、それは彼の「生来の内気」と「羞恥心」から生じたのだ。彼の非常に奇妙な行動を引き起こした感情は、したがってそれ自体何ら罪なものではなかったし、そのうえ彼の行為は「消しがたい後悔[*16]」を彼に残したのだ。彼はさらに他の状況でも嘘をつくことがあったが、それは「欲得ずくや自尊心からでも、まして妬みや悪意からでもなく、もっぱら当惑やはにかみから(41)」であった。彼の嘘の動機は、決して実質上の悪徳ではなかった。「当惑」とは、社交界で「考える前に話し」、「口をついて出るはしから」彼の「心がそれを取り消しにかかる」ような「くだらないこと」を言うよう彼に強いたものである。(42)『告白』でマリオンに対する「罪」が起こった状況について論証していたときと同じように、彼が示す病因論は自身の「性質」に結びついた悪徳ではなく、力不足なのである。

わたしは真実を偽ろうという気持ちから嘘をついたことは一度もなく、わたしの嘘はすべて弱さから出たものだ。しかし、そんなことを言ってみても、ろくすっぽ弁解なんかになりはしない。心の弱い者はせいぜい悪徳から身を守ることができるくらいで、偉大な徳を持つとあえて公言するのは、尊大で無謀なことである。(43)

これがいつもの彼の防衛線であり、反撃の基地である。力は徳の必要条件であるから、彼ほど善良な人間はかつていなかったと断言しながらも、ルソーは自分は「有徳な人間である」とは言わない。第一の話し相手としてはもはや彼自身しかいないので、ルソーは「第四の散歩」では、もはや裁判での雄弁の方法に従って自分の立場を弁護することはしないが、だからといって宗教的道徳と哲学的反省の概念を忘れたわけではない。彼自身の内面を読むための辞書は、彼が創り出したものではない。それは彼が伝統から受け取る規範であり、自分の個人的使用のために手を加える規範である。確かにルソーは、本の教訓や社交界の人びとの示す悪い模範には敵対していると述べている。しかしルソーは、哲学の著作をしばしば思い出した。その証拠はすぐに見つかる。

決疑論の長い審議の初めで、ルソーはある「哲学書」に言及するが、そのタイトルは明かさない。彼はそこに一つの定義と推論を見つけ、それに対して一連の質問によって反駁している。

嘘をつくというのは、はっきりと表明すべき真実を隠すことであると、ある哲学書に書いてあるのを読んだ記憶がある。この定義からすると、確かに、言う義務のない真実を言わないでいるのは、嘘をつくことにはならない。しかし、そういう場合、本当のことを言わないだけでは物足りずに反対のことを言う人間は、そのとき嘘をついていることになるのか、嘘をついていないことになるのか。先の定義に従うなら、嘘をついているとは言えないだろう。なぜと言って、なんの借りもない人間に贋金を渡せば、確かにその人間をだましたことにはなるが、しかし彼から盗んだことにはならないからである。[44]

ルソーによって言及された「哲学書」がエルヴェシウスの『精神論』かもしれないと推定されてきたのは故なきことではない。ルソーは、フォントネルのひと言を参照しながら嘘について定義していることの本の第六章のある注を、余白にコメントを書くかたちで批判したのである。[45] しかしルソーはもっと早い時期にザムエル・フォン・プーフェンドルフの『自然法と万民法』（一六七二年）で、同じ問題に出会っていた可能性もある。彼はまた、フーゴー・グローティウスの『戦争と平和の法』（一六二五年）の第三編（一一から二〇）――ここでは紛争状態における嘘の正当性が体系的に扱われている――で同じ問題に直面していた。[46]

プーフェンドルフは、彼の著作の第四編冒頭で、「ことばの使用に関する義務について」と題する長い一章を言語の検討に充てている。プーフェンドルフは、言語の記号は自然によって作られたのではなく、約束事によって作られたと指摘した後で、次のように付け加えている。「こうした記号によって、わたしたちが精神のなかに有しているすべてのものを万人にさらけ出す義務をわたしたちに課すためには、それだけでは十分でない。さらに人びとが特別な約束事によってそのように仕向けられる、あるいは自然法の一般的な法則によってそうするよう命じなければならない」。したがって、真実性の契約は普遍的でもないし無条件でもない。主導権を握る至上命令は、「害を及ぼ」さないこと、「被害を与えられるに値しない人に被害を与え」ないことである。「正当に契約を結ぶ」ことができ、また逆に「他人のことば」を当てにできるように、真実性を求める交流関係は確かに存在する。しかし現実には、こうした関係はいつも築かれているわけではない。プーフェンドルフは次のように分析している。

しかし、特にわれわれの個別の事柄について、これらの理由のいずれかによって人が考えていることをさらけ出すように必ずしも義務づけられてはいないのだから、頭のなかにあることをみな、すべての人に言う義務もなく、［……］われわれの思想を知る権利を持っている人びとにだけ言う必要があると言っておかなければならない。またこうして誰もわれわれに説明させる権利を持たない事柄について黙っていても罪にならないし、そのうえ自分自身の心の動きについてさらけ出す義務はないということも言っておかねばならない。さらに、何らかの特権を手に入れるため、または他人に手に入れさせるためにそれ以外の手段がないとき、あるいは差し迫った危険から自分の身を守るか、あるいは他人の身を守るすべがほかにないとき、そのことで誰の権利も侵害することがなければ、外部の記号をそれが人が考えていることとはまったく別のものを表現するような仕方で用いてもかまわない。(47)

したがって人は、「まったく他愛のない何か有用なものを手に入れるか、または他人に手に入れさせるために」嘘をつくことができる。話し相手によっては、誤ったこと（falsiloquium）を言うのは必ずしも非難すべきことではない。「もし彼らがわれわれの考えていることを知るいかなる権利も持たず、それを彼らに隠すか、または偽ることで、われわれは誰に対しても迷惑を及ぼしていないのであれば、そこに人が利点を見出すとき、なぜわれわれの好みよりもむしろ彼らの好みに合わせて言論を構成するのかがわたしにはわからない。こうしてどんな嘘も確かに間違ったことであるが、間違ったことがすべて嘘というわけではない」[48]。わたしたち自身または他人が享受することができる有用性という指標は、真実を語ることへの要求をなだめ、さらには停止させることができる。(「論理的真理」とは異なる)「道徳的真理」はこうして契約の枠組みのなかに書き込まれ、真理を語ることへの例外が生じることがあるが、だからといってこの例外が契約の暗黙の取り決めに反することはない。この章は記号の使用に関わる点でも重要である。それはルソーの言語理論の典拠の一つになっている。プーフェンドルフは、トリノから帰ってきてアヌシーの自室にジャン゠ジャックが見つける本のなかにあるものだ[49]。プーフェンドルフとグローティウスは、ルソーが家庭教師をしていたサント゠マリ氏のための一七四〇年の教育案に課題図書の一つとして組み込まれていた[50]。これらは上級レベルの図書であり、「道徳と自然法についてのより体系的な知」へと導くものであった。「オネットムと才気ある人間には、善と悪の原則、そして彼らがその一員となっている社会の基礎を知るに値するから」、これらの著者が必要なのである。

グローティウスはすでに次のように述べていた。「人びとの意見によれば」、嘘は「話し相手の人から、あるいは言葉に相当する何らかの別の記号を使う人に対してもたらされる現実の権利に対する侵害——しかもいかなる衰えもなく存続する侵害——に他ならない」[51]。真理は他人に由来するという状況について、また真理を他人に対する負債とすることの有用性についてのルソーの議論はすべて、プーフェンドルフが法哲学の用語をそのまま使って定式化した考察を繰り返しただけである。そのうえ、「第四の散歩」でルソーが用いる語彙は、独特の法律偏重的傾向によって際立っている。

教育にも実践にも有用でないような真理については、そんなものは財産ですらないのだから、どうして人に返さなければならない財産なんかであろうか。また、所有権はもっぱら有用性にのみ基づくものなのだから、可能性としても有用でなさそうな場合には、所有権は存在しえない。［……］したがって、人に言わなければならない真実とは、正義にかかわりのある真実のことであって、そんなものがあろうがなかろうが誰にとってもどうでもよいような、それを知ったとて何の役にも立たないような無意味な事柄に、真実という神聖な名を適用するのは、この名を汚すことである。あらゆる種類の有用性を、有用になる可能性すら剝奪されている真実は、それゆえ、人に言う必要のあるものではありえず、そのことを言わなかったり偽ったりしても、嘘をついていることにはまったくならない。(52)

ルソーは、こののち議論をそこでとどめることはない。しかしこうした最初の考察はそれでも彼の嘘が不正でありえたような状況の数を制限したことだろう。ルソーによる第二の問いはこうして、人は「罪を犯さずにだます」ことができるのか、と表される。この点についてルソーは、「書物」は「最も厳しい道徳」を勧めていると指摘している。彼自身はといえば、自問している。どうでもよい事実というものはないのか、と。

真実がどうでもよいものの場合、つねに逆の誤りもまたどうでもよくなる。ということはつまり、そのような場合、真実とは逆のことを言ってだます者も、真実を明かさずだます者もどちらも不正ではない、ということだ。［……］不正というものが他人に損害を与えてはじめて成立する以上、誰にも害を与えないでいて、どうして不正を働くことになりえようか。(53)

しかしルソーが言及している書物とは何なのか。その厳格な道徳とはどのようなものなのか。ルソーは当時のなかで、漠然とそれらに出会っていたのだった。たとえば、ピエール・ニコルの『神学と道徳の教育』のなかにその道徳を見つけたかもしれない。ニコルは、アウグスティヌスを引き合いに出しながら、どんな嘘も罪であると言っている。というのも「真理とは［……］神そのものであり」、「神を真理として愛さなければならない」からである。[54] ルソーがアウグスティヌスの『嘘について』と『嘘に反して』を直接に知っていたかどうかは確かではないが、十八世紀の道徳神学全体がまだこれらの著作の嘘についての章を範としていた。宗教的モラリストはアウグスティヌスのあの一般的な定義を引き合いに出している。

嘘をつく人は誰でも、自分が魂のなかで考えていることに反して、だまそうという意図を持って話している。[55]［Omnis qui mentitur contra id quod animo sentit loquitur voluntate fallendi.］

アウグスティヌスの定義によれば、二枚舌とだまそうという意志（意図）には決して嘘がないわけではない。嘘つきはその意図によって（ex animi sui sententia）判断しなければならない。ルソーはそのことをよく知っていて、同じことを繰り返している。「悪意または善意の程度を決定するのはもっぱら」話をする人の「意図」である。[56] この定義によって単なる冗談は嘘ではなくなるが、それでも「完璧な魂の持ち主[57]」はそのような冗談を差し控えなければならない。他方、「間違ったことが真実であると信じるか、またはそのような意見を持った場合には、間違ったことを言っても嘘をついたことにはならない[58]［Non enim omnis qui falsum dicit mentitur si credit aut optinatur verum esse quod dicit］」。アウグスティヌスの厳格な道徳も、本心から口にされた間違いと虚偽については例外を認めている。ルソーは自分に有利になるようにすぐにこの例外を拡大解釈する。

無益な真実に関しては、誤りを犯すことが無知でいることよりも悪い点は何もない。わたしが海底にある砂を白いと思おうが赤いと思おうが、そんなことは、砂が何色か知らないことと同様、わたしにはどうでもよいことである。〔……〕どうしても話をしなければならないのに、本当のことで面白い話がとっさに頭に浮かばないときは、黙っていないですむように作り話をする。(59)

プーフェンドルフのテクストと同様に、アウグスティヌスの嘘についての議論は「第四の散歩」をさらに解釈しやすくしてくれる。「第四の散歩」の決疑論でルソーが論じているさまざまなタイプの嘘または非=真実は、アウグスティヌスが重要度の下がる順に分類しているカテゴリーのどれかに容易に整理されるだろう。アウグスティヌスによれば、人は嘘をつく。1．宗教教育において、誰かを信仰に導くために。2．隣人を不当に傷つけるために。3．他人に損害を与えながらも誰かの役に立つために。4．単に嘘をつき、騙す楽しみのために。5．会話を心地よいものにするために。6．誰一人傷つけることなく誰かにとって有益であるために。7．誰かの命を救うために。8．ある人が不浄な侵害をこうむらないようにするために。(60) 宗教的真理にかかわるアウグスティヌスの第一のカテゴリーは、「第四の散歩」の冒頭で、ルソーが「一般的で抽象的な真理は、あらゆる善のなかで最も貴重なものである」*17と主張するとき、その非宗教化されたバージョンが見出される。これはどんな人でも求めることができる善である。各自がこの真理に対する権利を持っている。というのはこの種の真理は「各人の幸福に必要」だからである。そのような真理を奪うことは、「あらゆる盗みのなかでも最も不正な盗みを働くこと」である。この分野では嘘の禁止は絶対である。ルソーは「一般的で抽象的な真理」についてはどんなささいな論争も始めることなく、その伝達をほとんど使徒的な義務としている。「特殊で個別的な真理」[61]、したがって個人とその思想、感情、行為、そして生活の偶発的な状況に関する真理に関しては事情はまったく別である。そのような真理は「どうでもよい」ものでありうるし、「正義」には関係がない可能性がある。

中世の神学者、とりわけトマス・アクィナスは、アウグスティヌスによって区別されたさまざまなカテゴリーを考慮に入れながら、嘘を三つの基本的なグループに分けた。(1)アウグスティヌスのカテゴリー1から4までをカバーする危険な嘘 mendacium perniciosum。(2)アウグスティヌスのカテゴリー5に対応する愉快な嘘 mendacium jocosum。(3)アウグスティヌスのカテゴリー6から8までで議論されている、善意の嘘[62] mendacium officiosum。トマス・アクィナスにとっては、隣人愛《シャリテ》=愛徳に反する罪だけが致命的である。愉快な嘘（軽い喜びを求めるもの in quo inteditur aliqua levis delectatio）と善意の嘘（隣人の有用性を求めるもの in qua intenditur etiam utilitas proximi）は致命的ではない[63]。トマス・アクィナスは、真実性が正義に属する美徳の一つである（veritas est pars justitiae）限りにおいて、真実性（veritas）を道徳的義務の一つ（debitum morale）としていたことを思い出さなければならない。「それは人間が、その言葉と行為において、他人にあるがままの姿を見せなければならないという義務から生じる [Ad hoc debitum pertinet quod homo talem se exhibeat alteri in verbis et in factis qualis est]」[64]。自己について語ることは、たとえ真実を語っているとしても、「しかるべき目的」のためでないならば、悪徳に染まった行動とみなされる可能性がある。自発的な告白は疑わしいものだ。

自らに関することを言明（告白）するのは、それが真なることの言明（告白）である限りにおいて、類的に善である。しかし、このことは当の行為が徳の行為であるためには十分ではなく、そのことのためにはその上に当の行為が然るべき状況（という衣服）で装われていることが必要とされるのであり、そのような条件が満たされないときには悪徳的な行為となるであろう。このようなわけで、ある者が然るべき理由もなく、たとえ真なることについてであっても自らを賞賛するならば悪徳的である。さらに、ある者が自分の罪を、あたかも自らをそのことについて賞賛するかのように、あるいはとにかく無益な仕方でそれをあからさまにするという仕方で公言することも悪徳的である。

[Dicendum quod confiteri id quod est circa seipsum, in quantum est confessio veri, est bonum ex genere. Sed hoc non sufficit ad hoc quod sit virtutis actus ; sed ad hoc requiritur quod ulterius debitis circumstantiis vestiatur : quae si non observentur, erit actus vitiosus. Et secundum hoc vitiosum est, quod aliquis sine debita causa laudet seipsum etiam de vero : vitiosum est quod aliquis peccatum suum publicet, quasi se de hoc laudando, vel qualitercumque inutiliter publicando.(65)]

トマス・アクィナスは、その必要がない場合に（sine debita causa）、なされる罪の告白を悪徳に染まった行為、あるいは少なくとも無駄なものとみなしている。彼が教える道徳はしたがって、ルソーの告白のように告白を歓迎するものではない。「第四の散歩」の冒頭で、「特殊で個別的な真理」は他の人間には無益であるとルソーがはっきりと言っているのは、紋切り型の教えを思い出しているからだろうか。それでも彼は「特殊で個別的な」彼の真理に従って、自己自身を公の検討に付すという計画にやはり固執している。

そしてトマス・アクィナスは、社会的な絆は嘘を拒否することによってのみ存続しうるという事実について、アリストテレスから想を得たあの重要な指摘を付け加えていた。

人間は社会的な動物であるから、一人の人間は生まれつき他人に負うところがあり、それがなければ人間社会は守られない。真理が相互に示されている限りにおいて、人間は互いに信頼し合うことができなければ、共同体で生活することはできないだろう。[Quia homo est animal sociale, naturaliter unus homo debet alteri id sine quo societas humana servari non posset. Non autem possent homines ad invicem convivere nisi sibi invicem crederent, tanquam sibi invicem veritatem manifestantibus.][66]

わたしたちが明らかにしたグローティウスとプーフェンドルフからの借用がいかなるものであれ、ルソーは「第四の散歩」の冒頭で「真の人間」——すなわち彼自身——について教会の教義にふさわしい言葉で定義している。社交界の人間とは反対に、ルソーの「真の人間」は「正義と真理」を分け隔てることはしない。つまり本質は守られるのである。しかし正義に属さないものに関しては、彼はあえて発明し、自分の想像力をはばたかせ、記憶に欠けている事実をフィクションと作り話で補うのである。もしルソーが会話しながら、あるいは書きながら嘘をついたとすれば、それは「話すことに窮したためか、書く楽しさにつられたため[67]」であった。そして彼のフィクションでは、モンテスキューとは反対に、彼は読者がそこから引き出すことのできる道徳的な有用性をたえず目指していたと述べている。これは愉快な嘘 mendacium jocosum のカテゴリーであり、彼はこれを、トマス・アクィナスの勧めによって、個人に「あるがままの自分を見せる」よう促す道徳的義務（debitum morale）と両立可能なものにするよう努めている。「第四の散歩」の議論全体は、「まったくどうでもよい事柄に」フィクションを自由に用いるのを許すことと、真理が正義の尊重を前提とするとき、自己犠牲に至る真理に絶対的に仕えるという命令とを融合させようとする。以下に示す文のなかで、不正な嘘の否認が虚構の話の（ほとんど挑発に近い）要求と織り合わされる様子に注意を払ってみよう。くどくどと同じことが繰り返されることで、この総合の試みがさらにいっそうはっきりとしたものになっている。ルソーがここで「合金」について語るのが確認される。

わたしが真の人間と呼ぶ人は［……］一座の人びとの気晴らしにありもしない作り事を考え出すのを、あまりやましいこととは思わないだろう。そんなことのために、公正でない判断が生じ、生きている人も死んでいる人も誰かが得をしたり損をしたりする心配など、まったくないのだから。しかし、正義に反し真理にも反していて、誰かに利益でなければ損害を、尊敬でなければ軽蔑を、賞賛でなければ非難をもたらすような話はすべて嘘なのだから、決して彼の心にも口にもペンにものぼらないだろう。彼は雑談で誠実を鼻にかけたりはまずほとんどしないが、自分の利益を犠牲にしてまでも、断固として誠実を貫く人である。［……］しかし、わたしが褒め称える彼が真実に対してそれほど熱烈な愛を持っているなら、どうして同時にそんないい加減なことをすることができるのか、と人は言うかもしれない。そんなに混ぜ物（合金）が入り込めるところを見ると、それではこの愛はまがい物なのか。いや、それは純粋な真の愛である。しかも、それは正義に対する愛の一つの発現にすぎないのであって、たとえ作り話めくことがしばしばあるとしても、まがい物であろうすることは決してない。正義と真実は彼の頭のなかでは二つの同義語であって、彼はその両方を無差別に取り違えている。彼の心の崇める神聖な真実は、どうでもよいような事実や役に立たない名称などには決して存在せず、どの人に対しても、本当にその人にかかわりのある事柄について、その人が当然受けるべきものをその人に正しく与えることに存するのである。［……］だから彼はどうでもよいようなことでは、時折、何のやましさも感じずに、嘘をついていると思いもしないで嘘をつくだろうが、他人や自分の損や得になることでは決して嘘をつかない(68)。

神学者が自分にふさわしいとみなすような厳格な展開のなかで、ルソーは「善意の嘘」、すなわち「他人の利益であれ自己自身の利益であれ、そのために」人に強いる嘘に不正を見出すようになる。「［……］真実に反して褒めたりそしったりする人は誰でも、相手が実在の人である限り、嘘をついていることになる(69)」。

しかしながら「第四の散歩」は、ルソーが誇りとする二つの嘘の話でしめくくられる。それらの嘘はルソーの子ども時代のものである。二度とも、自分を傷つけていた友だちが罰を受けないようにするためである。それらは善意の嘘の完璧な例である。確かに、そのときの心の傷が語られるマゾヒズム的な調子を人びとはついでに必ず強調するに違いない。ルソーが自分の子ども時代のこうした出来事に言及するのは、彼自身に有利になるように記載されたかもしれないこれらのエピソードを、『告白』の物語から排除させた「奇妙な［……］言い落とし」について説明するためなのだ。こうした沈黙は彼に「悪いところよりももっと念入りに良いところを言わないようにさせてきた*18」のだ。

アウグスティヌスの分類によれば、友だちがルソーを傷つけて流血させた二つの状況でルソーがついた嘘は、その意図が「誰をも傷つけることなく誰かの役に立つ」という嘘のケースを例証していると言えるかもしれない。これについてルソーは、タッソが語るオリンドとソフロニアのエピソードに触れている。そして彼は魂の偉大さを示す嘘を前にした詩人の賞賛に満ちた感嘆を引用している。

まことに見事な嘘！　さていつ真実は
お前〔嘘〕より好ましく思えるほどに美しいだろうか
[Magnanima menzogna ! or quando è il vero
Si bello che si possa a te preporre ?][70]

ソフロニアは、彼女がやったのではない聖像泥棒の罪をスルタンの前で認めることで、キリスト教徒を死罪から救うために彼女自身が死ぬことを受け入れる。寛大さはエスカレートし、今度はオリンドが、専制君主が火刑に処するために連行していった愛する娘の身代わりになるために、偽って罪を認める。ルソーはこの英雄的模範と、遊び友だちを告発するのを拒否することとのあいだに不釣り合いがあると指摘する責務を、仮定上の読者に残している。大事なのは、ルソーがここで善意の嘘を参照していることであり、この嘘が彼の人生のなかでは盗まれたリボンのエピソードの危険な嘘に先立つものだったということである。したがって、彼のとっさの思いつきがどんなものであったかを彼はわかっているのだ！『散歩』の結論部の同じページで、彼はいつも自分の良心と感情に導かれてきたと述べている。つまり彼は改めて過去の審理に訴えるわけだが、その審理にはいかなる罪も影響を及ぼさない。心の底からの命令（dictamen）、彼はいつもこれに従おうとしてきたわけだが、これは推論や、つねに起こりうる推論の過ちに先行するものだ。厳密に言えば、アウグスティヌスが強く求めているように、ルソーはどんな嘘も避けなければならなかっただろう。「自己のために真である」べきだ、というのも「オネットム」は「自己自身の尊厳」に敬意を表さなければならないからである。ルソーは「フィクション」や「作り話」を避けなければならなかったのを認めているが、彼はそれよりも前のページで、フィクションや作り話と嘘を混同してはならないと丁寧に論証していたのだった。そのとき、弱さについての究極の議論が介在してくる。この議論は過ちを無視することはないが、主体そのもののなかに空隙をつくるものなのだ。

彼は自分の信条に反し、嘘つきであるというかどで彼を非難する人びとを最終的に正しいと認めるのだろうか。そうだ、彼は非難されることを甘んじて受け入れる。しかし、自分の過ちを裏切られた期待へと還元するのである。彼は自分の過ちを自分自身にあまりにも期待しすぎたという過ちのせいにすることで責を逃れる。弱い心でもって、「偉大な徳を持つとあえて公言することは傲慢で無謀なことである」[*19]。彼はこう何度も繰り返して言った。徳は強い者にしか近づけないものなのだ。ルソーが最終的に自分の信条を守らなかったという非難を受け入れるのは、今後何ひとつ英雄的なことは行なわないという謙虚な態度を取ろうと決意することによってである。実際、真理への絶対的奉仕が彼に強制するような努力はできないと彼は言う。この「第四の散歩」の最後の文は、輝きも挑戦もない究極の「改革」に言及している。「賢明で、誠実で、謙虚な人間になり、あまり自分を買いかぶらなくなることを、敵からでさえ学び取るには、遅すぎるということは決してないのである」[*20]。こうして彼は、彼の迫害者たちがはからずも彼のために大いに役立つことをしてくれているのだと言う。「真」であるということだ！

これは人生の終わりに彼が学ぶべきこととして残っているものである。この最後の決意は確かに自己批判を含んでいるが、否認とみなされるべきではない。ルソーにとって、真実性の獲得への最後の努力は、自分は真理の代弁者であると公言することに——彼からみて——存在していた危険を告白することにあった。

再翻訳の訓練

新たに訳し直すこと。わたしが念頭に置いているのは、コレージュで再翻訳と呼ばれていた古典の訓練のことで、これはあるテクストが初めに翻訳されたその元の言語に戻すことである。語源的な知識はそれと類似している。ルソーは何が問題なのかを知っていた。トリノで、グーヴォン伯爵家の従僕であった彼が«Tel fiert qui ne tue pas»（打てども殺さず）というソラール家の銘句にある古仏語の fiert という単語の説明をしたときから彼はすでにそのことを知っていた。[*21] 十六歳で、彼はこの単語を先行のラテン語「ferit（彼は打つ、彼は傷つける）」をもとに理解すべきだと言うことができたのである。(71)

ルソーが行なう原因遡行による弁解には、十七世紀のモラリストたちがやっていたように、人間本性の隠れた欲望一般を引き合いに出すだけでなく、子ども時代の個人的経験にまでさかのぼる動機という発想が含まれている。彼が自分自身を解釈するために用いることになる「辞書」を作成するために、ルソーは確かに才能と情熱、徳と悪徳の一般的な語彙——そして存在論——を必要とする。しかし、先に見たとおり、ルソーが道徳神学の伝統的な語彙から大いに借用して作成しているこの心理学的聖典は、彼にとって「運命的な」役割を果たすであろう決定的な諸状況の支配下にルソーによって置かれることになる。趣味、情熱、徳、そして悪徳は、さまざまな状況のなかで、またさまざまな状況によって生まれた。自伝的な語りはそれを証明するのに用いられる。したがって、主としてこうした状況こそが原因なのである。状況はもともとの生まれつきの性質――彼の場合、例外的にほかの人間に比べて変質することが少なかった――にその痕跡を残している。ルソーが自分自身の根源に戻るあの方法は、彼が理論的な著作において展開する歴史人類学との類似性がないわけではない。悪は人間に内在するものではなく、人間の「原初の」心の動きを変質させる偶然の状況の影響下に生成の途中で突然生じたものである。ルソーはこの考えを『不平等論』でも、『エミール』でも、『クリストフ・ド・ボーモンへの手紙』でも支持している。しかし、彼は『告白』の最初のいくつかの巻でもやはり、暗黙裡にこの考えを使っている。「わたしは……のために生まれた」というのはルソーの自伝的物語のなかに頻繁に出てくる表現である。それは初めは無垢の幸福のほうに向き、次に外的偶然のせいで当初の行先（透明性）から方向を変えざるをえなくなった本来の傾向を指し示している。そこで問題となるのは本質的存在に釣り合った究極目的であるが、その目的は状況と社会的条件によって妨害されている。ジャン＝ジャックであれ、人類全体であれ、初めは目的実現のためにつくられたのだが、悪はこの目的に比べて偶発的であると宣言される。ルソーの示す発生的説明は、個人の歴史においても世界史においてもたどられるのはもはや善の道ではありえなくなってしまった分岐点（障害との遭遇）を探ることだった。

この発生的説明から、ルソーが友人たちに知ってほしいと求める「辞書」までは遠くない。どんな発生的説明も、どんな創設物語も、相次ぐ原因を列挙しながら、事後的な原因遡行すなわち回顧的に現在から過去について解釈することを可能にするコードを生み出すのである。

わたしたちは今日ではこのタイプの遡行にはある程度親しんでいる。欠如と欲望、心的外傷、固着〔発達の停滞〕と対応する遡行のヴァリアントを知っている。実際、あたかもルソーが自分自身の訴訟のために行なった再解釈がそれ以降、他の自伝作者たちだけでなく、人間の心理現象に関する知識を情念の「運命」の考察によって拡げようと目指した人びとのうちにも聴衆を見出したかのようにすべては起こる。ここでわたしはフロイトの主要論文の一つのタイトルになっている表現、すなわち『欲動とその運命』を用いることにする。実際、原因の遡行は、フロイトによって夢やヒステリーの徴候や倒錯的固着をめぐる精神発生学的説明に応用された。これについては語彙上の証拠さえある。精神分析の創始的著作は解釈作業を翻訳し直すことと定義している。rückübersetzen[72]（翻訳し直す）、übertragen[73]（「翻訳する」の意）、rückschliessen（アポステリオリに結論を出す）といった単語は、フロイトが、特に初期の精神分析の著作のなかで、科学的心理学の義務を定義する際に使う語彙に含まれる。あたかも夢がフロイトに厳命し、「わたしの辞書をもっと学んでください」というルソーの言い回しを使って呼びかけたかのようだ。したがって『夢判断』の導入部のパラグラフには、次のような文が読み取れる。「わたしは夢の奇妙な、認識不可能な側面が生じる過程を明らかにしてみようと思う。その過程をもとにして、夢によってその構成と対立関係が示されるさまざまな心的な力の本性を示す結論をアポステリオリに（帰納的に Rückschluss）導くことを試みたい」[74]*22。夢についての本が、いくつかのページにおいて、象徴辞典のような体裁をとっていることに驚く必要があろうか。象徴は、いったん翻訳されると、それに先行した表面に現れない現実に気づかせてくれる。象徴は「深層において」、一連の原因のなかで前に場所を占めているものをはっきりさせる。このことから、一つの重要な問いが避けがたいものになる。つまり、解釈 Deutung は、再翻訳の知性に還元されるのだろうかという問いである。その知性は解釈全体を決定するのだろうか。もちろんそんなことはないが、それは解釈の構成要素なのである。

ルソーとフロイトのそれぞれの言葉遣いと計画がどれほど違っていても、二人に共通していることは、原因説明の帰納的性格、すなわち真理という資格が相次いで起こる徴候よりも優位を占めるような積極的な原則へさかのぼって説明している点である。そして二人とも、原因説明を感情の領域に適用していること、特にどちらの場合にも、再解釈のために与えられるものは現在をもとにした構築〔無意識を意識化して、患者の生活史を再構成したもの〕ではないかという疑いを免れないということは事実である。しかし原因遡行が確かにルソーの態度と精神分析の方法に共通の特徴であるとしても、これらのコードの違いに気をつけなければならない。ルソーのコードは、自己弁護においても人間社会の歴史においても、哲学＝神学に由来するものである。つまりルソーは（人類の「原初の時代」を考慮に入れながらも）道徳問題から出発しているのに対し、フロイトのコードは（自然の力が道徳と文化になる道を考慮に入れながらも）断固として自然科学者のものなのである。

『告白』における「わたし」とはいったい誰なのか。まずは書くことを企て、中断を含めてほぼ二〇年に及ぶエクリチュールの現在のなかで自分の物語を進める人である。「わたしは、これまでに決して例がなかったような仕事を企てている」[75]。「二年間の沈黙と忍耐ののち、再びペンを取る」[76]。この最初の「わたし」は作者のわたし、書き手 scripteur のわたしである[77]。書く人によって導かれた第二の「わたし」は、過去または物語的現在に活用した動詞の主語として介入する。それは同じ代名詞ではあるが、別の時制で機能する。「わたし［書き手］は声高にこう言うだろう。これが私のやったことです。わたしが考えたことです。かつてのわたしの姿です、と」[78]。「わたし［書き手］はわたしが感じたことについて間違うことはありえないし、わたしの感情がわたしにさせたことについても間違うことはありえない」[79]。第二の「わたし」は、行動し、旅をし、音楽で運試しをし、これまでの著作を書き、名声を得た人物のわたしである。ルソーは『対話』執筆時に自分の苗字と名前を分けたが、このような分割は批評家によって採用されるかもしれない[80]。この分割によってルソーは、登場人物をシステマティックにジャン＝ジャックと呼ぶことで自分と区別できるだろう。しかし第三のレベルで、書き手によって行なわれる再翻訳においては、登場人物の行為の原因となった感情と動機が現れてくる。先の引用では「わたしの感情がわたしにさせたこと」という表現によってこの第三のレベルが出現したばかりである。再翻訳が「正義と真理への誠実な愛」に駆り立てられた名宛人に情報を与えるために近づきたいと思っているのは、この第三のレベル——感情のレベル——なのである。真の「内的傾向」に対する登場人物の不誠実、登場人物の不運な出来事に対する書き手の皮肉な距離の取り方など、アイデンティティーを分割した複数の断層がいかなるものであるにせよ、代名詞としての「わたし」は三つのレベルを循環しながら一つにして総合的なアイデンティティーを保証しようと試みる。

これらのレベルは、すでに見たように、『対話』においてはさらに数が多い。第一のレベルは書き手であるジャン＝ジャック・ルソーのレベルで、これは序文（「この著作の主題と形式について」）とあとがき（「先の著作の顚末」）で、あるいは時には注のかたちで示される。序文は作品の意図を次のように明確にしている。「わたしはただ、このうえもなく痛ましくつらい立場にあるわたしを自分の眼で見つめてみないことには、わたしに対する公衆の振る舞いを検討することができなかった[81]」。作者は二人の登場人物——「ルソー」と「フランス人」——に「ジャン＝ジャック」について互いに食い違う意見を交わすよう命じる。ジャン＝ジャックは対話の声ではなく、ジャン＝ジャックを訪問したルソーによって記述され、第三者の位置にある人物である。そして彼を訪れた人は、「ジャン＝ジャック」のうちに、一つの「体質」、一つの「気質」、「すぐに感情に傾くこと[82]」、一つの「魂」、一つの「心」、力と弱さを見分ける。したがってこれは今度は第四のレベルである。ところで訪問者は、この究極の（もちろんジャン＝ジャックのあらゆる「不幸」よりも前にあると想定される）主題は、存在のさまざまな「事実」とは無関係に理解されなければならないと公言する。仮説的‐演繹的タイプの論証は、第三者とみなされる「虚構の人間」の構築に行き着く。この「虚構の人間」は「非常に感じやすい心ときわめて生き生きとした想像力を備えていて」、「本物の愛着のために生まれた」[*23]のである。こうして、「ジャン＝ジャックを今日あるような姿」にする偶発的な原因を考慮に入れることで、ジャン＝ジャックの生活のすべての出来事の理解を可能にする核心に触れるのだ。ここにこそ、『対話』の作者が『人間不平等起源論』の方法を最もはっきりと自分自身に適用しているのが認められるし、彼が人類の歴史のなかで自然の人間に割り当てていた原初のレベルに個人的に合流しているのが見える。[(83)]『不平等論』の前書きで、ルソーは「したがって、すべての事実を退けることから始めよう」[(84)]と書く。問題になっているのは聖書が語るような原初の時代である。その方法は「仮説と条件に基づく推理」だけを信じて、現代世界の現実に到達する原因と結果の連続を構築することになる。「第二対話」[(85)]での「ルソー」の論証も同じようなものだ。

彼の生涯のさまざまな出来事から引き出せるこうした諸原因だけでも、彼に群衆を逃れて孤独を求めるようにさせたことでしょう。その体質から引き出せる自然の諸原因だけでもやはり同じ結果を生み出したに違いありません。これら別々の原因が重なり合って、彼を今日あるような姿にしているとしたら、彼はそこから逃れうるものかどうか、考えてもみてください。この必然性をもっとよく感じるために、しばらくいっさいの事実を退けて、わたしの描き出した気質だけがわかっているものと仮定し、わたしたちが何の観念も抱いていないような一人の虚構の人物に、その気質から自然の結果としてどういうことが生じるか

を見てみましょう。(86)〔強調は訳者〕

これは、復元の精神的実験への新たな招待である。

わたし〔スタロバンスキー〕は、『告白』について文学生産における第三番目の「わたし」について語ったばかりである。ところでこの第三の「わたし」は、最初から再構成された歴史では最初の（さらには仮説上の）人間として認められることを要求する。原初の基盤という地位を得るわけだが、この第三のレベルで、書く技法の究極の結果は一人の「虚構の人間」を予測し、ものごとの始まりを定めることであった。読者はこの始まりをもとにして、歴史の展開について考慮するよう促される。絶対的な始まり（直接的なもの）は、実は最後の（極度に間接的に表わされた）仮説である。書くということは、アポステリオリに再翻訳することである以上、人びとはルソーの自伝を連続的な倒逆法[*24]として定義する可能性がある。彼の現在は、彼の語るおぼろげな記憶よりもつねに時間的に前にあるのだ。

ルソーは、子ども時代と無垢の時代というはるか昔から、名声に包まれながらも自己防衛と「償い」のためにペンをとらなければならない迫害される作家へとどのようにして変貌したか示すために、あるがままの自分の変容を語る。エクリチュールによるノックオン〔ラグビーの反則行為だが、これが攻防の流れを変えるきっかけとなることが多い〕は、想像上の逆行において、最も深層の過去から遠い過去や近い過去を正当化しようと努める。わたしがルソーの自伝の技法をフロイトの分析技法と比較したとき、フロイト自身の技法が、警察の捜査の方法に比較されることがあったのを忘れてはいなかった。(87)以前の悪事、過去の謎めいた出来事やその動機について解明を目指す物語風の話の進展。これは推理小説の定義そのものである。自分に対して全世界が起こしたと思っている訴訟のなかでルソーにとって大事なのは、真犯人の正体を暴くことより、彼が容疑者にされているのは誤りだと証明することであった。彼は罪の減免のための捜査を行なうが、これは終わることがない(88)。悪は彼個人の歴史のなかで生じているものの、人類の歴史において悪の原因が外部にあったように、悪の起源は外部にあるのだ。透明性、直接性は、ルソーが誇りに思いたいものであるが、企図としてしか存在しない。それらは再翻訳、したがって最も間接的であるものが生み出すはずの結果なのである。というのも、成し遂げられた(否定することが不可能な)行為だけでなく、その行為が生じる原因となった感情にもかかわるからである(そして感情の「真の源泉」をアポステリオリに再定義するのはつねに自由である)。

わたしが先に区別したさまざまな次元は、言葉遣いのレベルにも認められる。マリオンのエピソードにおいて、書き手自身が、書くという状況において自分を目立たせている瞬間を区別することは容易である。「ヴェルセリス夫人の家にいたあいだのことで、言うべきことをこれで全部言ったのならいいのだが!(89)」「だからその重みは今日まで、軽くならずにわたしの良心の上に残ってきた。そして、それからなんとか解放されたいという願いが、自分の告白を書こうと決心するのに、大いに役立ったと言えるのである(90)」。第二のレベルでは、語り手は言及した時代に自分が話した話を想起している。この第二のわたしは物語的現在で語っているだけに、ますますはっきりと目立つ。「わたしはまごつき、口ごもり、そしてとうとう顔を赤らめて、マリオンがそれをくれたのだと言う。[……]ところがわたしは、地獄のような=非道な厚かましさで、自分の言明に間違いはないと言い、あなたがリボンをくれたではないかと、面と向かって主張する」*25。しかしその手前に、さらに第三のレベルがそそり立つのが見える。再翻訳は、その作業の終わりに、もとの言語を見出す(あるいは発明する)、そしてその言語と比べると、登場人物の言語は間違っているのだ。「彼女に対する好意が原因だった。[……]次いで彼女が姿を現したのを見たとき、わたしの心は張り裂けそうだった［……］。わたしは恥だけを恐れていた」[*26]。マリオンに対する好意は後になって口にされているのだが、この好意はそれまでに語られてきたことすべてよりも前にあった感情として提示される。わたしたちはここで、まさしく自伝的調査の倒逆法の実例の一つ（たくさんあるなかの一つ）に触れている。この第一の言語はまさに「内的傾向」の言語であり、これについてはわたしたちは——ルソーの著作によって——言葉に頼るよりもえてして「身体的しるし」[(91)]に頼るということを知る。この場合、その身体的しるしとは嘘をつくときに「赤くなる」ことであったし、嘘をつき続けながら「心が張り裂ける」のを感じることであった。

＊

マリオンはジャン＝ジャックに視線を投げかけるが、「その視線に［彼の］野蛮な心は抵抗する」[*27]。語り手は、この物語の瞬間に非難＝告発者の役割を引き受けていることを思い出しておこう。野蛮だと言いながら、ルソーは自分を取り調べしているのだ。それこそは、すでに見たように、論証に頼ることを可能にしてくれる一時的な資格である。ルソーは、嘘の話、そしてマリオンの非難に対して執拗に否定し続けた話を知ったときに公衆の声が語るように、野蛮だと言っているのだ。トリノのジャン＝ジャックという登場人物について、語り手はしばらくのあいだ他者の視線を採用する。そしてこの他者は確かにルソーを「怪物」と形容することになる人びとである。しかし、すでに見たように、彼は無実を証明する解釈という間接的な方法に訴えることになる。この解釈は、結局はかつてのジャン＝ジャックの過ちを軽減し、四〇年後に『告白』を書く人を残りの「罪」から解放する。彼が過ちを犯したとき、彼は弱く、はにかんでいただけだったことが彼には明らかになった。「…だけ。…でしかない」という軽減は、無実へと回帰させてくれる。彼の言うことを信じるならば、彼の心が野蛮とみなされることがあるのは、人びとが彼のことをよりよく理解しようとしない場合だけである。「再翻訳者」は完全に理解するよう気を配り、論証し、なぜ彼がそのような恥知らず、厚かましい人間、野蛮な人間ではなかったかを証明するのである。

「野蛮な」という語は、盗まれたリボンのエピソードでは、オウィディウスの詩句を記憶している人びとにとっては一つのサインにほかならない。これは古典悲劇や小説の言語では頻繁に出てくる語の一つである。しかしここではオウィディウスの悲歌の記憶が共鳴現象によって押し寄せてくるのだ。そしてわたしたちは「人びとはわたしの言うことを少しも理解しないからだ」quia non intelligor illis という詩句がこの状況に適用されうると見抜く。というのもルソーは、彼の裁判官であるラ・ロック伯爵から理解されなかったからである。

ルソー（また彼と同時代の他の作家たち）の場合、ラテン語の銘に頼ることにはいったいどんな意味があるのか。作家というものは他の作家や古典的な名作の権威で自分の身を守る。作家は、自身が語りたいと願っていることを前もって、包括的に他の作家に語らせる。作家のテクストはこうして、より印象的な形式かつより強力な言語で表現されたすでに有名な先行の言説による保証のもとに置かれる。文化的記憶に訴えることは新しい作品に向けられるかもしれない批判を未然に防ぐ。「パラテクスト」的追加物としての銘は、既知の領域を指し示す。それは事情通の、きわめて洗練された文学の戦略であって、素朴な心の叫びなどではないのだ。

「ここではわたしは異邦人だ」Barbarus hic ego sum。この表現のパラドックスは、それが最も野蛮ではない言葉遣いで、書き手の野蛮な性質をはっきり示していることだ。オウィディウスにとってパラドックスは、追放の残虐性、すなわちスキタイ人のなかでローマの一市民として生きる逆転した状況を指していた。ルソーは一七四九年、『学問芸術論』の冒頭でオウィディウスの詩句を繰り返すとき、彼はまだ、退廃と軽薄さの支配する世界で外国人または野蛮人とみなされた古代ローマの有徳な人物の名において語っている。死者の中から戻ってきたファブリキウスの活喩法は、ジュネーヴ出身の「野蛮人」である彼と共和国ローマの有徳な執政官との比較対照を行なう機会となる。つまり、二人とも同じ声で話すのだ。それからずっと後の「第二対話」で、「ルソー」は舞台に登場し、本物の「ジャン＝ジャック」をフランス人のなかに、そしてとりわけ社交界の人びとのなかに迷いこんで「理想世界」の住人として――したがって外国人であり野蛮人として――描き出す。『対話』の冒頭で彼が同じ銘を繰り返したのは、『学問芸術論』のローマ人――このローマ人の声を誰一人聞こうとしない――を「親密な感情のなかに」その幸福を見出す(92)「理想世界」の住人に置き換えるためであった。この住人は好んで「記号」と「抑揚」によって自己を表現し、確かに正義を守るためにペンを手にするのだが、にもかかわらず孤独を選ぶのである。この理想世界の住人（「ジャン＝ジャック」）にこそ、追放され、正真正銘の野蛮人のなかで理解されず、逆に野蛮人として扱われたローマの詩人と同じ役割が割り当てられるのである。「理想世界」とはどんな変質にも先立つ世界であるが、その世界の住人たちは、大多数の他の人間たちが生きている変質した世界のなかで他者として（外国人、「野蛮人」）の状況に置かれることになる。わたしたちが書き手（第一のレベルで）と名付けた人によって構築されたこの世界には、「情念」として「原始的な」ものしかなく、相変わらず「原初の性格」を保ちながら、障害をものともせず、「弱さ、恐れ、必然によって」しか「悪」を行なわない魂を持っている人びとが住んでいる(93)。彼らの最もすばらしい特質は、回顧的話法の次元で第三の深さを、したがって仮説的系譜の次元では第一のレベルをわたしたちが割り当てた言葉遣いで語られる。このレベルはジャン＝ジャックの変わることのない善性のレベルであるが、それでもその最初の運動には力が足りなかった。魔法の世界は、ジャン＝ジャックという登場人物がこのうえなく恥ずかしい気持ちで口にする不器用で罪深い言葉よりも先にある、「最初の感情」の世界全体と同じ広がりを持っている。たとえば、「それはマリオンがくれたのだ」である。この理想世界は、策略によっても二次的な情念によってもほとんど変容することがないので、それ自体理想化された野蛮と言ってもいい（その結果、ある読者たちは誤って、ルソーの著作のなかに「野蛮に戻ること」への勧めを読み取ることになる）。実際、自伝的著作は二重の意味で他者性をよりどころにしている。一方で、ルソーが自分自身に対して他者になってしまったと述べているさまざまな状態、エピソード、時期における他者性が認められる。つまり狂気、錯乱、疎外、等々である。他方で、まさに彼が誰一人として認めることのできなかった「魔法の世界」の在外住人であり続ける限りにおいて、他人には他者として現れるというきわめて執拗な意識のなかに、別の種類の他者性が認められる。疎遠感の増幅の源となる追放や国境と同じである。誇張した言い方をすれば、この奇妙さ＝疎遠性こそが野蛮と紙一重なのだ。

　障害（「第一対話」の表現による）、あるいは「状況」（「第二対話」の表現による）は、「自然の最初の動き」が「捻じ曲げられ」、「方向を変えさせられ」、「本来の道からそらされ」てしまう境界となっている。[94] 障害は、情念生活の二つの状態――自己愛と自尊心――のあいだの境界だけでなく、表現の二つの次元の境界も示す。障害という表象はルソーには貴重だ。なぜならそれは、言語に関して、前の時代と後の時代の境界線を引くものだからである。ある心の動きが「原始的」と言われるのは障害と比べたときだけである。自然の言語、社会関係の言語、この二つの次元の表現は、あいだに置かれた障害のせいで互いにまったく異なるものとみなされるので、もとの感情を復元するためには再翻訳、「辞書」を介することが不可欠となる。ルソーが行なう読書は単純に等価の語を見出すだけに甘んじることはない。それはさらにより価値があったもの、そして今も価値を持ち続けているものを見出さねばならず、その結果誤った言説の正しい語源を探すようにしなければならないのだ。無垢な高揚から出てきたものの、それ以降変質せざるをえなかった感情の以前の状態を再び見出さなければならないのだ。視線は善性の領域であったほうに振り返り、後ろに向き、内側に向くのだが、善性の領域のほうに後戻りすることは許されない。作家が、自分が手にしているすべての言語手段（ラテンの詩人の記憶も含めて）を用いて、言葉の支配よりも前にあった「自然の最初の動き」をもう一度とらえ、言葉にするように努めなければならないのは、障害の手前においてなのだ。ルソーが友人たちに学ぶように要求した辞書は無言の確信の鍵を与えたかもしれない辞書である。それは預言者または霊感を受けた者の辞書でもあり、彼らは喪失に触れ、方策を提案する。「あなたたちが忘れれば、あなたたちは破滅だ[95]」と。

第三部

人間は自由な者として生まれた

7 人間の権利

「フランス革命こそがわたしたちに『社会契約論』の説明をしたのだ」と、ラカナルは革命暦二年実月二十九日（一七九四年九月十五日）の報告書で述べている。ルソーの遺灰をパンテオンに移すとき、国民公会議長のカンバセレスは次のように雄弁に主張した。「人類に投げかけた最初の眼差しで、彼は人民が王杖と王冠のもとに頭を下げ、ひざまずいているのを見た。彼が平等と自由という語を口にすると、これらの語がすべての人の心に響き渡ったので、人民は立ち上がったのである」。このような「革命を起こした人物」というルソーのイメージには、歴史家によってさまざまな色合いがつけられてきた。どのようにしてルソーは政治的権利の基礎を構想したのか。自然法の理論家たちによって示された命題を彼はどう考えたのか。こうした問いはルソー思想の理解のために、また人間の権利の宣言を制作した人びとへの彼の影響を測るために重要である。ルソーによれば、自由は法律から生じ、また法律は一般意志から発する。したがって政治的自由は「自然な」ものではない……。ルソーにとって、主権は集まった人民に属しているのに、国王は一人の「行政官」でしかないとすれば、革命の最初の数週間は『社会契約論』によって述べられた原理に応えたと考えてもよいかもしれない。しかし討議し布告するのは、三身分の代表者であって、集まった人民ではない。そのうえ、ルソーは主権は代表されえないと確信している。本当の共和国は大国家ではない……。バンジャマン・コンスタンは人間の権利の宣言にある原理、つまり自由・安全の名においてルソーを批判することになる。彼は政治権力の縮小を求めなかったとしてルソーを非難しながらも、主権の譲渡に賛同している。

一七八九年八月十七日、ミラボーは第五部会の作業結果を国民公会に提出する。この部会は七月以来提出されていた宣言の提案を検討し、その提案のなかから「あらゆる形態の政府に適用可能な一般原則」を採り上げ、それを最終的に採択されうるような草案のかたちで作成することを任務としていた。周知のとおり、ミラボーによって提出された草案は受け入れられなかった。ミラボーは予備宣言を延期し、いったん憲法が議論されて採択されたときに扱うよう提案した。それから数日後、第六部会により作成された宣言案について、一条ずつ、投票が行なわれた。投票のあいだにわずかな修正が加えられて、ミラボーによって八月十七日に朗読された前文案が採択され、残りについては、信仰の自由についてより慎重で、とりわけより制限を加えた案でよしとされた。ミラボー案の第二条はこんな風に書かれていた。

いかなる政治体も厳しく定められた、または暗黙の社会契約の存在を受け入れる。それにより各個人はその人格および能力を一般意志の最高の指導のもとに共有する。そして同時に、政体は各個人を部分として受け入れる(1)。

確かに、社会契約という概念は、一般意志の概念と同様、ルソーによって発明されたわけではない。これらの語が革命期の文献に現れるたびにルソーを前提としないように気をつけなければならない。同じく、人権宣言の第一条および宣言案の大部分における平等の主張は、同時代の多くの人と同じように、キリスト教とストア哲学の伝統を踏まえてルソー自身が繰り返したものだけがルソーに帰せられる。一七八九年のテクストのなかに、しっかり理解されているにせよ、そうでないにせよ、ルソーの影響を認めるためには、もっと強力な証拠、もっと明らかな引用が必要である。わたしたちが先に読んだ条文はそのようなケースである。いかなる『社会契約論』の読者が第一編第六章の決定的なパラグラフを記憶にとどめなかっただろうか。それは結社の契約の文面そのものである。「われわれ各人は、われわれのすべての人格とすべての力を、一般意志の最高の指導のもとに委ねる。われわれ全員が、団体のなかのそれぞれの成員を、全体の不可分な一部として受け入れるのである(2)」。

したがって、ミラボーの第二条はほぼ文字通りの借用である。そこから第三条が生じるが、相変わらずルソーの精神にかなったものとはいえ、その文面は、アメリカをモデルとして考えたラファイエットが先に提出していた条文とぴったり一致するものであった。「国家が従うすべての権力は、国家そのものから発しているので、いかなる団体もいかなる個人も、国家からはっきりと出てこないような権威を持つことはできない」。八月二十日の最終投票の際に、ムーニエは第三条を採択させるが、その文案はミラボーのものにはるかに近く、第二部では、ミラボーのテクストの忠実な繰り返しになっているほどである。第三条に、ミラボーが『社会契約論』(第一編第七章)に主張されている別の原理を付け加えたのは事実である。それはアメリカの宣言のいくつもの条文のなかにあり、すでにシエイエスの二つの案に繰り返されているものである。

どんな政治結社も憲法、すなわち政府の形態、政府を構成するさまざまな権力の分配と限度を制定し、修正を加え変更する譲渡できない権利を持っている。

ムーニエとその仲間は慎重を期してこの条項を省略するが、この条項は少し修正を加えられて、一七九三年憲法の加筆された第二八条と、コンドルセの『権利宣言草案』の第三三条となる。(3)

ミラボーが草案作成にあたって、彼の「作業部会」のメンバーを働かせていたことをわたしたちは知っている。つまりデュ・ロヴレ、クラヴィエール、そしてプロテスタントの牧師エティエンヌ・デュモンで、三人ともジュネーヴ出身であり、一七八二年のジュネーヴ革命——この革命では父権制が外部からの支持で優位に立っていた——失敗の後フランスに亡命してきたのである。デュモンは第五部門の管理に委ねられた『宣言』について、『ミラボーについての思い出』のなかで次のように記している。「ミラボーはこの仕事を引き受けて、それを友人たちにやらせる雅量があった(4)」。このジュネーヴ人たちは、定期刊行物『プロヴァンス便り』にも寄稿しているが、間違いなく彼らの『社会契約論』を知っていた。ミラボーの提出した草案の内部にルソー的要素が付け加えられるにあたっては、彼らの貢献がおそらく大いに重要であった。

ルソーに負うところが多いのはデュモンの認めるところだが、それは『ミラボーについての思い出』においてではなく、彼がずっと後になって、ベンサム文書をもとにして、まったく自由に執筆することになる『政治的詭弁論』においてである。ミラボー草案には、直接には『社会契約論』第三編第四章と第六章から、そして間接的にはモンテスキューからヒントを得た第五条に、次のような文があった。

法律は、一般意志のあらわれであるから、その対象において一般的でなければならず、またすべての市民に対して、自由、所有権、市民としての平等をつねに保証することを目標としなければならない。

この項目のなかで後に残るのは、採択されたバージョンの最初の文だけである。つまり「法律は一般意志の表現である」。この文だけでベンサムからの批判を挑発するには十分である。このイギリスの功利主義者の指摘は、デュモンによって書き写されて、おそらく書き直されたものだが、痛烈である。「どんな法律について語っているのか。どの国についてなのか。どの時代についてなのか。わたしはこのような主張を正当化しうるような法律も国も時代もまったく知らない」。ベンサムは直説法現在が、とりわけルソーの用法で持ちうる命令の意味を認めない。そして彼は続ける。「このようないわゆる定義はフランスの立法者の発明ではなかった。彼らはそれをルソーから借りたのだ。ルソーは『社会契約論』において、それをこのうえなくもったいぶって提示しているのだから」(5)。デュモンの支持を受けたベンサムがルソーの名前に言及するのはこのときだけであり、彼が『宣言』の詳細な検討を行なったところではどこにも、それ以外の著者の名を記してはいない(6)。

エティエンヌ・デュモンは、『思い出』のなかで、第五部門の草案作成者としての彼の任務は、自分にとって本当に信じられないほどのつらい仕事であったと断言している。彼は予備宣言という考えに賛成していなかったのである。彼はいやいや仕事をしたのだ(7)。

まさに草案作成の時期、このような疑念はデュモンにおいて、本当に支配的な精神状態であったのだろうか。それとも、わたしたちはそこにあのねじれの一つ、弁解の一つを見るべきであり、そうした回顧的な記憶はありふれたものだと考えるべきなのだろうか。問いは開かれたままであり、ステファヌ・リアルが近著において、ベンサムの影響がミラボーの精神のなかで、そして特に彼の主たる協力者の精神のなかで、一七八九年以降ルソーの影響に取って代わったのだと考えるのをためらったのは正しかった。

ミラボーの前文は、これ以後「古典的」となった最終案の一部をなすために採り上げられたのだから、彼が草案作成チームの影響下に記したかもしれないルソー的な文言について問いながら、それを読み直す価値はある。ミラボーの雄弁のなかでも、この前文は偉大な弁論家の特徴があると考えられてきた。ジャン・ベネトリュイは、「ミラボーの作業場」の検討にまるまる一冊の本を充て、草案作成者たちは四人であったことを喚起している。「四人のうちの一人に独自の担当部分を帰することはありえない。作品の演説調について、それをミラボーの名誉とすることは、プロテスタントの牧師エティエンヌ・デュモン、この才能ある説教師が散文の演説にすぐれた能力を持っていたことを忘れることである(8)」。

きわめて強烈な光をあてられた対象を見た人はだれでも残像の錯覚にさらされる。彼はその残像をあとで固定する対象に投影する。ルソーの作品を読んだ後、人は彼の表現と思想の痕跡をとどめているように見えるもののなかにルソーを見出そうとしがちである。わたしたちが偉大な前文のなかにミラボーの側近の協力者たちのルソー的教養に由来しそうなものを探すときには、そのことに注意するようにしよう。

「と et」という接続詞で「人間と市民」を結んで一つの主体とし、一見して共通の権利を与えることは、ルソーが『エミール』の冒頭で、市民と人間とのあいだに据えている対立を暗黙の裡に乗り越えることではないのか。人権宣言の著者たちはこうして、ルソーが告発していた悪の償いを告げている。文明化された大国からは消えてしまった市民。唯一私的な教育だけによって首長に就くことが可能である人間。この両者がただ一つの人格にまとめられて、ゆっくりと獲得される個人の美徳の力すべてを周囲の悪に対置させることになる。こうして「合理的な自然法」(9)の誕生が可能となり、市民はそれを享受することになる。人間と市民、この二つにともにかかわる宣言において、人間と市民を結びつけることは、この二つを混同することではない。それは人間と市民の対立を取り除き、自然のままの個人として市民が所有する権利を持つ独立を失うことなく、人間を市民に変えることが成就する時代の始まりを記すことである。それはルソーが困難と判断していたが、期待した和解である。

わたしは前文を読むにあたって、わたしたちの眼差しをルソーの作品のほうに向けることを促すいくつかの表現を強調するにとどめよう。ミラボーのテクストから次の文を抜粋しよう。「人間の権利への無知、忘却、あるいは軽蔑こそ、公衆の不幸と政府の腐敗の唯一の原因であると考えるがゆえに、［代表者たちは］厳粛な宣言において、人間の譲渡できない、神聖な自然法を復活させることを決意した」。無知、忘却、ルソーはこれが「人間の権利」が守られない原因であるとして、『不平等論』において断罪していた。彼がこうした語を用いるのは、かなりの重要性を持つ文章のなかである。「（人間社会の基礎についての）こうした無知こそ、自然法について真の定義をする作業をこれほどまでに不確実で不明瞭なものにしているのだ(10)」。忘却については、口頭による発言、すなわち彼は土地の専有という最初の行為に立ち会ったかもしれない人間が「同胞」に向けたであろうあの有名な呼びかけに登場する。「［土地は誰のものでもないということを］あなたたちが忘れれば、あなたたちは破滅だ(11)」。

ルソーが自分の企てを要約している『不平等論』の別の一節では、自分は「人間を自然状態から社会状態へ導いたに違いない、忘れられ、しかも見失われた道(12)」を発見し、たどったと言っている。確かに、無知、忘却をルソーは乗り越えたいと願うが、それらは今日の人間が自分たち自身の歴史をその起源から出発して知ることを妨げる主要な障害となっている。この要望は純粋に理論上のものにとどまるのだろうか。いや違う。というのは、必要とされる知識は権利の基礎にかかわるからである。権利の基礎はいったん知られれば、行動を可能にするのではないにしても、少なくとも「それぞれの人民がその原初の制度から遠ざかった度合いと、腐敗の最終段階に向かって進んだ道のりが、かなり正確に判断できる[13]」ようになる。「政府の腐敗」については、ミラボーの前文にも言及されているが、それはただちに、譲渡できない権利を回復させる＝元の状態に戻す意志を告げるためである。〈回復させる＝元の状態に戻す rétablir〉という語もまた、『人間不平等起源論』の序文の重要な一節でルソーが口にしているものである。そこでは彼は〈自然法の単純な表現としての〉「自然権」の自発的な規則に言及しており、少し後の考察ではこの語を「合理的な自然法」に変換することになる。したがって、ルソーによれば、理性が「その継続的な発達によって」間違った使い方をされたせいで「窒息させて」しまった自然を、「別の基礎」――その原理をもとにして再考され、再構築された市民社会の基礎――「に基づいて元の状態に戻す[14]」のが望ましい。ミラボーの前書きにおける「元の状態に戻すこと」はしたがって、ルソーのテクストにおけるきわめて正確な反響を呼び起こしていると思われる。この語は大きな力を持つ。それは過去の忘却――不当な軽蔑――を前提とし、非難＝告発している。周知のとおり、議論のさなかの八月十八日、ミラボーの弟は「〈元の状態に戻す〉の代わりに〈想起させる〉という語」を書いてはどうかと提案した。最終文案の作成過程で、〈示す〉という語――より単純に平叙文――が打ち勝つことになる。

　前文において、〈生まれながらの〉、〈譲渡できない〉、〈神聖な〉ものと考えられた権利を定義している付加形容詞の連続に注目してみよう。わたしたちを驚かせるのは、生まれながらのものと神聖なものが等価なものとされていることとである。暗黙のうちに、自然は神聖化され、神聖なものは「自然に帰化」されている。自然の秩序と〈神の恩寵〉との、秩序の世紀にわたる対立はこうして廃棄される。おそらく、ユダヤ＝キリスト教の伝統では、創造された世界と個人としての人間は、その自然な存在において、神の被造物であり続ける。こうした神学的観点からは、血、肉は自然であると同時に神聖である。しかし権利、すなわち市民社会の規範原理にかかわる問題となるとき、そこに提起される問いは権威とその源泉の問いとなる。それはいかなる文案作成者を、いかなる作者を（この語の最も強い意味で）、指しているのか。人間の取り決めだろうか。自然だろうか。超越との関係だろうか。ここでは、ルソーに関して、アンリ・グイエの明晰な分析に頼ることにしたい。「ジャン＝ジャック・ルソーはあれほど誠実に自然を恩寵のように感じたので、恩寵について語るように自然について語ったのである。悪から解放する恩寵のように[15]」。宣言が「生まれながらの＝自然な」と「神聖な」とのあいだで行なう比較対照は、ルソーの作品全体に読み取られる動きに対応している[16]。そして、この動きは、「神の恩寵によって」権力を行使する王の人格が保持していた主権＝統治権を人民に、つまり自然な障害に立ち向かい、さまざまな必要に拘束された人間たちの群れに移譲する人物と無関係ではないと思われる。アンリ・グイエは、ルソーにおいては、神聖なものの否定が問題なのではなく、むしろ神聖なものの転移が問題なのだということをわたしたちにきちんと理解させてくれる。ルソーが奢侈や演劇に反対するにあたり、魂の救済を引き合いに出しながらではなく、市民としての徳、国家の擁護を称揚することで、宗教的雄弁家のたたかいを継承したことを思い出すだけで十分である。

憲法制定議会議員たちが定義する目的を見てみよう。目的は全部で三つある。「社会体の構成員」全員に「権利と義務」を「想起させること」。普遍的な原則と個別の事実の比較（「あらゆる政治体制の目的」）。最後に、「憲法を守ること」である。言及した目的のうちの第一の目的については検討するつもりはない。「想起させること」は先に非難された忘却の廃止でしかない。第三の目的に関しては、ミラボー案の第三条が「変える」のを認めている事柄を固持するよう促していると指摘するにとどめたい。「すべての政治的結社は憲法を作成したり修正を加えたり変えたりする、譲渡できない権利を有する」。そこにははっきりと、緊張の源があった。しかしそれはルソーにもあったのだ。『社会契約論』の著者は、（一般意志はそれ自身の利益しか決して望まないことが認められる以上）主権者が行なうことを願っているすべての変更に対して主権者に白紙委任状を与えているが、ルソーは、哲学の古い伝統に従って、国家の保存をあらゆるすぐれた政治の追求する目的とすることをあきらめてはいない。

比較の項として規範モデルを提供すること。これが、憲法制定議会議員たちの告げた目的の二番目である。ルソーは『人間不平等起源論』において、彼がやり遂げる仕事を「権利によって事実[17]」を検討することと定義している。『社会契約論』の理論を『エミール』の第五編で（家庭教師がその生徒と一緒に旅に出る準備をしているときに）要約するのは節度の「尺度」を立てるためである。というのは「現在あるものをしっかりと判断するためには、あるべきものが何であるかを知らなければならないからである［……］。観察する前に、その観察のための規則をつくらなければならない[18]」。人権宣言は楽観主義的に、立法者や行政官によって表明された権利と具体的な行為との比較、この二つの権力の行為に対するいっそう大きな敬意につながるとしている。エリック・ヴェイユは、その優れた論考においてそれとはまったく反対に、ルソーの提示した規制概念と理論的比較のための表現は、現存の政治世界の異常さの確認や、反抗や、いかなる具体的な行動をも拒否することにしか至りえなかったと主張した。「ルソーの理論は実現不可能であり、また実現不可能であろうとする」。ヴェイユにとって、ルソーは「依然、反乱を起こした臣民であり［……］所与との衝突の純粋さのなかで疲れ果てて（自己満足して）いる人[19]」なのである。

前文においてもルソーの著作においても強く勧められている比較の方法は、立法の審議や政府の決定に対する〈権利〉と理論モデル（これらは同じものではない）の先行性と優位性を前提としている。この先行の権利によって、不当な法律および決定に反対して訴えることが可能になるのだ。しかし、場合によっては、ありとあらゆる法律や決定に反対して訴えることもできる。ベンサムの反革命的批判は実定法に先立つ権利という考えに全面的に向けられている（このベンサムにエティエンヌ・デュモンが、おそらく前書きのいくつかの要素を執筆させたのを思い出しておこう）。そしてこのエルヴェシウスの弟子は、「無政府主義的な詭弁」を攻撃しながら、その詭弁を宗教的教義に結びつけることを忘れてはいない。「昨日の教義は社会そのものに先立つ教義として示される。それは聖職者の大砲であり、俗人はそれを奪い取ったのである。障害を怖がれば怖がるほど、ますます俗人たちは束縛に頼る。意見を証明することを望まなくなればなるほど、ますます彼らは自分たちの意見を信仰箇条に変えるように努めるのである[20]」。ここでルソーの思想を弁護することが許されるとすれば、ルソーの示したモデルではすべては人間の約束事から生じ、その約束事は社会の形成に先立つ二つの生まれながらの原理、すなわち自己愛と憐れみの情を変化させながらも保存しようと努めているのに対し、ベンサムの攻撃は人権宣言が自然法学派から受け継いだものに向かっている、と言えよう。

『社会契約論』によって重要な役割を割り当てられている人物について、まだ触れていなかった。立法者のことだ。ルソーが立法者に与える役割については、ルソーの政治学について論じ解説している著作のなかで、レーモン・ポランによって徹底的に分析されている。[21]——一般意志は、「形式上は」「つねに正しい」が「間違うことがありうる」のに対して、立法者は合理的な知恵の光をもたらす。その役割は純粋に法的な宣言を行なうことであり、教育的なものである。立法者は基本的な原理を説得力のある仕方で述べることに専念する。こうして立法者は実際の長になるのではなく、自らを確立する人民の指導者になるのだ。その才能は「説き伏せることなく納得させること」にあり、立法者の介入は、共同体全体を社会生活へ向けて教育すること、個人を市民に変えることにある。つまり彼は、「機械を発明する」(22)のだ。彼はそこから主権者たる人民に命令を出すことになる。立法者は「全体の獲得する力がすべての個人が生まれながらに持っている力の総和に等しいか、あるいはそれより大きい(23)」ものになるようにしたのである。立法者とは、効果的な言葉の力により、自然法の時代から民法の時代への移行を監視する人物である。彼はきわめて重要な連結《アルチキュラシオン》を保証し、その後は身を引くのだ。ところで、近年の研究者によると、人権宣言はまさに自然法の「文明＝民法化《シヴィリザシオン》」(この語の法律的な意味で)を保証する役目を持っていたとされる。それは、確かに自然法の民法化を確立するだけでなく、自然法を市民の権利に変えるためのものでもあったというのだ(24)。ここで論を進めて、人権宣言とその著者たちは、一七八九年の状況から個人として姿を現すチャンスをほとんど与えられなかったルソー的〈立法者〉の場所を確保し、立法者の言葉を聞かせようとしていたと想定できないだろうか。一つの大きな違いがあった。問題は一つの国民に社会制度を与えることではなかった。シエイエスが記しているように、「社会の秩序は自然の秩序の続きのようなもの、補完物のようなものである(25)」。しかしフランス人はまったく新しい民族なのではない。彼らはゲルマニアの森から出てくるのではないのだ。彼らが待っているもの、それは彼らを結びつけることになる基礎的契約ではなく、彼らに足りない〈憲法〉である。その任務のために、近代社会――あらゆる「産業」において効率が労働の分業を要求する社会――の条件のなかでは、代表者に委任される権力に対するルソーの叱責に背かなければならない。ブロニスラフ・バチコが指摘しているように、シエイエスにとって、ルソーが立法者に割り当てた権力は「ただ一つの同じ決定機関に、つまり憲法制定の権力を行使する議会に集められる」[26]。それは、すべての市民が理性の声に耳を傾け、新たな代表者たちによって、制定された権力を手にするようになる場なのである。「したがって立法者の人物像は古風である」と、バチコは記している。「その人物像は、それゆえ近代的なものとして現れる代議制議会ならびに審議会によって時代遅れのものとなる」[27]。ルソーは〈立法者〉が最も正しい、人民の特性に最もよく適応した原理の洞察力ある保持者であることを願っていた。しかし彼はまず「偉大な魂の持ち主」であると同時に、素朴な魂の持ち主たちから理解してもらうための適切な手段を知っている者でもある。ルソーは、迷信にすがることはしないまでも、錯覚に頼ることを排除しない。エミールの教育にとってと同様、ここで目指す目的（平和で理性的な社会を創設すること）は、共通の幸福により到達しやすくするならば、場合によって策略を用いることを正当化する。〈立法者〉は「対象をあるがままの姿で、時にはあるべき姿で[28]」人民に見せる技術を持っている。シエイエスはこの点では、ルソーの教えに従っていることを証明したいかのように、最初の人権宣言草案を、ある人たちからはあまりにも「形而上学的」すぎるとみなされた長い哲学的分析と、「反省することにあまり慣れていない市民の大多数に」向けた「一連の格言」とに分けている[29]。知的な次元では、積極的な市民と受動的な市民との区別がくっきりと浮かび上がる。バルナーヴとしては、人権宣言が「教理問答[30]」であることを願っていた。（この容易に記憶可能な形式こそ、最終採決の際に採択されたものである。）シエイエスのうぬぼれがどれほどのものであったにせよ、彼は自分が〈立法者〉だと主張するような愚は決して犯さなかった。そんなことになれば、みなが諸々の特権に反するものと承知している戦いを進めた後で、自分に一つの特権を与えてしまうことになってしまっただろう。シエイエスの見解を採用することになる人びとにとって、苗字や名前は宣言の主体＝主語を現すのだから、そうした主体＝主語はもはやわたしではなくわれわれであるか、またはアメリカ風に、「国民公会において構成された、フランス人民の代表者」であった。ルソー的〈立法者〉は、時によっては「神々に語らせた」[31]。憲法制定議員は人間たちに語りかける人間であるが、彼らの宣言を厳粛なものにするために、彼ら自身、「至高の存在の現前のもと、その庇護を受けている」場所に自らを位置づける人間なのである。（ミラボー案のテクストへのこの加筆は、周知のとおり、グレゴワール神父によるものだ。）

本章を終えるにあたって、人権宣言をめぐる議論を取り巻いていたルソー主義の拡散に言及しないわけにはいかない。再生という、漠然としているとはいえ、人の気持ちを高揚させる考えは、一七八九年にはどこにでも認められた。ルソーは、腐敗や堕落した風俗をしきりに告発したので、再生という考えにその緊急性と、世論を動かす力とを与えることに貢献した告発者であった。この時代の著者たちのなかで、原理にまでさかのぼることで政治的権利の規則を明確に表現することを求めたのはルソー一人だけではなかった。全般的に、人びとは彼の作品のなかから、社会編成の普遍主義的な考え方を最も強く勧めたページを取り上げてきた（そして、時代や地理や、特にある民族の個別の慣習と歴史とを考慮に入れたほかのページはしばしば忘れていた）。かくして人びとは、一七八九年に、「新しい建造物」を建てたいと思った者たちの理屈を特徴づける抽象的観念、人為主義に貢献したとしてルソーを非難することができたのだ。再生のパトスは、白紙に戻して根本からやり直すというイメージ——ついには諸原理の真理という価値と素朴で正しい生活という価値とを調和させることになるようなイメージ——に訴えた。ルソーが——理論的な著作においても彼の人生の物語においても——始源の時期に与えていた重要性は、きわめて強力な誘惑の力を発揮した。ジョルジュ・プーレはこの覚醒の瞬間の重要性を示すすべを心得ていた。[32] ルソーは、リュクルゴスの例を引き合いに出しながら、「ある範囲の敷地を掃除し」、「古い材料はすべて遠ざける」ことについて語っていた。[33] 彼は「〔国家が焼かれたその〕灰から」甦る民族、あるいは「死の腕」のような大きな「危機」から抜け出す民族について語っていた。[34] そして、未来の「君主制論者」、慎重なマルーエに至るまで「破壊しなければならない、そして再建しなければならない[35]」と宣言しない者はいなかった。

フランス革命は人権を偉人の崇拝と結びつけた。一七九一年七月十一日、パンテオンにヴォルテールを運んだ棺には、「彼は人権を強く求めた」と刻まれていた。ルソーの遺灰のパンテオン移送に関する報告書で、ラカナルは次のように声を上げている。「名誉をたたえよ。〔……〕人権の推進者を、人びとの幸福のために革命を完遂するように呼びかけられた、その革命の雄弁な先駆者を」。そして彼は付け加えた。「言わばフランス革命こそがわれわれに『社会契約論』の説明をしてくれたのだ[36]」と。もちろん、一七九四年十月十一日の葬列のなかで、パリ地区の議員の一団は人権のリストを持っていた。[37] 一方、「立法者たちの灯台」である『社会契約論』は、三色のリボンで飾られた国民公会よりも先に登場したものだ。このとき、平穏になるまで中断されていた革命暦一年の憲法は、「保管箱」に眠っていたのである。この死産となった憲法は、主としてエロー・ド・セシェルによって執筆され、サン＝ジュストとロベスピエールが補筆した豊かな『人間と市民の権利の宣言』を含んでいた。第三十四条にはこう記されている。「社会の構成員のただ一人でも抑圧されているときには、社会に対する抑圧がある。社会が抑圧されているときには、一人ひとりの構成員に対する抑圧がある」。対句交差法《キアスム》を用いた見事な対称をなす格言である。そして状況に応じて好きなように使える言葉だ。どのように、またいつ社会が抑圧されていると誰が言えようか。テルミドールの後は、ロベスピエールが抑圧者であったことにはいささかの疑いもない。ところでこの格言は、『社会契約論』(第一編、第七章)に由来するものだ。「多数者がこの契約によって一つの団体に統合された瞬間から、その構成員の一人でも傷つければ、その団体を攻撃することになるし、ましてその団体を傷つければ、必ず構成員たちから恨みを買うことになる」[*1]。

いかにしてバンジャマン・コンスタンがルソー的な理論を攻撃したかは周知のとおりである。主権を委譲すること、主権を国王と特権的な貴族から国民へと移したこと、それはよかったのだ。間違っていたのは「社会の権威」に与えられた権力を減じないことだ。政治的権力はあまりにも強大な力を与えられたままであった。コンスタンが恐れていたのは、権利を侵害する声、恐怖に陥れられた多数者の同意を得て、主権者の名において話すのだと主張することになる声であった。彼は、恐怖政治とナポレオンの経験に照らして、ルソーを読んでいたのである[38]。

現代の視点から、わたしはルソーのうちにもう一つの系列のテクストを読み返すことを選ぼう。それは主権者の権力に限度を定め[39]、個人の権利を強調することによって体系を補完するテクストである。ルソーのなかに全体主義的民主主義の先駆者を見ようとする人びとには、特に『政治経済論』の有名な一節が反論となるだろう。そこでルソーは「多数者の救済のために一人の無実の者を犠牲にすること」が政府には許されるという「格言」は、「かつて圧政が考え出した最もおぞましいものの一つ」であると明言している[40]。ルソーは契約の相互性が守られることを願っていた。自己自身の主権の強化だけを目的とするような主権者は、その主たる役目——個人の権利を保証するという役目——に背くことになりかねない。個人の権利がもはや守られなくなるとき、ルソーが何度も繰り返し言ったように、契約は解消され、人間は自然状態に、すなわち前社会的な独立へと戻されるのである。

8 恐怖を乗り越える

R・A・リーに捧げる

恐怖に対して人びとの魂を武装させること。これが哲学の古来からの任務であった。哲学の教えを聞くことに同意した人びとに哲学が約束していたのは幸福であった。哲学は人びとに死を恐れないこと、晴朗な無関心を獲得することを教えてくれるだろうというのだ。それはまた、おまけに自由を約束することでもあった。死ぬことをもはや恐れない人が、専制君主の意志に強制されることはない。世界は崩壊することがあるが、賢者が動揺するようなことはない。モラリストたちはホラティウスが有名な詩で表現したテーマ、つまり「廃墟になっても動じない！」を何度も繰り返し、表現を変えてこなかっただろうか。崩壊は、恐怖を経験したことのない者を襲うことがあるのだ。

❖この同じタイトルで『ルソーと十八世紀』オクスフォード（英国）、ヴォルテール財団、一九九二年に発表した論文の改訂版。J・ベールシュトルド、M・ポレ編の論文集『十八世紀の恐怖。言説、表象、実践』、ジュネーヴ、一九九四年〔飯野和夫・田所光男・中島ひかる訳、法政大学出版局、二〇〇三年。訳題は「恐怖に打ち勝つ」〕に再録されている。

モンテーニュは恐怖に対する理性の勝利のあらゆる困難を見積もった。「恐怖は恐るべきめまいを生み出す(1)」。わたしたちは恐怖に囚われることがなくなるほど、いつの日か十分に強くなれるだろうか。モンテーニュはそのことに疑いを抱いている。「わたしは恐怖というこの情念の衝撃と激烈さや、他の激烈な感情に耐えるほど十分に強いとは感じていない(2)」。恐怖を怖がるのはもっともなことである。「わたしには恐怖ほど怖いものはない(3)」。高慢な哲学は、魂の平安についての論をもってしても、田舎の素朴さがそうしてくれる以上に恐怖から守ってくれるわけではない。不安は想像力の与える害の一つである。つまり、「慎重」になるあまり、わたしたちは存在してもいない危険に直面するのだ。愚かさのほうがむしろ好ましい。想像力の訓練のなかで最もよいのは、前もって目をふさぐことである。「わたしには致命的な危険をいくらかの喜びをもって想像し、それを待っていることがある。死を考えたり死を認めたりせずに、愚かにも死に向かって猪突猛進するのだ(4)」。モンテーニュは自分自身の性向に関することだけでは満足しなかった。彼は自分のまわりに残酷な世界を見ていて、歴史は残虐な話に満ちている。彼の目の前で拷問が行なわれていたし、いつの時代もそうだった。いったいどうしてそんなことが起こるのか。「卑怯＝臆病は残忍さの母であるという話をしばしば聞いたことがある(5)」。恐怖が血を流させるのだ。「誰が暴君たちをしてあれほど流血を好むようにさせるのか。それは彼らがわが身の安全を心配するからである。そして彼らの卑怯な心は、自分たちを痛めつけるかもしれない人びとを皆殺しにする以外には、自分の身を守る手段を彼らに与えないのだ(6)」。

ユマニストの教えに引き継がれた同じ古代の出典をもとにして、恐怖の情念がルネサンスと古典主義時代の演劇を支配する。まずもって、悲劇の目的の一つは恐怖（phobos）と同情（eleos）を目覚めさせることだからだ。その次に、行為に移る際、恐怖や恐怖の否認は登場人物たちのあいだで立派な議論の材料となるからだ。王は自分が恐怖には動じないと言明する。それゆえ王に反逆する陰謀家たちが登場するのだ。シェイクスピアの『ジュリアス・シーザー』〔一五九九年〕を読み返してみよう。恐ろしい夜の後、三月の十五日の朝、シーザーはカルパーニアの懇願に耳を傾けるのを拒否する。彼女は自分が覚えた恐怖をシーザーに告白していたのだ。

シーザー、わたしは前兆など気にしたことはありません、
でも今は、怖くてたまらない。

これにシーザーは次のように答える。

臆病者は死を迎えるまでに何度も死ぬ思いをする。
勇者が死を味わうのは一度きりだ。
これまで俺が見聞きしたこの世の不思議の
最たるものは、人びとが死を恐れることだ。(7)

共和国の英雄ブルータスは、恐怖を拒否する際に、軽蔑の力そのものによって、自分が刺殺することになる者と対等だという態度を示す。

もしそれが公共の利益になることなら、

一方の目には名誉を、もう一方の目には死を込めてみせろ、
俺は両方とも平然と見据えてやる。
神々も照覧あれ、俺は何よりも
名誉を愛する、死など恐れるものか。(8)

敵の誰一人として恐怖によって制止されることがなくなるやいなや、栄光とともに血が流れることになる。

*

現代の知識に照らすとどうだろうか。恐怖はわたしたちが動物と共有するものだ。脅威と認められるものを前にしたときの攻撃性とはそのようなものだ。それは基礎的な行動である。生理学者たちは脳の深い――きわめて古くからある――部位に恐怖の中枢を見定めた。その部位で危険に対する反応、生命を守る反応が起こるのである。理性を欠いた、不完全な保護ではあるが、過去においては種の存続の唯一のチャンスであった。進化論の観点からすれば、理性は数千年にわたって発達するが、恐怖をなくしてしまうことはないし、文明化された人間の心の奥底に残っている原始的な攻撃性による反応もなくならない。理性は全能ではないのだ。理性は抑制し、抑え、規律を守らせる。心理学者たち、特にフロイトによれば、人間は二重の意味で恐怖を経験する。つまり、外界と心の奥底で恐怖のシグナルに出会うのである。動物は外部でしか脅威に出会わないし、逃げるか戦うかのどちらかで反応することができる。

わたしたち人間もこのような装置を受け継いでいる。しかし、人間は自分のなかに内面的な脅威として衝動を感じるとき、必ずしも外の空間に逃げる手段を持たない。人間は不安によって感情的に反応するのだ。

*

古典主義の伝統にあるモラリストと医者たちは、暴力と恐怖は人がそれに対置させる抵抗よりも優勢になることがあるのを知っていた。魂の病気は、静謐を最も真摯に望む人びとをも容赦しない。身体の法則、すなわち体液と気質は別の決定を下すのだ。誰も憂鬱《メランコリー》から免れていると言明することはできない。メランコリーはヒポクラテス以来、恐怖（phobos）と悲しみ（dysthymia）の混合物として定義されているが、このメランコリーから逃れていると言明できる者はいない。

モンテーニュは、最も高度な才能は最もメランコリーにさらされていたと述べた最初の人ではない。彼は例としてトルクアート・タッソを挙げていた。ルソーは、タッソに執拗に言及している。彼は『解放されたエルサレム』の詩人を熱烈に賛美しているのだ。タッソをパリの音楽界への初めての試みとなる『優美な詩の女神たち』の第一幕に「登場」するヒーローとするとき、ルソーはタッソに自己同一化している。そして敬意の陰に隠れて悪意を持っている敵たちに取り囲まれていると考えるルソーは、実際にタッソに似ている。ルソーは彼自身メランコリックな人とみなされるのを拒んでいたことをわたしたちは知っている。彼は一七六二年一月にマルゼルブに宛てて書いた四通の手紙――これらは『告白』の最初の下書きである――の最初の手紙で、この点についてマルゼルブを説得しようとしている。確かに、彼がパリに住んでいたとき、黒胆汁が「彼の心を蝕んでいた」。そして彼は「御しがたい自由の精神」と「おじけづいた」怠惰とを同時に引き合いに出している。

ドラクロワの絵画を通して、たとえばボードレールは、彼自身の境遇の保証人を「牢獄のタッソ」に描くのをためらわない。

> 疑いが彼を取り囲む、滑稽な恐怖、
> 醜悪でさまざまな形の恐怖が、彼のまわりを回っている。[*1]

*

恐怖が最初からあるもの、前社会的であるという考えが幅をきかせるようになるのに、十九世紀の進化論者たちの推測を待つ必要はなかった。すでにルネサンス以来、この発想は西欧の政治哲学の大部分に認められる。論争があったとしても、それは恐怖の実状についてや、自然人の「臆病さ」（この語の本来の意味で）についてではなく、この恐怖という感情の結果をめぐってであった。ホッブズにとっては、恐怖と所有欲は肩を並べて進む。それは『市民論』の最初の主張の一つである。「仮に他人への恐れ（metus）がないとすれば、人びとはその本性上、社会的結合よりも支配のほうをいっそう熱望するように駆り立てられるということは、誰にとっても疑問の余地がないはずである。したがって大規模で長続きする社会の起源は、人びとの相互の好意からではいささかもなく、彼ら人間が互いに抱いている相互の恐れに由来するのだ」[9]。ホッブズは、「恐れ《クラント》を恐怖《テルール》や嫌悪」と混同しないようにと願っている。

恐れ《クラント》は、彼によれば、「来たるべき悪への不安あるいは用心」でしかない。ホッブズは、恐怖《テルール》が逃亡を決心させることがあるのをよく知っている。しかし、彼にとって重要と思われるのはそのようなことではない。「逃げることだけが恐れの結果であるとはわたしは思わない。疑い、不信、用心もある。そして恐怖から身を守り、恐怖に対して防備を固めることすべてのなかに恐怖があると思う」[10]。プーフェンドルフは『自然と人間の権利』のなかでこの議論を繰り返している。

社会に入ることが、恐怖を無くすはずである。このことを『神学・政治論』のスピノザほど明快に言った人は他にいない。

われわれが述べてきた国家の原則から出発してみよう。そうすると、明らかに国家の最終目的は支配力を行使し、人間を恐れの状態に維持することでもなく、また人間を他人の束縛に従わせることでもないということになる。それとはまったく反対に、国家の目的は各人を恐怖から解放することであり、その結果、各人は、自分にとっても他人にとっても損害は生じないかたちで存在し行動する己の権利を最もよい仕方で保存しつつ、できる限り安全に暮らすことになるのだ[11]。

[Ex fundamentis Reipublicae supra explicatis evidentissime sequitur, finem ejus ultimujm non esse dominari, nec homines metu retinere, metu retinere, et alterius juris facere, sed contra, unumquemque metu liberare, ut secure quoad ejus fieri potest, vivat, hoc est, ut jus suum naturale, ad existendum et operandum, absque suo et alterius damno, optime retineat.]

ホッブズの公然の敵たちは恐怖の動機を拒絶はしないものの、そこから攻撃や防衛という要素を取り除いていた。したがって、ホッブズとプーフェンドルフによるならば、恐怖のなかに「市民社会確立の原因」を認めることは不可能になる。一時的な激しい恐怖に縮められた恐怖は、結果として逃走や麻痺を引き起こす。モンテスキューは『法の精神』冒頭において、恐怖から「自然法」を派生させているが、それはまさしく平和にほかならない。「人間は、自然状態では、［……］初めはその弱さしか感じないだろう。その臆病さははなはだしいものであろう。そしてその点についての実験が必要なので、森の中に未開の人間を見つけたのである。何もかもがその未開の人間たちを震え上がらせ、逃げ出させる。こうした状態では、各人は自分が劣っていると感じる。せいぜい各人が対等だと感じるくらいだ。したがって人は互いに攻撃しあおうなどとはいささかもせず、平和が最初の自然法ということになるだろう(12)」。ルソーは、サン＝ピエール師についての著作の一つで、恐怖の先行性を主張している。それはホッブズに反対して、社会が形成される前には戦争はないのだと断固として宣言するためである。「人間は生まれつき平和を好み、臆病であり、ほんのわずかな危険に出会った場合でも、最初の反応は逃げ出すことだ。戦争に慣れるのは、習慣と経験を積んだからにすぎない(13)」。「戦争に慣れる」という動詞は両義的である。自然人が戦士になり、同胞と戦うと言うことなのか。テクストの続きはそうは読めない。攻撃は社会的関係が形成された後にしか起こらないのだ。「誰かほかの人間と社会をつくった後ではじめて、人間は他の人間を攻撃する決心を固めるのだ。しかも市民となった後ではじめて兵士になるのだ(14)」。ルソーの仮説的再構成においては、自然人の存在には二つの段階がある。つまり恐怖の段階、その後に習慣のおかげで得られた保証の段階である。人間は社会生活の敷居を越える前に、恐怖を乗り越えたのである。

ホッブズにおいては、恐怖は自然状態において、一方の人びとの「尊大さ」と他方の人びとの「謙虚さ」ゆえに増大していくのだが、(15) ルソーは『不平等論』において、モンテスキューの権威に頼り、「自然状態における人間ほど臆病な者はない」[*2]と断言する。しかし人間は間もなく「自分が冒すことになる危険と自分の力とを比較する」ことができるようになる。自然の流れは一様である。人間は自分の力と動物の力を比較した後で、動物を恐れなくなるのと同様に、やがて人間はもはや自然を恐れなくなる。(16) ルソーは暴力の仮説、荒々しい競争の仮説を考えないわけではない。暴力や競争は付随的なままであり、「従属の鉄鎖」を創り出すことはない。逃走の手段はつねに可能なままである。「わたしが森の中へ二〇歩駆け出すと、わたしの鎖は切れる」(17)[*3]。『言語起源論』の第九章「南方の諸言語の形成」で、ルソーは再び恐怖を出発点に据える。原初の時代の人間は「すべてを恐れていたのだ」。先行するテクストでは、個人と個人のあいだで偶発的に起こる散発的な戦いを、ルソーはもう少しはっきりと認めている。「彼らは自分の身を守るために攻撃していたのだ」。各人は「他人から被る心配のある危害を他人に対して行なう身構えができていた」[*4]。暴力は、たとえあったとしても、存在しないも同様である。ルソーは撞着語法の効果をあえて使った。「人間は、こう言ってよければ、出会ったときに互いに攻撃したが、そもそも出会うということがまれであった。至るところに戦争状態が支配していたが、地上全体は平和であった」[*5]。

出会ったときに……。『言語起源論』の今や有名になった第三章「最初の言語は比喩的なものだったにちがいないということ」でルソーが言及しているのはこうした出会いの一つである。「ある未開の人間が他の人間に出会うとき、まず初めはおびえたことだろう。その激しい恐怖はそうした人間を自分よりも大きく、強い者と見させたことだろう。彼はそうした人間に巨人という名を付けただろう」(18)。この語に結びついた観念が指し示された対象に適切でないことを彼が発見するには、「多くの経験」が必要になる。

ここで言う観念とは、人をぞっとさせるような優越性の観念である。眺めるのが恐ろしいと思われない人間は、それ以降は別の名前を持つに違いない。わたしたちはここで、先に引用したテクストが指摘していた概念、つまり習慣と経験が言語活動の発明の領域に適用されているのを見出す。これらは比較という知的行為を前提とし、比較は反省の時代を開く。この場合、比喩、誇張法は恐怖という はっきり限定された情念に対応する。巨人という語には情動が混じっている。本来の意味が創り出されるのは、個人が自己の安心感、およびその安心感から生じる穏やかな「無関心」を獲得するときでしかない。これ以後乗り越えられる恐怖の不適切さを意識することによって、個人は巨人という語を、指し示された対象に関しては誤っているが、表現された感情に関しては真実の比喩とみなすことができるだろう。情動を捨て去った知覚については、人間という語を創造するだろう。

教育学が問題になるとき、ルソーは社会の始源についての自分の考察を思い出す。家庭教師の最初の義務の一つは、子どもが恐怖にとらわれないようにすることである。出会いが繰り返されることで、未開人が外部の敵をもはや恐れなくなるのと同様に、エミールは他の子どもたちを恐れさせるものを動揺せずに眺めることに慣れていく。そこにわたしたちは訓練と習慣による伝統的道徳に基づいた条件づけの方法を見出す。勇気の教育学は言語習得以前の成長期からすでに始まるのである。

そこでルソーは当然のことながら、子どもを『人間不平等起源論』の未開人と同等の者として扱う。

だから、なぜ子どもがものを言ったり聞いたりする以前から、子どもの教育を始めないのか。子どもに見せるものの選び方ひとつで、子どもが臆病にも勇敢にもなるというのに、なぜそうしないのか。わたしは、新しいものを見たり、醜く、いやらしい、変な動物を見たりすることに子どもを慣らしたいと思うが、少しずつ遠くから、子どもが十分に慣れて、他の人がそういう動物を扱うのを見ることで、ついには子どももそのような動物を扱うようにしたい。[19]

「すべての子どもは仮面を怖がる」[20]のだから、この恐怖はパヴロフの条件反射の合成に似たやり方で予防することができる。つまりある仮面を見せて、それに二番目の刺激――笑い――を結びつけていくのだ。その結果、段階的に組み合わせることによって、子どもは笑いと仮面を別々に捉えることができなくなる。これは免疫を与える行為である。あるいはルソーが頻繁に引き合いに出す治療法のヴァリアントの一つである。つまり薬をつくるために毒を用いること、「病のなかの治療薬」を探すことである。ルソーは実例として『イーリアス』の見事な場面を取り上げる。そこでは「幼いアステュアナクスが、父親の兜の上でゆらめく羽根飾りにおびえている」姿が見られる。ルソーは子どもの恐怖ゆえに母親がもらす「涙まじりの微笑み」を忘れてはいない。この場面を夢想しながら、ルソーはこの場面を次のように展開している。「この恐怖を鎮めるにはいったいどうすればいいか。まさにヘクトールが行なったことをすればよい。つまり兜を地面に置き、それから子どもを撫でてやる。もっと平穏な時であれば、これだけでは済まない。兜に近寄り、羽根飾りをもてあそび、子どもにも羽根飾りをさわらせ、さらに乳母が兜を取って、笑いながら自分の頭にのせてみる」[21]。またもや、笑いが子どもの恐怖の解毒剤となるのだ。そしてそのうえ、戦士の兜は女性の頭にのらなければならない。かくして恐ろしげな物の女性化が成就するとき、脅威は消失するのだ。

しかし笑いは、ルソー自身にとって、つねにこのような解放の原理であっただろうか。『エミール』

第二編には子ども時代の奇妙な思い出が語られる。このうえなくしつこく、最も広く行き渡っている恐怖、つまり闇の恐怖に対して子どもを強くするために行なう方法にルソーはこの思い出を関連づけている。どんな風にとりかかるのか。ルソーは、お決まりのホメオパシーの原理に従って、「夜の遊びをたくさんさせること」(22)を勧めている。陽気さはこの遊びに伴うべきである。「真っ暗闇に入るときには子どもが笑うようにしなさい」(23)。そこから出てくる前に笑いを取り戻させるようにしなさい」(23)。こうして暗い場所に慣れることで、また魔法の指輪としての笑いのおかげで、「闇を恐れる気持ち」(24)が打ち負かされていくことになるだろう。

ルソーはこのとき、ボセーでランベルシエ牧師の家に滞在したエピソードについて語る喜びに抗うことができない。ジャン＝ジャックは自分には勇気があると自慢していた。すっかり真っ暗になったある夜、牧師は子どもに挑戦させる。「［彼は］聖堂の鍵をわたしに渡して、そこに置いてきてしまった聖書を説教壇に探しに行くようにとわたしに言った」＊6。子どもは歩き始め、墓地を「陽気に」横切る、というのは彼は野外では怖くないからだ。教会に入るやいなや、「髪の毛が逆立つ」ほどの「恐怖」にとらえられる。彼はあとずさりし、「ぶるぶる震えながら」逃げ出してしまう。二度目の試みもうまく行かない。暗い教会のなかで、ジャン＝ジャックは冷静さを失い、もう自分がどこに向かっているのかもわからず、「筆舌につくしがたい大混乱に」陥る。彼はやっと教会の出口を見つけるが、「昼間にしかそこにはもう決して一人では戻るまいと心に決めていた」。後は家に戻るだけだ。「家に入ろうとして、わたしは大笑いしているランベルシエ氏の声を聞き分ける。わたしはその笑い声が最初から自分に対するものだと思って、その場に自分の姿をさらすのを恥じて、ドアを開けるのをためらう」。ジャン＝ジャックは心配の種になること、特に愚弄の対象になることが我慢できない。「その瞬間にわたしの恐怖はすべて消え去り、逃げているときに不意につかまえられるのではないかという不安しかわたしには残っていない。わたしは走り出し、まっしぐらに聖堂へと飛んでいく」[*7]。今度は賭けに勝つ。聖書は勝ち誇った様子で持ち帰られるのだ。

この話のなかでルソーがそこから引き出す結論だけを取り上げるべきだろうか。「夜の闇を怖がっている人を安心させるのに、集まった人びとが笑ったり、静かにおしゃべりをしたりするのを隣の部屋で耳にすることに勝るものはない[25]」という結論だ。このテクストはわたしたちにそれ以上のことを語っている。笑い声を耳にしながら、ジャン゠ジャックは自分が物笑いの種になっていると感じた。彼の恐怖はすっかり消えたわけではない。というのも逃げているときに不意につかまえられるのではないかという不安が残っていたからである。夜の闇を怖がるよりも大きな恐怖。笑いは意味を変えたのだ。つまり笑いはもはや親しい人びとがいることを示すのではなく、破壊的な敵意を表現しているのであり、恥ずかしいと思わせ、名誉を傷つけるのだ。

ルソーの物語は喜劇的効果に富んでいる。自分のパニック状態、夜の往き来、そして笑いが自分に向けられていると感じる前に家の中から聞こえてくる笑いのなかに、初めは逆説的な勇気づけを見出していると語りながら、彼自身笑っている。このエピソードを記述しながら、彼は笑いによる治療法を適用していて、この治療法を彼は強く勧める。彼は、書くことによって、残りの恐怖を祓わなければならなかったのだろうか。ルソーがランベルシエの笑いを解釈するその仕方のうちにはすでに、彼が「あのお偉方たちに縛られている」と感じるときに十全に展開されることになる心理的構造が見られる。他人の笑いは、彼自身のイメージを非難しているのだ。

いや、ボセーの笑いがジャン゠ジャックの夜の闇の恐怖心を治すことはなかった。笑いはむしろ、夜の闇と迫害との隠喩的関係をつくり出すか、強めることに貢献した。「わたしの生まれつきの傾向は暗闇を怖がることである」と、『告白』の有名な一節に記されている。[26]『対話』と『夢想』の作者は、彼の周囲でたえず色濃くなる「闇夜」に言及し続ける。しかし彼はまた、静穏さの回復についてもたえず語っている。笑いのモチーフは、ルソーが迫害者たちの中傷と意地悪な微笑みに対抗して持つことになる悪魔払いの手段として、控えめに再登場する。サン＝ピエール島は彼に「陽気な riant イメージ」の思い出をもたらす。これは平凡な付加形容詞でしかないと反論されるだろうか。それならば、「第八の散歩」をもう一度読んでみよう。これこそは恐怖を吹き込もうとする人びとの仕業である。

わたしは、足下に掘られた落とし穴という落とし穴に、ことごとく落ちてしまった。憤懣やるかたなく、激昂して錯乱状態になり、途方にくれ、頭がすっかり混乱してしまった。恐ろしい暗闇のなかに放り込まれたまま、いつまでも放っておかれたので、わたしにはもう、行く手を知らせるかすかな光も、そこにしっかりつかまって、絶望に引きずり込まれないようにするための支えも手がかりも見つからなかった。[27]

この錯乱は、ルソーが聖堂のエピソードで描いている錯乱に似ている。まさに次の一節に、心を落ち着かせる答えがある。

こんな恐ろしい状態で、どうして幸福に、落ち着いた心境で暮らしていけるだろうか。ところがわたしは今でもそんな状態にいて、それも今までよりずっと深くはまり込んでいるのに、そこにまた平静と安らぎを見出し、幸福に落ち着いて暮らしている。そしてそこでわたしの迫害者たちが、信じられないほどの不安をたえず味わっているのを笑い rire ながら、かたや自分は、花や雄しべや子どもっぽいことに夢中になり、安らかな気持ちでいるから、彼らのことなどは考えもしないのだ(28)。

この笑いの防衛的価値については疑ってかかることも可能だ。それでも、これは植物採集や押し葉標本づくりと並ぶ防衛的行動なのであって、ルソーが自分自身そうなってしまったと感じている「年老いた子ども」を安心させるために、たえず引き合いに出すものなのだ。

9　草上の朝食と社会契約

『エミール』のある一節では、草上の朝食の楽しみが取り上げられている。わたしはこの一節を、社会契約の基本的行為を述べているルソーのいくつかの提案と突き合わせてみたい。語彙、構文、概念の類似点が認められるだろうから、それをもとに解釈してみたい。

草上の朝食の場面は、『エミール』第四編末尾、「もしもわたしが金持ちであったなら」という仮説の呼びかけから引き出される一連の虚構のイメージのなかに出てくる。[1] 家庭教師は、道徳と形而上学の偉大な教えの後で、もし財産があって独立していられたならば彼自身がそうするであろう生き方について述べる。これはルソーの趣味と生活態度をもとにした自画像である。したがってこれは彼にとって、「サヴォアの助任司祭の信仰告白」で述べたばかりの原則——彼はその原則が神学者たちの検閲にさらされていることをよく知っている——の有効性を、自分自身の生活習慣によって保証するやり方でもある。

草上の朝食はルソーが夢見ている住まい、つまり「小さな田舎風の家、緑色のよろい戸の付いている白い家」[2]の近くで繰り広げられる。ジャン＝ジャックがそこに期待している楽しみは、予測の心配事から解放されて、その日暮らしの生活である。そのような生活のなかで彼は「時々刻々に、一つひとつのことにすべてを捧げている」[3]のである。

そこに、わたしは、数は多くないが、選び抜かれた友人たち〔の集まり société〕を集める。楽しみを愛し、楽しみを知る友人たち、肘掛椅子から抜け出して、田園の遊びに加わり、時には香入れやトランプの代わりに釣り竿やもち竿、刈り草を乾かす熊手、ぶどうを摘む籠を手に取る女性たちを集める。〔……〕わたしたちの食事はすべて、おいしいというよりも豊富であることで楽しい宴となる。快活さ、田舎の仕事、陽気な遊びは世界第一の料理人であり、微妙な薬味は、日が出たときからずっと体を動かしている人びとにはお笑い種なのだ。給仕は優雅さにも順序にもこだわらない。食べる場所は至るところにあり、庭にも、舟の中にも、木の下にもある。時には遠出をして、清らかな泉のほとり、青々とさわやかな草の上、ハンノキとはしばみの茂みの下に、陽気な会食者たちが列をなして歌いながら、宴の支度を持っていく。芝草が食卓と椅子に、泉のほとりが食器棚になり、デザートは木にぶら下がっている。料理は順序かまわず出され、食欲旺盛で、もったいぶらなくてもいい。一人ひとりが公然と他のすべての人より自己を優先し、他のすべての人が同様に自己を優先してもよいと考える。この心のこもった、節度ある親しみ深さから、無作法や偽りや窮屈さは少しもなく、礼儀よりも百倍も魅力があり、ずっとよく心を結びつける、ひょうきんな争いが生まれる。わたしたちの会話に聞き耳を立て、わたしたちの態度を小声で批評し、貪欲な目でわたしたちが口に入れるものを数え、飲み物を待たせて面白がり、食事が長すぎると言って不平を言う、不愉快な従僕たちは一人もいない。わたしたちはわたしたち自身の召使になり、そのことでわたしたち自身の主人となり、一人ひとりがすべての人に給仕されて、時は数えることなく過ぎて、食事は休息となり、日が陰るまで続く。[4]〔強調は訳者〕

この一節は『新エロイーズ』のぶどうの収穫の手紙と明らかに類似している。[5] これはユートピアの性格を持っていて、原初的とみなされた幸福を反映したイメージを反復する特徴を持っている。[6] 明らかに、この「選び抜かれた」人びとの集まり（société）の気まぐれな自由は、「自然の人間」の振る舞いを甦らせている。会食者たちは原初の時代の人間が自然に孤独のなかで生活していたことを、集団で再び行なっている。『人間不平等起源論』では、この仮説上の未開人の描写は次のようなイメージから始まっていた。

樫の木の下で腹一杯食べ、最初に見つけた小川で渇きをいやし、食事を与えてくれた木と同じ木の下に寝る所を見つけているのが目に浮かんでくるが、これで彼の欲求はすべて満たされているのである。[7]

確かに、このような演出は独創性のあるものではない。それはアルカディアのトポスであり、いくつかの革命の祭典の際に繰り返されたように、ピクニック[8]のたびに繰り返されることがある。ルソーにおいては、原初の時代の安楽な充足や完全な無償性、人びとが休息から遊びやいくつかの簡単な仕事へと容易に移行する黄金時代の無為が見出される田園の空間を開くために、どのようにしてかはわからないが獲得された豊かさを示す、挿話的な夢が必要だったのだろう。

言葉遣いと文体のいくつかの特徴はわたしたちの注意を引く。先ほど読んだ一節では、ある一文が強調されている。それは自由な決定を示し、同じ決定を、同時に、また対称的に、他人に与えることによって完成する。

一人ひとり（chacun）が公然と他のすべての人より自己を優先し（se préférant）、他のすべての人が同様に自己を優先してもよいと考える。

そしてわたしには、別の文がこの文を出迎えにやって来るように見えるのだ。その文は『社会契約論』のなかで、契約が成就する構成的行為を展開している章の一部をなしている。

各人（chacun）がすべての者に自らを与える（se donnant）のであって誰にも与えるのではなく、すべての成員は、自ら譲渡したのと同じ権利を受け取るのだから、各人は自分が失ったものと同じ価値のものを手に入れることになる。(9)

二つの文は同じ主語（「各人＝一人ひとり chacun」）であり、しかもどちらの例においても現在分詞の再帰的代名動詞が続いている（「自己を優先し se préférant」、「自らを与える se donnant」）。不定代名詞「一人ひとり＝各人」は、その一般的な用法では、特異性を示すと同時に、不確定拡大するグループ（二人の個人または人類全体）への帰属を示す。ここでは、第一の例は、ジャン＝ジャックによって想像の上で集められた「選び抜かれた人びとの集まり société d'élite」の参加者にかかわる。したがって、問題となっているのは彼が「特別の集まり〔個別の社会〕société particulière」と名付けることになるものである。第二の例は、ルソーの言葉によれば、「自然状態において人間の自己保存を傷つける障害」を乗り越えるためにそれぞれの力を共有のものとせざるをえなくなる「人間」にかかわる。そこで問題になるのは、「道徳的・集合的団体」の構成であり、これをルソーは「共同体」あるいは「共和国」と呼んだり、さらには、そのさまざまな関係によって、これを「国家」、「主権者」、「権力」という名のもとに指し示したりする。現在分詞は、意志決定の行為を含んでいる。つまりそれは再帰的行為であり、そこでは個人は自身を対象と考え、「全員」または「ほかのすべての人」とただちに築き上げた関係のなかで、自己を譲渡する。先に挙げた二つの例で、現在分詞は文を一瞬引き留めている。しかし、バネはピンと張った途端に緩む。そして「その瞬間に」、「ほかのすべての人」または「全員」という普遍性を介するおかげである変化が起こる。現在分詞への依拠は、個別の決定と、その決定が全般化を介して引き起こす効果を同時に起こるものとしたのである。これは単数から普遍への、すなわち「一般意志」への非常に素早い移行であり、それがヘーゲルの批判の対象になる。先に読んだ文章では、効果はただ単に決定を下す個から集合的主体となった人間集団の普遍へと及ぶのではない。それは最終的には、新しい社会的地位を授けられた個別の人間へと帰ってくるのである。自らを全員に与えた個人は、全員が彼と同じように行なったならば、主権者の構成員となる。市民となることによって、個人はさまざまな権利を授けられた単一的存在、個別的存在として自分を取り戻すのである。簡明に表現すれば、以上が『社会契約論』の理論である。一つの円環、むしろ一つのスパイラルが完成したのである。わたしたちが先ほど確認した『社会契約論』の文では、「各人」と「全員」のあいだで、「全員－誰も〔……ない〕」、「手に入れる－譲る」、「獲得する－失う」といった対極にある二律背反の語がたえず問題となっていた。（現在分詞「自らを与える se donnant」によって表される）個人の実現する贈与は、相互性という条件付きで、予め返還を前提としていた。朝食においては相互性というこの同じ条件によって、（現在分詞で表現された）食い道楽の好みゆえに自らを除外した会食者は、他人もまた自己を優先するのを「よいと考える」ならば、「心」が「結ばれた」集団のメンバーに再びなるのである。

個人が自己を譲渡することに同意する贈与（「各人がすべての者に自らを与える」）と、個人が自らを例外とする優先（「一人ひとりが他のすべての人よりも自己を優先する」）は、確かに非常に異なる二つの出発点である。その二つは最終的には互いに似たものになり、到着地点では一緒にさえなってしまう。しかしながら、自らを与えることと自分を優先することとのあいだ、すなわち直接自分に属することを断念する決定と欲求に命じられる我有化の決定とのあいだには、きわめて大きな差異がいつまでも残っている。もしもすべてが贈与から始まらなければならないとすれば、個人はこの最初の行為の必要性をたえず指摘されることになるだろうし、十分誠実にそれを成し遂げなかったと（自分自身の目からさえ）いつまでも疑われ続けるだろう。ルソー的契約を権威主義の策略と解釈する人びとは、権力の委譲の名において要請される個人の剥奪の危険を必ず強調してきた。というのも、権力の委譲には法律に守られることと集合的団体の決定に参加することとでは決して埋め合わされない危険があるからだ。

バンジャマン・コンスタンからフランソワ・フュレまで、ルソーに対する異議申し立ては、ルソーの理論の持つ異常な偏りを非難してきたが、ルソーの理論は全員の名において語り、自分は一般意志のメガホンだと主張することによって個人の服従を要求する人びとに自由に活動させる余地を残しているのである。それに反して、すべては個人を優先することから始まらなければならないとすれば、わたしたちが導かれていくのはルソーの個人主義的、自由主義的、あるいは無政府主義的解釈の方向になるだろう[11]。つまりその場合には、各人の個別の意志を起源とする社会化が強調されることになる。実際、ルソーはこの二重の展望の両義性を意識した最初の人であったし、彼は自分と折り合いをつけようと試みたのである。わたしたちは彼がいかに振る舞ったかを見てみることにしよう。そうすれば動詞「…のほうを好む préférer」や名詞「選り好み＝優先 préférence」の出現を子細にたどらざるをえなくなるが、多くを学ぶことになるだろう。

とりわけわたしたちは『社会契約論』の第二編、そしてまず「主権は譲渡しえないこと」(12)と題された第一章を参照しなければならない。主権はすべての個別意志の譲渡によって構成されてきた。主権者は、分割されることができないのと同様に、代表されることができない。「主権者は、集合的存在にほかならないのだから、この集合的存在そのものによってしか代表されえない」(13)。いかなる個別の代表者も自分自身のなかで「個別の意志」を廃止することはできないし、また主権者は主権者自身の代表者のなかにその敵を見出すことになる。ところで、とルソーは付け加える。「一般意志」が「平等」へと向かうのに、「個別意志はその本性からして自らを優先（préférence）する傾向がある」*1。自由に個別意志を優先させるものすべてを避けることで、守らなければならないのは当然のことながら平等である。そのとき、「全員の意志」と「一般意志」との差異という困難な問題が生じる。(14)一般意志は「共同の利益だけを目指す」のに、全員の意志は「私的な利益のほうを向いていて、個別意志の総和でしかない」とルソーは断言している。いかにしてルソーはこの二律背反を乗り越えようとするのか。次の章で、主権の「限界」の概念を導入することによって、また「公的人格」と「私的人格」を共存させることによってである。(15)ルソーは、一般意志のなかに溶けてなくなってしまう個人の絶対的譲渡を当初信用させていたものに制限を加え、緩和する。「各人」と「全員」のあいだに築かれる関係は絶対的なものではなくなる。契約する個人は、自分の人格と意志のすべてを与えたわけではない。最初の贈与は、部分的にとどまることができる。

社会契約によって各人はその能力、財産、自由を譲渡するのであるが、共同体が使用するために必要とするのはその一部にすぎないのは確かである。しかしどの程度のものを必要とするかを判断するのは、主権者のみであることも認めるべきである。(16)

その結果、「個別の利益」と個人の「優先préférence」は抑制される必要がないことが判明する。それらは全体の利益を目指して協力することができるのだ。「全員の意志」、すなわち全員の個別の利益の全体は、「一般意志」の近似値でありうる。

われわれを社会体に結びつけている約束が拘束力を持つのは、その約束が相互的なものであるからである。そこで、この社会体との約束は、人がそれを果たそうとして他人のために働けば、それが同時に自分のために働くことにもなる、といった性質のものである。それではなぜ、一般意志はつねに正しく、しかも、なぜ、すべての人はたえず各人の幸福を願うのであろうか。それは、この各人［強調はルソー］という語を自分のことと考えない者はいないし、また全員のために投票するにあたって、自分自身のことを考慮しない者はいないからではないか。このことから、次の点が明らかとなる。すなわち、権利の平等およびこれから生まれる正義という観念は、各人がまず自分自身を優先（préférence）させるということ［強調は引用者］から、したがって人間の本性から派生してくるということ。次に一般意志は、それが本当に一般意志であるためには、その本質においてと同様、その対象においても一般的でなければならないこと。そして一般意志はすべての人から発し、すべての人に適用されなければならないこと。最後に一般意志が、何らかの個別的な限定された対象だけに向けられたときは、一般意志は本来の公正さを失ってしまうこと。以上である。(17)

一般意志は一般＝全体としてしか何も望むことはできない。それはいかなる個人も、またいかなる特定の物も対象とすべきではない。(18) 一般意志は法律しか望まない。このことから、一般意志は一般的であると同時に「限界がある」ことになる。その結果、個別の利益と個人の情念とは、既存の法律に違反していないすべてにおいて、そして法律を変えたり新しい法律を作ったりするのに貢献しうるすべてにおいて、完全に正しいということになる。

「各人が自分自身を優先 préférence させること」。これはわたしたちが草上の朝食の場面で出会った表現をほんの少し手直ししたかたちである。そして、いまや『社会契約論』においては、この優先＝選り好みは「人間の本性」から生じるのだとされている。優先＝選り好みは、ルソーの人間論においていかなる役割を果たしているのか。

人間は自然から自由と完成可能性、すなわち、初めは潜在的な、判断し比較する能力を受け取った。自然の人間は、『不平等論』においては、まだこの能力を行使していない。人間がその再生産を保証する短い出会いのなかでは、人間は優先＝選り好みを知らない。社会生活と家族の絆が芽生えるときに初めて優先＝選り好みを知ることになるのだ。

異性の若者たちが隣り合った小屋に住んでいて、自然が要求する一時的な交渉を持つと、やがてまた別の交渉を重ねるようになり、それは同じように心地よくて、しかも互いに頻繁に行き来することによってもっと長続きするものになる。さまざまな対象を考察し、比較することに慣れてくると、選り好み（préférence）の感情を生み出す長所と美についての観念を気づかないうちに獲得するのである。[19]〔強調は訳者〕

このルソーのテクストには祭りへの言及が続くが、その牧歌的な特徴はわたしたちが最初に見た草上の朝食の最初のモデルを提供しているように見える。

観念と感情が次々に起こり、精神と心が訓練されるようになるにつれて、人間は互いに人見知りをしなくなり、結びつきは広がり、絆は緊密になる。小屋の前や大きな木のまわりに集まることに慣れ、恋愛と余暇から生まれた真の所産である歌と踊りが、なすこともなく集まった男女の楽しみ、いやむしろ仕事となった。[20]

絆は緊密になるが、そこから生じる眼差しの交換と比較のせいで、やがて社会的悪、不平等が現れてくる。

各人が他人を注意して見はじめ、自分も見られるのを望むようになりはじめると、公の尊敬を受けることが一つの価値を持ったのである。最も上手に歌ったり踊ったりする人、最も美しい人、最も強い人、最も巧みな人、あるいは最も雄弁な人が、最も重んじられる人となり、それこそが不平等への、同時に悪徳への最初の一歩であった。この最初の選り好み[21]（préférence）から、一方では虚栄心と軽蔑が、他方では恥辱と羨望が生まれた。そしてこうした新しい酵母が原因となって発酵し、ついには、幸福と無垢にとっては不吉な合成物が生み出されたのである。[22]

まず初めは性的次元で生じる選り好みの作用は、愛情をより長続きするものにし、それによって選り好みの働きが「道徳性[23]」の登場を決定づける。同時に、「文明人の不幸をもたらす知識[24]」の最初の発展が生じる。『人間不平等起源論』のテクストに付け加えられた注一五[25]は、自己愛《アムール・ド・ソワ》と自尊心《アムール・プロプル》=利己愛の重要な区別を明確にしている。自己愛は自然のなかで（「自己自身の保存」に留意する）原初の人間が授けられていたものであり、「社会のなかで生まれた」自尊心=利己愛は、比較と選り好みから生じるもので、「各個人をほかの誰よりも自分を重んじるようにさせる[26]」。『人間不平等起源論』の結論部でルソーは、暗示的看過法に頼りながら、不平等の最終的な発展に言及し、次のように強調している。

われわれみんなの心を悩ます、名声と名誉と特権へのあの普遍的な欲望が、いかに才能や力を発揮させ比較させるか、いかに情念をかきたて増大させるか、すべての人間を競争者、対抗者、いやむしろ敵にして、あれほど多くの権利主張者を同一の闘技場で走らせ、毎日いかにあらゆる種類の失敗と成功と破局を引き起こしているかを、わたしは指摘するであろう。また、自分の噂をしてもらいたいというあの熱望、ほとんどわれわれを逆上させる、人よりも抜きん出たいというあの熱狂のおかげで、われわれは人間のなかにある最もよいものと最も悪いもの、われわれの美徳と悪徳、われわれの学問と誤謬、われわれの征服者と哲学者を持っているのだということを、わたしは示すであろう。[27]

この歴史的系譜は、家族の起源にまでさかのぼるのだが、ルソーが『エミール』の第四編を始めるにあたって、思春期という「第二の誕生」についてついに語るとき、子どもの心理のなかで繰り返される。その場合の文体はそれほど慌ただしいものではなく、『人間不平等起源論』におけるよりもはっきりと明示されているが、同じ観念と同じ単語〔すなわち自己愛と自尊心=利己愛〕が執拗に繰り返されている。

自己愛は、自分にしか関係しないから、わたしたちの真の欲求が満たされれば満足する。けれども、自尊心=利己愛は、自分を他人と比較するから、満足することは決してないし、満足するはずもない。なぜならこの感情は、自分を他の人びとよりも優先し、また他の人びとが彼ら自身よりもわたしたちを優先してくれることも要求するのだが、これは不可能なことだからである。こうして、優しい、愛情に満ちた情念は自己愛から生まれ、憎しみに満ちた、怒りっぽい情念は自尊心=利己愛から生まれる。〔……〕本能が何に向けられるかは決まっていない。一方の性が他の性に惹かれる。それは自然の衝動である。選択、優先、個人的な愛着は、知識、偏見、習慣の産物である。愛を持つことができるようになるには、時間と知識が必要である。人は、判断した後でなければ愛さず、比較した後でなければ優先しない。〔……〕人は誰かを優先するとき、その人を得たいと欲する。愛は相互的であるべきだ。愛されるためには、自分を愛すべき人間にしなければならない。優先されるためには、自分を他人よりも愛すべき人間に、あらゆる他人よりも愛すべき人間に、少なくとも、愛する対象の目にはそうした人間にしなければならない。そこから、初めて自分と同じ人間に注目することになる。そこから、彼らとの最初の比較が、競争が、対立が、嫉妬が生まれる。〔……〕多くのさまざまな情念のただなかから世論が頭を出して揺るがぬ王座を築き、しかもその支配に隷従する愚かな人びとが、他人の判断だけに自分自身の存在の根拠を置くのがわたしには見える。[28]

これこそは悪、文明、そして道徳性の同時的起源の寓話である。それはルソーが原罪の教理の代わりにしているものだとさえ言える。ルソーが語る自尊心＝利己愛は宗教的モラリストが非難している傲慢（superbia）、精神が誤りを犯す臆見（doxa）と利害をともにしている。自己愛の無垢と自尊心＝利己愛の悪事を対立させることで、ルソーが身を投じる決疑論は、神学者の語法に似た細かくて煩雑な議論と区別を経ることとなる。アウグスティヌスはこれを人類最初のカップル〔アダムとイヴ〕の不服従と堕落の原因とし、ヨハネによる福音によって断罪された優先性〔選り好み〕を引き合いに出している。[29]「人びとは光よりも闇のほうを好んだ」（Et dilexerunt homines magis tenebras quam lucem）。ジャンセニスムは悪しき選択、つまりわたしたちに神よりも被造物を好ませた自由（神からの贈り物）の罪深い使用法をたえず非難していた。「地上全体がこの不当な選択に満ちている」と、ピエール・ニコルは繰り返していた。[30]説教師の道徳によれば、治療薬は逆の選択からしかありえなかった。つまりバラバス〔キリストの代わりに磔を免れた罪人〕ではなくキリストを、悪魔ではなく神を選ぶのである。わたしたちの特異な自由の強情さを捨てることによって、謙虚に神の赦しと償いを嘆願しなければならなかった。しかしルソーはまったく別の治療法を提案する。自尊心＝利己愛を放棄することではなく、それを一般化する＝全体に拡げることである。それこそが、本当に病のなかの治療薬のかたちなのである（というのも、比較する反省と切り離すことができない自尊心＝利己愛もまた悪《マル》＝病の源だからだ）。自尊心＝利己愛についてのルソーの議論は、思春期の性欲と眼差しの交換に言及することから始まって、最終的には人類の方向に向かう。

自尊心＝利己愛を他の存在の上に拡げ、これを徳に変えよう。そして、人間である限り、心にこの徳の根を持たない者は存在しない。わたしたちの配慮の対象がわたしたち自身と直接のかかわりを持つことが少なければ少ないほど、個別の利害に由来する錯覚を恐れる必要は少なくなる。この利害を一般化すればするほど、それはいっそう公正なものになる。そして人類に対する愛とは、わたしたちにあっては、正義に対する愛以外の何ものでもないのだ。だから、エミールが真実を愛することを欲するならば、真実を知ることを欲するならば、どんなことをするにもつねに彼の心を彼自身から遠いところにつなぎとめておくようにしよう。彼の配慮が他人の幸福に捧げられれば捧げられるほど、それはいっそう知的な賢明なものになり、彼は善と悪について思い違いをすることが少なくなるだろう。しかし、えこひいきや正しくない先入見だけに基づいて、盲目的にある人びとだけを優先（préférence）するようなことは、決して彼に許してはならない。そして、なぜ彼はあるものに害を加え他のものに奉仕することがあるのか。誰の手に幸福のより大きい分け前が落ちるかは、自分がすべての人の最大の幸福に協力していさえすれば、彼にはどうでもいいことである。私的な利害に次いでこれこそが賢者の第一の利害なのだ。一人ひとりの人間が人類の一部なのであって、他の個人の一部ではないからだ(31)。

ルソーは自尊心＝利己愛を非難し、わたしたちを自分自身の外で生かそうとする優先〔選り好み〕を非難していた。結構だ！　いまや彼は、自分の外に出ること、「一人ひとり」と相互性の関係を持つ「全員」にまで至るよう自分の外に出ることを強調しようとしている。こうして自尊心＝利己愛と優先は、ある個人から別の個人というように短い範囲でしか築かれないときには悪の運び手となるが、「一人ひとり」から「他のすべての人」に進むときには、悪から解放される。一人ひとりによる他のすべての人への贈与によって、また「権利の平等およびそこから生まれる正義という観念は、各人がまず自分自身を優先させることから、したがって人間の本性から派生してくる(32)」のだと断言することによって、いかにして一般意志の定義がルソーにとって可能になったかがいまやわたしたちにはよりはっきりとわかってきた。どちらの提案においても、一般化、そして一人ひとりと全員とのあいだに築かれる関係が前提とされている。一般化は、共同体に自らを与えた人びとの一人ひとりに彼自身が見返りに自分自身を受け取るその受け取り方において利益を保証する。それはまた、自らを優先させた人びとの一人ひとりに対して、それぞれの個別の願望を普遍的なものの保護の下に置く平等という社会的地位を保証する（そして一人ひとりの優先を累積することによって普遍の実現を保証する）。ルソーにとって重要な表現は、一種の対句交差法《キアスム》である。自らを優先することによって自分を全員に与えること、自らを与えることによって全員よりも自分を優先すること、しかしそのたびに、尊厳と安全性が高まるなかで、他のすべての人から自分を受け取ること。それこそはルソーにとって透明のイメージのなかで象徴化されるものなのだが、彼の個人的経験においては根本的に、そうした透明性を保証してくれるものは欠如しているのである。

＊

ルソーがピクニックのために虚構のかたちで集める「数は多くないが、選び抜かれた友人たちの集まり société plus choisie que nombreuse」は、確かに彼が「個別の社会 société particulière」について与えている定義に対応している。それはもはや男女の最初の出会いという前社会的集団ではない。そこでは、眼差しの交換と承認の欲望において自尊心＝利己愛が生まれる。それはまた、契約に基づく絆がより抽象的に結びつける、ある都市国家、民族、あるいは国民の共同体全体でもない。それは友情の絆によって集められた小さな集まりであり、文化的束縛に服従しつつある性の衝動と、市民権との中間にある。したがって道徳性が芽生える原始的な愛情の競合関係をはるかに越えたところにあり、また道徳性が完成されるはずの「政体」の活動に比べれば後退している。ルソーは、「自分の心にかなう存在」をつくりだし、その人たちと一緒に「自然の隠れ家に」身を置くことによって「黄金」時代を再び見出すという想像上の喜びについて何度も語っている(33)。草上の朝食の選び抜かれた友人たちの集まりは、ルソーが認めるあの限られた全体の一つであり、しかもこの全体はその規模からして「一般意志」によって突き動かされるものである。それでもこの一般意志は「個別意志」であり、「大きな社会」に比べて私的な関係なのである(34)。周知のとおり、彼は（『政治経済論』と『社会契約論』において）こうした小さな共同体の意志が「大きな社会に対しては危険」ではないかと恐れた(35)。過激派に対するルソーの警戒はフランス革命期に忘れられることはなかった(36)。しかし彼は自分の想像の産物であるか、あるいは記憶のなかにある「選び抜かれた友人たちの集まり」を、こうした非難から免除する。それはこの選び抜かれた友人たちの集まりについて描写しながら、彼がその集まりを自分の制御下に置いているからであって、彼はその集まりに避難するためのうまい口実を見つけるだろうし、存在しない「大きな共同体」、もしくは存在すると仮定しても彼がそこからは排除されてしまう「大きな共同体」に見合った「報い」を見つけるための、うまい口実を見つけるだろう。

したがって、草上の朝食の場面は、別の意味で読まれなければならない。つまりそれは契約による大きな共同体の代替物、代用品の意味を持つのだ――十八世紀に「代補＝代理《スュプレマン》」という単語が持っていた意味を念頭に置くならば。また、朝食の場面はアナロジーやメタファーの文彩、反映、そしておそらく前兆の意味をも持っている。わたしたちは、ルソーが打ち解けた《コンヴィヴィアル》〔共生の〕契約を提示しているのだと思いたくなる。その契約は狭い範囲で、木の下で、草の上で、泉のほとりで、社会契約の成就を象徴的に再現し、現実化しているのだ。というのは、一人ひとりと全員との相互性の関係、不平等の廃止は、そこではすでに契約の場面で確立されることになるものだからである（契約の基本的原則は『エミール』の次の編〔第五編〕で指摘される）。わたしには、またもや一種の対句交差法《キアスム》で配置された、次の二つの節が思い出される。「わたしたちはわたしたち自身の召使いになり、そのことでわたしたち自身の主人となり、一人ひとりがすべての人に給仕される(37)」。しかしながら、友人たちの集団は共和国ではないし、田舎の祭りは、大都市が存在し、従僕たちが奉仕する他の金持ちたちが存在する世界の中では、周辺的な例外でしかない。ジャン＝ジャックは、垣根は作らない主義だったが、隣人たちはいる。もしも農民が祭りの場面に一人通りかかったら、その農民は祭りに招かれる。「わたしは何か親切な言葉をかけ、おいしいワインを何杯か出してやって、彼の心を楽しませることで、彼の悲惨さをずっと陽気に背負っていけるようにする(38)」。仕事から戻ってくるこの男は招待されるのだが、よそ者としてであり、また短時間である。ジャン＝ジャックを囲む祝宴全体の範囲は限られている。その境界は容易に乗り越えられるとはいえ、はっきり示されている。つまり、農民たちが彼らの祭りを祝うときは、ジャン＝ジャックと彼の「仲間」が今度は招待されて、よそに出かけるときのように楽しげに赴くのだ。「何か村祭りでもあってその土地に住む人びとが集まることがあれば、わたしは真っ先にわたしの仲間と一緒にそこに行く。町の結婚式よりもずっと天に祝福される結婚式がわたしの近所であれば、人はわたしが楽しいことが好きなのを知っているので、わたしは招待されるだろう」[39]。そのとき、贈与と交換のエコノミーは忘れられていないものの、これらの語はもはやまったく対称的なものではなくなる。尊大さが和らげられる様子（好意的な「慈善」の筆致）が、似たような祭りの記述に認められる。

わたしは、彼らと同様に何か簡素な、祭りに役立つ贈り物を持って行き、それとの交換で、このうえなく貴重な幸福、わたしと同等の者からはほとんど知られていない幸福、率直さと真の楽しみを見出す。わたしは彼らの長い食卓の端で陽気に夕食をいただき、古い民謡を繰り返して合唱し、納屋で踊って、オペラ座の舞踏会のときよりもずっとうれしい気持ちになるだろう[40]。

先ほど指摘したように、優先の動きは三回続けて繰り返され、そこに自尊心＝利己心の昇華を通して一種の自己完成能力が働いているのを確認した。優先の冒険譚は、眼差しの誘惑と呼びかけという原始的場面から出発して、契約という一般化された優先に至る。草上の朝食はその中間、真ん中に位置し、そこにわたしはいかなる年代的価値も与えない。ルソーの作品には、「一人ひとり〔各人〕／全員」という極性をもとに生み出された似たようなバージョンがいくつもある。そうした祭りの場面はまだ原始的な場面の愛の懇請を含んでおり、契約によって政治的次元で実現される贈与と自己の回復を先取りしているように見える（契約は仮定――要請――であると同時に、最初の優先または「もしもわたしが金持ちであったなら」という仮説である）。このようなさまざまな場面で――とりわけクラランのぶどう収穫の一日において――自尊心＝利己心の高慢な競争心は鎮まり、祭りを祝う人たちを結びつける暗黙の契約には政治的性格はなくなる（もはやない、あるいはまだない）。ここで取り上げた草上の朝食の喜びのどれ一つとってもはっきりと性的なものはないが、性的なものの喚起は冗長なエロティシズムに満ちている。わたしが念頭に置いているのは、農民の結婚式だけでもないし、ルソーがこの一節で「浮かれた遊び」とか「ひょうきんな争い」と呼んでいるものだけでなく、彼が「選び抜かれた友人たちの集まり」の女性たちに与える道具、つまり、釣り竿、もち竿、熊手、籠の象徴的意味でもある。釣り竿とも ち竿はつかまえる道具である。つまり女性たちは魚や鳥をつかまえることになる。ここでルソー的サド・マゾヒズムが姿を現す。そして祭りの流動性は、さまざまな場所を独占しながら、祭りに侵犯的様相を与える。

実際、競争心の身振りと相互性の身振りは、心地よく無垢な対象のうちに具現されている。つまり、食べ物、口の快楽である。それはちょうど欲望が、慎み深くあるために、代理の対象に移ったようなものだ。口の欲望はその掟を語り、たえず自分自身の覚醒と満足を望む。それを繰り返すために人は働き、「祝宴の支度」をしながら歌ったり踊ったりして、やがて休息する。「食事は休息となり、日が陰るまで続く」(41)(あらゆる合一の夢と同様、単調さが待ち構えている)。

集団とその喜びは、テクストがわたしたちに語るように、豊かさを夢見、そして規則の不在というかたちで規則を定める祭りを夢見ているわたし(「もしもわたしが金持ちであったならば」と語るわたし)次第である。ルソーが「〔選び抜かれた友人たちの〕集まりを集めるだろう je rassemblerois une sociéte」と書くとき、彼は祝祭の契約の立法者の役割を果たしていないだろうか。ここでわたしは過剰な心理分析をやっているのではなく、テクストにおけるアナロジーを確認しているのだ。自分のことを集団的祝祭の主催者と思っているのは奇妙な作者である。ちょうど彼が法律の提供者である立法者の「偉大な魂」を強調しているのと同じように。ルソーの自伝、書簡をざっと見渡しても、人を招待するのが好きで仕方がないような人物は見当たらない。彼の収入はわずかで、たいていの場合住んだ家は狭かったから、人を招待することなどできなかったのである。しかしは彼はわずかな費用で、にわか仕立てで食事を提供する場面が気に入っていた。彼は、たまたま通りがかった二人のかわいい女友達に木の上からサクランボを投げつけたあの遠い昔の日のことを忘れてはいないし、ラ・シュヴレットの公園でサヴォアの少年たちにリンゴを配ってやったことも、寄宿生の女の子たちに、パリの通りでくじ引きで当たるあのお菓子「ウーブリ」遊びを与えた日のことも忘れてはいない。この場面では、「ずるいことはさせない し、「えこひいきを見せる」[42]こともしたくないという彼の願望ゆえの用心と操作についても語っている。その見返りに、彼はきわめて質素な祝宴に呼んだ人びとの目に読み取れる喜びによって報われる。また別のとき、戸外で開く小さな祝祭が話題になるときには、彼は自分の子ども時代、あるいは小説世界で立ち会った祝祭に言及している。『新エロイーズ』のぶどう収穫の一日には、またもや「一人ひとり／全員」という対概念と優先〔選り好み〕の廃止が示された文章が見つかる。「全員が同じ食卓につきます。主人も、日雇いの者も、召使いも。誰もかれも立ち上がって、人によって排除したり選り好みをしたりしないで、誰のお皿にも給仕してやります。給仕はいつでも気持ちよく、喜んで行なわれるのです[43]」。

『ダランベール氏への手紙』の有名な注で描かれているサン＝ジェルヴェの祝祭のときと同じように、彼は、時には純粋な見物人として、祝祭にかかわる。しかし彼の個人的な役割、祝祭とのつながりは強烈である。彼は祭りの主催者ではないとしても、祝祭から例外的なかたちで感動を受けるのである。「わたしがあれほど胸を打たれたあの光景はわたし以外の多くの人にはさほど魅力のないものであるかもしれない。それを見るにはそのようにつくられた眼が必要であり、それを感じるにはそのようにつくられた心が必要なのだ[44]」。「選り好み＝優先」がアダムの不服従を繰り返すことであるのと同様に、「……

のためにつくられた」という表現はルソーにおいて（そして多くの同時代人において）、神の選択や救霊予定説といった宗教思想の代わりとなる、世俗化した表現なのである。

積極的に参加する幸福の物語は、やはりルソーが物語る排除と欲求不満の状況の多さに思いを致すならば、より重要なものとなる。『告白』の第一編で、ルソーはどうしてあるとき父の家で夕食を食べさせてもらえなかったか、徒弟時代の親方の家では毎日「食事の三分の一が終わったところで」食卓を離れざるをえず、「黙ってほしがり」始め、次には盗みを始めるようになったかという点について語っている。トリノではソラール家で、彼は主人の食卓で給仕する従僕の役割に留め置かれる。彼にとって最良のひと時は、リヨンのマブリ家で、本を片手にくすねてきた一本のワインとともに一人で食事をする時である。彼がパリに到着すると、ブザンヴァル夫人は危うくミサのときに彼を昼食に送り出しそうになった。食卓での席順を拒絶したことで、ヴェネツィアではモンテギュ大使との関係が悪化する。ヴェネツィアから戻って受け入れられた大邸宅では、彼は会食者たちのなかでほとんど目立たず、黙りこくって、不器用で、居心地が悪いと感じている。「パリのあの仲間内だけの言葉(45)」を話す人びとのなかで、彼は別世界にいると感じる。『新エロイーズ』では、食卓の二つの場面でサン＝プルーの言動の逸脱、つまり、彼を奇抜さで目立たせるその不器用さが問題になっている。

『エミール』でルソーは、会食者たちの議論している問題にまさに答えようとしていると、食卓の隣の席の女性が耳元で「ジャン＝ジャック、黙っていなさい。あの連中にはあなたの話はわかりっこないのだから(46)」と言うのを耳にする。その結果、金持ちの食卓は次の第三編で実物教育による重要な教えの対象になる。この実物教育の教えは、それが対照の効果によって草上の朝食という理想の光景を際立たせるだけにいっそう引用するに値する。エミールが初めて豪華な午餐に家庭教師によって招き入れられる場面を読んでみよう。ルソーが教えようと願っている教訓とは何か？　子どもは自分に給仕されているものがすでにどれほど多くの人の手を経てきたのか想像するように促されるのだ。

わたしたちはある大金持ちの家に昼食に呼ばれていく。着いてみると、宴会の準備が出来ており、お客がたくさん、召使いもたくさん、皿の数もたくさん、食器は優雅で繊細である。この快楽と祝祭のあらゆる道具立てには何か人を酔わせるものがあり、こういうことに慣れていない者をのぼせ上がらせる。こうしたことすべてがわたしの幼い生徒にどういう効果を及ぼすか、わたしは予感する。食事が長々と続き、次から次へと料理が出され、食卓のまわりに騒々しい会話が交わされているときに、わたしは彼の耳に口を寄せて、言ってやる。「あなたがこの食卓の上に見ているすべてのものが、ここにたどり着くまでに、どれだけ多くの人の手を経てきたか、あなたにはわかりますか」と。このほんのわずかな言葉で、彼の頭脳にどんなに多くの観念をわたしは呼び覚ますことか！　その瞬間、熱狂してのぼせ上がった気分は消え失せる。彼は物思いに沈み、反省し、計算し、不安になる。ぶどう酒に酔い、おそらくそばに座っている女性に酔って陽気になった哲学者たちがたわごとを繰り返し、子どもに返っているときに、彼はただ一人隅っこに引っ込んで哲学している。彼はわたしに質問するが、わたしは答えるのを拒否し、いつか別のときにと引き延ばす。彼はいらいらし、食べることも飲むことも忘れて、一刻も早く食卓を離れてわたしとゆっくりと話したくてうずうずしている。彼の好奇心にとって何とすばらしい対象！　彼の教育にとって何とすばらしいテクスト！　何ものにも腐敗させられていない健全な判断力を持っている彼は、贅沢ということについてどう考えるだろうか。世界の全地域が徴発を受け、おそらく、二千万人もの人が長い間労働し、またおそらく、何千もの人の生命が脅かされていること、そして、こうしたことすべてが、夜には寝室の便器に流されるものを、お昼に豪勢に彼に提供するためなのだ、ということがわかったとき、彼はどう考えることか(47)。

都会－田舎という対立のままに、ルソーはすぐに自分の生徒を農民の食卓に連れて行って、「体の訓練によって準備され、空腹と自由と喜びによって味付けをされた、単純で粗野な昼食との(48)」コントラストを感じさせようと考える。『エミール』第四編では、「もしもわたしが金持ちであったならば」という仮説によって始められた一連のイメージにおいて、金持ちの食卓の光景は草上の朝食の光景の少し前で喚起され、結果として田舎の喜びをいっそう強調することになる。実際、草上の朝食は一種の二枚折りの絵の正の部分であって、その反対側は「財務官の」食卓を表していた。「［わたしの］食卓が壮麗な汚物や遠来の腐肉で華やかに覆われることはあるまい(49)」。相反する体系がルソーの思考と文体を支配していることはよくあるが、ここではそれがまさに余すところなく働いている。対立関係を逐一指摘するのは面白いかもしれないが、やがてはうんざりするだろう。つまり、閉じられた場と開かれた空間。一方には「優雅で繊細な給仕」、他方には「秩序」も「優雅さ」もない「給仕」などだ。ここでは一方の「騒々しい笑い」と他方の「歌謡」との対立や、ルソーが次々に挙げる「金持ち」の家にある累積的原則の支配のしるしと、ピクニックで人びとが融合する過程のしるしとの対立を強調するにとどめよう。

たとえば〔奴隷の身分であったが、のちに主人の財産を引き継いで大金持ちになった〕トリマルキオンの食卓に遠くからやって来た料理と珍しいワイン。これはすでにローマの諷刺詩のテーマであった。ルソーが直接性、すなわち地元の産物、収穫してから口に入るまでの距離が短いことを特に好んだことは周知のとおりである。つまり「デザートは木にぶら下がっている」。しかしこのような反対命題の働きは、ヴォルテールを考慮に入れなければ完全に理解されることはありえない。祝宴の料理がどれほど多くの人の手を経てきたか算定するよう家庭教師が生徒に促すとき、彼が『俗世人の弁護』のなかでおそらく目にした単語を繰り返しているとしても、それはまったくの偶然であろうか。ヴォルテールは快楽主義の『俗世人』が眉をひそめさせることになったとある「憂鬱な主人」を邪険に扱いながら、豪華な昼食の場に登場する。ヴォルテールは聖職者に質問している。聖職者を喜ばせるカナリア諸島のワインについてどう思っているかと。「どこからそれを手に入れたのか?」そしてコーヒーを、

人間の生業がアラビアの畑から
奪い取りにいく必要はないのか。
陶器とすぐにでも壊れそうな美しさ
あの七宝からずんぐりした磁器に至るまで
幾多の手を経てあなたがたのために準備され
焼かれ、焼き直され、色を塗られ、そして玉虫色になったのだ［……］
この世のすべてがあなたがたのために働いたのだ。(50)

その「幾多の手」でもって、ヴォルテールは世界の貿易と仲買業者たちの増加を賞賛しているのだが、これに対してルソーは「何百万人もの手」および「協力させられた」「世界のすべての地域」に憤慨している。労働と交換の連続は、ヴォルテールを大いに喜ばせる一方で、ルソーには嫌悪感を与える。ピクニックでは、食卓がないがゆえに席順と上席権もなくなり、給仕仕事や給仕する人も消滅する。彼が

集める仲間たちは自足した個人から構成されていて、『エミール』の別のページで表現された警句を全員が採用しているように見える。「自分の意志を行なう者だけが、そのために自分の腕の先に他人の腕を継ぎ足す欲求を持たない人である(51)」。

ルソーの政治経済は、労働のいかなる分業も進んで排除し、金銭の流通を大幅に制限する——ここからルソーは小さな都市国家、閉ざされた地方（モンタニョンの地方）、あるいは島を好むようになる。ルソーにとって、金銭とその操作は余分なものである。それは『学問芸術論』からすでに認められる。というのもこの作品にはヴォルテールに対する明示的、暗示的攻撃が数多く認められるからである。何百万人もの手を経てきたものは、「壮麗な汚物や遠来の腐肉」でしかありえない。金持ちの祝宴についてのコメントで、ルソーは余分なものの問題をきわめて具体的に「夜には寝室の便器に」流されるものと翻訳している。もちろん、ルソーが富の取引と体内化の果てに排泄物について強調している点については、フロイトに基づいて解釈することもできる。実際、ヴォルテールが肛門と糞便の喜劇を特に好んでいたことを認めなければならない。『カンディード』でどれほど多くの尻が手ひどく扱われていることか(52)*2、またヴォルテールは、エゼキエルが牛の糞でパンを焼くことを余儀なくされた話を何度も繰り返しているではないか！*3 ヴォルテールが権威を失わせる必要があると感じているのは、富ではなく宗教である。ルソーとヴォルテールという二人の敵対者のあいだには、距離を置いた応答、すなわちそれぞれが相手の動物性を非難しているさまがうかがえる。たとえばヴォルテールは、一七五五年八月三十日、これ見よがしの手紙で『人間不平等起源論』受領を通知し、ルソーに異議を唱えるとき、最後は〔ヴォルテールの住んでいる〕デリスで体を癒やすようにと誘っている。「わたしと一緒に我らが雌牛の乳を飲み［……］、草を食べなければならないでしょう」。この献立はヴォルテールの判断全体を要約し象徴している。

食物に関する表現は十八世紀の感覚を担うものであって、ルソーとヴォルテールは同時にその文学的証拠を示したのだが、方法はあまりにも大きく異なっていた。食事はいつの時代にも、いっそう大きな社会的現実が写され、凝縮される象徴的表現であった。このことはまた食事の場面に社会全体の姿——社会の批判的断罪——を書き込むことも可能にする。スタンダール、フローベール、ユイスマンス、プルースト、ブニュエルの名前を挙げれば十分だろう。しかし十八世紀は、以下の点で特別だったとわたしには思われる——いずれにしてもヴォルテールとルソーの場合には。つまり、よりよい社会秩序に対する願望を示したイメージは、十八世紀の食事の場面にそのイメージの権化を見出したのである。

ヴォルテールにおいては、会食の場面はたいていは夜であり、会食者はまったくばらばらである。会食者の国籍や宗教的出自は雑多である。時には戦争で負傷した兵士たちであることもある。というのは、人間は暴力的だからだ。気まぐれな偶然で彼らは互いに隣の席に集められたのである。そこに料理が加わり、今度は会話が加わる。ヴォルテールの理想とする夕食会では、それぞれの人が順番に話をすることで、意見の対立は鎮まり、相違は微妙な差異に過ぎなくなる。アイデンティティー＝身分の雑多さ——これは潜在的に人類全体を表している——は、すべての個人に是非とも必要とされる理性、したがってすべての人を平等にする理性の審判を必要とする。つまり、どんなに小さな悪でも絶対的な悪よりは好ましいということを彼らが単純に認めるならば、すでに大きな一歩が踏み出されていることになる。相違を内包した世界で生きることを受け入れなければならない。いつもそうなるとは限らないが、この合意がいったん確認されれば、ヴォルテール的な会話はその目的に達したことになる。「夕食会は会食者の一人がご婦人方のために歌うとてもきれいな歌で終わる」(53)。もはや幕が下りるだけだ。ルソーの草上の朝食は、昼間の出来事であり、それは農民の食卓で「古い民謡を繰り返して」終わる。

草上の朝食はそれ自体を祝い、そうすることで自己を構成する行為を、すなわち相互の贈与と一般化する優先〔選り好み〕を繰り返す集団の祝祭である。ルソーの空想のなかでは、喜びが途切れることはなく、日が続く限りはいかなる幕も下りない。「食事は休息となり、日が陰るまで続く」。ルソーは、サン＝ジェルヴェの連隊の夜の祭りに立ち会ったジュネーヴの子ども時代のひとときを思い出す。そして「長い食事によって陽気になった人びとの踊り」に言及している。しかしその場面は、父権的な締め付けと同時に「お前の国を愛せよ」という愛国的な厳命に行き着き、それと同時に「ワインの陶酔よりも甘美な陶酔」にたどり着く。「観客たちに芝居させてください。観客自身を俳優にしてください。全員が今以上によく結びつけられるために、一人ひとりが他人のなかに自分を見出して、自己を愛するようにしてください」[54]と呼びかけるあのジュネーヴの祭り、草上の朝食――ルソーはそこに一種の祝祭契約を提案しているのだが――と共通の特徴を持っているこの祭りの背後で、消失線〔遠近法で消失点まで伸びる線のこと〕はスパルタの幻影に接合する。

ルソーの言葉を信じるならば、スパルタでは、祝祭は社会関係の象徴や縮図ではなく、社会秩序そのものであった。「スパルタでは、勤勉な余暇において、すべてが喜びであり見世物でした。そこではつらい仕事もレクリエーションとみなされ、どんなにささいな息抜きも公教育となっていました。市民は頻繁に集まって、生活全体を、国家の大事な仕事となっていた娯楽と遊びに捧げ、それは戦争のときにしか中止されることがなかったのです」[55]。「勤勉な余暇」という撞着語法は象徴的である。ラケダイモン的都市国家にヒントを得た融合のイメージの存在を『社会契約論』――政治思想における近代性の形成にかくも決定的に貢献した作品――において指摘するのは、たぶんわたしが最初ではないだろう。そこでは市民は「頻繁に集まって」いただけでなく、仕事と遊びは同じ物だったのである。

第四部
ことばと音楽

10 『言語起源論』

一七六五年一月二十四日付のデュ・ペイルー宛の書簡において、その頃構想されていたルソー著作集の第六巻のために、作者本人が提案しているテクストのまとめ方は、最大限考慮に入れられるべきだろう。その手紙では、『言語起源論』は『フランス音楽に関する手紙』と「ラモー氏への返事」（すなわち『ラモー氏による二つの原理の検討』）の後に置かれている。第六巻のなかでルソーが『言語起源論』に割り当てているこの位置のために、論理的にこれよりも前のものとして示されている著作群を検討する必要が生じるのである。

まさに『メルキュール』誌がディジョンのアカデミーによる懸賞論文の主題、「人間のあいだの不平等」を発表した一七五三年十一月には、『フランス音楽に関する手紙』は刊行されていた。したがって

❖『言語起源論、旋律と音楽的模倣を論ず』、J・スタロバンスキー編、ガリマール、「フォリオ・エッセイ」、一九八九年の「解説」の改訂版。

ルソーは、フランス音楽に対する彼の攻撃によって激しい反論が生じたとき、『不平等論』を書くことに取りかかったのである。

他の多くの同時代人にとってと同じように、ルソーにとって大事なのは声音だけであった。なぜフランス音楽はかくもひどいのであろうか。原因は言語そのもののなかにある。よい音楽は「音楽にふさわしい」言語でしか創り出されることはない。『フランス音楽に関する手紙』でルソーは、仮説的な方法に基づいて、特に音楽に向かない言語の記述から始める。そこにフランス語を認めるのはたやすいことだ。

音楽にふさわしくない言語とは、混声音、無音の音節、鈍重な、あるいは鼻にかかるような音節があるだけで、響きのよい母音はわずかで、たくさんの子音や分節だけしかない、［……］そんな言語です。第一に、母音の音に輝きが欠けていることから、音符の音にそうした輝きをふんだんに与えねばならないでしょうし、また言葉が響かないので、音楽は騒々しいものとなるでしょう。第二に、子音が堅く、かつ頻繁に現れることから多数の単語を締め出さざるをえなくなり、その他の単語の上でも、もっぱら基本的な抑揚によって進めざるをえないことでしょう。そうすると、音楽は無味乾燥かつ単調なものとなるでしょう。曲の進み具合も、同じ理由でまたのろのろとして退屈なものになります［……］。

こんな音楽には快い旋律がまったく欠けることになるので、人工的であまり自然でない美でそれを補おうとすることになります。こんな音楽には、頻繁で規則的ではあるが、冷たく魅力もなく、表現力もない転調を詰め込もうとします。［……］こうした鬱陶しい粉飾ですっかりおおわれた音楽は、だらけて、無表情なままであって、力にも効果にも欠けたそのイメージは、たくさんの音符を使いながらもわずかな物しか描くことはないでしょう。

快い歌を創り出すことができないので、作曲家たちは、自分たちの関心のすべてを和声のほうに向けるのを余儀なくされるでしょうし、真の美が欠けているので、彼らは歌のなかに常套的な美を取り込もうとするのですが、難儀を克服する以外の長所はまずほとんどありません。よい音楽の代わりに、彼らは技巧技術に満ちあふれた音楽を頭で創り出すことになります。歌の埋め合わせをするために、彼らは伴奏の数を増やすことでしょう。よい声部を一つ作るよりは、劣悪な声部を数多く重ね上げるほうが、彼らにはたやすいことなのです。面白みのなさを取り去ろうとして、彼らは混乱を助長します。音楽を作っていると信じていながら、雑音しか立てていないというわけです。(1)

そこにフランス語の韻律法についての考察や、多声音楽の作曲の野蛮さ〈特に書かれた音楽〉について、「ある国の音楽」が「声楽と器楽」とに残念ながら分かれていることについての考察が付け加えられる。『フランス音楽に関する手紙』の冒頭でほぼ全面的に示される非難の記述は、『言語起源論』の終盤、ルソーが提示する「堕落した」音楽のイメージに対応している。ルソーがしばしば用いる二律背反的語法によれば、『フランス音楽に関する手紙』では、イタリア音楽はフランス音楽に欠けているすべての長所を備えている。というのもイタリア語は「耳に心地よく、響きがよく、諧調があり、かつアクセントがはっきりとしている(2)」からである。

見てのとおり、ブフォン論争の最中に、当時の二つの音楽言語の対立が出来上がる。イタリア音楽が果たしていた役割が、のちに『言語起源論』では、同じ二律背反的緊張のなかで起源に近い音楽、基本的にはギリシャ音楽に割り当てられる(3)。そのときには、隔たりや差異は、ルソーが「進歩」と名付けるもの、すなわち一連の歴史的変化と悪化によって説明されるはずである。『言語起源論』と『フランス音楽に関する手紙』の関係は、『不平等論』と『学問芸術論』の関係に似ていると言ってもよい。つまり、非難＝告発の根拠は「事物の本質」の起源、原理を見たうえで考えられているのを示すことによって、その最初の非難＝告発の行為を正当化する説明である。悪を告発し、むき出しにする当初の身振りは、よりいっそう徹底的な反省を必要とするのだが、その反省は原因にまでさかのぼり、かつてあった幸福が失われたことに言及しつつ、その悪の生成をたどり直すのである。

『フランス音楽に関する手紙』は、うわべではいくらか手加減をしているものの、個人的な敵であるラモーを狙っている。ヴェネツィアで試したフランス歌曲がアルメニアの聴衆からはほとんど反響を得られなかったことをルソーが語るときに、ラモーは名指しされる。ルソーがフランスの伴奏の「完全和音」を非難するとき、そして特に『アルミド』〔リュリ作曲〕のモノローグを笑いものにしようとするとき、ラモーの理論が暗黙のうちに攻撃されている。ラモーは『音楽理論の新体系』（一七二六年）で実例を示し、それに基づいて、第二十章で「すべての歌曲のもとにそれらのきっかけとなった同じ基本的低音部を見つける手段」について論証していた。ラモーはこれほど激しい攻撃を受けて反撃せずに放っておくことはできなかった。七十歳の彼は、フランス音楽の揺るぎない指導者であろうとした。一七五四年四月、彼は『音楽のためのわれわれの直観に基づいた考察』をもってルソーに反駁した。つまりラモーは、リュリとその有名なモノローグを弁護するのだ。彼はルソーが『百科全書』の項目ではコーラスをほめ称え、『フランス音楽に関する手紙』ではコーラスについて軽蔑を込めて語っていることから、自己矛盾していると述べた。ラモーの恨みはずっと激しいままであった。特に『百科全書における音楽についての誤謬』——一七五五年八月四日に出版允許を得た——で彼は健在ぶりを示した。というのも、『誤謬』のほとんどがルソーによって書かれた項目「伴奏」、「和音」、「終止」、「コーラス」、「半音階」、

「不協和音」に反駁しようとするものなのだ。ルソーは酷評されている。ラモーはむきになっている。彼はさらに、『続・「百科全書」における音楽についての誤謬』（一七五六年）、『「百科全書」の編者諸氏の最後の緒言についての回答』（一七五七年）、『メルキュール・ド・フランス』誌に発表したいくつもの論文を集めた『ダランベール氏の手紙への回答』（一七六一年）といった著作を刊行する。ルソーはそれらの著作で決して忘れられていないし、手心を加えられてもいない。

一七六一年にルソーがマルゼルブ宛の手紙で、「わたしを下劣に苦しめ続けるラモーのせいで」『言語起源論』を出版するつもりだと述べているだけに、こうした敵意が生じたことを指摘するのは無意味ではないだろう。

シャンベリーで、またレ・シャルメットで独学で自己形成していたあいだ、ルソーはヴォルテールの悲劇を熱心に読んでいて、その悲劇を模倣したいと思うほどだった。音楽では、彼は〔ラモーの〕『和声論』を導きの書として、困難がないわけではなかったが「むさぼるように読んだ」。

一七四五年にパリで、ルソーはラモーおよびヴォルテール、すなわちその才能や名声や権威によって、「名をなしたい」という願望を満足させるために自分が何をしなければならないか示してくれる人びとと関係を結ぶ。ルソーは彼らと対等にならなければならないし、彼らに受け入れられなければならない。しかし彼を待っていたのは、このうえもなく苦い失望であった。彼が作曲したオペラの抜粋、『優美な詩の女神《ミューズ》たち』がラモーの前で演奏されたとき、ラモーは、ド・ラ・ポプリニエール氏のサロンの人びとと全体の前で、「乱暴」にもルソーをののしるのである。この場面は『告白』で描かれているが、一七五五年の『誤謬』では、確かに別の観点からとはいえ、ラモーからも言及されている。ルソーは、破廉恥な「やつ」、そのうえ盗作者として言及されているのだ。

程なくして、それでもリシュリュー公爵の庇護のおかげで、宮廷の祭りのためにラモーが作曲したヴォルテールのオペラを手直しする機会が与えられる。若い作曲家にして詩人にとって（ルソーは三十三歳だった）、これは彼が最も尊敬していた二人の天才によって迎え入れられ、認められるという目標に近づくことであった。ヴォルテールに手紙を書くとき、彼は熱狂的な信奉者として自己紹介している。「十五年前からわたしはあなたのお眼鏡にかなうように、またあなたがいくらかの才能を見出してくださった若きミューズたちを優遇してくださるお心遣いにふさわしくあるように働いています」[*1]。ルソーは『ナヴァールの王女』を『ラミールの祝宴』に改作するために率先して導入した変更、特にレチタティーヴォにヴォルテールが注目してくれることを願っている。ところがヴォルテールはよそよそしい褒め言葉で応える。ラモーからはさんざんこき下ろされる。ここで『告白』の物語を読み直す必要があるだろう。

わたしの仕事には修正すべき点がいくつかあり、それはラモーに相談する必要があると［ド・ラ・ポプリニエール夫人から］言い渡された。賛辞を期待していたし、それが当然であったのに、そんな結論になって心を痛め、わたしは心が死んだようになって家に帰った。疲れ果て、悲しみにむしばまれて、病気になった。そして六週間は外出することもできなかった。(4)

この病気には——この象徴的な死には——悔しさと誇りが傷つけられたという思いしかない。ルソーの病気は、偉大な先輩ラモーとヴォルテールの二人を死刑に処すことと解釈することができる。内面化された愛情の対象が、これ以降は憎悪の対象になったのである。『告白』の作家がこの件に関して保持している思い出のなかでは、認められたいと願って作家、作曲家のために働いた結果、自分の名前が〔作品から〕もみ消されるということになっている。「聴衆に配られる冊子には、ふつうは作者の名前が記してあるのだが、ヴォルテールの名前しかなかった。そしてラモーは、彼の名前がわたしの名前と並べられるのを見るよりは、削除されるほうがましだと思ったのである(5)」。

実際には、この冊子にはヴォルテールの名前はラモーとルソーの名前と同じく載っていなかった。思い出のなかに屈辱がどれほど歪んだ痕跡を残したか推し量ることができるというものだ。ルソーは自分がどれほど意気消沈したかを明らかにしている。

> わたしは自分の作品にふさわしい名誉と、彼〔リシュリュー公爵〕からもらえるはずの謝礼とを失った。そしてわたしの時間、労働、悲しみ、病気、そしてそれにかかった費用、すべては自費となり、一スーの利益も賠償も手に入らなかった(6)。

ルソーは計算をする。彼は盗みに遭ったのだ。彼の筆のもと、名誉と報酬が奇妙にも並置されることに気づいたことだろう。ところが彼は、名前、肉体、財産の面で骨抜きにされてしまった。ヴォルテールとラモーはしばらくのあいだ、父親のような役割を授けられることがあったとしても、彼らは〈ラミール Ramire という〔ラモー Rameau とヴォルテール Voltaire の名が〕合成された名のもとに!〉「去勢コンプレックスを起こす」出来事において、どう転んでもルソーに衰弱と敗北を押しつける者として、悪魔祓いされるのである。

自分を手荒く扱った人びとに対するルソーの態度の急変は理解できる。彼らに味方することで名をなすることができなかったとすれば、相手方を敵に回すことで注目されるよう努めなければならなかった。そして悔しさに付け加わる完全に首尾一貫した審美的・哲学的モチーフによって、ルソーは理性、趣味、そして特に優れた徳の名において償いを受け、反撃することができたのだ。他の者であったら落胆させられただけだろう。反対にルソーにおいては、敵対する思考がそれによって強められ、刺激されたのである。友人ディドロが『百科全書』のためにルソーに依頼した音楽についての項目をまさに書こうとしているときに、ルソーがヴァランス夫人に送る、先に引用した手紙にその語調が認められる。「わたしに害を及ぼした連中の尻とタイツをつかんで締め上げてやります。胆汁がわたしに力を、才気と知恵さえも与えてくれます」（一七四九年一月二十七日）。『百科全書』の最初の五巻でルソーが大音楽家に対して無礼な態度をとったのを仲裁するためにダランベールが介入したことは周知のとおりである。『グリム氏への手紙』でルソーが一七五二年四月に例外的に匿名を使ったのは、おそらくダランベールの気を悪くさせないためであった。(7) グリムとは逆に、ラモーのことを、過度に対位法的な技巧や、創意工夫の欠如、そして「かくも巧みで、望ましい統一性を」発見させる真の学識の不在を理由に非難し攻撃するのもいとわない。まさにルソーは、統一性の理論家として振る舞い、彼自身のために統一性を要求することにもなる。

ラモーに対する仕返しについては、『村の占い師』（一七五二年）の成功がその機会を与えた。『告白』第八編でルソーは、イタリアの滑稽歌劇の俳優たちがやって来たとき、他のフランス・オペラ、なかでもラモーの『ピグマリオン』は「持ちこたえられなかった」のに、『村の占い師』だけが「比較」に耐ええたことを指摘するのを忘れなかった。*2 『村の占い師』の音楽は、「他のいかなる音楽の、ほんのわずかな追憶さえも」含んでいなかったとルソーは断言している。「そしてわたしの歌をすべて、いわゆる原曲なるものと比較しても、それはわたしが作った音楽と同じく、まったく新しいものであった」[8]というのだ。そのうえ『村の占い師』は、作曲の原理の一つ——旋律の統一性——を適用したものだとルソーは言う。『フランス音楽についての手紙』は、のちにその理論を表明した最初のものである。ルソーは、特に『音楽辞典』と『対話』においてこの点に何度も立ち返り、ラモーの下手な論考に含まれる音響効果と和声の教えに匹敵する美学的創意の功績を自分のものにしようとしている……。

ヴォルテールに対しては、ルソーは直接の回答を公にする価値があると考えた。こうして、〔ヴォルテールの〕『リスボンの災禍に関する詩』を受けた、『摂理に関する手紙』がそうである。年老いて孤立したラモーは、以後百科全書派を敵に回したので、直接の回答（『二つの原理の検討』）も間接の回答（『言語起源論』）も、一七五五年以降は、ジャン＝ジャックの名声を確かなものにするのにどうしても必要なものとは思われなかった。ラモーの理論に向けられた論証の要点は『音楽辞典』——この辞典は作曲家の死から三年経って出版された——の項目に割り当てられた。ジャン＝フィリップ・ラモーという特異な、『百科全書』にあれほど歓迎されなかった人間の肖像を描くのは、『ラモーの甥』〔一七六二年執筆。出版は著者没後の一八二三年〕においてディドロに任された。『言語起源論』では、旋律の問題が第一章からすでに暗黙のうちに見られる。そこでは、少し先の章で「音楽芸術を損なう音楽家たちの誤り」[9]に対して明示的に向けられる論証がすでに準備されている。ラモーその人は第十三章で「デッサンの観念をまったく持たない国[10]」の「有名な芸術家[11]」という、すぐにそれとわかる仮装のもとで揶揄されている。ルソーがラモーに与える大道芸人の言説は、ラモーが倦むことなくすべての芸術の起源を音響体の産み出される関係と比率とで証明しようとむきになっている一節のカリカチュアである。このパロディー風の遊びをルソーは改めて実践することになるが、今度は『山からの手紙』〔一七六四年〕で名指しで言及されたヴォルテールに対して行なう[12]。あたかも自分に敵対する者たちよりも自分のほうが優れていることを証明するために、ルソーは敵をまねて笑い物にする能力があることを明らかにしたかったかのようだ。彼は敵を真似ることができる、したがって彼らの敵意を物ともしないのだ。

ルソーは自分の「体系」の統一性を要求した。したがって彼自身が出発点とした『学問芸術論』から始めて、ルソーの作品全体を利用しようと試みるのは正当である。こうして、さまざまなページやさまざまな作品のあいだで不意に生じるうわべの矛盾、あるいは本当の矛盾を見て必要に応じて判断しながら、彼の人間論、政治学、道徳、言語学、修辞学、音楽美学、等々を定義しようと試みることができるだろう。もっと思い切って言えば、ルソーのさまざまな観念の発展や徐々に行なわれる手直しを無視するわけではないが、ここでその輪郭を浮き彫りにしようとするのは「ルソーの思想」全体である。こうした統合的な見方は確かにもろく、大部分は、そうした見方をしようとする人びとの観点に依存している。このように白状さえしておけば、そのような建設的な発言を差し控える理由はないのである。(もっとも、どんな解釈者が発言を控えるというのだろうか?)

しかしながら、それぞれの作品を「戦略」およびその戦略が「開始する」個別の問題意識に応じて読むことから始めるのは有益である。それゆえ、他のテクスト群と混ぜ合わせることなく、しかしその生成期間全体にわたって関連したテクスト群を忘れることもなく、もちろんそこに『音楽辞典』を含めたうえで、『言語起源論』について語ることにしよう。『音楽辞典』はもっと後で完成される予定であったが、『言語起源論』よりも先に出版されることになったものだ。

「序文の計画」の指示に従ってみよう。『言語起源論』はその原形においては、おそらくずっと短く、『不平等論』の一部をなしていたのだが、それはルソーが『言語起源論』を人間の原初的条件および最初の社会の制度から出発してたどり直した「統治の仮説的歴史」のなかに組み込むことが考えられたからである。そしてこの断片が「場違いなもの」として『不平等論』から外されたのは、『不平等論』の論証的な流れの助けにはならないか、または問題の断章は『不平等論』のなかにしかるべき場所を得るにはあまりにも特殊な問題を論じているという意識をルソーが持ちえたからであった。ラモーへの攻撃の際にこれに再び取り組みながら、ルソーは『言語起源論』を哲学的に、すなわち歴史的に「原因」と「起源」にまで「さかのぼって」展開された彼自身の音楽理論の擁護の動向のなかに組み込んだのである。音楽のなかに言葉の模倣を見ていた、当時の支配的な考え方によれば、原因の調査はさまざまな音楽から（音楽はイタリア音楽、フランス音楽などさまざまである）さまざまな言語へと（言語もまた、イタリア語、フランス語が存在する以前はさまざまである）立ち戻ることが避けられなかった。またさまざまな言語からそのさまざまな（経済的、気候学的、道徳的、等々の）原因に立ち戻ることも避けられなかった。ルソーが『言語起源論』の最初の段落で、ことばを「最初の社会的制度」と定義するとき、*3 彼は『不平等論』の二つの部で論じた問題を再び見出しているのである。(13)

二つの作品のあいだには、次のような基本的な類似性がある。両方とも、人間たちを集める必要および発展中の集団のなかでのコミュニケーションを確かなものにする手段について考察している。『人間不平等起源論』は生活様式と技術の継起、道徳的関係の系譜、さまざまな社会組織と統治のタイプを記述することを目的とする一方、『言語起源論』は『人間不平等起源論』ではついでにしか言及されなかったこと、つまり「さまざまな家族のあいだに何らかのつながり」(14)ができるとき、つまり最初の祝祭のときに考え出された「歌と踊り」に注目している。『言語起源論』の第二部全体がこの最初の歌の運命に充てられる。補足的に、詩の運命および特に雄弁の衰退の問題が立てられるが、これについては最終章で論じられる。ことばの歴史の最後には、ルソーが『不平等論』で総括的な言い方で定義していた機能、つまり「集まった人びとを説得する」[15]機能をことばは果たすことができなくなってしまう。したがって二つの作品が同じ到達点を持っていても驚くにはあたらないだろう。それは、選ばれたのであれ絶対的なものであれ「君主」に服従した、文明化された社会の現状である。しかし、何度も指摘されてきたように、二つの作品は同じ出発点を提示してはいない。『不平等論』とは反対に、『言語起源論』は最初の自然状態の人間――まだ孤独な存在で、労働と反省によって獲得することになるすべての能力を持たず、「状況」からの徴発のもとで、のちの歴史の流れのなかで初めて行使することになる自由と自己完成能力の潜在的な能力だけを備えた人間――という仮説的イメージにまではさかのぼらない。『言語起源論』は、少し後に「原初の時代」を位置づけて、集合し始める個人たちの相互的承認から出発し、第九章では「個別言語」[16]または「家族の」[17]言語《ラング》から「共通の固有語法」[18]を確立する「国民的言語」[19]への移行に注目する。そして『不平等論』で一般的な言葉で言及された状況は、『言語起源論』では、聖書の時代の歴史やホメーロスの世界やローマによるギリシャ征服や北方の野蛮人の侵入など、はるかに明確な歴史的指標を含んでいることもまた指摘されてきた。

　歴史の事実を引き合いに出す前に、ルソーは『旋律の原理』で要求する方法に従って、「事物の本質に」さかのぼることから始める。『言語起源論』の冒頭からすでに、分析の方法によって、明白なデータがしかるべく配置される。つまり受動的に影響を受ける感覚、可能な行動手段、こうしたものが諸言語の形成において決定的な役割を果たした要因を推測可能にするのだ。体系的な検討で明らかになり、複数の実例もまた例証する事物の性質から、必然的に働き続ける原因が明らかになるとルソーは確信している。ルソーは仮説を補強するためにさまざまな事実を利用する。いつでも、諸言語の発明に有効な原因またはその最終的な原因を示すために、彼は競合関係にある二つの可能性のあいだでの選択を提供する。『言語起源論』は旋律と和声の対立に到達しなければならないので、彼は冒頭からすでに、二律背反の組み合わせをつくっている。作品の第一ページで、あたかもその組み合わせはわたしたち次第だというかのように、ルソーは一見したところ中立的で無邪気な仕方で「感情」と「思考」を結びつけて、人間はそれを仲間に伝えるという「欲望または欲求」を覚えることができたというのだ。こうして組み合わされた語はすでに対立関係にある語であり、しかも重大な結果をもたらす可能性がある。人間があらゆるコミュニケーションのために用いる「手段」を検討しながら、ルソーは、一方に動作、すなわち視覚と触覚によって感知される身振りと手で触ることと、他方に聴覚によって感知される声とを置き、それらを区別することになる。この比較において、ルソーは初め、伝統的に身振りの言語に与えられてきたいかなる力をも否定しない。つまり彼は、学説史の伝統で繰り返されてきた古典的な例を列挙している。彼はひと目見て理解可能な身振り、動作の言語のほうが好ましいと主張しているかに見えるほどである。「人は耳よりも眼に対してよりよく語りかけるものだ」[20]。口論の修辞学の伝統によれば、これは最初に立てた命題を、当然引き合いに出されるべきあらゆる論拠をもって弁護することを求める規則を尊重することにほかならない。反対の説は、「談話の連続する印象」により高度の力を与え、情熱的な声と声の抑揚に「心の奥にまで」入り込む力を認めるのだが、これは諸言語の発明に関して優位に立つ説である。そしてすぐにも、ことば《パロル》の誕生は欲望（または情念）によるものであって、身体的な必要によるものではないということがわかる。ことば《パロル》の誕生はさまざまな思考ではなく感情を伝える必要から生じるのであり、このコミュニケーションにふさわしい手段はもちろん、時間的な発展における声であって、身振りではない――これによって「受動的な器官」、受信機として、視覚ではなく聴覚が働くようになる。これ以後、アンドレ・ヴィスが指摘しているように[21]、音声の冗長性にもかかわらず、一瞬にしてすべてを語る身振りに勝るのは、話されることばの連鎖、連辞の展開となるのである。

この結論は第二章の冒頭で強調されていて、ルソーはここでは、野生の人間を推論する人とみなしていた人びと、「社会のなかで得られた考えを自然状態に持ち込んだ[22]」人びとに『人間不平等起源論』で向けていた批判を繰り返している。その一節を読み直すべきである。というのは、たぶんルソーの知らないうちに、新しい問題がそこに含まれているからである。

それゆえ、欲求が最初の身振りを語らせ、情念が最初の声を引き出した、と考えるべきである。このような区別をして事実の跡をたどれば、おそらく、今までなされてきたのとはまったく別の仕方で諸言語の起源について論じなければならなくなるだろう。われわれに知られている最も古い言語であるオリエントの諸言語の精髄は、その形成において想像される学術的な歩みとは、まったく相容れない。それらの言語には、方法的で理論的なものが何もない。その諸言語は、生き生きとしていて比喩に富んでいる。最初の人間の言語を幾何学者の言語のようなものとする人がいるが、詩人の言語だったことがわかる。それはそうであったに違いない。人はまず考えたのではなく、まず感じたのだ[23]。

「最初の声」の起源において、決定的な影響を与えたのは情念であって、推論でもなければ、思考の規律でもない。しかしわたしたち、哲学者や歴史家としての任務は、推論することである。「[……]おそらく、今までなされてきたのとはまったく別の仕方で[……]論じなければならなくなるだろう」。現在の思考の義務とは、思考活動、わたしたちが今行なっているような推論がまだ存在していなかった状況から出発して、人間の実践の生成過程を再現することである。したがってルソーは、現在のわたしたちの世界とは異なる――個人の精神の構造までも異なる――人間世界について考えるよう促しているのである。先ほど読んだ一節は、ルソーを「人間科学の創始者」として称えることを認める文章のなかで、クロード・レヴィ＝ストロースが重視した第八章の有名な文章と関連づけるべきであろう。

　人びとを研究するには自分の近くを見なければならない。しかし人間を研究するには自分の視線を遠くに向けなければならない。特徴を発見するためにはまず差異を観察しなければならない(24)。

視線を向けるべき遠くのものとは、ただ単に地球で最も離れたところにある場所、未開人が住んでいる大陸だけでなく、最も遠い時代でもある。そこではわたしたちの思考は原初の時代の野生の非＝思考に、また、まさしく話す能力によって他の動物と区別される動物の本能にその権利を認めなければならないのだ。

　言語活動《ランガージュ》の形成について知性偏重の解釈を否定することは、すでに原始言語に属していたさまざまな特徴を決定することである。「人間に話をさせた最初の動機は情念だったので、人間の最初の表現は比喩であった(25)」。ルネサンスと十七世紀のすべての詩学に、このように情念と文彩――すなわち、隠喩、「言い換え」、情動に支配されて自己を表現する人の、感嘆、恐れ、喜び等々の感情に従って、対象を大きくしたり小さくしたりする誇張法――とのあいだに築かれた関係が見出される。アンドレ・ヴィスが強調したように(26)、激情にとらわれた状態の受動性は、ルソーが情念によって引き出された「声」や〈自然〉によって命ぜられた「抑揚」について語るとき、明らかにされている。事物を正確に見ることができるようになるためには、心の高ぶりが弱まらなければならない。その時から、事物はその「本当の名」で呼ばれることが可能になる。今日の詩人と雄弁家が隠喩に頼るとき、彼らは情念と想像力に支配された人の言葉遣いを模倣しているのである。これは一七〇六年にムラトーリが『完璧なイタリア語の詩』という論文で述べていたことである。それはルソーが、生成の観点から、あらゆる歴史的な差異を介在させながら繰り返していることである。「引き出された」ことばの激しさと、あまりにも論理的に制御されたことばに見られるエネルギーの喪失との差異は歴然としている。

　原初の「声」と二次的な「分節」とのあいだ、すなわちルソーがそれぞれ別個の地位を割り当てている母音と子音とのあいだには、対立と差異《エカール》がまたもや生じてくる。原初的言語は母音が優勢であって、響きがよく心地よい。話される母音から感知できる音の高さを備えていた歌われる母音に至るまでの移行は容易である。母音は抑揚――声の高さの変化――によって示され、そこから十全な音楽の力および豊かな表現力が生じる。仮説的な最初の言語《ラング》の「弁別的特徴」を定義することが可能になる基準は、「単純な音」を発声する自然な容易さであり、子どもや「耳の聞こえない人」や感動した個人がわたしたちの目の前で示す例である。これに対立するのが、分節をしっかりコントロールして用いる際に必要となる「注意」、「訓練」――芸と言ってもよい――である。(「分節 *articulation*」には、芸 art という単語が聞き取れるし、読み取れる。)論理的にも、年代順から見ても、分節は二番目に位置づけられる。舌や唇などを動かすことにより、分節は口蓋によって変えられた呼気を細分化する。分節は声の領域への身振りの介入である。彼自身が立てた前提をもとにしてルソーが想像するような原初の言語は、ほんのわずかな子音しか含んでいない。

自然の声ははっきり区切られていないので、単語はほとんど分節化されていない。あいだに置かれたいくつかの子音があれば、それによって母音の衝突は解消されるので、母音が流れるようになり、発音しやすくなるのに十分だろう。逆に音は非常に多様で、抑揚の多様性によって同じ声を何倍にも増やすことになるだろう。母音の音長やリズムが新しい組み合わせのもとになるだろう。その結果、自然の声、音、抑揚、階調は、協約（convention）による分節が働く余地をあまり残さないので、人は話すというよりは歌うようになるだろう。(27)〔強調は訳者〕

ルソーはここでもまた、二律背反《アンチノミー》を据えている。ルソーはノスタルジックにもっぱら自然のみに執着し、反対しているのだと考えたくなるかもしれない。しかし、思い出しておかなければならないが、彼は『言語起源論』の冒頭で「協約による言語は人間だけのものである」と主張し、すぐに次の文を付け加えている。「それが、人間は良きにつけ悪しきにつけ進歩するが、動物は少しも進歩しない理由である」。(28)（そして権利の諸原則にかかわる『社会契約論』は、「つねに最初の合意〔協約 convention〕にさかのぼらなければならない」(29)と述べることになる。）

事物の本質に関しては、基本的な概念と仮説のレベルでは、すべてはしかるべき場所にあるように見える。表面的には、歴史的事実の検討と歴史的事実の連続の物語に直接に移行することができるかもしれない。しかしルソーはそうはしない。彼は、文字言語そして近代の韻律法に関して、さらに三つの章を置いている。なぜだろうか。一つには、明らかに文字言語の発明と進歩の社会・経済的理論が先述の言語理論を拡大し、補うことになるからである。したがって、純粋に音声的な言語の韻律法と文字言語の使用によって変更を加えられた言語の韻律法とのあいだの対立が不可避となる。そしてもう一つには、これらの新しい章(30)が、その歴史的瞬間および地理的環境における最初の諸言語と旋律の出現を理解可能にする概念に、のちにことばにも音楽にも起こる変質の現象を理解可能にする別の概念を付け加えるからである。豊富な概念の砲台はこうして、歴史の分野を占領し、敵の音楽理論の支持者たちをやり込めることを目標としてルソーが行なう攻撃を支えるために配置される。

これ以上に明白なことは何もない。文字言語《エクリチュール》についての議論は、当時の西欧の諸言語の単調さの問題から引き起こされる。西欧の諸言語は、ルソーによって理想的なタイプが示された原初の諸言語に備わる抑揚や熱や響きのよさを今では失っているのだ。その点では、彼は独自の方法で、また特にいつもの暗黙の非難＝告発とともに、世紀の半ば頃からすでに広く普及していた見解に与している。つまり、想像力、詩、そして芸術における趣味の良さの時代に、哲学、計算科学、功利的な論証の時代が続いたという見解である。しかし多くの人びとが、ルイ十四世の治世の末期、圧倒的なデカルト主義とフォントネルの社交界での成功の影響のもとで変動が生じるのを認めていた一方で、ルソーはもっと大きな尺度で、最初の諸言語を（そこに東洋の諸言語を付け加えて）、彼が首都パリあるいは選ばれた社会で出会うフランス人が話す「より正確で、より明快ではあるが、より間延びして、より冷たく、より聞き取りにくい言語」[*4]と比較対照させる。彼にとって詩と雄弁のモデルはホメーロスであり、聖書の牧者であり、ヘロドトスであって、ルイ十四世時代の著者たちではない。比較の項目を提供し、諸言語の「進歩」によって失われたものが何なのかを推測するのを可能にするのは、古代の生き生きとした大きな声なのである。

文字言語《エクリチュール》＝文字表記についてのルソーの議論は、豊富な資料に基づいた議論を要求する読者に向けられたものである。ルソーは誰もが知っている資料に当たるのだが、必ずしも情報提供者を示さず、また第一次資料からの引用なのかそれとも第二次資料からなのかもはっきりと言わない。彼はチェンバーズの『百科事典』の「声」という項目を知っており、同じく「文字」の項目も知っている。どちらもフランス語の参照文献が豊富である。彼は碑文文芸アカデミーの『回想録』を読んだ。彼はディドロ――『百科全書』の項目「百科全書」および『聾唖者書簡』は同じやり方で集められた言語学的知識を物語っている――と同じようにマルティアヌス・カペラを引用している。ベルナール・ラミの教えに、彼はデュ・マルセとドリヴェ神父の教えを付け加えた。コンディヤックのおかげで、またおそらくさらに直接にその本を読んだことで、ルソーはウォーバートンによって示された文字の分類と実例を知っている。それは文芸共和国ではありふれた知識である。文字の歴史について当時の著作を参照してみていただきたい――たとえばドイツの碩学J・G・ヴァハターの著作[31]を。そこに同じような文字の分類、ルソーの引用している実例の大部分が見つかるだろう。だがそれらには口に出された音のイメージとそれらの音を産み出す器官の形態または位置とのアナロジーという、昔ながらの考え方が含まれている。

ルソーがアルファベットについて語るとき、すなわち「話す声を、いくつかの基本的部分に[32]」分解し、ことばを分析する方法について語るとき、彼はラテンの文法家と意見を同じくしている。ラテンの文法家によれば単語は綴りに帰着し、綴りは分割できない構成要素、「原子」すなわち、文字に帰着するとされる。広く普及していた学説に属している面があるにもかかわらず、それでもルソーの独創性は、文字言語と韻律を論じているページでは異論の余地がないものだ。というのはそれらのページは、「精神的必要」、すなわち情念をもとにして、適切な表現の手段を束の間見出したあと、当初の感情の欠如が、少しずつ計算と冷徹な活動によって取って代わられる長いプロセスを明らかにしているからである。計算と冷徹な活動は、観念の表象において正確さを追求するために、感情に対しては障害となるような過剰な道具的資源――間接の記号、代替物および代補――によって特徴づけられる。

商業民であるフェニキア人のアルファベットをギリシャ人が採用したという一般的な考え方は、このように用いられる文字言語を貨幣取引と関係のある借用物とみなすことを可能にする。そのような取引には、いかなる生命力も不在である。文字言語は、読者の眼差しに向けられているので、音声言語とは区別されるだけでなく、生き生きとした声に取って代わって、声を沈黙へと追いやるだけでなく、音声言語とは別の起源を持つものなのである。音声言語と同じ場所に由来しないので、文字言語には音声言語を適切に表すことが決してできない。話し手の固有の「場所」、話し手自身の声と比べると、文字言語はつねに外来のものである。近代人の思考がその哲学的明快さを持つのは文字言語のおかげであるとすれば、文字言語は明らかに、感情の真実を忠実に表せないという代償をともないながら、はじめて確立しえたのである。

文字言語は、言語を固定するはずのものと思われるが、まさに言語を変質させるものだ。文字言語は言語の単語ではなく、その精髄を変えてしまう。文字言語は表現を正確さに置き換えてしまう。人は話すときには感情を表し、書くときには観念を表すものだ。(33)

抑揚(すなわち音の高さ、言語の音楽)と一定の状況での個人の発話者による抑揚の使用は、文字言語=文字表記によっては保存されない。文字表記によって声を分析する身振りは、動作の言語の身振りほど迅速ではない。

書かれる言語が、話されるだけの言語の生き生きとした性格を長く保つことは不可能だ。人は声を書くが、音は書かない。ところが抑揚のある言語では、言語の力強さの大半をもたらすのは、あらゆる種類の音、抑揚、高低である。そしてまさにそれが、普通の文を、その場だけに適したものにするのだ。この方法を代補するために取られる方法は、書かれた言語を引き延ばし、本から弁舌へと移り、ことばそれ自体の力を弱めてしまう。まるで書くように話せば、話をしながらもはや読んでいるだけになってしまう(34)。

ホメーロスと韻律についての考察は同じ調子で続いている。この考察は「派生した」諸言語に比べてルソーが「原初の」諸言語のほうを好んでいると示す指摘に至る。原初の諸言語では、綴りと発音の明らかな一致が確認される。ところが派生した諸言語では、話される言語と書かれる言語とのあいだで差異が増大しているのが確認される――文字表記はほとんど自立して自己を表現するまで進み、代数の記号に似たものになる。今度こそ、子音と書記の原則が生き生きとした声の領域全体に侵入して、声の領域をなくしてしまったと言えよう。文字表記のせいで諸言語に課された単調さからルソーが引き出す結論はさらに重要である。つまりこのように変質してしまった諸言語は音楽的ではなくなったのであり、(ルソーが『フランス音楽についての手紙』で主張していたこととは反対に)イタリア語そのものも例外ではない。わたしたちはしかるべく知っている。つまり「わたしたちフランスの」音楽に欠けているもの、天才的な音楽家(『音楽辞典』の「天才」の項目を参照されたい)が「完璧な芸術」によって取り戻そうと試みなければならないものを、わたしたちは感じ取っている。

『言語起源論』でここまで達したルソーは、一般的なことだけに話をとどめたのだと述べる。「わたしがここまで述べてきたことは、原初的な諸言語一般とその持続に由来する進歩に適するが、その起源も差異も説明しない(35)」。明示的な知に至るためには、地理的、経済的、社会的事実を詩人、歴史家、聖書によって証言される継起の順序で、また可能であればわたしたちの現在の観察によって確認される継起の順序で考察しなければならない。ここでこそ、北と南の、ヨーロッパと暑い国々（あるいはオリエントの国々）との対立が問題になってくるのだが、この対立についてはルソーはこの時までほとんど語ったことがなかった。この新しい区別には、独創性はないものの、確かにそれ自体において重要である。しかし、ルソーの告白によれば、『言語起源論』の構成において本筋から脱線しているこの区別の役割は、タイトルに述べられている問題（諸言語の起源）とその延長である主題（「旋律と音楽的模倣を論ず」）とを結ぶことであった。そこでこそ、初めは散り散りに、あるいは仮説という方法で行なわれた考察と、音楽史そのものを構成する事実との連結が行なわれるのである。

この著作が設定している目的が明らかになり始めるのはそこである。つまりこの著作は、旋律の優位性を擁護し、多声音楽の二次的で派生的で堕落した性格を明らかにすることなのである。グレゴリオ聖歌やディスカント〔主題の上に付け加えられる装飾的な伴奏部〕に由来するものであり、「ゴシックの」発明であり、蛮族の侵入の結果であり、また合理的な哲学と政治的隷属との影響のもとで、南方の原初的諸言語がすでに弱体化していた世界に北方の耳障りな言語が入った結果である。ルソーはこの最後の二つの原因だけを引き合いに出すにとどめることもできたかもしれない。しかし、すでに見たように、言語と音楽の密接な相互依存を人びとが確信している時代には、諸言語そのものに内在的な原因を付け加え、フランス語を「内にこもった聞き取りにくい」言語にした状況にまで「さかのぼる」必要があった。したがって、南方の生活条件と北方の生き残りの条件との対立は、その自然の原因として南方の諸言語と北方の諸言語の対立を示していたのであり、この言語学的差異は、今度は旋律と和声の対立の理論を支えたのである。言語の二つのグループがどこから生じるのかを示すことは、そこから長期的な帰結を

「自然に」導くことができるということである。そうだとしたら、ルソーが物理科学――ニュートン力学――から作用と反作用の概念を借りているのは示唆的である。当時はちょうどこの概念が、隠喩的拡張によって、歴史の領域（モンテスキューの場合）や生体（ディドロの場合）に適用されようとしていたときだったからである。

暑い国々で生まれた人類はそこから寒い国々へと広がっていく。まさにその寒い国々で人類は増殖し、それから暑い国々に逆流する。この作用と反作用から、地上の大変動や住民たちの絶えざる動揺が生じる。われわれの研究においては、自然の秩序それ自体に従うように努めよう。わたしは何度も繰り返し扱われてありふれたものになってしまった主題についての長い余談に入るが、人間の諸制度の起源を見つけるためには、いやでもこの主題につねに立ち戻らなければならない(36)。

この余談は、『不平等論』で記述された自然状態の散在する個人たちではなく、「原初の時代」の家族集団が「国民」を形成するために集まるよう仕向けた身体的・精神的な原因についての一般的調査という形をとる。（動詞「集める rassembler」は『言語起源論』全編で一〇回使用されているが、そのうちの六回は第九章に含まれる。）そしてまずルソーは、この結集を遅らせることができた原因について考察する。それは、人びとを「残忍に」してしまう互いに互いを恐れる気持ち、「共通の友愛観念」の欠如、そして憐れみの情と他者との一体化が行使されうるためにはまだ反省能力がほとんど発達していないことである。こうした原初の時代には、別の家族の人間とは敵 hostis であった。ルソーは同じことを、『社会契約論』第一草稿第二章でも述べている。そこでルソーは「普遍言語」を前提とする「人類の一般社会」というありふれた観念に反駁している。[37]　あまりにも好都合な生活条件、「豊かな国々」あるいは「水の便のよい河川」が、あまりにも好条件の気候のもとで、確実に手に入る生活物資を供給する。つまり家族はばらばらでいることができるし、彼らを強制的に出会わせるものは何もない。もっと後の時代に始まる「技術」であって、多くの道具や予測を必要とする農業ではなく、狩猟や牧畜をやりながら家族は必要なものを完全にまかなうことができる。人間が集まるためには何が必要になるのだろうか。外部の障害を乗り越え、自分たちを危険な目に遭わせる挑発に応じることである。人間にできる革新的な答えが、それまで潜在的であり続けたさまざまな能力を初めて出現させる。こうして、絶対的な〈起源〉よりもずっと後になって、人びとは一つの起源に、あるいはむしろ一つの始まりに立ち会うのである。そしてこの起源は人間の仕業であり、道具を使う能力と人間独自の力のめざましい発達であるので、必然的に技術や制度が問題になる。これらは協約の二重の意味をそれ自体のなかに持っている。つまり人びとを集める自然的原因と、定着させる自由な――したがって恣意的で人為的な――決定の二つの意味である。しかしこうして定められたものは、時間の作用にさらされる。つまり最初の制度は安定していないし、腐敗しないわけでもない。それは予測できず制御不可能なさまざまな結果をもたらす。つまり人間たちが原初の制度を長続きさせるための十分な力と知恵を持っていないとか、原初の制度はその制度そのもののなかに、たちまち制度自体の堕落の芽を含んでいるとかいったことである。「トリノの午餐」[38]で、わたしはルソーの思考が「挑発・回答・不本意な結果」という三つ組みの図式をどのように使っているかを示したことがある。ルソーの思考は革新的な行為のなかに外部からの懇願の結果を見ている。それによって、そこから生じる悪を非難＝告発し、当初の回答の無罪を証明することが可能になるのだ。

『言語起源論』第九章「南方の諸言語の形成」で、家族の結集を説明するために、ルソーは聖書の証言を排除することなく、歴史的に真実と思える複数の挑発に言及している。彼はそれらを地球の歴史のなかに加える（ビュフォンのことは彼の頭のなかにあるが、『不平等論』ほどには体系的に引用されることはない）。彼は地質学的大変動――火山の噴火、洪水による大水――や、季節と気候の不均等を突然決定づける地球の軸の傾きに言及する。つまり家族集団を力ずくで集合させ、彼らが生き残りのために協力する必要性に迫られるような自然の状況である。ルソーは、当時の歴史家たちやスコットランドの経済学者たちと同じように、「生活に必要なものを供給する手段」と「社会を生まれさせる必要」とのあいだに密接な関係があるとしている。人びとが食べ物と火のまわりに集まるとき、祝祭が始まり、精神的に大きな変化が生まれる。

> 人びとは共同の炉のまわりに集まり、そこで宴を行ない、踊りを踊る。習慣の甘美な結びつきが知らず知らずのうちに人間を同胞たちに近づけ、その粗野な炉の上には人間性の最初の感情を人びとの心の奥深くにもたらす神聖な火が燃えている。(39)

しかしながら、火のまわりでの祝祭は、ルソーが考える言語の到来の機会ではない。習慣の結びつきは、そのように言及される限りでは家族の連帯を強めるが、その連帯を他の集団にまで真に拡げることはない。生活物資を確保するための共通の闘いは、最初の言語の必要条件でしかなく、十分条件ではない。いまだ乗り越えるべき感情の強度という閾が残っている。「精神的必要」、すなわち情念が「純粋に身体的な必要」に付け加わるとき、言語は「活力」に満ちて生まれる。「習慣の甘美な結びつき」に、さらに「いっそう甘美な」結びつきが続かなければならない。ルソーが「南方の諸言語の形成」の寓話を記すのは、牧歌的世界においてである。彼は初めはそこに「身体的必要」と相互扶助の必要性を書き込む。つまり、「不毛な場所」では、牧畜民の家族は十分な量の水が見つけられないというのだ。物質的不足が最初の誘因であり、最初の挑発である。井戸を掘るためにあるいは「井戸の使用について少なくとも意見を同じくする」ために、「互いに集まる必要があった」[*5]。そのような合意はすでに何らかの言語を前提としていることに気づくだろう。しかしここではすでに『不平等論』で言及されたやっかいな問題は生じない。つまりルソーは、協約に先行するどんな言語が協約を結ぶことを可能にしたのかは問わないのだ。この見事な光景のなかでは、水を引いてくることと最初の共通言語が噴き出してくることとを結びつけるだけで十分なのだ。若者たちが他の若者たちと出会う井戸は、愛の目覚めをルソーが演出する架空のオペラの牧歌的な舞台装置である――これでようやく原初の言語の開花に必要な十分条件が整ったのである。そのような舞台装置のなかで、家畜の群れの喉の渇きは「身体的欲求」という動物的な性格をほとんど失っているように映ることを確認しておこう。それでも喉の渇きは原因としての価値を持っている。そこから生じるさまざまな結果が、原因に取って代わる。出会いが増えること、身振りにおいて体を活発に動かすこと、ことばと歌が共に生まれる祝祭が、考え抜かれた叙情的表現とともに口にされること。そしてこの叙情的表現によって、ルソーは恵みの水のほとりで繰り広げられる情念の模倣という効果を産み出すことに成功するのだ。

韻律と抑揚のある言葉遣いでこのように語られる寓話は、原初の旋律の美しい言語を快楽と欲望の統一性の表現、内的感情の真実の表明にする。内部と外部の対立状態への彼の好みがどのようなものであれ、ルソーは、この見事なページで、感情の内面性は外部との関係から生じるということをしっかりと理解させる。祝祭に至る一連の行為を引き起こすのは外部の束縛だけでないし、また生まれつつある言語は内的な感動の外在化であるだけでもない。新たに始まる祝祭は同族結婚から外婚制への移行と一致しているとルソーは主張する。言語を誕生させる、または言語とともに生まれる関係の多様性を示すためであるかのように、ことば＝歌は最も外部の対象、すなわち別の家族の若い娘に到達し、引き留めるために不意に出現するのだ。

第九章の終結部では法哲学者たち、特にグローティウスとプーフェンドルフが議論していた問題にヒントを得て、泉のほとりでの出会い以前の言語の不十分な発達と関係のある、原初の近親相姦に言及している。この一節が最近の解釈者たちの注意を引いたとしても驚くにはあたらない。

ルソーは北方の「耳障りな」諸言語をどのように誕生させるのか。彼は北方の諸言語に情念という起源を与えるのをあきらめない。またもや、家族集団のなかで原始的なままであった関係性がより完璧に整い定着するためには、感情が閾値に達する必要があるのだ。しかし南方では愛情が、すなわち「精神的欲求」が「身体的欲求」に結びつくのに、北方では「身体的欲求」があまりにも優勢なので情念になるのだとルソーは想像している。言語への道を切り開くのは、物質的不足の増大なのだ。気候の厳しさは自然との闘いにおいていかなる中断も許さない。つまり、優しい感情の吐露のためにいかなる暇も与えられないのだ。怒りっぽさはこうした北方の人びとの主な特徴である。彼らの最初の呼びかけは〈助けてください aidez-moi〉であったが、南方では思わず出る命令の声は「愛してください aimez-moi」と懇願していたのだ。このようにルソーは、フランス語の表現力によって可能になった類音重語によって、また有声歯音（‐*d*‐確かにより耳障りな歯音だ）と鼻音の両唇音（‐*m*‐ *moi*〔わたし〕の *m* とともに響くが、この *m* はルソーが「暑い国々」の「快楽を好む情熱」に備わるとしている柔らかさに一致する）との対立によって、フランス語から非常にかけ離れた、原初の言語の二つのグループの差異の証拠を探すのをためらわない。

この理論は、モンテスキューが北方の民族に荒々しい自由の精神を与えている――イギリスの政体はこの自由の精神を受け継いでいる――点とは大きな違いがあるものの、『法の精神』で述べられた風土論の延長線上に置かれる側面が強い。一方でルソーは、かなり控えめに、「自由な魂」の真の源を「ソフィスト」と「フィロゾーフ〔十八世紀フランスの哲学者〕」の出現に先立つギリシャ世界に位置づけている。彼によれば、北方の気候は攻撃的な行動を引き起こすとされる。言語においてこれに対応するのは、子音が多いことである。この子音は、話の連鎖を荒々しく分割するのだ。意志的な動きから生まれた北方の子音は、抑揚のある声の変化に先立つ身振りの言語に類似していると同時に、言語の音楽性を損なう文字言語にも類似しているのである。

ルソーが作り上げる神話では、南方の最初の諸言語は東洋の諸言語と同じく、人間の音声言語が能力として備えている最も高度な長所と力、つまり旋律と雄弁とを備えている。初めは共有されていたこの力は分離し、次には退化する。この不幸な分裂の原因は、まずは政治的な隷属のなかに、次に北方の蛮族に南の国々を征服することを許してしまった「大惨事」のなかに求められなければならない。ムハンマドの雄弁の説得力は、その「エネルギー」をいまだ全面的に備えていた言語の例である。この例はただ単に例証としての価値を持っているだけではない。論争的価値を持っているのだ。というのは、「他人の場所に」自分の身を置くすべを知らず、「狂信」を笑うべきものと思っているヨーロッパ人を批判する機会だからである。攻撃は『狂信または預言者ムハンマド』の著者、ヴォルテールに暗黙のうちに向けられている。ルソーのムハンマドは詐欺師ではなく、モーゼとリュクルゴスと同じく立法者である。

ルソーの頭のなかでは、『ラミールの祝宴』の不運な出来事の際と同様、ヴォルテールはラモーと結びついたままである。だからといって、これはまったく個人的な反撃でしかないのだろうか。ルソーは、この時点では、百科全書派（ディドロ、ダランベール、マルモンテル）の意見に賛同している。というのも彼らは雄弁の衰退を政治的自由の不在に原因があるとしているからだ。それこそはルネサンスの人文主義者たちがタキトゥスと偽ロンギノスから借用していたテーマであり、革命前のフランスにおいて、「専制政治」批判が広範に広がる原因となっていたのだ。

ルソーはこの原因を『言語起源論』の最終章「言語と政体の関係」で、特にコンディヤックの考えを繰り返しながら社会批判を展開した非常に激しい調子のいくつかの文に取り入れている。つまり、政治的抑圧が音声言語を聞こえなくするだけでなく、また反対に、言語が聞こえなくなることは自由の衰退の原因となるのだ。「自由に好都合な言語がある［……］。ところがわれわれの言語は長椅子でのささやきのためにできている(40)」。

音楽の起源は、ルソーが後になって各章の分割をした際に、「第九章　南方の諸言語の形成」と題した章の末尾ですでにわたしたちに語られている。「そこで最初の祭りが行なわれ、足は喜びで飛び跳ね、熱烈な身振りだけではもはや十分ではなくなり、声が情熱的な抑揚をつけて身振りに伴い、喜びと欲望が一体になって同時に感じられるのであった(41)」。こうした一節は、「音楽の起源」と題された第十二章以降、この文を引き継ぐかたちでなされる、特に音楽関連の議論にとっての支点として役に立つ。

わたしが話した泉のまわりでの最初のおしゃべりは最初の歌であった。周期的に繰り返されるリズムの反復、抑揚の調べ豊かな変化が、言語と一緒に詩と音楽を生み出した。というよりもむしろ、そのすべてが一つになって、この幸福な風土と幸福な時代のための言語をつくりだしていた。そこでは、他人の協力を必要とする差し迫った欲求は、ただ一つ、心が生み出す欲求だけだったのである。(42)

すでに見たとおり、これは第四章で述べられた仮説の確認である。そしてこの仮説はすぐにギリシャの古代史の権威によって補強される。これ以後はもはや仮説ではなく、証明された事実である。「語ることと歌うことは、かつては同じことであった、とストラボンは言っている」(43)。

ギリシャの音楽――メイボンによってまとめられた理論的な著作やメルセンヌ、キルヒャー、ビュレットの復元の試みによって知ることができるような音楽――は、ルソーが第十三章から第十七章でラモーとの公然たるもしくはヴェールをかけられた論争に乗り出す以前に、援用していた偉大なパラダイムである。

古代ギリシャはルソーが引き合いに出す保証人であり、異論の余地のない権威である。確かに、敵との論争では、同時代の状況において音楽の諸問題が示されるように、原理のレベルで音楽の問題に近づくために彼は一時的に歴史から離れる。しかし結論部の第十八章から第二十章においては、ギリシャ世界が失われた地平を改めて形成する。そこでは音楽は、和声の装飾過多をすべて排除して、音楽の最も驚くべき「効果」を発揮していたのであり、また雄弁家は、響きのよい抑揚のある言語の効力によって、公の場所で自分の話を聞いてもらうことを保証されていたのだ。対照的に現代の世界は、騒音になってしまった音楽の世界、聞き取りにくいものになってしまった音声言語＝ことばの世界である。

ルソーは「音程の計算」を批判した最初の人ではなかった。マリー＝エリザベート・デュシェがいみじくも指摘しているように、「ルソーの態度は、合理化の限界があるにもかかわらず、音楽の合理化の建設的な成功の背景につねに存在してきた音楽の心理・数学的合理化との対立という背景に関連している［……］。ルソーが否定するのは、西欧音楽の理論全体なのだ。このような拒否は、しばしば進歩の拒絶および程度の差こそあれ起源に感情的に頼ることと関係があって、感受性のほぼ永続的な反応である。アリストクセヌスからルソーまで、そしてルソー以後も、音楽を振動の協力に還元することを望まなかった人びとは多い[44]」。

反ラモーの呼びかけにおいて公衆に頼りながら、ルソーは自分の主張の拠り所として数多くの先駆者たちを引き合いに出すことができたかもしれない。彼は『言語起源論』ではそうしないで、先駆者の証言をおそらくいずれ『音楽辞典』となるより技術的な著作のために取っておくのだ。反対に、ルソーは回りくどい手段に訴える。そのほうが問題にすっかり慣れている読者に美学の問題を提示するのに有利なのだ。ルソーは旋律／和声の対立とデッサン／色彩の対立とのあいだに相同関係があることを前提にする。デッサン disegno と色彩 colore とのあいだで、プッサン派とルーベンス派とのあいだでどちらが優位にあるかという論争は、ルソーの時代には決着がついていなかった。彼はその論争の影響をデュ・ボス、P・アンドレ等々の美学者の著作のなかに見出していた。デッサンをはるかに優位に立たせる新古典主義様式の確立の時代に、工房や批評のうちに、この論争は再びアクチュアリティーを帯びた。

ギリシャの都市国家の自由に言及し、旋律の原理を擁護し、旋律をデッサンと比較しながら、『言語起源論』はこの時代にヴィンケルマンと同じ考えを示し、遅からず優れた作品を生み出すことになる芸術のあらゆる理論的基礎を提案する。つまり、『アウリスのイフィゲニア』に斉唱を含んだグルックの音楽、ダヴィッドの絵、ゲスナーの版画、等々。こうした芸術の立場は、一七八一年、つまり『言語起源論』が出版されるときにはすでに勝利を収めていたので、『言語起源論』がその成功に直接貢献しているわけではないけれども。

こうした記述におけるルソーの大きな基準は、感情の広がりの要請と定義することができる。最も深いところに由来し、最も深いところに至るものを優先させる必要があるのだ。つまり忠実な表現と、その力が生み出された印象に完全に伝えられることを保証する手段を通して、「心」から「心」へと伝わるものである。和声の進行の計算から物理的振動の受容器官、つまり耳までの経路は短い。このように、旋律／和声の対立は、旋律に与えられる優先権を完全に正当化するために、心／耳――感情の喜び／感覚の喜び――の対立をより強めるのだ。

旋律とデッサンとのあいだで前提とされた相同性はそれでも、第一章からすでに、目に見える記号と耳に聞こえるメッセージとのあいだに確立された区別を消し去ることはない。色彩と同一視された和声批判は、カステル神父が『色彩の光学』（一七四〇年）で練り上げたような、「色彩と音とのあいだの誤った類推」批判へと通じる。ルソーがその際、論争の哲学的重要性しか考慮しなかったのだとしても、ラモーが賛辞を込めて引用していた著者を非難しようとしたのだとしても、カステルのなかに『不平等論』の公然の敵を見出していたのだとしても（カステルからの非難の書、『精神的人間……』(45)は一七五六年の著作だ）、これは明白な常識《サンス・コマン》を思い出させる絶好の機会であったが、重大な結果をはらんでいた。つまり、音楽の模倣は時間のなかに書き込まれる一方、絵画の模倣は同時的な、動かない対象を再現するということだ。音を一つの複雑な和音のなかに集めるのがおかしなことであるように、色彩を動かすのもこっけいなことだ。声の音楽（ルソーにとってはこれこそ音楽のすべてである）において、よい模倣は感情の「動き」と継起する声の調子の変化に従って人間の感じる感情を表す。「音楽の領域は時間である」。絵画が表すものを、音楽もまた音楽のやり方で表すことができるだろう。そのことをダランベールはルソー以前に主張していたが、ルソーは観客に感じられる感動を通して音楽がどのようにして生命なき世界を描くのかを、よりよく表現することができた。

自然全体が眠り込んでいようとも、それを眺める者は眠っておらず、音楽家の芸は対象の感知不可能なイメージを、対象の存在が眺める者の心のなかに引き起こす動きのイメージに置き換えることにある。音楽家は海を揺り動かし、火事の炎をかき立て、小川を流れさせ、雨を降らせ、激流を増水させるだけでなく、恐ろしい荒野のおぞましさを描き、地下牢の壁をより暗くし、嵐を静め、大気を静かで穏やかなものにし、オーケストラからは木立に新たな涼気を放つだろう。音楽家はこうした事物を直接表現しないだろうが、事物を見て経験するのと同じ感情を魂のなかにかき立てるだろう。(46)

間接的な表現が聴衆により強烈な、しかも明らかに即座の感動を生み出すことができるのはどうしてなのか。すでに見たように、ルソーは音と色彩とのあいだの共感覚的連想を放棄している。しかし彼はこの連想とは別の、まったく「精神的な」連想を置き換える。つまり音をある「観念」の記号、またはある感動の記号とする連想である。「旋律における音は単に音としてわれわれに作用するのではなく、われわれの情動や感情の記号として作用する。まさにそのようにして、音はそれが表現していてわれわれがそのイメージをそこに認める心の動きをわれわれのうちにかき立てるのだ」(47)。旋律の持つ「真実の性格」のおかげで、「情動」は直接に伝えられる。これは文明化された人間の特権なのか。まったくそんなことはない。「この精神的な効果の一端は動物においてさえ見られる」(48)。感情の記号だけが、その感情が実際に体験されるという限りにおいて、関心を目覚めさせるのだ。

『旋律の原理』の草稿やその直接の結果である『ラモー氏が主張する二つの原理を吟味する』、そして『音楽辞典』の最も重要な項目に目を向ける読者は、『言語起源論』が、第十二章から第二十章まで、いくつかのパラグラフにおいては完全に重ね合わせることができるほどにきわめて似通っていることがわかるだろう。

『不平等論』の最後の数ページと、『言語起源論』の最後の劇的な非難＝告発の章の類似性についてはしばしば指摘されてきた。「お金をあげなさい」と文字に書かれ貼り出される命令が、「愛してください」または「助けてください」という原初の口頭による命令を消し去ってしまう。沈黙と隷属が、ミツバチの群れの「うなり」と化してしまった社会に及ぶ。しかし最後のパラグラフ、すなわち作品全体に霊感を与えているとされる、デュクロの引用についてはどう考えるべきなのか。確かに、『言語起源論』を通して、ルソーは『ポール・ロワイヤル文法についての考察』(一七五四年)を引用し、利用してきた。彼は、デュクロの『古代人の雄弁術』および『演劇的行為を共有する術についての覚書』もまた利用してきた。そしてルソーは、『村の占い師』を擁護してくれた「地位のある人」に対して敬意を表する理由があった。しかもその友情は彼にとって、ディドロの友情以上に確かなものに思えたのだ。しかしこの結論からは簡単な構成という印象を強く受ける——この作品を終わらせるためのものであって、提起された問題すべてに決着をつけるためではないのだ。歴史の悪い結果に言及した後、不意に現れるデュクロへの畏敬の念を記した一節、「より掘り下げた」新たな考察への呼びかけは、少なくとも熟慮の人に言語活動と音楽に訪れた災厄はおそらくは取り返しのつかないものではないかと思わせるのだ。

この質問に答え、ルソーにとって悪＝病は手の施しようがないわけではないということを示すにあたっては、さしあたり、『言語起源論』以外のテクストを検討し、音楽の諸段階を調べる必要はない。音楽は、泉のほとりで、最初の恋の祝祭において、ことばと歌の共有において生まれる。しかし、すでに古代において、哲学者や文法学者らの影響のもとで、音楽は「ことばから完全に切り離された」芸術になり、旋律は「〔ことばとは〕独立した特別な存在」となっているのだ。しかしながら、この新しい形態のもとで、旋律は最初の力を失ったにもかかわらず存続する。蛮族の定着させた教会の歌からは、「いかなる旋律も奪われて」いる。真の旋律の忘却は徹底的なものなので、和声の理論家と実践家は、「声部の行進曲」でしかないものに旋律という名を与えている。これは横領である。

しかし和声はこれ以後、全面的に支配するのだろうか。音楽の現在の状況に関わる第十四章「和声について」を参照してみよう。そこでは和声は、いまだに存在している、あるいは少なくともいまだに存在しうる旋律と比較される。

旋律は声の変化を模倣することによって、うめき声、苦痛や喜びの叫び、脅し、うなり声を表現する。情念の音声的記号はすべて旋律の領域に属している。旋律は言語の抑揚や各言語において心の動きに用いられる独自な言い回しを模倣する。旋律は模倣するだけでなく、語るのであり、分節されてはいないが生き生きとしていて熱烈で情熱的なその言葉遣いは、音声言語そのものよりも百倍も力強い。音楽的模倣の力はまさにここから生まれる。感じやすい心を持つ人たちに対する歌の影響力はまさにここから生まれる。和声はある体系では歌の影響力に協力することができる。それは転調の規則によって音の連続をつなぎ、抑揚をより正確にし、その正確さの確実なしるしを耳にもたらし、わずかな転調を、協和し、関連する音程に近づけ固定することによってである。(49)

ルソーは和解の可能性を敵に示している、もちろん、和声は旋律に注意深く耳を傾ける控えめな下女になるという条件付きである。というのも、「一つの音はそれに付随するすべての倍音を含んでいる[50]」からである。和声は初めから存在していたのだ。ユニゾンはそれ自体に和声を伴っているのであり、それこそは自然に生み出された唯一の和声なのである。したがって、しかしルソーはこのようなあまりにも単純化された概念だけでは満足しない。この概念は『新エロイーズ』では祝祭の日の晩に歌われるようないささかもの悲しい古い歌に当てはまるものだ。先ほどその言明を確認したように、ルソーは、声の抑揚と旋律の抑揚の優位が守られるという条件付きで、和声にはるかに大きな役割を与える用意ができているのだ。

それこそは現在の、そして未来の音楽のための提案である。ルソーが歴史家として行なった分離、あるいはむしろ一連の分離は、決定的な災厄には至らない。それを別の言い方をするならば、ルソーがいくつかのページで、音声言語の終焉と音楽の終焉に言及するに及んだのは、彼がそれらの起源から出発していたからである。それは修辞学の法則の一つであり、誕生について語るならば死を考えざるをえなくなるのだ。

しかし『言語起源論、旋律と音楽的模倣について論ず』もまた——その完全なタイトルによれば——音楽的模倣についての試論である。そして論争がこの領域に及ぶとき、ルソーが音楽の可能性は永久に究め尽くされていると思っているようにはいささかも見えない。彼は音楽があるべき姿、音楽がいかなる効果を生み出しうるか、どのようにして音楽は感じやすい心の持ち主を熱狂させることができるのかを語る。ひと言で言えば、彼が定義しようとしているのは、彼が誤っており、不完全だと思っている音楽という技芸に対して、『言語起源論』には確かに見当たらない表現ではあるが、いわば「完成された技芸」のおかげで天才が手にすることができる力なのである。わたしはこの表現を『社会契約論』第一草稿から借用している。「悪そのもののなかから悪を治癒すべき治療法を」引き出さなければならない。というのは、その治療法を知っていて、その治療法を望む人たちは、「人間が最初に始めた技芸が自然に対して加えた悪の修復を完成された技芸のなかに見出す[51]」からである。

同じ考えが別の表現、『エミール』の冒頭にも出てくる。しかし音楽に関してはどうか。『フランス音楽についての手紙』からすでに、ルソーは「旋律の統一性」の原理を述べている。これについては彼はイタリア人に忠実である。というのも、イタリア人はこの原理を、完全に意識しないままに、本能的に実践しているからである。ルソーはこの原理については明確な概念を持っている。『音楽辞典』では、この原理を発見した後すぐ、これを試みるために『村の占い師』において適用してみたと言う。次には、この原理について『フランス音楽についての手紙』のなかで語っている。ところでイタリア人が実践しているような旋律の統一性とは、技巧と自然の感動、学識に基づく巧みな方法と情念のほとんど動物的な叫びという、もともとは別々のものであったものを和解させるものである。

こうした手慣れた転調、こうした単純で純粋な和声、こうした生き生きとして輝かしい伴奏の助けを借りてこそ、あの神々しいまでの歌が魂を引き裂き、あるいは恍惚とさせるのであり、観客に我を忘れさせ、そして恍惚とした彼に叫び声を上げさせるのですが、こんな叫び声をわたしたちの安穏なオペラは頂戴したことがいまだかつてありません[52]。

こうした並外れた効果——このような効果はルソーが『言語起源論』でギリシャ音楽に与えている効

果よりも劣っているのかと自問したくなる――には、和声と旋律、声と楽器が同時に協力する。このきわめて見事な和解は、音楽の原初的な力の分割を人びとが記憶しているものの、それには甘んじなかったことを前提としている。統一性は別のレベルで、認められると同時に拒絶される分割をもとにして、回復されうるだろう。こうして身振りそのものが、最初の祝祭の歌うような音声言語と結びつき、音楽が旋律の統一性の原理に従うときには、また音楽が「歌」と伴奏の「シンフォニー」とのあいだに完全な「照応関係」を見出すときには、身振りはもう一度音楽と統合されうるのだ。

この伴奏は歌とまことに見事に一体となり、かつ歌詞にまことに正確に関係するので、しばしばそれが演奏を決定づけ、役者がやらねばならぬ仕草を彼に指示してやるように見えるほどで、歌詞だけでは役が演じられそうもないような者でも、音楽に乗ってまことにきちんとその役を演じることになりましょうが、それというのも音楽が巧みにその演技者の役を果たしているからです。[53]

ここまで見てきたとおり、『言語起源論』は、言語活動と音楽の分離そのものを、その歴史的図式において退廃の始まりとして示しているのだが、まさにその分離がこれ以後は、新しい手段に訴えることによって、可逆的なものとして現れる。つまり、起源の素朴な自発性のなかに示されていた、音声言語《パロール》=ことばと音楽の完全な融合との関係に、「付随的な観念」を忘れることなしに音楽と言語活動、符号化されたことばと感情とを一致させる模倣の関係が取って代わるのである。再び見出された統一性は表象《ルプレザンタシオン》において、そして特にオペラのスペクタクルと音楽の表象《ルプレザンタシオン》=上演の際に祝われることとなる。『音楽辞典』の「オブリガートの叙唱」という項目を一読すれば、いかなる形態のもとでルソーがことばと音楽を（「やむをえず－する」ob-ligatoという文字通りの意味に従って）接近させ、結びつけているかがわかるだろう。特に項目「オペラ」を再読いただきたい。そこには『言語起源論』と『新エロイーズ』においてラモーとフランス・オペラに向けられた数多くの皮肉のきいた言葉が再び見出される。しかし、『言語起源論』第十六章「色と音のあいだの誤った類似性」の結論部の議論もまたそこに見出される。先に見たように、その結論部分では絵画の力そのものよりも優れた表象の力――描写する力――を音楽に与えている。そのページは、いくつかの変更《ヴァリアント》があるものの、「模倣」という項目――『音楽辞典』に述べられている見解を示すきわめて重要なもう一つのテクスト――にもう一度登場する。ところでそれらは綱領《プログラム》的な項目である。音楽家に一つの任務を与え、現在形で語られている――未来への序曲＝開かれ《ウーヴェルチュール》と、説得の期待とともに。「天才」という項目は、命令形を用いることで「若い芸術家」を励ますことになる……。『言語起源論』第十六章の結論部は、したがって『音楽辞典』でより詳細に展開される理論を準備し、先取りしている。こうして、『不平等論』第二部での「正当な制度」への言及および「すべての政府の基本的契約の性質についてなすべき探究」への言及は、のちに『社会契約論』となる政治的権利の諸原則についての著作を予想させる。『言語起源論』では、のちに『不平等論』と同様、起源と原初的充足への言及、次いで嘆かわしい「進歩」につれて起こる過ちと損失の連続の物語が現在の状況について分析することを可能にしているが、それはおそらく、「現在の敷地をよりよく掃除し」、「古いすべての材料を遠ざけ」、「そのあとで立派な建物を建てるため(54)」なのである。

ルソーが夢見ているような再生した音楽が、すべての損失を修復することはない。古代人の雄弁はどうなってしまったのか。古代人の雄弁は音楽言語で表現されているのに、政治的な役割を担っていた。古代人の雄弁がもう一度かつての力を取り戻すのは――オペラの観客を前にした――完成された歌の芸術においてではない。『言語起源論』結論部からは、当時の他の多くの著作と同様、社会がとった「最終形態」（すなわち君主制絶対主義）が決定的な言語的消耗の不可逆的な結果でない限り、言語のエネルギーは、政府が変わり、自由がこの世に戻ってくる場合にしか見出されないことがわかる。「広場で」可能な演説はもはやない、したがって古代人風での直接民主主義はもはやない。しかしそれを伝えるために、ルソーは書かれた雄弁を展開する。そしてその雄弁の説得力は多くの読者を獲得することができる。『言語起源論』で言語のエネルギーの敵であるかのように非難された文字言語《エクリチュール》によって、ルソーは新たな政治的権力、すなわち世論に近づく道を示している。その世論が、堕落した社会をさいなむ悪をいつの日か修正し、治すことができるだろうと期待するのは無駄なことではない。文字言語を人びとが願う「修復」のために用いることは、すべての点において、心と心の接近を見出す音楽における和声の利用に似ている。ルソーの文字言語による熱は、彼が言語の消滅の要因として非難していた手段そのものを通じて、言語のなかに戻ってくるのである。

ルソーは、自分の著作のタイトルを付けるにあたって「試論」という語を用いることで、もっと輝かしい修辞的色彩を持つ自分の他の著作とまったく同じ効果を生み出そうとはしていないことを暗黙のうちに認めている。そのことがおそらく、彼が生前この著作を出版するのをためらった理由の一つであろう。しかし『言語起源論』がその結論にあたる一節で、フランス革命初期の時代の弁士たちの希望と幻想がどのようであったか、戸外での市民の礼式の展開がどのようであったか、頌歌への好みがどのようであったか、そして私的な喜びのうちに歌がとてつもなく広がっていくさまがどのようであったかをよりよく理解するのに手助けしてくれていることに変わりはないのである。

エピローグ

ジャン＝ジャック・ルソーに贈る花束

ディドロは『盲人に関する手紙』〔一七四八年〕に後で加えた付記〔一七八二年頃〕で、ある盲人に触れて次のように言っている。この盲人は、「ジャン＝ジャック・ルソーが、真面目にか、それとも冗談からか、パリの花売り娘たちに教育をする学校を開くつもりがあると友人たちに打ち明けたときに自慢していた繊細さをもって、花束の微妙な違いを看取する」[*1]というのだ。花屋としてかくも優れた才能を持っていたこの盲人についてては何もわからない。しかしディドロがルソーのものとしている計画は真剣に検討するに値する。ディドロはルソーがそんな話をするのを聞いたのだろうか。わたしはそれは『百科全書』の構想と最初の数巻が二人の友人たちのあいだで議論されていた時期だと想定する。それはルイ＝ベルトラン・カステル神父の「視覚用クラヴサン」——鍵盤に触れるとさまざまな色の演奏を生み出

❖この短いテクストはルソー生誕三百年の折に、二〇一二年六月二十八日、『ル・タン』紙（ジュネーヴ）に発表されたものである。

すというクラヴサン——について まだ論争が展開されていた時期であった。この楽器は音階をなす音譜と虹の色彩との相同性という前提に基づいて想像されたものであった。

ディドロとルソーはそのとき、コンディヤックと『百科全書』の未来の寄稿者たちの何人かを介して出会った。花売り娘たちに教育をするなんて！ この話は人を驚かせるが、よくよく考えてみれば、それは夢のあることであり、さまざまな理由で示唆的である。『新エロイーズ』で、サン＝プルーの生徒であり最愛の人であるジュリは、干からびて不毛な庭を草木の生い茂った庭園に変える。ジュリの恋人であった者はこの庭園に太平洋の島々を見出したと思うのだ。そしてかつての家庭教師であり誘惑者であった者に庭仕事を教えるのは、ヴォルマール氏の妻となったジュリである！「扉を閉めるだけで十分でした。水がやって来ましたが、どのようにしてかはわかりません。自然がただ一人でその他のことを成し遂げたのです(1)」。

もちろん、一つの花のなかではすべてが重要である。つまり花を取り囲む葉、形、色、香り。ルソーは、辞書と語彙集が流行していた時代に、花束となる花のコレクションを含めさまざまな種類の集合物について熟考していた。すべての色のあいだに実にさまざまな和音と転調を夢見ることもできただろう……。そのうえ、花売り娘たちを育成することになる学校計画は、二つの要素を結びつけていた。一つは教育的要素、もう一つは良識に背かない愛の要素である。特に項目に入れられる内容が好みのものであるとき、一つの花束のコレクションからある語彙のコレクションに至るまで、実に多様なコレクションのなかにどれほど多くの情熱が注がれるかは周知のとおりである。ルソーの作品のなかで、たとえ均衡が取れていないとしても、『植物辞典』と『音楽辞典』は対をなしている。彼が夢中になった科学的な植物学が神話の人物像を無視していたとはいえ、多くの同時代人と同じように、ルソーは花と神話の人物像を結びつける古代の物語を忘れてはいなかった。誰もがオウィディウスと西欧で続いてきた恋の植物学の偉大な出典の一つである『変身物語』を知っていた。しかしルソーは、同時代にギャラントリーに役立つ芸術に伴い花への情熱が過度に高まることに異を唱え続けた。肖像画家は花を濫用した。ところが若い人の魅力はそうした飾りを必要としない。こうした拒絶はジャン＝ジャックの小説のなかにはっきりと示されている。パリでサン＝プルーがジュリの肖像画を受け取ったとき、有頂天になったあとに批判が続く。彼の愛する女性の髪にむだに花が添えられていたのだ。「ほんとに、これらの花は余計です……あなたの顔を飾らなければならないのはあなたの髪の金色であって、金髪を隠してしまうこのバラの花ではありません[2]」。サン＝プルーにとって、これは重大なミスである。というのは、乱れていようと三つ編みにしていようと、髪の毛だけで恋人の眼差しを満足させるからである。

少し後で、植物の世界を前にして、生徒になったのはルソー自身である。一七六四年、モチエでの亡命生活のなかで、彼の著作と人格に対してパリとジュネーヴで下された〔『エミール』と『社会契約論』に対する〕有罪判決から彼はついに身を守ることができた。新たな友人たちに助けられて、敵なしに生きることができる広大な領域、つまり植物の世界を発見または再発見する。この世界は約三十年前の若き日の幸せな瞬間を彼に示した。すなわち、ヴァランス夫人と一緒にレ・シャルメットに登ったとき、彼女が「生け垣のなかに何か青いもの」を見、「ほら、ツルニチニチソウがまだ花をつけているわ」[*2]と叫ぶのを聞いた瞬間を忘れていなかったのである。そのとき、彼の人生のなかでは重要な時期が始まっていて、それを彼は『告白』で恋の経験と密接に結びついた知的形成の瞬間として記述することになる。ほぼ三十年後のモチエで、植物と植物に関する知識の領域がその魅力を十全に発揮するのだ。しかしこのとき、仮に生け垣にツルニチニチソウがあったとしても、もはや彼の傍らには母親の代わりはいないし、愛人もいないし、ほとんど友人もいない。自分が生まれたときに母親を死なせてしまったことが、残りの人生にわたって彼を罪人、被疑者にしてしまったのだ。彼はたえず自分の気持ちを落ち着かせようと試みる。そして彼はけがれのない活動を発明し、その数を増やしていく。彼の興味、情熱は、植物に熱中する仲間たちとともにめぐることにした場所をカヴァーする植生の目録作成に進んでいく。これは気晴らしであり、ほとんど現実逃避のアリバイである。現代の心理学の語彙を適用して、わたしは彼の強迫的な苦悩がそこに完全な代理〔無意識の内容の代わりをする〕を見つけたのだと言うことにしたい。解放だろうか？　田舎での散歩、植物採集、植物の種類の同定、植物の保存や植物標本にして整理することに割かれるすべての時間、こうした時間のすべては逆境および不安と引き換えに得られるのである——不安は現実の迫害者たちによっても彼の想像力によっても助長される。こうしたものこそ、彼が犠牲となっている悪意への不安からの逃避を可能にする手段なのだ。それゆえ彼の逃げ場は、自然の植物についての客観的・体系的な知のうちにある。というのは、彼の最後の著作『夢想』を読み直してみれば、彼が反逆的で誇らしげな自らの自由と、最悪の不幸に耐えているという確信とを両立させているのを確認せざるをえないからである。美しい「第七の散歩」の最後の段落を読み直してみれば、そこには、植物標本のおかげで、散歩の際に駆けめぐった各地の野の「あの素晴らしい光景」を見出すことができるという確信と同時に、彼自身「一人の人間がかつてこうむった最も悲しい宿命」*3の犠牲者であるという確信が、音楽的かつ悲嘆に暮れた調子でまとめられているのだ。しかし植物の体系に逃避し、その辞典を執筆する前に、彼は数多くの別の体系を徹底的に考察することになる。当時の語彙において体系《システム》とは、この用語の第一の意味では知的な構築物ではなく、もっと広い意味で、どんな分野であっても一つにまとまっているものであった。音楽と音の体系が彼が専念した最初のもので、それをもとにして理論や辞典や花束《ブーケ》〔＝とっておきの演し物〕をつくったのである（そのなかで最も成功したのは『村の占い師』であった）。これは彼にとっては出発点でしかなかった。ともに気持ちを慰め、体系として組み立てられる音楽と植物学以上に彼の心を占めた問題は、人間社会と社会を一つにまとめる手段の問題であって、彼はそうしたものをその歴史のなかで——最も遠い過去から現在のもろもろの不正に至るまで、幸福だったと想定される未開の状態からいまなお不完全な文明に至るまで、個人から家族、国家、帝国に至るまで——考察しようとした。ルソーは、自分を取り巻く人間的な光景のなかに、花束の花々のように一つにまとまっているものの調和ではなく、恣意と濫用とを発見したのであった。同時に、彼は現実の敵または想像上の敵のなせる業とみなす自分の人格に敵対する体系《システム》を過度に心配した。その反面、彼は人間の共同体の幸福と生き残りの必要条件を定義したいと望んだ。相互性の要求をもとにして、各人＝一人ひとりの自由と全員の意志を一致させるような政治システムを望んだのだ。彼の倫理学は、相互性と従属が矛盾しないことを望んでいた。

したがって、こうした問題が提起される必要があるときに、必要な問題を提起することに心を配ったのだ。第一に、確かに、彼は生まれ故郷の〔ジュネーヴ〕共和国のことを考えていた。しかし彼の観衆、読者、弟子はヨーロッパの人びとに及び、やがてアメリカ人たちが含まれた。彼の雄弁は至るところで弟子を得るに値したが、同時に多くの敵も生みだした。世界の美しさを前にして、彼は充実した幸福の瞬間を経験し、その驚嘆をわたしたちに分かち与える仕方で繰り返すことができた。しかし人間たちの現実の、もしくは空想上の邪悪さを前にして、このうえなく激しい不安も経験した。彼は知恵の師という立場と、犠牲者の条件とを生きたのである。彼は大いに反論を唱える人間であったが、その反論が彼自身を引き裂いたのである。

彼が口にしたもろもろの問題は現在もつねに、そして今では地球全体の規模で生じている。それらの問題にわたしたちは答えを出すことができるだろうか。あの大きな花束をつくることができるだろうか。そしてまず初めに、不和が勝っている世界で、わたしがかくも易々と、また軽々しく口にする「わたしたち」という語の意味は、いったい何なのか。

ルソーよ、わたしたちを心配させ続けてくれてありがとう。

ジュネーヴ、二〇一二年六月二十八日

ポスト・スクリプトゥム（追伸）

忘れられたテクスト「徳についての手紙」

〔解　説〕

これから読者の皆さんにお見せするルソーのテクストは未刊のものではない。一八六一年に、それまで刊行されていなかったルソーの他のテクストとともにポール・ストレケイゼン＝ムルトゥーによって出版されたことがある。(1) 選集のなかにあって、これは四編から成る『徳と幸福についての手紙』（編者によるタイトル）の最初の手紙となっている。続く三編の手紙はプレイヤード版の『道徳書簡』――このタイトルは、ルソーが一七五八年一月二十八日にソフィー・ドゥドトに宛てた手紙で用いた表現を借りたものだ――の第二、三、四書簡に対応している。(2)

わたしが『ジャン＝ジャック・ルソー協会年報』第四一巻（一九九七年）に注釈を付けて再版したテクストは、明らかに一七五七年の秋から一七五八年の初めまでソフィー・ドゥドト宛てに執筆された一連の手紙には属していない。

手紙の最初の一葉には鉛筆で書かれた枠があるが、その枠は続く自筆の用紙では消えている。冒頭には書き直しがないが、その後ではかなり多くの修正が行なわれている。ルソーはあるとき清書できると思ったのだが、執筆途中でテクストを手直しする必要があると判断したのは明らかである。一七七八年、このテクストをポール・ムルトゥーに委ねている以上、彼はこのテクストを重要なものと認めていたと言える。

ルソーがシャフツベリと「シャフツベリにふさわしい解釈者」に言及するときに念頭に置いていたのは、明らかにディドロと、『長所と徳に関する試論』のディドロによる翻訳である。ここからわたしが提示するテクストは、一七五八年の取り返しのつかない〔ディドロとの〕決裂よりも前であると考えることができる。他方、道徳性は孤独とは相容れないと断言することにルソーが固執していることは、「一人でいるのは悪人だけだ」というルソーを傷つけたディドロの文章に応えるべくすでに準備していることを示しているようにも見える（けんかは一七五七年三月に始まる）。ルソーはここで論争を始め、孤独は不可能であると断言する。このテクストの下書きは一七五七年五月の手紙の第一稿の裏面に記されているから、一七五七年に執筆されたものという考え方が裏づけられる。いずれにせよ、このテクストは『人間不平等起源論』から『社会契約論』に至る過渡期のテクストの一つとみなされるべきだ。

もしこの手紙が初めは誰か文通相手に答えるために書かれたのだとしても、その文通相手を同定することができるものは何ひとつない。しかしここで問題になるのは、手紙であること以上に、理論が述べられていることである。このテクストは、他の読者たちに言及していて、公的な性格を帯びているのだ。ただちに自然状態と原初の独立性以上に社会的関係を強調したこの著作の哲学的重要性が推し量られる。『社会契約論』や「サヴォアの助任司祭の告白」と同じような調子で強調されているのは、ある起源ではなく、歴史的進展の終着点である。そこに、人間たちが社会のなかで生きるようになるとすぐに彼らのあいだに築き上げられた暗黙の契約に言及しながら、ルソーは〈受け取ること〉と〈与えること〉という問題に取り組む。たとえ社会によって不利な立場に置かれたとしても、個人はこの社会に対して借りがあるのである。

あなたは徳とは何なのかとわたしに尋ねることで、学ぶ以上にわたしを困らせようとしています。ごく簡潔に、誰も自分自身についてしか学ぶことはできないし、またあなたの心が前もってあなたに答えていなければあなたは決して知ることはないとも言えましょう。それに、あれほど頻繁に、あれほどしっかり解決されてきた問題をなぜ新たに繰り返すのでしょうか。プラトン、キケロ、プルタルコス、エピクテトス、アントニヌスの著作を開いてみてください。有徳なシャフツベリと彼にふさわしい解釈者〔『長所と徳に関する試論』を翻訳したディドロを指す〕に訊ねてみてください。さらに、義人の人生と言葉について検討し、福音書についてじっくりと考えてみてください。さもなければ、むしろすべての本を放り出し、あなた自身のなかに戻って、すべての心に語りかけるその密かな声を聞いて、有徳であるとはどういうことなのかを知るために有徳な人になってください。しかしながら光栄にもあなたからいただいた崇高な仕事をわたしが拒否しているなどと思わないでください。実際に行なうことができる以上のことを試みなくてはならない場合や、自分の力以上に義務に従わなければならない場合があることを知っていますし、また社会にとって重要なあらゆる主題について、人から尋ねられるやいなや自分の意見を表明するのを誰一人として拒否することができないと知っています。そのことをわたしが自分自身に課しているとか、わたしが自分の苦労が大きな実を結ぶのを期待しているのだなどとは考えないでください。あなたがわたしに尋ねる熱心さのなかには熱意よりも好奇心が認められるし、あなたに答えようとするわたしの熱情のなかには光よりも熱意を感じます。しかしわたしがあなたのためにすることができなかったことを、わたしはわたし自身のためにやろうと努めることにします。成果も得られないのに徳の研究に取り組んだりするものでしょうか？　いいえ、徳の神聖な効果は理解不能で、徳は啓蒙するより前に心に火をつけるのであって、人は徳を求めるやいなや徳を愛するようになり、徳を知る以前に徳を感じるのです。そしてわたしの理性が徳を追い求めるなかで道に迷ったとしても、わたしをいっそう善人にしてくれるような過ちからは容易に立ち直ることでしょう。

ここに形而上学的な論考が展開されるなどとは期待しないでください。多くの読者がおそらく探すことになる用語集もここには見つかりません。そもそも用語集などというものは、人間をよりよいものにすることも、より見識のあるものにすることもなく、人間をより無益なものにすることにしか役立たないものです。そのように理論を装うことは、見るというよりも感じる問題であって、最も単純な人びとのほうが最も学識のある人びとよりもつねによく理解する事柄においては、その著者にも著作にもふさわしくないでしょう。自然はわれわれに感情を与えたのであって、光《リュミエール》＝知識を与えたのではない。またわれわれが受け取っていないものの責任を問われるのは不当なことですから、もし徳を知るためには多くの知識が必要であるとしたら、われわれは大いに不平を言わなければならないでしょう。

わたしの方法はもっと単純で確実です。自分の生来の気質を探ることによって、それが真っ直ぐであると考え、わたしの欲望のなかに善の人間のイメージを見出していると信じているのであって、自分がどうなりたいのかをあなたに語ることによってしかそれが何であるのかを言うことはできないのです。したがって正しいことをつねに行なうために強い魂を、また美しいものをつねに愛するために感じやすい魂を持ちたいと思います。しかし美、感受性、正義とはいったい何なのでしょうか？　また強い魂とはいったい何なのか。それこそはこのうえなく崇高な哲学が説明に苦労していることであり、哲学が真理を求める人びとのためであるよりもむしろ、知識を求める人びとのために説明していることです。したがって自然の声を聞くだけでよしとしましょう。というのも、もしも助言を求めた相手である自然が必ずしもわれわれに教えてくれないのだとしても、少なくとも自然はわれわれに決して道を誤らせることはないからです。

第一に、わたし自身のうちなる道徳的なものは、すべてつねにわたしの外部と関係を持っているように思われます。わたしがつねにたった一人で生きてきたのだとすれば、わたしは悪徳も美徳も持たなかったことでしょう。ある事物がその本来の性質によってあるべきものにするあの絶対的な善の力によってのみわたしは善良であるでしょう。社会の所産であり、わたしに他の傾向、他の欲求、他の欲望、そしてその欲望を満足させる他の手段を与えた無数の人為的な関係の影響で、わたしは今この生まれつきの善性を失ってしまったことも感じています。しかも欲望を満足させる手段は、わたしの生命の保存やわたしという人間個人の気質にとって有害ではありますが、わたしが抱く個々の見解、わたしが経験した実体をともなわない偽の情念にはかならうものなのです。

そこから、自分が別の仕方で存在しているものとみなし、言わば、その新しい存在にふさわしい別の種類の善性を手に入れなくてはならなくなります。わたしの命、わたしの安全、わたしの自由、わたしの幸福が同胞たちの協力に依存している今では、もはや、自分を個別の孤立した存在とみなしてはならず、もっと大きな全体の一部、もっと大きな集団の一部とみなす必要があるのは明らかです。そして私個人の保存はその集団の保存に依存し、この集団の秩序が乱されると必ずわたしもその無秩序状態の影響を受けるのです。（こうして、本来のアイデンティティー、共通の弱さ、相互の欲求、そしてこうした欲求から必要とされた社会が、すべての人間に共通の義務と権利をわたしに与えるのです。）わたしは自分の祖国に、少なくともわたしの欲求によって、結ばれます。わたしの祖国は、今度はそれ自身の欲求によってどこか他の国に結ばれます。そしてすべては、その普遍的な依存関係に多かれ少なかれ従っています。それこそは、証明するというよりもむしろ感じる真理であり、あなたの誠実さも知識も同じ程度に当てにできるならば、わたしが解明するまでもない真理なのです。

社会から何も受け取ったことがないような人が社会に対して何か恩義があるようなことがありうるのかと、おそらくあなたはわたしに尋ねるでしょう。しかし、お願いですから、そのような仮定が不可能なことに基づいて展開されるならば何の役にも立たないことを考えてみてください。そして各人は、一人の人間が社会から何も得ることなくして社会のなかで生まれ、生活し、生き長らえることなどまったく不可能であるとわかるのです。人間が自分の貧しさ、不幸、不運を言い訳にするのは間違っています。国家はその人に答えるでしょう。あなたにとっては砂漠の奥で生まれたほうがおそらくよかったのかもしれません。しかしあなたはわたしの中で生まれて、そこで生き、そしてもしわたしがあなたを保護していなかったらあなたはそこでは生きられなかったのです。人生があなたにとってあまりにも重荷であったなら、その人生を捨てなければならなかった、あるいは法律があなたにとってあまりにも厳しすぎると思われたなら、その国を捨てなければならなかった。未来に対してわたしに何も借りを作りたくないというのなら、死ぬか、さもなければ立ち去りなさい。しかしわたしの協力によってあなたが享受した三十年の命の代価をわたしにください。あなたがもはやいなくなるまでは、今までのあなたはわたしに負うているのだと。

もっぱら自然がすべてを与えてくれていたがゆえに、誰をも必要としていない原初の想像上の人間としてわれわれを見ないようにしましょう。言わば自然は、われわれが自然の機能を奪ってしまうやいなや、その機能を放棄したのです。社会的人間はあまりにも弱いので、他者なしに済ますことができません。彼は生まれた瞬間から死ぬときまで、すべてを必要とします。金持ちであろうと貧しかろうと、彼は他者から何も受け取らずには暮らしていくことができないでしょう。

わたしのために仕えてくれた人たちが、自分たちの喜びと利益のことしか考えていなかったのだというのを口実にして、自分は誰に対しても借りがないと思ってはなりません。そのようなことは個々の人びとにとっては当てはまるかもしれませんが、社会が社会そのもののために行なうことのすべてにおいて、構成員全員には、したがってあなたにもわたしにも同様に注意を払う社会という集団には当てはまりません。

ところで、われわれ全員が互いに借り手である＝恩義があるのは個人としてではなく、各人が全面的に恩恵を受けている社会の構成員としてです。それにわれわれが受け取るあらゆる援助にわれわれが払う代価は、それ自体が社会の贈り物です。一人の人間は他人の協力と同意なしに何かを所有できるでしょうか。彼らが交わしたこの暗黙の契約がなければ、儲けも所有もないでしょうし、真の産業もないでしょう。自然状態では必要なもの以外何ひとつとして存在しないし、われわれのなかに見てとれる余剰はすべて、いささかも個人の仕事の総和ではなく、全体の産業の産物であって、それは百人の人びとが別々に作れる以上のものを、協力して働く百の腕を使って作るのです。

あなたは公の財産が多くの悪の口実として使われる社会状態のさまざまな混乱について引き合いに出すだろうと承知しています。しかし市民の秩序とその濫用とは区別しなければなりません。そして全員が社会に対して負っているものを社会に返さないことについては、われわれは社会に何も負っていないなどと結論することはできません。社会が命じることについてわれわれが何もせず、社会を侮辱することによってわれわれ自身を不幸にしているのだとしたら、責めるべきは社会ではありません。それに、世論の影響のもとにあって、事柄の評価において外観と現実とを区別する際、どんな用心をしてはならないというのか。どれほど多くの悪が、それ自体では何でもないのに、われわれには恐ろしいものに見えることとか！　どれほど多くの人が自分の宿命を嘆いていることとか！　彼らは現状を変えることなしに幸福でありえるのに、実際の境遇よりも根拠に愚痴をこぼす人のいかに多いことか！　ある金持ちは自分が必要とする財産しか手元に残っていないとき、破産したと考えます。そして寄生者らを追い払わなければ自分のほうが飢え死にしてしまうと思い込んでいます。非常に多くの不幸がたいていは想像上のものであるということの証拠は、絶望状態にある人の絶望を作り出す同じ条件が、まったく同じままで、他の百人の幸福を生み出すということです。人は現在ある姿を自分の欲求とも他者の状態とも比較することなく、かつてあった状態またはそうありたいと思っていた状態と比較します。野心はつねにそれが手に入れたものをつまらないものとみなし、逃げ去っていく物こそがすべてと考えます。

しかしすべての物理的な財産よりもはるかに優れた利点、しかもわれわれが議論の余地もなく人類の調和から得る利点は、観念のコミュニケーションと理性の進歩を通して知的な領域にまで到達し、秩序、知恵、道徳的善性の崇高な概念を獲得するという利点です。またわれわれの知識の果実でわれわれの感情を養い、魂の偉大さによって自然の弱さを乗り越えてわれわれを高め、いくつかの点では推論の技術によって天上の知性に匹敵するようになり、最終的には、われわれの情念と戦い、打ち勝つことで、人間を支配し、神そのものを模倣することができるようになるという利点です。こうして交換、気遣い、援助、教育の絶え間ない交流が、われわれがわれわれ自身をもはや支えることができないときわれわれを支え、われわれが知識を必要とするとき知識を与え、計り知れないほどの値打ちの財産をわれわれの権限のもとに置くのです。われわれが持っていない財産などどうでもよいと思わせるくらい。それこそは、不幸や自然の喪失や社会の濫用のまっただ中で、オネットムを慰めてくれる真の報いです。社会の構成員の古来からの力強さはその能力のうちへと移行し、その理性は虚弱な体の廃墟の上に成長します。もし人が自分の自由に足かせをはめるならば、その人の心は新たな力を獲得します。彼は最も強い者の声に従いますが、自分の情念を支配します。この地上で彼は抑圧されているのに、彼の純粋な魂は天上へと飛翔し、その美徳の代価を予め享受するのです。火刑用の薪の上で燃えると同時に神になると感じているヘラクレスなのです。

こうした事情で善と悪は同じ源から流れ出すのですが、その物差しはすべての人にとって同じではありません。それでも悪人たちによって苦しめられている賢者は、他者から何も受け取っていなかったら自分は野蛮な人間でしかないと感じるし、勇気ある人にとって、魂の贈り物と来たるべき財産への希望に釣り合うような悪などほとんどありません。

今度はこの世でわれわれを幸福にしてくれるものを探してみましょうか。われわれ自身のなかに立ち返り、われわれの心に聞いてみましょう。各人は自分の幸福は自分のなかにはないが、自分を取り巻くすべてに依存していると感じるでしょう。自然の全体を利用する贅沢、宇宙を鎖でつなごうとする野心、孤独のなかにあっては何ものでもない肉欲、すべての眼を集めようとする虚栄心、皆が満足していることを望む善性。われわれの興味を引くすべてのものは未知のものに由来し、われわれの願いごとはつねにすべて消え去ってしまい、われわれに与えられる幸福だけがわれわれの享受できるもので、われわれは注目されないなら存在しないほうがいいとも思うでしょう。ひと言で言えば、愛する必要であれ、気に入られたいという願望であれ、友情、信頼、うぬぼれであれ、他人と交わる習慣はこうした交際をわれわれにとって非常に必要なものとするので、そもそもあらかじめあった願いごとがすべてかなうのを確信しているのに、同胞を見て絶望してしまうと確信した人がたった一人でもいたかどうか、疑わしいものです。

以上がわれわれ全員を結びつける破棄できないつながりであり、このつながりがわれわれの存在、生存、知識、境遇、幸福、そして一般的にわれわれの利益すべてと不幸とを社会的関係に依存させているのです。したがってわたしは、市民になることで人類に対してとてつもなく大きな負債を負う契約をしたのであり、わたしの命と、人類から得られるすべての便宜とは、人類の役に立つように捧げられなければならないと思うのです。それにまた、すべてをわたしだけのために犠牲にして一種の独占的な安楽といくらかの疑わしい快楽をわたしが手に入れることができるとしても、きちんと秩序だった社会においてしか平和な状態と長続きする至福を確保することはできないだろうということもわかります。わたしが人から尊重されたいと思う権利を他者に対して尊重しないならば、わたしは全員の共通の敵となり、わたしの利益の不当な所有のうちには、自分の小屋の中で不運な人びとからの戦利品を貪っているならず者どもと同じような安心感しかないことがわかります。理性が認めるよう強要するこの神聖な義務は、本質的に個人と個人の義務ではまったくなくて、わたしにその義務を課す権利と同じように全般的であって、しかも共通のものなのです。というのは、わたしが命を負うている人、必要なものをわたしに提供してくれた人びと、わたしの魂を養ってくれた人びと、自分の持っている才能をわたしに伝えてくれた人びとは、もはやこの世にはいないものの、わたしの子ども時代を守ってくれた法律はまったく滅びることはなく、わたしが幸福な習慣を受け取った良き風俗、必要なときに準備されていた援助、わたしが享受した市民としての自由、手に入れたすべての利益、味わったすべての快楽、これらをわたしは、公の関心をすべての人の利益のほうに導くあの普遍的な市民による政体《ポリス》に負っているからです。この市民による政体はわたしが生まれるよりも前にわたしが必要とするものを見越していて、死後にはわたしの遺灰を尊重させることになります。こうしてわが恩人たちは死ぬかもしれませんが、人間たちがいる限り、わたしが人類から受け取った恩恵を人類に返す義務がわたしにはあるのです。

原注

徳の憤慨

（1）ジャン＝ジャック・ルソー『告白』、ベルナール・ガニュバン、マルセル・レーモン校訂・注、『ルソー全集』（以下、OCと略す）、ガリマール、「プレイヤード叢書」第一巻、一九五九年、第一〇編、四九五頁〔小林善彦訳『ルソー全集』、白水社、第二巻、一一五頁〕。

（2）ジャン＝ジャック・ルソー『書簡集』（以下CCと略す）、R・A・リー編、ジュネーヴ、ヴォルテール博物館・研究所およびヴォルテール財団（オックスフォード）、全五二巻、一九六五―一九九八年、第二巻、一一三頁。

（3）ボワロー『諷刺詩』、F・エスカル編、『全集』、ガリマール、「プレイヤード叢書」、一九六六年、諷刺I、一四四行、一六頁。

（4）「詩句をわれわれに口にさせるのは憤慨なのだ」、ユウェナリス『諷刺』、C・A・タバール訳・序文、ガリマール、「ポエジー叢書」、一九六六年、諷刺I、七九行、二五頁。このユウェナリスの詩句は、十八世紀にはよく知られていたが、諷刺と論争的雄弁の領域では文学的成功例にあてはめられていた。ゴーフルクールは、『山からの手紙』のルソーに謝意を示して、次のように書いている。「憤慨があなたに詩句をつくらせたのはごく当然のことです」（CC、第二二巻、三三五頁）。

（5）『告白』、OC、第一巻、第九編、四一六頁〔『ルソー全集』第二巻、二八頁〕。

(6) 同前〔『ルソー全集』第二巻、二七頁〕。ルソーにおける「代わりになるもの＝代補《スュプレマン》」の概念については、ジャック・デリダ『グラマトロジーについて』、ミニュイ出版、一九六七年、二〇三—二三四頁参照〔足立和浩訳『グラマトロジーについて』上下、思潮社、一九七六年〕。

(7) 狙いを定めた敵とはヴォルテールのことである。『学問芸術論』において、ヴォルテールは名指しで乱暴に呼びかけられている。その後、ルソーは「摂理に関する手紙」〔浜名優美訳「ヴォルテール氏への手紙」『ルソー全集』第五巻〕をヴォルテールに宛てて書き、『ダランベール氏への手紙』でデリース〔ヴォルテールの屋敷の名〕の主人を狙っている。ルソーの自伝的作品をヴォルテールの中傷文書への際限のない返答とみなすのは無謀ではない。ヴォルテールの『市民の見解』は、捨て子を公に暴露したもので、ジャン＝ジャックを放蕩者呼ばわりした。それゆえ、非難する者＝告発者だったルソーは、非難され告発される者＝被告に変わったのだ。

(8) 『告白』、OC、第一巻、第九編、四一六頁〔『ルソー全集』第二巻、二七頁〕。

(9) 『マルゼルブへの手紙』、『自伝的断章および伝記的資料』所収、B・ガニュバン、M・レーモン校訂・注、OC、第一巻、一九五九年、第二の手紙、一一三五頁〔佐々木康之訳『マルゼルブ租税院長官殿への四通の手紙』、『ルソー全集』第二巻、四七二頁〕。

(10) 「もし、突然の霊感らしいものがこの世に存在したためしがあるとすれば、これ〔『メルキュール・ド・フランス』誌〕を読んだときわたしの心のなかで起こった動きこそがそれです。突如としてわたしの精神は、おびただしい光に照らされ、目のくらむ思いでした。生き生きした無数の考えが、同時に、力強く、混沌として湧きあがってきて、わたしは名状しがたい興奮と混乱に陥ってしまいました。頭が酔っ払ったようにくらくらするのです」（同前）。

(11) 同前、一一三五—一一三六頁（強調は引用者）。

(12) 『告白』、OC、第一巻、第八編、三五一頁〔『ルソー全集』第一巻、三八一頁〕。

(13) 同前、第九編、四一六頁〔同前、第二巻、二七頁〕。

(14) 同前、四一七頁〔同前、二八頁〕。

(15) 同前、四一六頁〔同前、二八頁〕。

(16) 同前、第八編、三五一頁〔同前、第一巻、三八一頁〕。

(17) 同前、第九編、四一七頁〔同前、第二巻、二八頁〕。

(18) 『言語起源論』、J・スタロバンスキー校訂・序、ガリマール、「フォリオ・エッセイ」、一九九〇年、第一章、六〇頁（強調は引用者）〔竹内茂明訳『ルソー全集』第十一巻、三二〇頁。増田真訳、岩波文庫、一三頁〕。

(19) ディドロ『美学著作集』、P・ヴェルニエール編、ガルニエ、一九五九年、六九五頁。

(20) CC、第十一巻、二七五頁。

(21) 語用論的な分析概念がうまくあてはめられるかもしれない。

(22) 『告白』、OC、第一巻、第九編、四一七頁〔『ルソー全集』第二巻、二九頁〕。

(23) 『ジャン＝ジャック・ルソー全書簡集』、T・デュフール、P・P・プラン編、アルマン・コラン、全二〇巻、一九二四―一九三四年、第一九巻、二四五頁。

(24) ジュネーヴがモデルとして引用されるのは著作の献辞のなかである。「わたしは幸運にもあなたがたのあいだで生まれましたので、自然が人間のあいだに置いた平等と人間が設けた不平等を考えるにあたって、両者がこの国家では幸せにも結びつき、自然法に最も近く社会に対して最も有利な仕方で、公の秩序の維持と個人の幸福に協力している深い知恵を、どうして考えないでいられましょう」〔『人間不平等起源論』、J・スタロバンスキー校訂・注、OC、第三巻、一九六四年、一一一頁〔原好男訳『ルソー全集』第四巻、一七九頁〕〕。

(25) 『告白』、OC、第一巻、第八編、三八八頁〔『ルソー全集』第一巻、四二一頁〕。

(26) CC、第八巻、一一六頁。

(27) 同前、一〇三頁。

(28) 悪＝病気によって必要とされる治療という問題はルソーにおいて重要である。わたしはこの問題を「アキレウスの槍」という論考で検討している。この研究は十八世紀の思想の試論『病のうちなる治療薬――啓蒙の時代の人為に対する批判と正当化』〔ガリマール、NRFエッセイ、一九八九年〔川那部保明・小池健男訳、法政大学出版局、一九九四年〕〕に収録されている。

(29) ロバート・ダーントンは、ヌーシャテル活版印刷協会の文書をもとに、「ルソーの読者の手紙」という優れた論考を執筆している。『猫の大虐殺』、ロベール・ラフォン、一九八四年、二〇一―二三四頁所収〔海保眞男・鷲見洋一訳

「読者がルソーに応える」、『猫の大虐殺』、岩波書店、一九八六年、二七五―三三四頁〕。
(30) CC、一七六四年十二月三日。
(31) ジャン・スタロバンスキー『ジャン＝ジャック・ルソー、透明と障害』および七編のルソー論（一九五七年）、ガリマール、「思想叢書」、一九七一年、「テル」シリーズで再刊、一九七六年〔松本勤訳『J・J・ルソー　透明と障害』、思索社、一九七三年、山路昭訳『ルソー　透明と障害』新装版、みすず書房、二〇一五年〕。

1　あなた方はどうなってしまったのか？

(1) 『告白』、OC、第一巻、第八編、三五一頁〔『ルソー全集』第一巻、三八一頁〕。
(2) 『マルゼルブへの手紙』、OC、第一巻、第二の手紙、一一三五頁〔『ルソー全集』第二巻、四七二頁〕。
(3) これはR・A・リーの指摘である（CC、第二巻、一九五頁）。レーモン・トルッソン、フレデリック・S・アイゲルディンガー編、『ジャン＝ジャック・ルソー事典』、オノレ・シャンピオン、一九九六年。
(4) 『学問芸術論』、F・ブシャルディ校訂・注、OC、第三巻、一九六四年、二九頁〔山路昭訳『ルソー全集』第四巻、四一頁〕。
(5) 『告白』第九編、四一七頁〔『ルソー全集』第二巻、二八頁〕。
(6) 『ナルシス、またの名、おのれに恋する男』、『演劇』所収、J・シュレール校訂・注、OC、第二巻、一九六一年、「まえがき」、九六五頁〔佐々木康之訳『ルソー全集』第十一巻、六六頁〕。
(7) 「Prima Intenzione 最初の意図」、『音楽辞典』所収、J・J・アイゲルディンガー校訂・注（S・ボー＝ボヴィ、B・ボッカドロ、X・ブーヴィエ共著）、OC、第五巻、一九九五年、九九四―九九五頁。十八世紀の絵画論で「全体的調和」は、絵の制作をつかさどる観念よりもその絵が観る者に及ぼす効果にかかわっている。
(8) 『マルゼルブへの手紙』、OC、第一巻、第二の手紙、一一三六頁〔佐々木康之訳『ルソー全集』第二巻、四七三頁〕。
(9) 「第三の散歩」、『孤独な散歩者の夢想』所収、M・レーモン校訂・注、OC、第一巻、一九五九年、一〇一四―一〇一八頁〔『ルソー全集』第二巻、三二五―三四〇頁〕。

(10) 同前、一〇一六頁〔『ルソー全集』第二巻、三三〇頁〕。
(11) 同前、一〇一五頁〔同前〕。
(12) 同前、一〇一六頁〔同前〕。
(13) 同前〔同前、三三二頁〕。
(14) 『ナルシス』、OC、第二巻、「まえがき」、九六九頁〔『ルソー全集』第十一巻、七一頁〕。
(15) 『告白』、OC、第一巻、第八編、三五二頁〔『ルソー全集』第一巻、三八二頁〕。
(16) ルソーが付け加えたものの一七八一年のデュ・ペイルー版にしか公表されなかった巻頭の緒言を挙げておこう。ルソーは「この作品は〔……〕どう見ても凡作である〔……〕。もしもこの最初の書き物が受け入れられるに値する通りに受け入れられていたならば、作者はあれほどひどい惨めな思いを避けたことだろうか」(『学問芸術論』、OC、第三巻、注b、一二三七頁)。天啓の物語の直前にある『告白』の第八編が、ここに「わたしのさまざまな不幸の長い連鎖が、その最初の起源のうちに始まる」(OC、第一巻、三四九頁〔『ルソー全集』第一巻、三七九頁〕)と読者に予告していることも指摘しておこう。
(17) 「第二対話」、『ルソー、ジャン=ジャックを裁く』所収、R・オスモン校訂・注、OC、第一巻、一九五九年、八二八頁〔『ルソー全集』第三巻、一八一頁〕。
(18) 『『告白』草案』、『自伝的断章および伝記的資料』、前掲書、一一五一頁所収。「名士」(主として「詩人」)のカテゴリーで生きる者にとってのイメージの重要性については、エリック・ヴェイユ『哲学の論理』、ヴラン、一九六七年、二九三―三〇五頁を参照。しかしルソーはこの論理で言えば「良心」のカテゴリーにも属している。
(19) 『学問芸術論』に先立つ状況について彼が語るとき、この不満という表現はよく見られる。「自分にも他人にも不満なまま」(『マルゼルブへの手紙』、OC、第一巻、第二の手紙、一一三五頁〔『ルソー全集』第二巻、四七一頁〕)。「それは、明快にして詳しく述べられた判断というよりも、どちらかと言えば内にこもった感情、不明瞭な概念だったのです」(「第二対話」、OC、第一巻、八二八頁〔『ルソー全集』第三巻、一八二頁〕)。
(20) 『告白』、OC、第一巻、第八編、三六七頁〔『ルソー全集』第一巻、三九八頁〕。
(21) ジャン・ファーブル「敵になったふたりの兄弟、ディドロとジャン=ジャック」、『啓蒙時代とロマン主義、エネルギーとノスタルジー、ルソーからミキエヴィッツへ』、クリンクスィク、一九六三年。ブロニスラフ・バチコ「ディドロを焼く」、『ジャン＝ジャック・ルソー協会年報』、四二号、一九九九年を参照。
(22)『学問芸術論』、OC、第三巻、五頁〔『ルソー全集』第四巻、一三頁〕。
(23)「ボルドへの第二の手紙の序文」、同前、一〇五頁。
(24)同前。
(25)『人間不平等起源論』、OC、第三巻、一三三頁。
(26)「レーナル師への手紙」、『学問芸術論』、OC、第三巻、三三頁〔『ルソー全集』第四巻、五一頁〕。
(27)『告白』、OC、第一巻、第一編、五頁〔『ルソー全集』第一巻、一四頁〕。ジゼル・マティウ＝カステラーニ『自伝の司法場面』、PUF、一九九六年を参照。
(28)『告白』、OC、第一巻、第八編、三五二頁〔『ルソー全集』第一巻、三八二頁〕。
(29)『学問芸術論』、OC、第三巻、五頁〔『ルソー全集』第四巻、一三頁〕。
(30)これはベルナール・ラミからクルヴィエまで、すべての修辞学の教師たちが推奨していることである。
(31)『ナルシス』、OC、第二巻、「まえがき」、九六五頁〔佐々木康之訳『ルソー全集』第十一巻、六六頁〕。
(32)『学問芸術論』、OC、第三巻、一六頁〔『ルソー全集』第四巻、二六頁〕。
(33)同前、一〇頁〔『ルソー全集』第四巻、一九頁〕。
(34)『ナルシス』、OC、第二巻、「まえがき」、九六五頁〔『ルソー全集』第十一巻、六六頁〕。
(35)同前。
(36)『学問芸術論』、OC、第三巻、一六頁（強調は引用者）〔『ルソー全集』第四巻、二六頁〕。
(37)同前、一七頁〔同前、二七頁〕。これは『百科全書』という項目でディドロが主張する考えである。「ある芸術の起源を示さなければならないし、またその進歩が知られていないような場合には進歩の歩みを一歩一歩たどらなければならない。または現実の歴史を仮説的な状況と歴史に置き換えてみなければならない」（ディドロ『全集』、R・ルヴァンテール編、フランス書物クラブ、全一五巻、一九六九―一九七三年、第二巻、四五〇頁）。
(38)『人間不平等起源論』、OC、第三巻、一三二頁〔『ルソー全集』第四巻、二〇〇頁〕。

(39)『学問芸術論』、同前、一八―一九頁(『ルソー全集』第四巻、三〇―三一頁)。
(40)同前、九―一二頁(同前、三一―三三頁)。
(41)同前、一二―一五頁(同前、三三―三五頁)。
(42)同前、一五―一六頁(同前、三六頁)。
(43)同前、一六―一八頁(同前、四〇頁)。
(44)同前、一八―二〇頁(同前、四一―四二頁)。
(45)ヴィクトール・ゴルドシュミット「『学問芸術論』の構成」、『フランス文学史研究』、七二号、一九七二年を参照。
(46)「第七の散歩」、OC、第一巻、一〇六七頁(『ルソー全集』第二巻、三九四頁)。
(47)ジャン・エラール「ルソーとモンテスキュー。和解した不肖の息子」、『ジャン＝ジャック・ルソー協会年報』、四一号、一九九七年、五七―七七頁を参照。ルソーはモンテスキューの反絶対主義を容易に自分のものとして受け入れた。モンテスキューによるフランスの高等法院貴族の擁護とルソーによるジュネーヴの「下層市民」の擁護とのあいだにはいくつもの類似を見出せる。前者にとって、標的はフランスにおける大臣職の権力であり、後者にとっては、ジュネーヴの貴族の寡頭政治の権力であった。
(48)モンテスキュー『法の精神』第七編、第一章「奢侈について」。『学問芸術論』(OC、第三巻、二三頁)における「才能の違い」は「他に抜きん出ようという欲望」の断罪(『ナルシス』序文、OC、第二巻、九六五頁)、そして政治的身分、市民としての身分についての議論において繰り返されることとなる。
(49)モンテスキュー『法の精神』第七編、第四章。
(50)同前、第二章「民主政における奢侈禁止の法律について」。
(51)クリストファー・J・ベリ『奢侈の観念――概念的、歴史的探究』、ケンブリッジ(英国)、ケンブリッジ大学出版局、一九九四年、一五四―一五五頁、レナート・ガリアーニ『ルソー、奢侈と貴族のイデオロギー――社会・歴史的研究』、オクスフォード、ヴォルテール財団、SVEC二六八、一九八九年を参照。今日ではJ・G・A・ポーコックとクエンティン・スキナーの研究を引き合いに出しつつ、「ネオ・ローマ的」思想について論じられている。
(52)『学問芸術論』、OC、第三巻、二四頁(『ルソー全集』第四巻、三五頁)。

(53) 同前、二三頁〔同前、三四頁〕。
(54) ディーター・ゲムビッキ「腐敗、退廃」、ロルフ・ライヒャルト、ハンス＝ユルゲン・リューゼブリンク編『一六八〇―一八二〇年のフランス共和国における政治・社会の根本概念ハンドブック』、ミュンヘン、R・オルデンブルク、一九九三年、七―六〇頁を参照。
(55) 「無益な」「空しい」という価値を貶める形容詞は、『学問芸術論』とそれに続く論争、『ナルシス』の序文（OC、第二巻、九六五頁〔『ルソー全集』第十一巻、六六頁〕）に数多く出現する。「無益な・空しい」という単語はキリスト教護教論でよく用いられてきた。真の信仰は「この世の無益な事柄」を切り捨てるように勧めている。教会の教父たちとキリスト教徒の義務はスタニスラス王に送られた考察において多くの紙面を割いて議論されている〔『学問芸術論』、OC、第三巻、三九―四九頁〔『ルソー全集』第四巻、六五―七二頁〕〕。イヴ・トゥシュフー『ジャン＝ジャック・ルソーの思想における古代とキリスト教』、オクスフォード、ヴォルテール財団、SVEC三七二、一九九九年を参照。好奇心を断罪または正当化する見解については、ベルナール・ブニョ「好奇心について」、『パラグラフ』、モントリオール、第一号、一九八九年、七三―八九頁を参照。
(56) 『学問芸術論』、OC、第三巻、三九―四九頁〔『ルソー全集』第四巻、六〇―七二頁〕。
(57) 同前、九頁〔同前、一八頁〕。
(58) 同前、一四頁〔同前、二四頁〕。
(59) 同前、二四頁〔同前、三五頁〕。
(60) 同前、二六頁〔同前、三七頁〕。自給自足的な愛国主義に好意的な、したがってコスモポリタニズムに敵対するこうした議論は、大カトーのギリシャ嫌いをモデルとしている（Ⅲ、一四）。市民感覚が失われたこと、また「さまざまな国のあいだの交流を容易にするものすべて」に対して警戒を促すことは、『ナルシス』序文（OC、第二巻、注、九六四頁〔『ルソー全集』第十一巻、六五頁〕）や『エミール』冒頭の数ページや『ポーランド政府についての考察』（J・ファーブル校訂・注、OC、第三巻、一九六一年、九六〇頁）で繰り返される。『ポーランド政府についての考察』ではルソーは、ヨーロッパ大陸全体が「同じ情念」、「同じ風俗」へと変わってゆくために、〔本来の〕「国の姿」や「国の様相」が消え去ってしまうことを嘆いている。「もはやヨーロッパ人だけだ」。「彼らは奢侈にしか野心を持たないし、金《きん》にしか情熱を傾けない」。

(61) 同前、九六五頁〔『ルソー全集』第十一巻、六七頁〕。

(62) 『学問芸術論』、OC、第三巻、二八頁〔『ルソー全集』第四巻、三九―四〇頁〕。

(63) 同前、九頁〔同前、一八頁〕。

(64) 同前、二四頁〔同前、三五頁〕。脚注で控え目に参照しているのは、ディドロの『哲学的断想』であり、その二五と二六の項目をルソーは要約している。

(65) 同前、一九頁〔同前、二九頁〕。

(66) CC、第二巻、一七三七年九月、九二頁〔ヴァランス夫人へ、第十三巻、二一四頁〕。ルソーとヴォルテールの関係についての全体像はアンリ・グイエ『ルソーとヴォルテール、二枚の鏡のなかの肖像』、ヴラン、一九八三年に見られる。

(67) 『告白』、OC、第一巻、第七編、三三五―三三九頁〔『ルソー全集』第一巻、三六三―三六七頁〕。

(68) CC、第二巻、九四―九五頁。

(69) 『告白』、OC、第一巻、第七編、三三八頁〔『ルソー全集』第一巻、三六七頁〕。『告白』の注釈者は、ヴォルテールの名前もそこにはなかったと指摘している。ルソーは自分自身の名前がなかったことだけを記憶にとどめたのだ。

(70) ヴァランス夫人に宛てた、一七四九年一月二十七日の手紙を参照（CC、第二巻、八七―八八頁）。ルソーの恨みを引き起こしたラモーには感謝しなければならない。ラモーは愛想のよい音楽家を落胆させ、偉大な作家を誕生させるのである。

(71) CC、第二巻、一二三―一二四頁〔『ルソー全集』第十三巻、二九〇―二九一頁〕。

(72) 『学問芸術論』、OC、第三巻、二一頁〔『ルソー全集』第四巻、三二頁〕。

(73) 同前、二〇頁〔同前、三一頁〕。

(74) 同前、三〇頁（強調は引用者）〔『ルソー全集』第四巻、四二頁〕。

(75) アンリ・グイエ『ルソーとヴォルテール』、前掲書、参照。またマリ＝エレーヌ・コトニ「ルソー」、ジャン・グルモ、アンドレ・マニャン、ディディエ・マソー編『ヴォルテール目録』、ガリマール、「クアルト」叢書、一九九五年所収も参照のこと。

(76) ディディエ・マソー『フィロゾーフの敵たち──啓蒙時代の反哲学』、アルバン・ミシェル、「イデー」叢書、二〇〇〇年を参照。
(77) 本書「3 ルソーと雄弁」を参照。
(78) ディドロ『『人間論』と題されたエルヴェシウスの著作を伴う反論』、OC、第十一巻、一九七一年、四八二および六〇六頁。絵画の古典主義理論では、素描は理性に対応するのに対し、色彩は想像力に関係がある。マリ＝ニコラ・ブイエ編の『科学、文芸、芸術の万有辞典』(J・タヌリ、E・ファゲ改訂・編)、パリ、一八九六年では、最初に引用される名前はキケロとルカーヌス〔ローマの詩人〕の名前である。ルソーはそのすぐ後に来る。著者たちは次のような指摘をしている。「雄弁と詩は唯一活喩法を用いる特権を持っている。それらは個別の、稀な状況においてのみ活喩法に頼ることができる。というのは活喩法は大きな効果を生み出す性質のものではなく、滑稽になるからである」。
(79) 『学問芸術論』、OC、第三巻、一一頁〔『ルソー全集』第四巻、三一頁〕。
(80) 同前、九頁〔同前、一八頁〕。
(81) 同前〔同前、一九頁〕。
(82) 本書「1」、五三頁以降。
(83) 『告白』、OC、第一巻、第一編、九頁〔『ルソー全集』第一巻、一八頁〕。
(84) 『学問芸術論』、OC、第三巻、一四─一五頁〔『ルソー全集』第四巻、二四─二五頁〕。
(85) 同前、一五頁〔同前、二五頁〕。
(86) たとえば、「危険な懐疑主義」(同前、九頁〔邦訳、同前、一八頁〕)。「なんと多くの危険!」「われわれの学問〔……〕は「危険」である」(同前、一八頁〔邦訳、同前、二八─二九頁〕)。「ホッブズの危険な夢想」(同前、二八頁〔邦訳、同前、三九頁〕)、等々。
(87) 『トレヴー評論、または学問と芸術の歴史に役立つ見聞録』、一七五一年二月、五〇四─五二六頁。ルートヴィヒ・テンテ『フランスとドイツにおけるルソーの第一論文をめぐる論争』、キール、全三巻、一九七八年、第一巻、一〇八頁以降を参照。
(88) 再び、第二部を参照。「ローマ人は、彼らが絵画、彫刻、金銀細工の器物について知識を持ち、美術を研鑽しはじ

める に従って、軍人の徳が彼らのあいだで消えていったことを認めている」（『学問芸術論』、OC、第三巻、二三頁〔『ルソー全集』第四巻、三三頁〕）。

(89) この主題はすでに古代において扱われていた。ローマの行き過ぎた豊かさについては、ルカーヌス『パルサリア（内乱）』第一の歌、一五九―一六七行〔岩波文庫、二〇一二年、二七―二八頁〕を参照。

(90) コルネイユ『ポリュークト』第二幕、第五場〔『コルネイユ名作集』、白水社、二六〇頁〕。『学問芸術論』では、『ピグマリオン』の未来の作者は彫刻を徹底的に非難する。スパルタとアテナイの対比（OC、第三巻、一二頁〔邦訳、二二頁〕）、あるいは神話に基づくイメージの非難（同前、二五頁〔邦訳、三六頁〕）を参照。

(91) 同前、一一および二〇頁〔同前、二一および三一頁〕。

(92) 同前、一二頁〔同前、二二頁〕。

(93) 同前、一三頁〔同前、二二―二三頁〕。

(94) 同前〔同前、二三頁〕。

(95) ルソーがヴァンセンヌの塔を訪ねたとき、ディドロは『ソクラテスの弁明』を翻訳していたと考えられてきたが、これは故なきことではない。

(96) 『学問芸術論』、OC、第三巻、一四頁〔『ルソー全集』第四巻、二四頁〕。

(97) ルソーはこの二人の人間を比較するのが気に入っている。クロード・ピショワ、ルネ・パンタール『ソクラテスとカトーのあいだのジャン＝ジャック』、ジョゼ・コルティ、一九七二年を参照。『ソクラテス、カトー列伝』を含め、この著作で明かされたルソーの未刊の作品は、近年刊行された『ルソー全集』第三巻、一一九三―一一九八頁に再録されている。レーモン・トゥルッソン『神話を前にした良心――ヴォルテール、ディドロ、ルソーを前にしたソクラテス』レットル・モデルヌ、一九六七年。

(98) 『学問芸術論』、OC、第三巻、一五頁〔『ルソー全集』第四巻、二四頁〕。

(99) 同前〔同前、二五頁〕。

(100) 同前、二二頁〔同前、三二―三三頁〕。

(101) 同前〔同前、三三頁〕。

(102) 革命期の偶像破壊は、「宮殿に戦争を、田舎の家に平和を」と叫びながら、ルソーの権威を引き合いに出すことができた。同様に個別の文脈を離れて、『学問芸術論』の結論部に先立つ次の文を反啓蒙主義の意味で解釈することもできる。「われわれは物理学者、幾何学者、化学者、天文学者、詩人、音楽家、画家を有しているが、もはや市民を持ってはいない」(同前、二六頁〔邦訳、同前、三七頁〕)。

(103) 同前、五六頁〔同前、八〇頁〕。

(104) 同前、二七頁〔同前、三八頁〕。

(105) 同前、五六頁〔同前、八〇頁〕。

(106) 同前、三〇頁〔同前、四一頁〕。

(107) 同前〔同前、四一―四二頁〕。

(108) 「第二対話」、OC、第一巻、八二八頁〔『ルソー全集』第三巻、一八一頁〕。

(109) 『ルソー、ジャン=ジャックを裁く』「第一対話」、OC、第一巻、六六八頁以降〔『ルソー全集』第三巻、一九頁以降〕。

(110) 「第二対話」、OC、第一巻、八二八頁〔同前、一八一頁〕。

2 偶像破壊論者のアトリエ

(1) わたしは concernement というこの概念を、ドイツの精神分析用語の Beziehungswahn(関係妄想)に対応するものとして用いる。

(2) 『告白』、OC、第一巻、第四編、一七四頁〔『ルソー全集』第一巻、一九五頁〕。

(3) 読者はジュリがデッサンをすることを知るだろう(『ジュリ、または新エロイーズ』、H・クレ校訂、B・ギュイヨン注、OC、第二巻、一九六一年、第一部、手紙二二、七四―七五頁〔『ルソー全集』第九巻、七二頁〕)。

(4) 『告白』、OC、第一巻、第一編、二一頁〔『ルソー全集』第一巻、三一頁〕。

(5) 同前、三一頁〔同前、四一頁〕。ルソーは『学問芸術論』で次のように述べるとき、おそらくメダルと印章を作る技術のことを念頭に置いている。「ローマ人は、彼らが絵画、彫刻、金銀細工の器物について知識を持ち、美術を研鑽し始めるに従って、軍人の徳が彼らのあいだで消えていったことを認めている」（前掲書、二三頁、強調は引用者〔『ルソー全集』第一巻、三三頁〕）。

（6） 同前、九三頁〔同前、一〇七頁〕。しかしながら、『マブリ氏への覚え書』（J・S・スピンク校訂・注、OC、第四巻、一九六九年、二六頁〔『ルソー全集』第七巻、四〇九頁〕においては、切り抜きとデッサンは、子どもをばかげた遊びから遠ざけ、勉強に導くために、ルソーの提案した活動の一つであると指摘しておかねばならない。

（7） 『告白』、OC、第一巻、第五編、一八〇―一八一頁〔『ルソー全集』第一巻、二〇一―二〇二頁〕。

（8） 『新エロイーズ』、OC、第二巻、第二部、手紙二五、二九三頁〔『ルソー全集』第九巻、三三七頁〕。

（9） 『告白』、OC、第一巻、第七編、三一三頁注二、一三九八―一三九九頁〔『ルソー全集』第一巻、三四〇頁〕。

（10） 同前、第四編、一五八頁〔同前、一七八頁〕。

（11） 同前、第九編、四三七頁〔同前、第二巻、五〇頁〕および第十編、五三一頁〔同前、第二巻、一七八頁〕。

（12） 同前、第十二編、五九二―五九三頁〔同前、二二〇頁〕。フランソワ・ファーヴルは「愛好者たち（ソフィー・ドゥドトの兄、アンジュ・L・ラリヴ・ド・ジュリとブロンデル・ダザンクール）の彫った版画が壁に貼られた」書斎のことを話題にしている。ルソーは次のようにコメントしたらしい。「それらはなかなかよい趣味だ〔……〕そうした趣味をわたしは持ち合わせておらず、何も知らない」（フランソワ・ファーヴルからポール＝ルイ・ムルトゥ宛書簡、一七五九年十二月十一日〔CC、第六巻、二二三―二二三二頁〕）。

（13） ルソーは版画への説明文の非常に優れた文案作成者として知られていた。バショーモンはルソーが「アベルの死」のために書いたテクストを引用している。これはアレクシ・フランソワ『愛の初めての接吻、または版画に霊感を与えるジャン＝ジャック・ルソー』、ジュネーヴ、ソノール、一九二〇年で指摘されている。

（14） 『告白』、OC、第一巻、第十編、五〇七頁〔『ルソー全集』第二巻、一二七頁〕。

（15） A・フランソワ『愛の初めての接吻』前掲書、同じ著者の「ジャン＝ジャック・ルソーとフランソワ・コワンデの書簡（一七五六―一七六八年）」、『ジャン＝ジャック・ルソー協会年報』第一四号、一九二二年も参照。

（16） ジェラール・ジュネットが『スイユ』、スイユ出版社、一九八七年〔和泉涼一訳『スイユ』、水声社、二〇〇一年〕でこの用語（パラテクスト）に与えている意味〔タイトル、序文、注釈、挿絵などテクストに付属するもの〕においてである。

(17) 本書三五頁以降参照。

(18) 「財政収税監、絵画アカデミー名誉会員」(『百科全書』第四巻、二)。クロード＝アンリ・ヴァトレ(一七一八―一七八六年)は、『百科全書』第四―第七巻に寄稿した。彼は『絵画術』(一七六〇年)という著作を韻文で執筆した。またピエール＝シャルル・レヴェックとともに『芸術辞典』企画を構想した。この辞典の項目はまず『体系的百科事典』(全二巻、一七八八年)に掲載された。セシリア・ユルレ「百科全書か辞典か? 十八世紀末の美術のフランス語の語彙」、『文芸研究』、三―四号、一九九九年、一四九―一六一頁を参照のこと。

(19) ニコラ＝ボナヴァンチュール・デュシェーヌ宛書簡(CC、第十七巻、一七六三年十二月九日、一九八―二〇二頁)。ルソーは「グレーヴ広場近くの川岸で」彼の心を打った一枚の版画を送ってもらうことを望んでいる。その版画には(コルネイユの『ポンペイの死』で)「ポンペイの水甕を抱えて泣いているコルネリー」役の女優アドリエンヌ・ルクーヴルーが描かれている。

(20) CC、第二十巻、一七六四年六月一日、一二四―一三二頁。ルソーはプッサンの『洪水』について一七五九年にフランソワ・ファーヴルに語っている(CC、第六巻、二二三―二三二頁)し、ベルナルダン・ド・サン＝ピエールにも語っている(『ジャン＝ジャック・ルソーの生涯と著作』、M・スーリオ編、パリ、一九〇七年、八六―八七頁)。

(21) アンリ・ジュアン『絵画彫刻王立アカデミーの講演』、カンタン、一八八三年、三七〇頁。

(22) 『新エロイーズ』、OC、第二巻、「付録II」〔版画の主題について〕、七六一頁。この考え方は、歴史画における「画家の時間」が問題になるとき、ディドロの『サロン』で頻繁に表明されている。

(23) CC、第二八巻、一四五―一四七頁。ルソーが一七六四年十二月三十日付の手紙でフランソワ・コワンデに語っていたのは、ブロンデル・ダザンクールの版画だと思われる(CC、第二二巻、三二八―三三〇頁)。彼は新しいものを二枚頼んでいた。というのは先の二枚の版画はリュクサンブール元帥とラ・ロッシュにあげてしまったからである。ルイ＝J・クルトワが指摘したディテールも参照のこと。「ジャン＝ジャック・ルソーのイギリス滞在(一七六六―一七六七年)。未刊の手紙と資料」、『ジャン＝ジャック・ルソー協会年報』第六号、一九一〇年。CC、第三二巻、手紙五七二八、一四二―一四三頁および五七六四、二〇二―二〇三頁も読まれたい。これらの手紙をルソーはニューンハム子爵、ジョージ・サイモン・ハーコート宛に書いた。
(24) 類似点として、B・ド・サン＝ピエールはイギリスで制作されたと思われる「アルメニア人の服と縁なし帽をかぶった」ルソーの版画を好んだ。それはラムゼーによる肖像の複製だったのか。B・ド・サン＝ピエール『ジャン＝ジャック・ルソーの生涯と著作』、前掲書、注二、三二一―三三三頁を参照のこと。
(25) 『告白』草案』、OC、第一巻、一一五四頁。
(26) 『告白』、OC、第一巻、第四編、一七五頁〔『ルソー全集』第一巻、一九五頁〕。
(27) 同前〔同前〕。
(28) 「第二対話」、OC、第一巻、七八三頁〔『ルソー全集』第三巻、一三四頁〕。
(29) 「第二対話」、同前、八一六―八一七頁〔『ルソー全集』第三巻、一六九頁〕。
(30) 同前、八一七頁〔同前、一六九頁〕。ストラスブールに隣接するケールはバード伯領に属していた。フランス軍は一七〇三年、そして一七七三年にケールを占領した。この版画は一七七三年の出来事を描いていると思われる。ルソーは一七七六年初頭まで『ルソー、ジャン＝ジャックを裁く』を執筆していた。
(31) CC、第三巻、一―五頁。
(32) 『フランス音楽に関する手紙』、OC、第五巻、三〇八頁〔『ルソー全集』第十二巻、三八一頁〕。
(33) 『言語起源論』、前掲書、序文一六五―二〇四頁および三七三―四二九頁〔『ルソー全集』第十一巻、三三七―三八〇頁。増田真訳、岩波文庫、四七頁以降〕。
(34) 同前、四二一頁〔同前、三七三頁。増田真訳、岩波文庫、一一四頁〕。
(35) 『音楽辞典』、OC、第五巻、九五七―九五八頁。
(36) 『エミール』、Ch・ヴィルツ校訂、P・ビュルジュラン解説・注、OC、第四巻、一九六九年、第三編、四五三頁〔『ルソー全集』第六巻、二四三頁〕。
(37) 子どもたちはそこではクラランに関心を寄せる。イギリス風の朝を過ごしながら、ジュリは刺繍をしていて、二人の息子は絵本をめくっている。兄が弟に「主題」を説明している〔『新エロイーズ』、OC、第二巻、第五部、手紙三、五五八―五五九頁〔『ルソー全集』第十巻、二〇一頁〕〕。

(38)『エミール』、OC、第四巻、第二編、三九七頁〔『ルソー全集』第六巻、一八二―一八三頁〕。
(39)同前、第五編、七〇七頁〔同前、第七巻、一七四―一七五頁〕。
(40)自然の人間についての『人間不平等起源論』の否定を思い出しておこう。「野性の人の想像力は何も描き出してはくれず、心は何も求めないのである」(OC、第三巻、一四四頁〔『ルソー全集』第四巻、二一二頁〕)。
(41)『エミール』における音楽は第二編(聴覚の項目)で教えられるソルフェージュの基礎の段階にとどまる。「模倣的にして演劇的な音楽は子どもの年齢に適したものではない。〔……〕悲痛なものや表現に満ちたものは避けること」(OC、第四巻、第二編、四〇五頁〔『ルソー全集』第六巻、一九一頁〕)。第四編の終わりで、家庭教師がもしも金持ちであったらこんな人生を送るだろうと想像するとき、彼は農民の食卓で「合唱をする」にとどめる。
(42)同前、三〇四頁〔同前、八一頁〕。
(43)同前、第四編、六五六頁〔同前、一一五頁〕。
(44)『新エロイーズ』、OC、第二巻、第二部、手紙三、一九七―一九八頁〔『ルソー全集』第九巻、二二三―二二五頁〕。
(45)マルク・フュマロリ『沈黙の流派――十七世紀のイメージの感情』、フラマリオン、一九九四年、七頁。
(46)『新エロイーズ』、OC、第二巻、第二部、〔手紙二二、〕二七九―二八〇、手紙二四、二八九―二九〇頁〔『ルソー全集』第九巻、三三二一―三三三、三三三二―三三三四頁〕。
(47)同前、手紙一六、二四四頁(強調は引用者〔同前、二八一頁〕)。
(48)同前、手紙二二、二七九―二八〇頁〔同前、三二二頁〕。
(49)同前、手紙二五、二九三頁(強調は引用者〔同前、三三八頁〕)。
(50)同前、二九〇―二九三頁〔同前、三三四―三三八頁〕。
(51)同前、手紙二六、二九四―二九七頁〔同前、三三八―三四二頁〕。
(52)「第二対話」、OC、第一巻、八二八―八二九頁〔『ルソー全集』第三巻、一八二頁〕。
(53)『学問芸術論』、OC、第三巻、六頁〔『ルソー全集』第四巻、一五頁〕。
(54)同前、九頁〔『ルソー全集』第四巻、一九頁〕。
(55)同前、一一頁(強調は引用者。同前、二一頁〕。

（56）同前、一二一―一四頁〔同前、二二一―二四頁〕。
（57）M－N・ブィエ『科学、文芸、芸術万有辞典』、前掲書。ファブリキウスの活喩法は、ピエール・フォンタニエ『言説の文彩』、G・ジュネット序文、フラマリオン、一九六八年に挙げられている三つの例の最初のものである。サン＝テヴルモン『ローマ国民のさまざまな特質についての考察』第五章、『雑文集』第二版、ロンドン、全三巻、一七〇九年、第一巻、一六五―一七〇頁所収を参照。ファブリキウスの有徳な貧しさのせいで彼に疑いを持つようになった。「わたしはすべての人からたたえられる貧しさに同情することはできない。そのような貧しさは、わたしたちの利益と快楽が不足しているとみなす物だけだ。実を言えば、そのような耐乏生活は甘美なのだ。その感覚からかすめ取られるものを精神に心地よく享受させることなのだ」。過去のそのような人物は現在の状況についてどのように考えるだろうか。この問いが一部のジャーナリストから徹底的に出されるなら、いらいらさせる問いだと思う。このような腹話術の訓練に、ルソーは尻込みしなかった。彼は自分のためにラテンの権威ある人びとに頼ったのだ。
（58）『マルゼルブへの手紙』、OC、第一巻、手紙二、一一三五頁〔『ルソー全集』第二巻、四七二頁〕。
（59）同前、一一三六頁〔同前、四七三頁〕。
（60）『学問芸術論』、OC、第三巻、一五頁〔『ルソー全集』第四巻、二五頁〕。
（61）同前、一四頁〔同前、二五頁〕。
（62）コルネイユ『ポリュークト』第二幕、第五場。
（63）『学問芸術論』、OC、第三巻、一五頁〔『ルソー全集』第四巻、二五頁〕。
（64）J－B－M・ピエール（一七一三―一七八九年）は『学問芸術論』の扉絵のデッサンを描き、それをジャン＝シャルル・バコワが版画にした。
（65）『学問芸術論』、OC、第三巻、二一―二二頁〔『ルソー全集』第四巻、三二頁〕。
（66）これはエルナ・シーフェンスブッシュの出発点である。「フランスの美術へのジャン＝ジャック・ルソーの影響」、『ジャン＝ジャック・ルソー協会年報』第一九号、一九二九―一九三〇年。
（67）『学問芸術論』、OC、第三巻、二五頁〔『ルソー全集』第四巻、三六頁〕。ルソーが『新エロイーズ』で述べるような庭園の芸術は、自然と人間の技巧に折り合いをつけることになるだろう。

(68) 同前、三〇頁〔同前、四二頁〕。
(69) これに近い主題は、エドガール・ドガの若者を描いた絵で扱われている。『身体を鍛えるスパルタの若者たち』(ロンドン、国立美術館蔵)。ドガは半ば皮肉をまじえつつ歴史画の慣習を守りながら、こうして若者の裸(男の子のグループの前に女の子のグループがいる)を扱っていた。
(70) 『ダランベール氏への手紙』、B・ガニュバン校訂、J・ルーセ注、OC、第五巻、一九九五年、一二二―一二三頁〔『ルソー全集』第八巻、一六一頁〕。
(71) 以下を参照されたい。モナ・オズーフ『革命の祭典(一七八九―一七九九年)』、ガリマール、「歴史叢書」、一九七六年。ジャン＝クロード・ボネ編『ミューズのカルマニョル。フランス革命における文学者と芸術家』、アルマン・コラン、一九八八年。ブロニスラウ・バチコ「パンテオンのルソー」、『ヨブ、我が友よ。幸福の約束と悪の宿命』、ガリマール、「NRFエッセイ」、一九九七年、二三七―二五四頁。

3 ルソーと雄弁

(1) 〔「第二対話」、『ルソー全集』第三巻、一八二―一八三頁〕(強調は引用者。原著には出典指示なし)。
(2) 『マルゼルブへの手紙』、OC、第一巻、一一三六頁(強調は引用者)〔『ルソー全集』第二巻、四七三頁〕。
(3) 『伝記的断章』、『自伝的断章および伝記的資料』所収、OC、第一巻、一一一三頁(強調は引用者)〔宮ヶ谷徳三訳『ルソー全集』第三巻、三七七頁〕。
(4) 「第一対話」、OC、第一巻、六七二頁〔『ルソー全集』第三巻、二四―二五頁〕。
(5) 『エミール』、OC、第四巻、五四六頁〔『ルソー全集』第六巻、三四六―三四七頁〕。
(6) 同前、五四六―五四七頁〔同前、三四七―三四八頁〕。
(7) 同前、六七五頁〔『ルソー全集』第七巻、一三六頁〕。
(8) 『エミールとソフィー』、Ch・ヴィルツ校訂、P・ビュルジュラン紹介・注、OC、第四巻、一九六九年、「第二の手紙」、九二二頁〔『ルソー全集』第八巻、五二五頁〕。

(9)『学問芸術論』、OC、第三巻、一四頁〔『ルソー全集』第四巻、二五頁〕。
(10)同前、一七頁〔同前、二七頁〕。
(11)同前、一四頁〔同前、二四頁〕。
(12)同前、「グリムへの手紙」、六八頁〔同前、九八頁〕
(13)同前、一六九頁〔『ルソー全集』第四巻、二三八頁〕。
(14)同前、一六四頁(強調は引用者)〔同前、二三二頁〕。
(15)『文学と道徳論文集』、「発音について」Ch・ギュイヨ校訂・注、OC、第二巻、一九六一年、一二五〇頁〔『ルソー全集』第十一巻、三九三頁〕)。
(16)『言語起源論』、前掲書、第十一章、一一一頁〔同前、三五九頁〕。
(17)同前、第十二章、一一五頁〔同前、三六一頁〕。
(18)『旋律の起源』、M-E・デュシェ校訂・注、OC、第五巻、一九九五年、三三三頁。
(19)『言語起源論』、前掲書、第十二章、一一六頁。
(20)『学問芸術論』、OC、第一巻、六八三頁〔『ルソー全集』第三巻、三五頁〕。
(21)『言語起源論』、前掲書、第四章、七二頁(強調は引用者)〔『ルソー全集』第十一巻、三二八頁〕。
(22)『社会契約論』、R・ドラテ校訂・注、OC、第三巻、一九六四年、第二編、第八章、三八五頁〔『ルソー全集』第五巻、一五一頁〕。
(23)同前、第七章、三八三頁〔同前、一四九頁〕。
(24)『社会契約論』(第一草稿、ジュネーヴ草稿)、R・ドラテ校訂・注、OC、第三巻、一九六四年、三一七頁〔中山元訳『社会契約論・ジュネーヴ草稿』、光文社古典新訳文庫、二〇〇八年、三八六頁〕。
(25)『社会契約論』、OC、第三巻、第四編、第一章、四三七頁〔『ルソー全集』第五巻、二二二―二二三頁〕。
(26)『エミール』、OC、第四巻、第四編、五四七頁〔『ルソー全集』第六巻、三四七頁〕。
(27)『学問芸術論』、OC、第三巻、第三巻、一四頁(強調は引用者)〔『ルソー全集』第四巻、二四―二五頁〕。
(28)『新エロイーズ』、OC、第二巻、第三部、手紙一八、三五二頁〔『ルソー全集』第九巻、四一二頁〕。

(29)「回状」、『ルソー、ジャン＝ジャックを裁く』、OC、第一巻、九九〇頁〔『ルソー全集』第三巻、三五一頁〕。ほかにもいくつか例を挙げると、ヴァランス夫人との最後の面会について語りながら、ルソーは次のように叫ぶ。「これがかつてあれほど輝かしかったヴァランス夫人だろうか」と（『告白』、OC、第一巻、三九一頁）。そして、何年も後に見つかったヴァンチュール・ド・ヴィルヌーヴについては「なんと変わってしまったことか」（同前、三九八頁）と語っている。ソフィーの不実のあと、エミールは自問する。「お前は彼女が変わってしまったことを非難している！おおエミールよ、それではお前は変わっていないというのか。この大都市で彼女のそばにいながらかつての姿と変わったお前をどれほど見たことか！ ああ！ 彼女の心変わりはお前の心変わりのせいなのだ」（『エミールとソフィー』、OC、第四巻、八九六頁）。強調は引用者による。

(30)『社会契約論』（第一草稿）、OC、第三巻、三一六頁〔中山元訳『社会契約論・ジュネーヴ草稿』、光文社古典新訳文庫、二〇〇八年、三八四頁〕。

4 スタール夫人とルソー——感情の権威

(1) ニコルは喜劇の支持者を非難すべく、次のように書いている。「というのもイエス・キリストの精神こそが彼らに働きかけ、イエス・キリストが自分の感情のなかに刻みつけたのと同じ感情を彼らの作品のなかに刻み込んだからだといって、キリスト教徒の人生はただ単に模倣であるだけでなく、イエス・キリストの人生の継続であるはずだと人びとは考えていない。こうした観点からキリスト教徒の人生を眺めるならば、われわれは喜劇がどれほどキリスト教徒の人生と反対のものであるかをただちに知ることになろう」（『ニコルの哲学的、道徳的作品』、パリ、一八一五年、四五一頁）。

(2) スタール夫人『ジャン＝ジャック・ルソーの著作と性格についての手紙』、『スタール＝ホルスタイン男爵夫人全集』、フィルマン・ディド兄弟社、第一巻、一八四四年、一頁所収。

(3) 同前。

(4) 同前。情熱にさらに付け加わる反省については、ポール・ド・マンの優れた論文「スタール夫人とジャン＝ジャック・ルソー」」、『プルーヴ』、一九〇号、一九六六年十二月、三五―四〇頁を参照。
(5) ジョルジュ・プーレ『批評意識』、ジョゼ・コルティ、一九七一年、一八―一九頁。
(6) スタール夫人『ジャン＝ジャック・ルソーの著作と性格についての手紙』、前掲書、一〇頁。
(7) ジョルジュ・プーレ「スタール夫人の批評的思考」、『プルーヴ』、一九〇号、一九六六年十二月、二八頁。
(8) スタール夫人『ジャン＝ジャック・ルソーの著作と性格についての手紙』、前掲書、一六頁。
(9) 同前。
(10) 同前。
(11) 特に「サヴォアの助任司祭の信仰告白」、『エミール』、OC、第四巻、第四編、五六五―六九一頁〔『ルソー全集』第七巻、一九頁以降〕および「第三の散歩」、OC、第一巻〔『ルソー全集』第二巻、三二五頁以降〕。
(12) スタール夫人『ジャン＝ジャック・ルソーの著作と性格についての手紙』、前掲書、一六頁。
(13) 同前。
(14) 同前、五頁。
(15) 同前、一六頁。
(16) 同前。
(17) 同前、一七頁。
(18) 同前。
(19) 同前。
(20) 同前、二三頁。
(21) 同前、二四頁。

5 国外追放の詩人

(1) オウィディウス『悲しみの歌』、V、一〇、三七―三八頁。「ここではわたしは異邦人だ、というのは人びとはわたしの言うことを少しも理解しないからだ。ゲタイ人たちはわたしのラテン語を嘲笑する」。現代の版では qui non intelligor ulli. この後は、ジャック・アンドレの翻訳（レ・ベル・レットル版、一九六八年）を引用することにする。
（2）同前、一五―一七行。
（3）同前、二一―二二行。
（4）同前、三五―四二行。
（5）カール・ヤスパース『精神病理学総論』第五版、ベルリン・ハイデルベルク、一九四八年、三二四―三二五頁参照〔『山岸洋訳『新・精神病理学総論』、学樹書院、二〇一四年〕。「感覚妄想」あるいは「関係妄想」のさまざまなカテゴリーについては、アンリ・エー、ポール・ベルナール、シャルル・ブリセ『精神医学入門』、マソン、一九七四年、五〇七―五一二頁参照〔小池淳訳『精神医学マニュエル』、牧野出版、一九八一年〕。
（6）『告白』、OC、第一巻、第六編、二二七―二二八頁〔『ルソー全集』第一巻、二五二頁〕。しかしながら、わたしの知る限り、ルソーもその話し相手もコミュニケーションを妨害するまでに至る聴覚の困難には言及していない。
（7）『優美な詩の女神たち』、『バレエ、牧歌、詩』所収、シャルリ・ギュイヨ校訂・注、OC、第二巻、一九六一年、一〇五一頁以降〔『ルソー全集』第十一巻、二〇五頁以降〕。
（8）同前、一〇六三頁〔同前、二二八頁〕。
（9）同前、一〇六七頁〔同前、二三六頁〕。
（10）CC、第三巻、二九二―二九三頁（綴りは現代化してある）。
（11）同前、二九六頁。
（12）「第一対話」、OC、第一巻、六七二頁〔『ルソー全集』第三巻、二四頁〕。
（13）人文主義の伝統は、キケロにさかのぼるのだが、真実を語る話（parrhésie「自由に、かつ率直に話すこと」）が友人同士のあいだにあることを望む。ラテン語で、友人の義務は monere と moneri という、公平に与えられ受け取られる忠告によって表されていた。フランス語は、特にモンテーニュにおいて、「s'entradvertir 忠告し合う」という単語をつくり出していた。
（14）CC、第四巻、一九七頁以降（綴りは現代化してある）。

(15) 同前、一九九頁。
(16) ルソーからディドロへ、一七五七年三月二十三日または二十四日、同前、一九六頁（強調は引用者）。
(17) モンテーニュ『エセー』、I、二八。
(18) CC、四一〇五番。
(19) ドゥ・ラ・ロド伯爵夫人宛、一七七六年五月二十三日、CC、第四〇巻、六九頁。
(20) 「第一対話」、OC、第一巻、六七一頁〔『ルソー全集』第三巻、二三頁〕。この点については、『ジャン＝ジャック・ルソー、透明と障害』、前掲書のわたしの指摘を参照のこと。
(21) 「第二対話」、OC、第一巻、七八三頁（強調は引用者。『ルソー全集』第三巻、一三三頁〕。
(22) 『告白』、OC、第一巻、第十編、一七六〇年十一月五日の手紙、五三〇頁〔『ルソー全集』第二巻、一五二頁〕。
(23) CC、第七巻、二九二―二九四頁。
(24) 『マブリ氏の子息のための教育案』、OC、第四巻、一七頁（強調は引用者）。
(25) 『新エロイーズ』、OC、第二巻、第二部、手紙一七、二四八頁（強調は引用者）〔『ルソー全集』第九巻、二八六頁〕。
(26) 『告白』、OC、第一巻、第七編、二九〇頁（強調は引用者）〔『ルソー全集』第一巻、三一六頁〕。
(27) B・バチコ『ヨブ、我が友よ』、前掲書、一九九―二五四頁。
(28) 『告白』、OC、第一巻、第七編、二九七頁〔『ルソー全集』第一巻、三二四頁〕。
(29) 同前、三一一頁〔同前、三三八頁〕。
(30) 同前、第四編、一五四―一五七頁〔同前、一七四―一七八頁〕。
(31) 同前、第七編、三一四頁〔同前、三三七頁〕。
(32) 同前、三一二頁〔同前、三三九頁〕。
(33) 「第一対話」、OC、第一巻、六八七頁〔『ルソー全集』第三巻、三九頁〕。
(34) 同前、六九四―六九五頁〔同前、四六頁〕。
(35) 同前、六九五頁〔同前〕。
(36) 同前〔同前〕。『新エロイーズ』、OC、第二巻、第二部、手紙一七、二四七頁〔『ルソー全集』第九巻、二八五頁〕では、サン＝プルーはパリの私的な夕食会について語りながら、わけの分からない言葉と短剣の一刺しを結びつけている。「なにがしかの慎重の構えは残っていて、従僕の前ではある種ひねった言葉遣いが考案され、それで風刺をぼやかしているように見せかけて、実はますます手厳しくしているのです。要するに、ここでは、人びとは痛い思いをさせまいという口実を設けて丹念に短剣を研いでいるのですが、これは実はいっそう深く刺し通すためにほかなりません」。

(37)「第一対話」、OC、第一巻、六九五頁〔『ルソー全集』第三巻、四六頁〕。

(38)『先の著作の顛末』、『ルソー、ジャン＝ジャックを裁く』所収、R・オスモン校訂・注、OC、第一巻、一九五九年、九八〇頁〔『ルソー全集』第三巻、三四〇頁〕。

(39) リシュレの『辞書』（一七〇四年）はラテン語の相当語 impotentis animi motus violentior, vel impetus を提示している。これをわたしは次のように訳すことにしたい。「ある人の精神の抵抗を上回る激しい動きまたは激しい勢い」。

(40) コルネイユ『ポリュークト』〔『コルネイユ名作集』岩瀬孝他訳、白水社、一九七五年、第五幕第六場、二八九頁〕。他の場所では、これは「持ち去る＝感情が人を押し流す」という動詞である。「わたしは感情に押し流されるが、頭は働いていない」（『告白』、OC、第一巻、第三章、一一三頁〔『ルソー全集』第一巻、一二八頁〕）。

(41)『言語起源論』、前掲書、第三章、三八一頁、および注三、一五四五頁〔『ルソー全集』第十一巻、三三六頁。岩波文庫、二六頁では「転用」〕。

(42) 同前、第四章、三八二―三八三頁〔『ルソー全集』第十一巻、三三七―三三九頁〕。

(43) ジャン＝ピエール・シャンジュー、ポール・リクール『わたしたちに思考させるもの。自然と規則』、オディル・ジャコブ、一九九八年、三〇六頁。

(44)『告白』、OC、第一巻、第三編、一一三―一一四頁〔『ルソー全集』第一巻、一二八―一二九頁〕。

(45) 同前、一一四頁（強調は引用者）〔同前、一二九頁〕。この指摘が突然出てくる一節は、それ自体が大きな対比である。ルソーはイタリア歌劇の舞台転換の際に起こる大混乱に言及しているが、その大混乱の後で「すべてはうまくいって、何ひとつ足りぬものはない」。

(46)『楽しみの技術および他の断章』、『自伝的断章および伝記的資料』所収、OC、第一巻、一一七四頁〔『ルソー全集』第三巻、四〇六頁〕。「第五の散歩」の終わりも参照、OC、第一巻、一〇四九頁〔『ルソー全集』第二巻、三六九頁〕。

（47）「第三対話」、OC、第一巻、九三〇頁〔『ルソー全集』第三巻、二八九頁〕。

6 信条の選択

（1）「人生を真理に捧げる」、『ダランベール氏への手紙』、OC、第五巻、一二〇頁〔『ルソー全集』第八巻、一五八頁〕。この銘句はユウェナリス『諷刺』、Ⅳ、九一からの借用である。ルソーはこの銘句を刻んだ印を作らせる。現在の書簡では、その印が初めて認められるのは、一七五九年三月十八日の手紙である。この銘句は『山からの手紙』、OC、第三巻（一七六四年）、六八三頁のエピグラフにも見出される〔『ルソー全集』第八巻、一九一頁〕。

（2）『ダランベール氏への手紙』、OC、第五巻、一二〇頁〔『ルソー全集』第八巻、一五八頁〕。

（3）『告白』、OC、第一巻、第一編、三および五頁〔『ルソー全集』第一巻、一一および一三頁〕。

（4）『マルゼルブへの手紙』、OC、第一巻、一一三一頁〔『ルソー全集』第二巻、四六六頁〕。「動機」という語に関しては、特に一一三〇〔同前、四六五頁〕および一一四二頁〔同前、四八二頁〕における用法を参照。

（5）同前、一一三二頁〔同前、四六七頁〕。

（6）「辞書」という語はデピネ夫人宛の手紙でルソーが用いている。「わたしの辞書をもっと学んでください」（本書、一五一頁以降）。

（7）「第二対話」、OC、第一巻、七八三頁〔『ルソー全集』第三巻、一三四頁〕。

（8）『ジャン＝ジャック・ルソー　透明と障害』、前掲書、四一五―四二九頁所収の「夢想と変貌」と題する拙論を参照していただきたい。〔邦訳なし〕

（9）マルセル・レーモン『ジャン＝ジャック・ルソー、自己探求と夢想』、ジョゼ・コルティ、一九六二年（松本真一郎訳、国文社、一九九〇年）。

（10）「第一の散歩」、OC、第一巻、一〇〇〇頁〔『ルソー全集』第二巻、三一一頁〕。

（11）アウグスティヌス『著作集』第一シリーズ、『小品集』、II、「道徳的問題」、G・コンブ編、一九三七年、Contra mendacium, III, 18: Interest [...] plurimum qua causa, quo fine, qua intentione quid fiat. たとえば、貧しい人びとへ

の施しは、慈悲によって（causa misericordiae cum recta fide）、あるいは見せびらかしによって（jactantiae causa）達成されうるものだ。

(12) この現世欲は、パスカルによって告発されている（ヨハネの第一の使徒書簡、二の一六による）。「この世に存在するものはすべて、肉の欲か眼の欲か生命の誇りである（libido sentiendi, libido sciendi, libido dominandi）」〔パスカル『パンセ』、ブランシュヴィク編、断章四五八、前田陽一・由木康訳、世界の名著二九、二四七頁〕。

(13) アンリ・グイエ『ジャン＝ジャック・ルソーの形而上学』、ヴラン、一九七〇年。

(14) 『告白』、OC、第一巻、第二編、八五頁〔『ルソー全集』第一巻、九八頁〕。

(15) 同前、第一編、一九頁〔同前、二九頁〕。

(16) 自伝作者の被疑者的状況については、以下の拙論を参照されたい。「自伝の文体」、ジャン・スタロバンスキー『活きた眼2――批評の関係』、ガリマール、「道」叢書、一九七〇年、八三―九八頁〔調佳智雄訳、理想社、一九七三年〕。ここではルソー的な告白とアウグスティヌス的な告白を比較している。G・マティウ＝カステラーニ『自伝の裁判場面』、前掲書も参照のこと。

(17) 『アカデミー・フランセーズ辞典』、一七九八年。「Coulpe 過ち、罪。現在はこの語は宗教上の事柄でしか使われない。この語は精神のけがれ、すなわち宗教上の罪人から神の恩寵を奪う罪の汚点を意味する。告白によって罪 coulpe は許され、罰は受けない。神の偉大な愛、完全な愛徳が罪と罰を取り去り、罪と罰から救出する」。

(18) OC、第一巻、一〇一八頁〔『ルソー全集』第二巻、三三三頁〕。

(19) 発想 inventio の規則については、ハインリッヒ・ラウスベルク『文学修辞学』、二巻、ミュンヘン、一九六〇年、第一巻、第二章、二五五から四四二までを参照した〔萬澤正美訳、東京都立大学出版会、二〇〇一年〕。このエピソードでは、前置きは、「わたしは何を成し遂げなかったのか」（『告白』第二編、八四頁）という一節で始まる、一つのパラグラフが含まれる。語りは、「一つの家庭の分解は確かにむずかしい」という一節で始まり、「わたしの告白を書く」という一節で終わる、三つのパラグラフからなる（八四―八六頁）。論証は「わたしが行なったばかりの〔告白〕で率直に取りかかった」という一節で始まり、「これほど陰険な嘘をつきえたことについての後悔から」という一節で終わる（八六―八七頁）。悲壮な省略三段論法を含む結論は、「これが償いうるような犯罪であれば」という一節で始まる。これらは『告白』第二編の結論に当たる文章であり、それは「もう二度とこの話はしなくてもいいことにしたいものである」という見事な願望法で終わる。

（20）クインティリアヌス（M・ファビイ・クインティリアニ）『弁論家の教育 *Institutionum oratoriarum libri duodecime, ad usum scholarum accommodati* [...]』カロロ・ロラン編、全二巻、パリ、一七五四年、V、一二。ルソーはロランのラテン語ダイジェスト版を通してクインティリアヌスをよく知っていた。一七四二年には、彼はマブリ氏の息子がクインティリアヌスを暗記することを勧めているが、これは大変なことである！『ご子息の教育に関するド・マブリ氏への覚え書』、OC、第四巻、二九頁〔『ルソー全集』第七巻、四一二頁〕を参照のこと。

（21）『告白』、OC、第一巻、第二編、八六―八七頁〔『ルソー全集』第一巻、九九頁〕。「第四の散歩」では、ルソーは自分が置かれていた状態を「錯乱状態」と形容する。

（22）ポール・ド・マンが『読むことのアレゴリー』、ニュー・ヘヴン、イエール大学出版局、一九七九年、二八八頁〔土田知則訳、岩波書店、二〇一二年、三七五頁〕で「言い損ないのように」と記しているのは実に的確である。

（23）盗みを告白するこの二つの短い文は、嘘を説明する文と実に似通った構造を持っている（『告白』、OC、第一巻、八四頁〔『ルソー全集』第一巻、九六頁〕）。「このリボンだけがわたしの気を誘い、わたしはそれを盗んだ」（ベルナール・デュプリエ『文学の方法』、10／18叢書、一九八〇年所収の「破格構文」の項を参照のこと）。二つの並置された節の主語の変化は、たとえ句点によってではなく、読点によって分けられているとはいえ、並置されているように分析することはできない。ルソーは破格構文を使わないわけでも、統語上の真の切断を恐れているわけでもない。その一例を挙げよう。「でも本当の愛着を求めるために生まれたので、心と心の交わりと親密さは彼にとっては大変貴重なものである」（「第二対話」、OC、第一巻、八二〇頁〔『ルソー全集』第三巻、一七三頁〕）。盗みの語りにおいて、次いで家庭内裁判での対決の語りにおいて、一貫性のない行動と急展開する出来事は等位詞なしに並置される一連の短い節によって示される。しかも節の主語は刻々と変わるのだ。以下の一節からそのことを判断していただきたい。「彼女は呼ばれた。集まった人は大勢であった。ラ・ロック伯爵もそこにいた。彼女がやって来て、リボンが見せられる。わたしは厚かましくも彼女に罪を着せる。彼女は茫然として、黙っている」（『告白』、OC、第一巻、第一編、八五頁〔『ルソー全集』第一巻、九七頁〕）。

(24) ポール・ド・マンの想定とは反対に、「…について詫びる s'excuser sur」という表現は十八世紀にはまったく珍しいものではなかった。この表現は弁解する人たちが言い訳にする理由や口実を指すものだった。特に『トレヴー辞典』（一七七一年）を参照されたい。この表現がここではうってつけだというのは否定できない。その間接的な性格によって、この表現は、「非難＝告発する accuser」、「責任を負わせる charger」などのような、この表現と類似する直接補語動詞のインパクトを和らげているからだ。

(25) 『告白』、OC、第一巻、第一編、三二および三三頁〔『ルソー全集』第一巻、四二および四四頁〕。

(26) 同前、三一頁〔同前、四二頁〕。

(27) 他の弁解の要素として、これはほんのささいな盗みだった。「バラ色と銀色の」このリボンは「小さく」、「すでに古い物」だった（同前、八四頁〔同前、九七頁〕）。

(28) 同前〔同前、九六頁〕。

(29) プルタルコス『プルタルコスの道徳作品』、J・アミヨ訳、ジュネーヴ、ストー、一六〇三年、第十一の論、七七頁右。

(30) 同前。「何かにつけて恥ずかしさでひどく赤くなる人を恥ずかしく思う人と理解する」。これは他者に直面して視線や顔色が変化することである。このテクストを参照するよう勧めてくれたアラン・グロリシャールにこの場を借りて謝意を表したい。モンテーニュは「間違った恥ずかしがり」についてプルタルコスに言及している（モンテーニュ『エセー』、ヴィレ＝ソーニエ編、PUF、一九七八年、III、一〇、一〇一九頁〔原二郎訳『エセー』六、岩波文庫、三三三頁〕）。

(31) ピエール・ニコル『神学および道徳の教育……』、全二巻、パリ、一七二三年、第二巻、第五章、第二節「人びとの判断を恐れること、あるいははにかみについて」、五六―六二頁。

(32) アウグスティヌス『著作集』、前掲書、「詩編」七九。

(33) ピエール・ニコル『神学および道徳の教育……』、前掲書、五五頁。

(34) トマス・アクィナス『神学大全』、II、II、六八問、四項。

(35) クインティリアヌス『弁論家の教育……』、前掲書、V、一〇。

(36) 制御できない結果の問題については、以下の拙論を参照されたい。「トリノの午餐」、J・スタロバンスキー『批評の関係』、前掲書所収。

(37)『告白』、OC、第一巻、八七頁〔『ルソー全集』第一巻、一〇〇頁〕。

(38) 精神医学、特に精神分析の文献で記述される心理学的「症例」が問題になるときも事情は同じである。フロイトの古典的症例に充てられた膨大な文献のなかで、フロイトの解釈を補うとか修正すると主張している人びとはあまりにも数多く、またフロイトによって示された「事実の」要素あるいは語りの要素と彼の解釈とのあいだの完全な循環性を考慮に入れている人はあまりにも少ない。臨床の歴史はこのような解釈のために、またこのような解釈によって作り上げられてきたわけだが、その解釈は彼には事後的に適用されたように映る。

(39) もちろん、わたしの分析全体は様態付与に属するものなので、「ルソーによれば」、「ルソーのテクストを信じるならば」、「『告白』、『対話』、『夢想』等々に基づいて」といった表現によってもっと頻繁にそれを示すべきなのかもしれない。しかしそのような合図を必要としない読者をわたしは想定している。そのような読者はルソーの「現実の」動機についてわたしが論じていないことを理解してくれるだろう。わたしとしてはルソーが彼の動機を示しているテクストを分析するにとどめたい。

(40)「第四の散歩」の関連文献については、バルトロ・アングラーニ『自我の仮面』、ファザーノ、シエーナ、一九九五年、三一七—三三二頁を参照のこと。

(41)「第四の散歩」、OC、第一巻、一〇三四頁〔『ルソー全集』第三巻、三五三頁〕。

(42) 同前、一〇三三頁〔同前、三五三頁〕。

(43) 同前、一〇三九頁〔同前、三六〇頁〕。

(44) 同前、一〇二六頁（強調は引用者）〔同前、三四三頁〕。

(45)〔エルヴェシウスの『精神論』についての注〕、OC、第四巻、一一二六頁。ジャン・ドゥプラン「フォントネル、エルヴェシウス、ルソーと嘘の決疑論」、『フォントネル』ルーアン・シンポジウム記録（一九八五年）、PUF、一九八九年、四二三—四三一頁を参照のこと。エルヴェシウスによってフォントネルのものとされた嘘の定義——「言わなければならない真実を黙っていること」——は、ジャン・ドゥプランによれば、フォントネルの公刊著作のなかには見出されないとされる。実際、『精神論』に見られるような真理の決疑論は、ルソーがまったく独自に知りえた伝統的な理論を引き継いでいる。エルヴェシウスは『人間論』（死後出版、一七七二年）に、「人びとは真理を人間に負っているということ」と題する一章（第九部、第十一章）を織り込んでいるが、フォントネルへの参照はまったくない。この章はアウグスティヌスとアンブロシウス〔古代西方教会の四大教会博士の一人〕の引用から始まるが、それらの引用は問題の典拠を確かに示している。「真理はスキャンダルの主題になるのだろうか。スキャンダルが生まれる、すると真理が語られる」（アウグスティヌス、出典なしに引用）。「人は真理を見た瞬間から、恥ずかしさも恐れも感じずに真理を語らなければ、真理の擁護者ではない」（アンブロシウス、出典なしに引用）。エルヴェシウスにとって、公共の利益は真理の義務の尺度である。「どんな人も、市民の資格で、自分の持てる力のすべてで同胞の幸福に貢献しなければならないとしたら、人は真理を知っているのだろうか。人は真理を言わなければならない。真理を人間に負っているかどうかと尋ねるのは、わかりにくい遠回しの文を用いて、人が有徳であって、同胞の益をなすことが許されているかどうかと尋ねるのに等しい」（クロード・アドリアン・エルヴェシウス『人間論』、『著作集』全五巻、パリ、一七九二年、第五巻、第九部、第九章、五四―五五頁）。

(46) 『人間不平等起源論』の献辞で、ルソーは「わたしにはタキトゥス、プルタルコス、グローティウスの本が、仕事の道具に混じって彼の前に置かれているのが見える」と記している（OC、第三巻、一一八頁〔『ルソー全集』第四巻、一八六頁〕）。

(47) ザムエル・フォン・プーフェンドルフ『自然法と万民法』〔一六七二年〕、J・バルベラック仏訳、全二巻、アムステルダム、一七〇六年、第一巻、第四部、第一章「ことばの使用に関する義務について」、三八六―四一三頁。

(48) 同前、第九節。

(49) 『告白』、OC、第一巻、第三編、一一〇頁〔『ルソー全集』第一巻、一二五頁〕。

(50) 『サント＝マリ氏のための教育案』、OC、第四巻、三一頁〔『ルソー全集』第七巻、四三五頁〕。

(51) フーゴー・グローティウス『戦争と平和の法』、J・バルベラック仏訳、全二巻、ライデン、一七五九年、第三部、第一章、第十一節、第二巻、七二〇―七二一頁。彼は次のように付け加えている。「さらにここで侵害されている権利は他の人の権利ではなく、話し相手の権利である必要がある。契約に関して、不正は契約を結ぶ当事者間の権利の侵害においてしか認められないのと同じである」。

(52) 「第四の散歩」、OC、第一巻、一〇二六—一〇二七頁〔『ルソー全集』第二巻、三四四—三四五頁〕。
(53) 同前、一〇二七頁〔同前、三四五頁〕。
(54) P・ニコル『神学および道徳の教育……』、「第五の教え」、I、VI。
(55) アウグスティヌス『著作集』、前掲書、『信仰の機密』、二八六。
(56) 「第四の散歩」、OC、第一巻、一〇二九頁〔『ルソー全集』第二巻、三四七頁〕。
(57) アウグスティヌス『著作集』、前掲書、『嘘について』、II、二。
(58) 同前、III、三。
(59) 「第四の散歩」、OC、第一巻、一〇二七および一〇三三頁〔『ルソー全集』第二巻、三四五および三五二頁〕。
(60) アウグスティヌス『著作集』、前掲書、二三三頁。特に『嘘について』、XIV、二五を参照のこと。アウグスティヌスは他人の貞節を危うくしたり、守ったりする嘘に多くの注意を払っている。自分が行なった中傷的な告発＝非難の結果に関してルソーが自分に向ける非難は、暇を出されたマリオンがたぶん守り通すことができなかった貞節にかかわることを思い出す必要がある。
(61) 「第四の散歩」、OC、第一巻、一〇二六頁〔『ルソー全集』第二巻、三四四頁〕。
(62) 同じ分類がボナヴェントゥラにあり、ジャン・ポンタスによって『良心の問題の辞書』全三巻、パリ、一七三四年所収の「嘘」の項目に引用されている。「嘘をつく人は役に立つか、楽しませるか、人を傷つけようとの意図を持っている。役に立とうと意図するのならば、それは善意の嘘である。楽しませようという意図であれば、愉快な嘘である。人を傷つけようという意図があれば、それは危険な嘘である。［Mentiens autem aut intendit prodesse, aut delectare, aut laedere. Secundum quod intendit prodesse, est mendacium officiosum. Secundum quod intendit delectare, est mendacium jocosum. Secundum quod intendit laedere, est mendacium perniciosum.］
(63) トマス・アクィナス『神学大全』、II、II、一〇九問（真実について De veritate）と一一〇問（真実と対立的な諸々の悪徳について De vitiis oppostis veritati, et primo de mendacio）〔『神学大全』20、稲垣良典訳、創文社、一三〇頁および一四五頁以降〕。
(64) 同前、八〇問、第一項。

(65) 同前、一〇九問、第一項〔『神学大全』20、一三二―一三三頁。原著はラテン語のまま引用〕。

(66) 同前、一〇九問、第三項。この考えはモンテーニュによって「人の言うことに反駁することについて」と題された章（『エセー』、前掲書、II、一八）の末尾で取り上げられている。

(67) 「第四の散歩」、OC、第一巻、一〇三八頁〔『ルソー全集』第二巻、三五八頁〕。

(68) 同前、一〇三一―一〇三三頁〔同前、三五〇―三五一頁〕。

(69) 同前、一〇三〇―一〇三一頁〔同前、三四九頁〕。

(70) 周知のとおり、ルソーはトルクァート・タッソの『解放されたエルサレム』の第二の歌の冒頭に出てくるこのエピソードを翻訳している。引用した詩句は第二十二詩節である（OC、第五巻、一二八七―一二九五頁および考察三〇五頁〔邦訳「第四の散歩」、三五七頁〕）。

(71) 『告白』、OC、第一巻、第三編、九五頁〔『ルソー全集』第一巻、一〇八―一〇九頁〕。この後に続く考察にとっても、『批評の関係』、前掲書、八二―一六九頁所収の拙論「通訳の進歩」を参照していただきたい。この銘句は、ソラール家の武器の太陽の紋章に添えられていて、紋章の矢は打って当たるが誰も殺さない。

(72) 多くの事例から一例を挙げよう。「優秀な医者にとって、強迫観念の表象のもたらす情動は場違いなものまたは転置と映る。そしてこの情動は強迫観念のもたらす表象の一連のケースについては性の領域での再解釈を試みることがある。［Der Affekt der Zwangsvorstellung erscheint [dem kundigen Arzt] als ein dislozierter oder transponierter, und [er] kann für eine Reihe von Fällen von Zwang- svorstellung die Rückübersetzung ins Sexuelle versuchen.］この一節は Die Abwehr-Neuropsychosen, G.W., ロンドン、イマーゴ（のちにフランクフルト、フィッシャー）、一九五二年、第一巻、六八頁以降を参照のこと。

(73) わたしたちはこの議論をよく知っている。つまり明白な夢または徴候は潜在的な思考を（検閲を乗り越えるために）表しているというものだ。翻訳＝解釈のモデルはこうして理論的な練り上げを命じるので、それが文学解釈学と共通点を持っていても驚くにはあたらない。「夢のなかの思考と夢の内容は、同じ事実を別の二つの言語で二通りに述べることとしてわれわれには現れる。あるいは、夢の内容は別の表現様式で夢のなかの思考の翻訳として現れる。そしてわれわれは原本と翻訳の比較によって記号と統辞法の規則を知ることを学ばなければならない。夢のなかの思考はわれわれがそれに出会うとすぐにわれわれには理解可能である。夢の内容は同時にイメージの言語で与えられるから、その記号を一つずつ夢のなかの思考の言語に翻訳しなければならない」〔『夢判断』『フロイト著作集』2、高橋義孝訳、人文書院、一九六八年、二三一頁〕。

［Traumgedanken und Trauminhalt liegen vor uns wie zwei Darstellungen in zwei verschiedenen Sprachen, oder besser gesagt, der Trauminhalt erscheint uns als eine Uebertragung der Traumgedanken in eine andere Ausdrucksweise, deren Zeichen und Fügungsgesetze wir durch die Vergleichung von Original und Uebersetzung kennen lernen sollen. Die Traumgedanken sind uns ohne weiteres verständlich, sobald wir sie erfahren haben. Der Trauminhalt ist gleichsam in einer Bilderschrift gegeben, deren Zeichen einzeln in die Sprache der Traumgedanken zu übertragen sind］(*Die Traumdeutung*, chap. VI, GW II/III, pp. 283-284).

(74) 同前、一頁。拙訳である。原文は以下の通り。Ich werde [...] versuchen, die Vorgänge klarzulegen, von denen die Fremdartigkeit und Unkenntlichkeit des Traumes herrührt, und aus ihnen einen Rückschluss auf die Natur der psychischen Kräfte ziehen, aus deren Zusammen-oder Gegeneinanderwirken der Traum hervorgeht.

(75) 『告白』、OC、第一巻、第一編、〔五頁〕〔『ルソー全集』第一巻、一三頁〕。

(76) 同前、第七編、〔二七七頁〕〔同前、三〇三頁〕。

(77) わたしはロラン・バルトとは別の意味でラテン語から借用したこの用語を用いる。バルトは「作家 écrivain」という語を避けることで、書く主体を示すために「書き手 scripteur」を「話し手 parleur」に相当するものにしようとした。わたしは「作者」に付きまとうことになる誤解を避けるためにこの語を選んだ。「書き手《スクリプトゥール》」という語によってわたしは語りまたは自伝的反省の最先端にいる人を指し示すこととする。この書き手にとっては以前は作者であった者が別の次元の存在に属するのだ。もちろん、書き手の作業は、書き手がそののちも反省を続ければ、同じ書き手の目からみて作者の活動に変わる。こうして、『夢想』の書き手は『告白』の作者に対して距離を取るのである。ジゼル・マティウ＝カステラーニもまた同じく「書き手」という語を用いている。

(78) 『告白』、OC、第一巻、第一編〔五頁〕〔『ルソー全集』第一巻、一三頁〕。

(79) 同前、第七編〔二七八頁〕〔同前、三〇四頁〕。

(80) この点については、フィリップ・ルジュンヌ『自伝契約』、スイユ、一九七五年〔井上範夫・花輪光・住谷在昶訳、水声社、一九九三年〕および『わたしは他者である——文学の自伝からメディアまで』、スイユ、一九八〇年。アルナルド・ピッツォルッソ「『対話』の人物」、『ジャン＝ジャックによるルソー』、ジュネーヴ、一九七八年、六五—七四頁、およびミシェル・ロルニェ「『ルソー、ジャン＝ジャックを裁く——対話』、論証の想像界」、『フランコフォニア』第六号、一九八四年、二九—四一頁を参照のこと。
(81) 「第一対話」、OC、第一巻、六六四頁〔『ルソー全集』第三巻、一五頁〕。
(82) 「第二対話」、OC、第一巻、八二〇—八二五頁〔『ルソー全集』第三巻、一七二—一七八頁〕。
(83) ロベール・オスモンはこの点について『対話』の注釈で指摘を行なった（OC、第一巻、一六八〇頁）。
(84) OC、第三巻、一三二頁〔『ルソー全集』第四巻、二〇〇頁〕。
(85) OC、第一巻、八二〇—八二五頁〔『ルソー全集』第三巻、一七二—一七八頁〕。
(86) 同前〔八二〇頁〕〔同前、一七二頁〕。
(87) マイケル・シェファード『シャーロック・ホームズとフロイト博士のケース』、C・クペルニク訳、フラマリオン、一九八五年。
(88) 啓蒙時代の思想における罪の軽減——Entlastung——の理由については、オド・マルカードのさまざまな研究を参照していただきたい。特に「十八世紀哲学における被告と罪を軽減された人」、『原則との訣別』、シュツットガルト、レクラム、一九八一年、三九—六六頁および「罪の軽減 現代哲学における神義論のモチーフ」、『偶然の謝罪』、シュトゥットガルト、レクラム、一九八六年、一一—三二頁。
(89) 『告白』、OC、第一巻、第一編、八四頁〔『ルソー全集』第一巻、九六頁〕。
(90) 同前、八六頁〔同前、九八頁〕。
(91) 「第二対話」、OC、第一巻、八二五頁〔『ルソー全集』第三巻、一七八頁〕。
(92) 「第一対話」、OC、第一巻、六六八—六七一頁〔『ルソー全集』第三巻、二〇—二五頁〕。
(93) 同前〔同前、二三頁〕。
(94) 同前〔同前、二〇頁〕。

(95)『人間不平等起源論』、OC、第三巻、一六四頁〔『ルソー全集』第四巻、二三二頁〕。

7 人間の権利

(1) いくつもの出版物がこのテクストを伝えている。アントワーヌ・ド・ベック、ヴォルフガング・シュマーレ、ミシェル・ヴォヴェル『人間の権利の元年』、フランス国立科学研究センター出版部、一九八八年。ステファヌ・リアル『人間と市民の権利の宣言』、アシェット、「プリュリエル」叢書、一九八八年。クリスティーヌ・フォーレ『一七八九年の人間の権利の宣言』、パイヨ、一九八八年。

(2)『社会契約論』、OC、第三巻、三六一頁〔『ルソー全集』第五巻、一二三頁。中山元訳、光文社古典文庫、四一頁〕。

(3) コンドルセ『著作集』、コンドルセ・オコーナー、アラゴ編、パリ、一八四七年、第十二巻、四二二頁。共和暦三年憲法は、きわめて慎重で、修正条項は含まれていない。修正の権利は事前の「人間と市民の権利の宣言」には盛り込まれていない。

(4) エティエンヌ・デュモン『ミラボーと最初の二回の立法議会についての思い出』、〔一八三二年〕、J・ベネトリュイ編、PUF、一九五一年、九七頁。

(5)『立法議会の戦術。付録──政治的詭弁論──ジュネーヴの代表会議メンバーであるエティエンヌ・デュモンによる、イギリスの法律顧問、ジェレミー・ベンサム氏の草稿の抜粋』第二版、増補修正版、全二巻、一八二二年、第二巻、二九六─二九七頁。

(6) 事実、ベンサムとデュモンは彼らの前書きにおいて次のように主張している。「この宣言は今世紀の第一級の作家たちによって発せられた誤りの抜粋またはエッセンスを含んでいる。それぞれの作家に属しているものを復元しなければならないとしたら、この編纂資料のなかにマブリ、ルソー、レーナル、コンドルセ、ディドロ、プライス、プリーストリ、その他多くの著者の作品の断片が見られるだろう。しかし、国民公会により承認されたこれらの間違った原理は、こうした作家たちに欠けている荘厳な性格を持っている」〔同前、二五八─二五九頁〕。

(7) エティエンヌ・デュモン『ミラボーと最初の二回の立法議会についての思い出』、前掲書、九七─九八頁。S・リアルは『人間と市民の権利の宣言』のなかの一節の肝心な部分を引用している。前掲書、一二七頁。
(8) ジャン・ベネトリュイ『ミラボーの作業場』、ジュネーヴ、ジュリアン、一九六二年、一九〇—一九三頁。
(9) この表現は『社会契約論』(第一草稿)に見られる。OC、第三巻、第二編、第四章、三二九頁〔中山元訳『社会契約論』、光文社古典新訳文庫、四一一頁〕。
(10) 『人間不平等起源論』、OC、第三巻、「序文」、一二四頁〔『ルソー全集』第四巻、一九二頁〕。
(11) 同前、一六四頁〔同前、二三二頁〕。
(12) 同前、一九一頁〔同前、二六〇頁〕。
(13) 同前、一八九頁〔同前、二五八頁〕。
(14) 同前、一二六頁〔同前、一九四頁〕。
(15) アンリ・グイエ『ジャン=ジャック・ルソーの形而上学』、ヴラン、一九七〇年、四六頁。
(16) この点については、『社会契約論』の一節について検討するのが当然である。「すべての正義は神に由来し、神のみがその源泉である。しかし、われわれが正義をそんなに高いところから受け取るすべを知っていたのなら、われわれは政府も法も必要としないであろう。〔……〕この事態を人間の観点から考えてみると、自然は制裁を加えないので、正義の法は人間たちのあいだでは空しいものである。〔……〕それゆえ、権利を義務に結びつけ、正義にその目的を達成させるためには、約束ごとと法律とが必要だ」(OC、第三巻、第二編、第六章、三七八頁〔『ルソー全集』第五巻、一四三頁。中山元訳、八〇—八一頁〕)。
(17) 同前、一八二頁〔同前、二五一頁〕。
(18) 『エミール』第五編、OC、第四巻、八三六—八三七頁〔『ルソー全集』第七巻、三二一—三二二頁。原著では出典は「第二対話」となっているが、正しくは『エミール』〕。『新エロイーズ』では、ルソーは比較の方法の一般的な規則を述べているが、しかし「自然」と「道徳の規則」以外の規範には言及していない(OC、第二巻、第二部、手紙十六、二四二—二四三頁〔『ルソー全集』第九巻、二七九—二八〇頁〕)。
(19) エリック・ヴェイユ「ジャン=ジャック・ルソーとその政治学」、『試論と講演集』、プロン、全二巻、一九七一年、第二巻、一一四—一四八頁。これはG・ジュネット、T・トドロフ編『アンソロジー、ルソー思想』、スイユ、一九八四年、九―三九頁に再録されている。

(20) J・ベンサム『政治的詭弁論』、前掲書、三三七頁。

(21) レーモン・ポラン『孤独の政治学。ジャン＝ジャック・ルソーの政治哲学試論』、シレー、一九七一年〔水波朗ほか訳、九州大学出版会、一九九六年〕。

(22) 『社会契約論』、OC、第三巻、第二編、第七章、三八一頁〔『ルソー全集』第五巻、一四七頁〕。

(23) 同前、三八二頁〔同前、一四七頁。中山元訳、八九頁〕。

(24) S・リアル『人間と市民の権利の宣言』、前掲書、五三頁参照。

(25) シエイエス『人間と市民の権利の承認と合理的説明』。この文言はS・リアル『人間と市民の権利の宣言』、前掲書、五九二頁に再録されている。

(26) ブロニスラフ・バチコ「フランス人の社会契約。シエイエスとルソー」、キース・マイケル・ベイカー編『フランス革命と近代政治文化の創造』第一巻、『旧体制の政治文化』、オクスフォード、ペルガモン・プレス、一九八七年、四九九頁に所収。

(27) 同前。

(28) 『社会契約論』、OC、第三巻、第二編、第六章、三八〇頁〔『ルソー全集』第五巻、一四五頁〕。

(29) シエイエス『人間と市民の権利の承認と合理的説明』、前掲書、五九二頁。

(30) 『国民公会文書資料』第八巻、三二三頁。

(31) 『社会契約論』、OC、第三巻、第二編、第七章、三八四頁〔『ルソー全集』第五巻、一四九頁〕。

(32) ジョルジュ・プーレ「ルソー」、『人間的時間の研究』、プロン、一九五〇年、一五九―一九三頁〔井上究一郎他訳、筑摩書房、一九六九年、一九四―二二七頁〕。

(33) 『人間不平等起源論』、OC、第三巻、「第二部」、一八〇頁〔『ルソー全集』第四巻、二四九頁〕。

(34) 『社会契約論』、OC、第三巻、第二編、第八章、三八五頁〔同前、第五巻、一五一頁〕。

(35) 『国民公会文書資料』第八巻、三二三頁。

(36) ジャン・モイーズ・パリ『ジャン＝ジャック・ルソーの記憶に捧げられた敬意』、ジュネーヴ、一八七八年、五九

―七二頁に引用。

(37) ここには「彼はこれらの絶対不可侵の権利を最初に要求した」という刻印が付け加えられていた。

(38) コンスタンによるルソー批判は『すべての政府に適用可能な政治の原理』(一八一五年)第一巻の序になっている。濫用を防ぐために、ルソーは次のように述べている。「主権者の側においても、[……]共同体にとって無用ないかなる拘束をも国民に課することはできない。主権者はそれを望むことすらできないのである」(『社会契約論』第二編、第四章、三七三頁〔『ルソー全集』第五巻、一三七頁〕)。これは人権宣言の第五条になる。「法律は、社会に有害な行為しか禁止する権利を有しない。法律によって禁じられていないすべてのことは、妨げられることができない。また誰も、法律が命じていないことを行なうように強制されることはない」。ルソーに関して、契約の理論は主権者としての人民と国民全体としての人民との完全に対称的な関係を保証してはいないというフィリップ・レノーの見解は正しい。「個人を主権者に結びつける「契約」の相互性にもかかわらず、契約当事者間には一定の非対称が存在する。というのも各個人が「言わば自分自身と」契約するとしても、個人はその一部となることを選んだ「全体」に従う義務があるからである」(フィリップ・レノー「人権宣言」、コリン・ルーカス編『フランス革命と近代政治文化の創造』第二巻、『フランス革命の政治文化』、オクスフォード、ペルガモン・プレス、一九八八年、一四三頁)。また次も参照のこと。マルセル・ゴーシェ「人権」、フランソワ・フュレ、モナ・オズーフ編『フランス革命の批判的事典』、フラマリオン、一九八八年、六八五―六九五頁。

(39)『社会契約論』第二編、第四章。

(40)『政治経済論』(第三論文)、R・ドゥラテ校訂・注、OC、第三巻、一九六四年、二五六頁〔『ルソー全集』第五巻、八〇頁〕。ロベール・ドゥラテがこの版のなかでこのページの重要性を強調しているのは正しい。

8　恐怖を乗り越える

(1) モンテーニュ『エセー』第一巻、第十八章〔原二郎訳、岩波文庫、一、一三八頁。『モンテーニュ随想録』関根秀雄訳、白水社、1、一三四頁〕。

(2) 同前、第三巻、第五章。
(3) 同前、第一巻、第十八章〔同前、一、一四〇頁〕。
(4) 同前、第三巻、第八章。
(5) 同前、第二巻、第二十七章〔同前、四、一七二頁〕。
(6) 同前〔同前、一八二頁〕。
(7) シェイクスピア『ジュリアス・シーザー』第二幕、第二場〔松岡和子訳『シェイクスピア全集』25、『ジュリアス・シーザー』、ちくま文庫、七五―七六頁〕。
(8) 同前、第一幕第二場〔同前、二二頁〕。
(9) ホッブズ『市民論』、II、I、二〔本田裕志訳、京都大学学術出版会、三五頁〕。
(10) 同前、VII、I〔同前、三七頁〕。
(11) スピノザ『神学・政治論』第二十章〔吉田量彦訳、光文社古典新訳文庫、下、三〇四頁〕。
(12) モンテスキュー『法の精神』第一編、第二章〔野田良之ほか訳、上巻、岩波書店、一九八七年、一三頁〕。
(13) 「戦争状態は社会状態から生まれるということ」、『サン＝ピエール師についての著作』、S・ステリング＝ミショー校訂・注、OC、第三巻、六〇一頁〔『ルソー全集』第四巻、三七二頁〕。
(14) 同前、六〇一―六〇二頁〔同前、三七二頁〕。
(15) ホッブズ『市民論』、I、I、四。
(16) 『人間不平等起源論』、OC、第三巻、一三六頁〔『ルソー全集』第四巻、二〇四頁〕。
(17) 同前、一六一頁〔同前、二二九頁〕。
(18) 『言語起源論』、前掲書、第三章、六八―六九頁〔『ルソー全集』第十一巻、三二六―三二七頁。岩波文庫、二七頁〕。
(19) 『エミール』、OC、第四巻、第一編、二八三頁〔『ルソー全集』第六巻、五七頁〕。
(20) 同前〔同前〕。
(21) 同前〔同前〕。
(22) 同前、三八二頁〔同前、一六八頁〕。

(23) 同前、三八五頁〔同前、一七〇頁〕。
(24) 同前、三八四頁〔同前、一六九頁〕。
(25) 同前、三八五—三八六頁〔同前、一七〇頁〕。
(26) 『告白』、OC、第一巻、第十一編、五六六頁および一五五〇頁の注〔『ルソー全集』第二巻、一九二頁〕。
(27) 「第八の散歩」、OC、第一巻、一〇七六頁〔同前、四〇五—四〇六頁〕。
(28) 同前〔同前、四〇六頁〕。

9 草上の朝食と社会契約

(1) 『エミール』、OC、第四巻、第四編、六七八頁〔『ルソー全集』第七巻、一四一頁〕。
(2) 同前、六八六頁〔同前、一五〇頁〕。
(3) 同前〔同前〕。
(4) 同前、六八八頁〔同前、一五一—一五二頁〕。
(5) 『新エロイーズ』、OC、第二巻、第五部、手紙七、六〇二—六一一頁〔『ルソー全集』第十巻、二五二—二六一頁〕。
(6) M・オズーフ『革命の祭典』、前掲書。
(7) 『人間不平等起源論』、OC、第三巻、第一部、一三五頁〔『ルソー全集』第四巻、二〇三頁、中山元訳、五九頁〕。
(8) この「ピクニック」という語は十八世紀に登場し、ルソーはこれを「第四の散歩」で使っている。それはそもそも「二人または複数の人の食事」という意味を持ち、「その食事では各人が自分の勘定を払う」とされる（『アカデミー辞典』第五版、一七九八年）。
(9) 『社会契約論』第一編、第六章、三六一頁〔『ルソー全集』第五巻、一二一—一二二頁、中山元訳、四一頁〕。
(10) 同前、三六〇頁〔同前、一二〇頁、中山元訳、三八頁〕。
(11) たとえばジョン・W・チャップマン『ルソーは全体主義者か自由主義者か』、ニューヨーク、コロンビア大学出版局、一九五六年を参照されたい。

(12)『社会契約論』第二編、第一章、三六八頁〔『ルソー全集』第五巻、一三一頁。中山元訳、五八頁〕。
(13)同前〔同前。中山元訳、五九頁〕。
(14)同前、第三章、三七一頁〔同前、一三五頁。中山元訳、六五頁〕。
(15)同前、第四章、三七三頁〔同前、一三七頁。中山元訳、六八頁〕。
(16)同前〔強調は引用者〕〔同前〕。
(17)同前〔同前、一三七―一三八頁。中山元訳、六九―七〇頁〕。
(18)同前、三七二頁〔同前、一三八頁〕。
(19)『人間不平等起源論』、OC、第三巻、第二部、一六九頁〔『ルソー全集』第四巻、二三七―二三八頁〕。
(20)同前〔同前、二三八頁〕。
(21)複数形の「優先＝選り好み」についての十八世紀の辞書の定義は特殊である。「複数形の「選り好み」は誰かに与えられるいっそう特別な愛着や名誉のいくつかのしるしを指す」（『アカデミー辞典』、一七九八年）。愛着は愛情にかかわり、名誉は社会的地位にかかわる。
(22)同前、一六九―一七〇頁〔『ルソー全集』第四巻、二三八頁〕。こうした競合についてのより幸せなヴァリアントは『言語起源論』、前掲書の第九章の最後に登場する。
(23)『人間不平等起源論』、OC、第三巻、第二部、一七〇頁〔同前〕。
(24)同前〔同前、二三九頁〕。
(25)同前、第一部、一五四頁。
(26)同前、「注一五」、二一九頁〔同前、二八七頁〕。
(27)同前、第二部、一八九頁〔同前、二五八頁〕。
(28)『エミール』、OC、第四巻、第四編、四九三―四九四頁〔『ルソー全集』第六巻、二八七―二八九頁〕。
(29)『ヨハネによる福音書』、Ⅲ―十九。
(30)ピエール・ニコル『道徳試論の継続』第十三巻、一七一五年。
(31)『エミール』、OC、第四巻、第四編、五四七―五四八頁（強調は引用者）〔『ルソー全集』第六巻、三四八―三四九頁〕。

(32) 『社会契約論』、OC、第三巻、第二編、第四章、三七三頁〔『ルソー全集』第五巻、一三七―一三八頁〕。
(33) 『マルゼルブへの手紙　三』、OC、第一巻、一一四〇頁〔『ルソー全集』第二巻、四七九頁〕。
(34) 『政治経済論』、OC、第三巻、二四六頁〔『ルソー全集』第五巻、六八頁〕。
(35) 同前〔同前〕。
(36) フランソワ・フュレによれば、ルソーの警戒心から「一連の想像上の方程式――この方程式によって、民衆はクラブの意見と同一視され、クラブはその指導者の意見と同一視され、クラブの指導者は共和国と同一視される――と引き換えに虚構と化した透明の架空の体系」が生じるとされる（『フランス革命を考える』、ガリマール、「歴史叢書」、一九七八年、二五六頁〔大津真作訳、岩波書店、一九八九年、三六一頁〕）。
(37) 本書二六一―二六二頁を参照。
(38) 『エミール』、OC、第四巻、第四編、六八八頁〔『ルソー全集』第七巻、一五二頁〕。
(39) 同前〔同前〕。
(40) 同前。
(41) 同前。口の快楽の表現の豊かさについては、ジャン＝クロード・ボネの見事な研究に立ち返らなければならない。「ルソーにおける料理と食事の体系」、『ポエティック』、二二号、一九七五年。
(42) 「第九の散歩」、OC、第一巻、一〇九二頁〔『ルソー全集』第二巻、四二四頁〕。
(43) 『新エロイーズ』、OC、第二巻、第五部、手紙七、六〇八頁〔『ルソー全集』第十巻、二五八頁〕。ここで「排除」という語はルソーにおいては平等の明白な反意語の一つであることに注意を払わなければならない。『エミール』で、草上の朝食の後に続く、狩りの話のなかでは、次のように記されている。「楽しみからそれに伴う苦しみを取り除きたいなら、そこから排除を奪い取るがいい。楽しみを人びとに共通のものにしておけばおくほど、ますますつねに純粋にこれを味わえることだろう」（OC、第四巻、第四編、六八九頁〔『ルソー全集』第七巻、一五三頁〕）。
(44) 『ダランベール氏への手紙』、OC、第五巻、注、一二四頁〔『ルソー全集』第八巻、一六四頁〕。
(45) 『告白』、OC、第一巻、第七編、二九〇頁〔『ルソー全集』第一巻、三一六頁〕。
(46) 『エミール』、OC、第四巻、第二編、三四九頁〔同前、第六巻、一三〇頁〕。

(47) 同前、第三編、四六三頁〔同前、第六巻、二五三―二五四頁〕。
(48) 同前、四六四頁〔同前、二五四頁〕。
(49) 同前、第四編、六七九頁〔同前、第七巻、一四二頁〕。
(50) ヴォルテール『俗世人の弁護または贅沢の擁護』、一七三七年。
(51) 『エミール』、OC、第四巻、第二編、三〇九頁〔『ルソー全集』第六巻、八六頁〕。
(52) はっきりその名称を言うのを避けながら、オランダの反教皇主義者の雄弁家の妻によってカンディードに窓から注がれるおまるを示す中断符をここに付け加えてもよいだろう。
(53) 『四〇エキュの男』、一七六八年。
(54) 『ダランベール氏への手紙』、OC、第五巻、一一五頁（強調は引用者）〔『ルソー全集』第八巻、一五一頁〕。一人ひとり＝全員の関係はジュネーヴ人たちに提案される祭りの計画のなかに示されている。
(55) 同前、一二二頁〔同前、一六〇頁〕。

10 『言語起源論』

(1) 『フランス音楽に関する手紙』、OC、第五巻、二九二―二九三頁〔『ルソー全集』第十二巻、三六二―三六四頁〕。
(2) 同前、二九七頁〔同前、三六八頁〕。
(3) マリー＝エリザベート・デュシェはこのことについて「旋律の原理と諸言語の起源。旋律の起源についてのジャン＝ジャック・ルソーの未完の原稿」、『音楽学雑誌』第六〇巻、一―二号、一九九四年の序論でまさに的確な指摘をしている。
(4) 『告白』、OC、第一巻、第七編、三三七頁〔『ルソー全集』第一巻、三六六頁〕。
(5) 同前、三三八頁〔同前、三六七頁〕。
(6) 同前〔同前〕。
(7) 『「オンファル」に関する手紙』に加えられたコメントについてのグリム氏への手紙』、O・ポ校訂・注、OC、第五巻、一九九五年。
(8) 『告白』、OC、第一巻、第八編、三八三—三八四頁〔『ルソー全集』第一巻、四一六頁〕。
(9) 『言語起源論』、前掲書、第十七章、一三四頁〔『ルソー全集』第十一巻、三七四頁。岩波文庫、一一八頁〕。
(10) 同前、第十三章、一二〇頁〔同前、三六四頁。同前、九七頁〕。
(11) 同前、一一九頁〔同前、三六四頁。同前、九八頁〕。
(12) 『山からの手紙』、OC、第三巻、七九九—八〇〇頁〔『ルソー全集』第八巻、三二九—三三〇頁〕。
(13) 『人間不平等起源論』、OC、第三巻、一四六—一五一頁および一六七—一六九頁〔『ルソー全集』第四巻、二一四—二一九頁および二三五—二三八頁〕。
(14) 同前、一六九頁〔同前、二三八頁〕。
(15) 同前、一四八頁〔同前、二一六頁〕。
(16) 同前、一六七頁〔同前、二三五頁〕。
(17) 『言語起源論』第九章〔『ルソー全集』第十一巻、三五六頁。岩波文庫、七六頁〕。
(18) 『人間不平等起源論』、OC、第三巻、一六九頁〔『ルソー全集』第四巻、二三七頁〕。
(19) 『言語起源論』第九章〔『ルソー全集』第十一巻、三五六頁。岩波文庫、七六頁〕。
(20) 『言語起源論』、前掲書、第一章、六二頁〔『ルソー全集』第十一巻、三二〇頁。岩波文庫、一五頁〕。
(21) アンドレ・ヴィス『ジャン＝ジャック・ルソー——エクリチュールの抑揚』、ヌーシャテル、ラ・バコニエール、一九八八年。
(22) 『人間不平等起源論』、OC、第三巻、一三二頁〔『ルソー全集』第四巻、一九九頁〕。
(23) 『言語起源論』、前掲書、第二章、六六頁〔『ルソー全集』第十一巻、三二五頁。岩波文庫、二三頁〕。
(24) 同前、第八章、八九—九〇頁〔同前、三四二頁。岩波文庫、五六—五七頁〕。
(25) 同前、第三章、六八頁〔同前、三二六頁。岩波文庫、二六頁〕。
(26) アンドレ・ヴィス『ジャン＝ジャック・ルソー』、前掲書。
(27) 『言語起源論』、前掲書、第四章、七一頁〔『ルソー全集』第十一巻、三二八頁。岩波文庫、三〇頁〕。

(28) 同前、第一章、六五頁〔同前、三二四頁。岩波文庫、一八頁〕。

(29) 『社会契約論』、OC、第三巻、第一編、第五章、三五九頁〔『ルソー全集』第五巻、一一九頁。光文社古典新訳文庫、三六頁〕。

(30) 『言語起源論』、前掲書、第五、六、七章。

(31) ヨハン・ゲオルク・ヴァハター『コンコルディア』ライプチヒ、ローテ、一七五二年。Johann Georg WACHTER, *Naturae et scripturae concordia commentario de literis ac numeris primaevis, aliisque rebus memorabilibus, cum ortu literarum coniunctis, illustrata, et tabulis aeneis depicta*, Leipzig, Rothe, 1752.

(32) 『言語起源論』、前掲書、第五章、七四頁〔岩波文庫、三四頁〕。

(33) 同前〔同前、三九―四〇頁〕。

(34) 同前、七九―八〇頁〔同前、四〇頁〕。

(35) 同前、第八章、八九頁〔同前、五六頁〕。

(36) 〔原著には注なし〕同前〔同前、五七頁。強調は訳者〕。

(37) 『社会契約論』、OC、第三巻、二八一―二八九頁〔『ルソー全集』第五巻、二七二―二八〇頁。光文社古典新訳文庫、三〇五、三一一頁〕。

(38) J・スタロバンスキー『批評の関係』、前掲書。

(39) 『言語起源論』、前掲書、第九章、一〇二―一〇三頁〔岩波文庫、七一―七二頁〕。

(40) 同前、第二十章、一四四頁〔『ルソー全集』第十一巻、三八一頁。岩波文庫、一三二頁〕。

(41) 同前、第九章、一〇七頁〔『ルソー全集』第十一巻、三五六頁。岩波文庫、七六頁〕。

(42) 同前、第十二章、一一四頁〔『ルソー全集』第十一巻、三五一頁。岩波文庫、九〇頁〕。

(43) 同前、一一五頁〔岩波文庫、九三頁〕。

(44) マリー＝エリザベート・デュシェ「旋律の原理と諸言語の起源」、前掲論文。

(45) ルイ＝ベルトラン・カステル『R＊＊＊氏の物理的人間に対立する精神的人間。哲学書簡、真昼の理神論を論駁する』、一七五六年。

(46)『言語起源論』、前掲書、第十六章、一三二―一三三頁〔『ルソー全集』第十一巻、三七三―三七四頁。岩波文庫、一一五頁〕。
(47) 同前、第十五章、一二六頁〔『ルソー全集』第十一巻、三六八―三六九頁。岩波文庫、一〇六頁〕。
(48) 同前〔『ルソー全集』第十一巻、三六九頁。岩波文庫、同前〕。
(49) 同前、第十四章、一二三―一二四頁〔『ルソー全集』第十一巻、三六七頁。岩波文庫、一〇三頁〕。
(50) 同前、一二三頁〔『ルソー全集』、第十一巻、三六六頁。岩波文庫、一〇二頁〕。
(51)『社会契約論』(第一草稿)、OC、第三巻、二八八頁〔光文社古典新訳文庫、三二〇―三二一頁〕。
(52)『フランス音楽についての手紙』、OC、第五巻、三〇四頁〔『ルソー全集』第十二巻、三七七頁〕。
(53) 同前、三〇六頁〔同前、三七九頁〕。
(54)『人間不平等起源論』、OC、第三巻、一八〇頁〔『ルソー全集』第四巻、二四九頁。光文社古典新訳文庫、一五九頁〕。

ジャン＝ジャック・ルソーに贈る花束

(1)〔原著は新聞掲載であったため出典の指示なし〕『新エロイーズ』第四部手紙十一、『ルソー全集』第十巻、一〇〇―一〇一頁〔引用文は「あなたが扉を閉めました」で始まるが、スタロバンスキーによる引用のままにしておく〕。
(2)『新エロイーズ』第二部手紙二五、『ルソー全集』第九巻、三三六頁〔訳者〕。

ポスト・スクリプトゥム(追伸)

(1)『ジャン＝ジャック・ルソーの未刊の作品と書簡』、G・ストレケイゼン＝ムルトゥー編、ミシェル・レヴィ兄弟社、一八六一年、一三三―一四一頁。ここではストレケイゼン＝ムルトゥーの現代綴りに従い、自筆の断章の表記は使わない。この編集作業にあたってはシャルル・ヴィルツ氏の貴重な協力を得た。
(2)『道徳書簡』、H・グイエ校訂・注、OC、第四巻、一九六九年、一〇八一―一一一八頁。

訳注

1　あなた方はどうなってしまったのか？

＊1　「第三の散歩」、『ルソー全集』第二巻、三三九頁。
＊2　『学問芸術論』、『ルソー全集』第四巻、三二頁。
＊3　『ルソー全集』第四巻、四二頁。
＊4　『ルソー全集』第四巻、一五頁。

2　偶像破壊論者のアトリエ

＊1　『ルソー全集』第一巻、二〇一頁。
＊2　『ルソー全集』第十三巻、三二〇―三二三頁』。
＊3　『学問芸術論』、『ルソー全集』第四巻、一六頁。
＊4　『学問芸術論』、前掲書、二一頁。

3　ルソーと雄弁

＊1　『ルソー全集』第十一巻、『言語起源論』第三章、三二六頁。
＊2　『ルソー全集』第七巻、一三六頁。

6　信条の選択

＊1　『ルソー全集』第二巻、三一二頁。
＊2　同前、三一〇頁。
＊3　『ルソー全集』第一巻、九七頁。
＊4　『ルソー全集』第二巻、三四二頁。
＊5　『ルソー全集』第一巻、一〇〇頁。
＊6　『告白』第二編、九八頁。
＊7　『弁論家の教育2』森谷宇一他訳、第五巻第十章、京都大学学術出版会、二〇〇九年、二四七頁。
＊8　『ルソー全集』第一巻、九九頁。
＊9　『ルソー全集』第一巻、九九頁。
＊10　『ルソー全集』第一巻、九九頁。
＊11　『ルソー全集』第一巻、九七頁。
＊12　『ルソー全集』第一巻、九九頁。
＊13　『ルソー全集』第一巻、九九頁。
＊14　邦訳、同前、九九頁。
＊15　OC、第一巻、第一編、八七頁。『ルソー全集』第一巻、一〇〇頁。
＊16　「第四の散歩」、『ルソー全集』第二巻、三四二頁。
＊17　『ルソー全集』第二巻、三四四頁。
＊18　「第四の散歩」、『ルソー全集』第二巻、三五六頁。
＊19　「第四の散歩」、三六〇頁。
＊20　同前、三六〇頁。

＊21 「fert は古いフランス語で、恐ろしいとか威嚇的とかいう意味の ferus から来ているのではなく、打つ、傷つけるという動詞 ferit から来ている」（邦訳『告白』第三編、一〇八―一〇九頁）とルソーは説明した。

＊22 『フロイト著作集2 夢判断』（高橋義孝訳、人文書院、一九六八年、九頁）の訳文は以下の通り。「夢というものがなぜわれわれの意識とつながりのない、奇妙なとりとめもないものなのか、その理由を説明して、そこから逆に、人間の心が持っているいろいろな力の正体を明らかにしてみようと思う。夢というものは、そういういろいろな力が協力し合ったり、反発し合ったりして出来上がるものなのである」。

＊23 『ルソー全集』第三巻、一七二―一七三頁。

＊24 ある文の事実や思考の時系列または論理的順序の逆転。

＊25 『ルソー全集』第一巻、九七頁。

＊26 邦訳、同前、九九頁。

＊27 『ルソー全集』第一巻、九七頁。

7 人間の権利

＊1 『ルソー全集』第五巻、一二四頁。中山元訳、四六頁。

8 恐怖を乗り越える

＊1 『ボードレール全集』、筑摩書房、第一巻、三〇八頁。

＊2 『ルソー全集』第四巻、二〇四頁。

＊3 同前、二二九頁。

＊4 『言語起源論』第九章、岩波文庫、五八頁。

＊5 同前、六一頁。

＊6 『ルソー全集』第六巻、一七〇頁。

＊7　同前、一七一頁。

9　草上の朝食と社会契約

＊1　中山元訳、五九頁。
＊2　四千回の鞭打ち。岩波文庫、二七二頁、二九〇頁。
＊3　「あなたが人糞の代わりに牛糞を用いることをわたしは許す。あなたはその上でパンを焼くがよい」。エゼキエル書、四章一五節。

10　『言語起源論』

＊1　『書簡集』一三九。
＊2　『ルソー全集』第一巻、四一五―四一六頁。
＊3　岩波文庫、一一頁。
＊4　第五章、岩波文庫、三三頁。
＊5　第九章、岩波文庫、七五頁。

エピローグ

＊1　『ディドロ著作集』第一巻、法政大学出版局、一九七六年、九九頁。
＊2　『ルソー全集』第一巻、『告白』第六編、二五〇頁。
＊3　『ルソー全集』第二巻、四〇二頁。

訳者あとがき

本書は、十八世紀を代表する思想家ルソー生誕三〇〇年に際してジュネーヴ学派の旗手ジャン・スタロバンスキーが刊行した『告発と誘惑、ジャン＝ジャック・ルソー論』(Jean Starobinski, *Accuser et séduire, Essais sur Jean-Jacques Rousseau*, Gallimard, 2012) の全訳である。

著者自身が本文中で触れているように、本書のタイトルは一九五七年の『透明と障害』を念頭に置いたジャン＝ジャック・ルソー論であり、『告発と誘惑』は新たな二項対立の題になっている。ルソーは『学問芸術論』では悪そのものを、『人間不平等起源論』では悪のメカニズムを、つまり社会や世界の悪＝病を非難、告発する一方で、その非難＝告発によって理想社会へと読者を誘惑してルソー独自の世界に招き入れているのだ。その具体的な手順についてはそれぞれの論文を読んでいただくのがよい。

『学問芸術論』から理論的著作、自伝とルソーの主要著作をほぼカバーする本書を読み進めてみると、『透明と障害』以降、スタロバンスキーがどのようにルソー論を深めていったか、その軌跡が明らかになってくるのが大きな魅力と言えよう。『批評の関係』(理想社、一九七三年)、『病のうちなる治療薬』(法政大学出版局、一九九三年)、『作用と反作用』(同、二〇〇四年) といった論集に展開した議論を想起させる一節を時折織り混ぜているのも、この批評家の愛読者であれば嬉しく思われるところだ。とりわけ、持ち前の手堅い explication de texte（エクスプリカシオン・ドゥ・テクスト）の手法を駆使しながらルソーにおける嘘の問題を扱った第六章「信条の選択」からは、スタロバンスキーがルソーの自伝に強い愛着を持っていること、そしてそれが彼独自の鋭い分析につながっていることに改めて気づかされる――そもそも『透明と障害』というテーマ批評の発端となったのも、ルソーの自伝『対話』に見られる語「透明性」への着目ではなかったか。したがって第六章では、スタロバンスキーの注目しているフランス語の原文も必要に応じて併記した。

また、本書は話題作『透明と障害』刊行以降の世界的なルソー研究の発展の結果を提示している点も興味深い。その最たる例は第一〇章「言語起源論」であろう。ルソーの『言語起源論』は『透明と障害』初版が刊行された一九五七年には、初期作品とみなされほとんど研究対象となることはなかった。しかし、ジャック・デリダの『グラマトロジーについて』（一九六七年）の刊行以降、この作品の執筆年代の見直しも含めて、多くの研究が発表され、今日ではむしろ『社会契約論』や『エミール』を執筆した円熟期のルソーの筆になるものと捉えるのが一般的である。

本書のタイトルになった元の論文 « Rousseau: accuser et séduire »「ルソー、告発することと誘惑すること」は、雑誌 *Le nouveau commerce*, cahier 41, 1978, pp. 21–36 に掲載されたものである。初出の雑誌論文と本書収録の論文との大きな違いは、そのタイトルと長さにある。「ルソー、告発することと誘惑すること」が「徳の憤慨」に書き換えられている。そのほかに表現が何か所も修正されているが、論文全体の趣旨を変えるほどではない。ただし、本書収録の論文の後半一〇ページほど（一七六四年以降に関する記述）は新たに書き加えられたものである。

著者が原著の裏表紙に書いた本書の要約は、次のとおりである。

ルソーは説教師のやり方で行動した。ルソーは悪を告発した、治療薬をよりよく示すために。アカデミーの懸賞論文が「学問と芸術の復興」、すなわちルネサンスの結果の問題を提起したとき、彼の「哲学者としての」使命の始まりを特徴づけたのは、「徳の憤慨」であると彼は断言している。彼の憤慨、怨念はそのとき自らのうちに雄弁を生まれさせたのだが、その雄弁の持つ力のすべてを彼はまだ知らない。

ルソーは人間の歴史の始まりの時代にまでさかのぼることが必要だと判断したが、人間の歴史について提案したモデルは、〔レヴィ＝ストロースから〕人類学の創始者の一人とみなされるだけの価値があった。小説『新エロイーズ』では、生きるべき場所と同時に地球全体に及ぶ旅を収めるに至った。ルソーの読者の何人かは、すべてを捨ててルソーのそばで生きてみたいというほど誘惑された。それはまるでルソーがなにか宗教団体を創設したかのようだった。この奇妙な魅力は今でも作用している。

（J・S）

わたしも大学院生のときに『学問芸術論』における現代文明批判、『人間不平等起源論』における現代社会批判に共感を覚え、理想的な社会構築の道へと至るルソー思想に誘惑されてルソー研究を始めた一人である。

本書のタイトルについて著者自身が説明している「徳の憤慨」の終わりの一節を、長くなるがここにあらためて引いておきたい。

ルソーは、腐敗した社交界と社会の不正の批判にとどまらず、理論的著作、そしてそれ以上に『新エロイーズ』では、別の世界のイメージ、つまり「美しい岸辺」と「美しい魂」からなる社会のイメージを提供していた。彼の教えが行動する人びとと夢想する人びとによって同時に要求されたことがわかる。ルソーの小説が世に出たとき彼が受け取った手紙のなかに人びとは誰を見つけたのか。見ず知らずの人びと、感動した女性読者が手紙を書き送り、自分自身の話を語り、ルソーの助言を求めたのである。そのなかの何人かはルソーのそばで生活し、教えを受ける用意ができていると言っていた。まるでルソーが修道院に属さない宗教団体を創設したかのように。エリートの魂と邪悪な首都から遠く離れて生きるべき風景を見事に喚起し、また大都会の悪徳をしっかりと告発したので、彼は霊的指導者としての懇請を受けた。つまりルソーの著作と言葉は、「感じやすい魂を持つ人びと」にとって、頼るべき道を示していたのだ。彼は感動して気前よく手紙に返事を書き、時には良心の導き手の役割を引き受けた。ナルシスの鏡の働きによって、ルソーが自らの技術が引き付けた人びとのうちの何人かに誘惑されてしまうということさえ起こった。(ある詐欺師ソーテルスハイムは、モチエ＝トラヴェール滞在の折に、ルソーを騙すに至った。)助けを求める人びと、ルソーが非常に多くの読者から受け取った熱心な手紙、熱狂的な手紙、罪を悔いている手紙は、彼が告発した数々の悪にルソーの小説家としての才能が対置した素朴な喜びの持つ誘惑の力をはっきりと証明している。本書に「告発と誘惑」というタイトルを付けることで、『透明と障害』という副題を付けた以前のルソー論と同じ「二項対立」の形式で、わたしが提案してきた考察を、さまざまな新しい側面から展開していきたい。

スタロバンスキー氏の経歴については、すでに多数の翻訳によって知られているので、ここでは省略させていただく。本書の翻訳はもっと早く出るはずであったが、残念ながらスタロバンスキー氏の生前には間に合わず、氏は二〇一九年三月に亡くなられた。ご冥福を心からお祈りする次第である。

＊

大学を退職したわたしも恩師の年齢に近づいたので、個人的なことを記すと、大学院に進学したとき指導教授を引き受けてくださった平岡昇先生のゼミで一年間、ルソーの『言語起源論』を精読しながら半年くらい経った頃、ルソーの言語論を修士論文のテーマに選んだ。最終的には関連のあったコンディヤックの言語論で修士論文を書いた。以後、ルソー研究を自分の研究の出発点としてきたのは、平岡先生が授業中に「言語起源論は世界でも十分に研究されていない」というひと言であった（言外に誰かこれを研究してみないかという誘いがあったのだ）。こうして今になってスタロバンスキー氏のルソー論を翻訳するに至ったのも平岡先生の最後の不肖の弟子の一人としてであり、生前にはルソー研究で先生のご恩に報いることができなかったので、本書を故平岡昇先生に捧げることを許していただきたい。

もう一人の恩師は小林善彦先生で、授業を直接受けたことはないが、白水社『ルソー全集』の翻訳者に加えてくださった。お名前を挙げて感謝の意を表したい。

本書の翻訳出版にあたっては法政大学出版局の郷間雅俊氏にお世話になった。訳文についても数々の貴重な助言を得た。病気を抱えてわたし自身この仕事が最後になるかもしれないと思いつつ、可能な限り念入りに翻訳したつもりである。今年の夏に入院したときには一か月以上にわたり、コンピューターの操作どころか本を読むことさえできなかった。もしもスタロバンスキー氏の言わんとするところを正確に伝え切れていないとすれば、それはわたしの力不足のせいであり、言い訳はしない。若手のルソー研究者、慶應義塾大学の井上櫻子氏には初校ゲラを読んで助言をいただいただけでなく、最終的にはわたしの体調不良のため共訳者として全面的な見直しをお願いした。訳文が明解になったとすれば彼女の修正のおかげである。またラテン語（アウグスティヌス、トマス・アクィナス関連）については南山大学の山田望氏にご教示いただいた。上記三氏のお力添えなしには本書は完成しなかった。記して感謝申し上げる次第である。

二〇一九年晩秋

浜名 優美

引用文献

ルソーの著作

Correspondance complète (*CC*), éd. R. A. Leigh, Genève, Institut et musée Voltaire, et Oxford, Voltaire Foundation, 52 vol., 1965–1998.

Correspondance générale de Jean-Jacques Rousseau, éd. T. Dufour et P.-P. Plan, Armand-Colin, 20 vol., 1924–1934.

Lettres philosophiques, éd. H. Gouhier, Vrin, 1974.

Œuvres complètes, Dalibon, 1826.

Œuvres complètes (*OC*), éd. B. Gagnebin et M. Raymond, Gallimard, « Bibliothèque de la Pléiade », 5 vol., 1959–1995.（『ルソー全集』全14巻，白水社，1979–1980年）

Œuvres et correspondance inédites de J. J. Rousseau (*OCI*), éd. G. Streckeisen-Moultou, Michel Lévy Frères, 1861.

Political Writings, éd. Ch.-E. Vaughan, Cambridge, 2 vol., 1915.

Ier, IIe et IIIe Dialogues, in *Rousseau juge de Jean-Jacques*.

*Ire, IIIe, IVe, V^e^, VIIe, VIIIe* et *IXe Promenades*, in *Les Rêveries du promeneur solitaire*.

Ballets – Pastorale – Poésies, textes établis et annotés par Ch. Guyot, *OC*, t. II, 1961.

Billet circulaire, in *Rousseau juge de Jean-Jacques*.

Confessions (*Les*), texte établi et annoté par B. Gagnebin et M. Raymond, *OC*, t. I, 1959.

Considérations sur le gouvernement de Pologne, texte établi et annoté par J. Fabre, *OC*, t. II, 1961.

Découverte du Nouveau Monde (*La*), in *Théâtre*.

Dictionnaire de musique, texte établi et présenté par J.-J. Eigeldinger, avec la coll. de S. Baud-Bovy, B. Boccadoro et X. Bouvier, *OC*, t. V, 1995.

Discours sur l'économie politique (*IIIe Discours*), texte établi et annoté par R. Derathé, *OC*, t. III, 1964.

Discours sur les sciences et les arts (*Ier Discours*), texte établi et annoté par F. Bouchardy, *OC*, t. III, 1964.
Discours sur l'origine et les fondements de l'inégalité parmi les hommes (*IIe Discours*), texte établi et annoté par J. Starobinski, *OC*, t. III, 1964.
Du contrat social (*première version, manuscrit de Genève*), texte établi et annoté par R. Derathé, *OC*, t. III, 1964.
Du contrat social, texte établi et annoté par R. Derathé, *OC*, t. III, 1964.
Ébauches des Confessions, in *Fragments autobiographiques et documents biographiques*.
Écrits sur l'abbé de Saint-Pierre, textes établis et annotés par S. Stelling-Michaud, *OC*, t. III.
Émile et Sophie, texte établi par Ch. Wirz, présenté et annoté par P. Burgelin, *OC*, t. IV, 1969.
Émile ou De l'éducation, texte établi par Ch. Wirz, présenté et annoté par P. Burgelin, *OC*, t. IV, 1969.
Essai sur l'origine des langues où il est parlé de la mélodie et de l'imitation musicale, texte établi et présenté par J. Starobinski, Gallimard, «Folio essais», 1990.
Fragment biographique, in *Fragments autobiographiques et documents biographiques*.
Fragments autobiographiques et documents biographiques, texte établi et annoté par B. Gagnebin et M. Raymond, *OC*, t. I, 1959.
Fragments d'observations sur l'Alceste italien de M. le Chevalier Gluck, in *Œuvres complètes*, Dalibon.
Histoire du précedent écrit, in *Rousseau juge de Jean-Jacques*.
Julie, ou la Nouvelle Héloïse, texte établi par H. Coulet et annoté par B. Guyon, *OC*, t. II, 1961.
Lettre à Christophe de Beaumont, texte établi et annoté par H. Gouhier, *OC*, t. I, 1959.
Lettre à d'Alembert, texte établi par B. Gagnebin et annoté par J. Rousset, *OC*, t. V, 1995.
Lettre à M. Grimm au sujet des remarques ajoutées à sa Lettre sur Omphale, texte établi et annoté par O. Pot, *OC*, t. V, 1995.
Lettre sur la musique française, texte établi et annoté par O. Pot, *OC*, t. V, 1995.
Lettres à Malesherbes, in *Fragments autobiographiques et documents biographiques*.
Lettres écrites de la montagne, texte établi et annoté par J.-D. Candaux, *OC*, t. III, 1964.

Lettres morales, textes établis et annotés par H. Gouhier, *OC*, t. IV, 1969.
Mélanges de littérature et de morale, textes établis et annotés par Ch. Guyot, *OC*, t. II, 1961.
Mémoire à M. de Mably, texte établi et annoté par J. S. Spink, *OC*, t. IV, 1969.
Muses galantes (*Les*), in *Ballets – Pastorale – Poésies*. *Narcisse ou l'Amant de lui-même*, in *Théâtre*.
Nouvelle Héloïse (*La*), voir *Julie, ou la Nouvelle Héloïse*.
Origine de la mélodie (*L'*), texte établi et annoté par M.-É. Duchez, *OC*, t. V, 1995.
Profession de foi du vicaire savoyard, in *Émile ou De l'éducation*, pp. 565–691.
Que l'état de guerre naît de l'état social, in *Écrits sur l'abbé de Saint-Pierre*.
Rêveries du promeneur solitaire (*Les*), texte établi et annoté par M. Raymond, *OC*, t. I, 1959.
Rousseau juge de Jean-Jacques, texte établi et annoté par R. Osmont, *OC*, t. I, 1959.
Théâtre, texte établi et annoté par J. Scherer, *OC*, t. II, 1961.

スタロバンスキーの著作・論文

STAROBINSKI, Jean, *Jean-Jacques Rousseau, la transparence et l'obstacle* suivi de *Sept essais sur Rousseau* [1957], Gallimard, « Bibliothèque des idées », 1971, repris dans « Tel », 1976.（スタロバンスキー『透明と障害』山路昭訳，みすず書房，1973 年）
——, *La Relation critique. L'œil vivant, II*, Gallimard, « Le Chemin », 1970.（スタロバンスキー『活きた眼』大浜甫訳，理想社，1971 年）
——, « Critique et principe d'autorité (Mme de Staël et Rousseau) », in *Mouvements premiers. Études critiques offertes à Georges Poulet*, José Corti, 1972.
——, « L'imitation du Tasse », *Annales de la Société Jean-Jacques Rousseau*, n° 40, 1978–1992.
——, « The Accuser and the Accused », *Daedalus*, n° 107, été 1978.
——, « Rousseau: accuser et séduire », *Le Nouveau Commerce* (CNL), cahier 41, automne 1978.
——, « Rousseau et l'éloquence », *Rousseau After 200 Years. Proceedings of the Cambridge Bicentennial Colloquium*, éd. R. A. Leigh, Cambridge (G.-B.), Cambridge University Press, 1982.
——, « Jean-Jacques Rousseau et les droits de l'homme », *Revue des sciences*

morales et politiques, n° 1, janvier 1989.
——, *Le Remède dans le mal. Critique et légitimation de l'artifice à l'âge des Lumières*, Gallimard, « NRF Essais », 1989.（スタロバンスキー『病のうちなる治療薬』小池健男・川那部保明訳，法政大学出版局，1994 年）
——, « Le Tasse traduit par Rousseau: cinquante-deux strophes inédites », *La Nouvelle Revue Française*, n° 461, juin 1991.
——, « *Quia non intelligor illis* », *Annales de la Société Jean-Jacques Rousseau*, n° 42, 1999.
——, « Jean-Jacques Rousseau: la partie de campagne et le pacte social », Société des amis de François Furet, Paris, mai 2002.
——, *Jean-Jacques Rousseau et les arts visuels*, textes réunis et édités par F. S. Eigeldinger, actes du colloque de Neuchâtel, 20–22 septembre 2001, Genève, Droz, 2003.
——, WIRZ, Charles, « Lettre sur la vertu, l'individu et la société », *Annales de la Société Jean-Jacques Rousseau*, n° 41, 1997.

他の研究者による著作・論文

ANGLANI, Bartolo, *Le maschere dell'io*, Fasano, Schena, 1995.
ANSELL-PEARSON, Keith, *Nietzsche contra Rousseau*, Cambridge University Press, 1991.
ARMELLINI, Mario, *Le due Armide. Metamorfosi estetiche e drammaturgiche da Lully a Gluck*, Florence, Passigli Editori, 1991.
AUGUSTIN (SAINT), *Œuvres*, première série, *Opuscules*, II, « Problèmes moraux », éd. par G. Combes, Paris, 1937 :
——, *Contra mendacium*.
——, *De mendacio*.
——, *Enchiridion de fide*.
——, *In Psalmos*.
BACZKO, Bronislaw, *Rousseau: samotnosc i wspolnota*, Vienne, Europa Verlag, 1970 ; en français, *Rousseau: solitude et communauté*, trad. C. Brendel-Lamhout, Mouton, 1974.
——, « Le contrat social des Français: Sieyès et Rousseau », *in* Keith Michal Baker (éd.), *The French Revolution and the Creation of Modern Political Culture*, vol. I, *The Political Culture of the Old Regime*, Oxford, Pergamon Press, 1987.

——, «Rousseau au Panthéon», *in* Id., *Job, mon ami. Promesses du bonheur et fatalité du mal*, Gallimard, «NRF Essais», 1997.
——, «Brûler Diderot», *Annales de la Société Jean-Jacques Rousseau*, n° 42, 1999.
BAECQUE, Antoine de, SCHMALE, Wolfgang, VOVELLE, Michel, *L'An I des droits de l'homme*, Presses du CNRS, 1988.
BASCH, Victor, *La Poétique de Schiller. Essai d'esthétique littéraire*, 2e éd., Paris, 1911.
BAUDELAIRE, Charles, «Richard Wagner et *Tannhäuser* à Paris. Encore quelques mots», in *Œuvres complètes*, éd. Cl. Pichois, Gallimard, «Bibliothèque de la Pléiade», 2 vol., 1976, t. II.
BAUD-BOVY, Samuel, *Jean-Jacques Rousseau et la musique*, textes recueillis et présentés par J.-J. Eigeldinger, Neuchâtel, La Baconnière, 1960–1988.
BÉNÉTRUY, Jean, *L'Atelier de Mirabeau*, Genève, Jullien,1962.
BENTHAM, Jérémie, voir *Tactique des assemblées législatives.*
BERRY, Christopher J., *The Idea of Luxury. A Conceptual and Historical Investigation*, Cambridge (G.-B.), Cambridge University Press, 1994
BEUGNOT, Bernard, «De la curiosité», *Paragraphes*, Montréal, n° 1, 1989.
BOILEAU, Satires, in *Œuvres complètes*, éd. F. Escal, Gallimard, «Bibliothèque de la Pléiade», 1966.
BONNET, Jean-Claude, «Le système de la cuisine et du repas chez Rousseau», *Poétique*, n° 22, 1975.
—— (dir.), *La Carmagnole des Muses. L'homme de lettres et l'artiste dans la Révolution*, Armand Colin, 1988.
BOUILLET, Marie-Nicolas, *Dictionnaire universel des Sciences, des Lettres et des Arts*, éd. refondue, J. Tannery et É. Faguet (dir.), Paris, 1896.
CARERI, Giovanni (dir.), *La Jérusalem délivrée du Tasse. Poésie, peinture, musique, ballet*, actes du colloque organisé au musée du Louvre , les 13 et 14 novembre 1996, Klincksieck et musée du Louvre, 1999.
CASSA, Mario, *Nietzsche* contra *Rousseau*, Verona, Il Segno Editrice, 1982.
CASTEL, Louis-Bertrand, *L'Homme moral opposé à l'homme physique de Monsieur R***.: Lettres philosophiques, où l'on refute le déisme du jour*, 1756.
CHANGEUX, Jean-Pierre, RICŒUR, Paul, *Ce qui nous fait penser. La nature et la règle*, Odile Jacob, 1998.
CHAPMAN, John W., *Rousseau – Totalitarian or Liberal*, New York, Columbia University Press, 1956.
CONDORCET, *Œuvres*, éd. Condorcet O'Connor et Arago, Paris, t. XII, 1847.

COTONI, Marie-Hélène, «Rousseau», *in* Jean Goulemot, André Magnan et Didier Masseau (dir.), *Inventaire Voltaire*, Gallimard, «Quarto», 1995.

COURTOIS, Louis-J., «Le séjour de Jean-Jacques Rousseau en Angleterre (1766–1767): lettres et documents inédits», *Annales de la Société Jean-Jacques Rousseau*, n° 6, 1910.

DARNTON, Robert, *Le Grand Massacre des chats*, Robert Laffont, 1984. (ダーントン『猫の大虐殺』海保眞夫・鷲見洋一訳，岩波書店，1986年)

DEPRUN, Jean, «Fontenelle, Helvétius, Rousseau et la casuistique du mensonge», dans *Fontenelle*, actes du colloque de Rouen (1985), PUF, 1989.

DERRIDA, Jacques, *De la Grammatologie*, Éd. de Minuit, «Critique», 1967. (デリダ『グラマトロジーについて』足立和浩訳，現代思潮社，1972年)

Dialogo della musica antica e moderna, Florence, 1581.

DIDEROT, *Œuvres esthétiques*, éd. P. Vernière, Garnier, 1959.

——, *Œuvres complètes* (*OC*), éd. R. Lewinter, Club français du livre, 15 vol., 1969–1973.

——, *Réfutation suivie de l'ouvrage d'Helvétius intitulé* L'Homme, *OC*, t. XI, 1971.

DUCHEZ, Marie-Élisabeth, «Principe de la mélodie et Origine des langues. Un brouillon inédit de Jean-Jacques Rousseau sur l'origine de la mélodie», *Revue de musicologie*, vol. LX, n° 1–2, 1994.

DUFOUR, Théophile, «Pages inédites de Jean-Jacques Rousseau», *Annales de la Société Jean-Jacques Rousseau*, n° 1, 1905.

DUMONT, Étienne, *Souvenirs sur Mirabeau et sur les deux premières assemblées législatives* [1832], éd. J. Bénétruy, PUF, 1951.

DUPRIEZ, Bernard, *Les Procédés littéraires*, 10/18, 1980.

EHRARD, Jean, «Rousseau et Montesquieu: le mauvais fils réconcilié», *Annales de la Société Jean-Jacques Rousseau*, n° 41, 1997.

EIGELDINGER, Jean-Jacques, «Rousseau, Goethe et les barcarolles vénitiennes. Tradition musicale et topos littéraire», *Annales de la Société Jean-Jacques Rousseau*, n° 40, 1978–1992.

ELLRICH, Robert J., *Rousseau and his Reader: the Rhetorical Situation in the Major Works*, Londres, Chapel Hill, 1969.

EY, Henry, BERNARD, Paul, BRISSET, Charles, *Manuel de psychiatrie*, Masson, 1974.

FABRE, Jean, «Deux frères ennemis: Diderot et Jean-Jacques», *in* Id., *Lumières et romantisme. Énergie et nostalgie, de Rousseau à Mickiewickz*, Klincksieck, 1963.

FAURÉ, Christine, *Les Déclarations des droits de l'homme de 1789*, Payot, 1988.
FONTANIER, Pierre, *Les Figures du discours*, introd. G. Genette, Flammarion, 1968.
FRANCE, Peter, *Rhetoric and Truth in France*, Oxford (G.-B.), Oxford University Press, 1972.
FRANÇOIS, Alexis, *Le Premier Baiser de l'Amour, ou Jean-Jacques Rousseau inspirateur d'estampes*, Genève, Sonor, 1920.
—— (éd.), «Correspondance de Jean-Jacques Rousseau et François Coindet (1756–1768)», *Annales de la Société Jean-Jacques Rousseau*, n° 14, 1922.
FREUD, Sigmund, *Die Abwehr-Neuropsychosen*, G.W., Londres, Imago (puis Francfort, Fischer), 1952.（「防衛－神経精神症再論」『フロイト全集 3』岩波書店，2010 年）
FUMAROLI, Marc, *L'École du silence. Le sentiment des images au XVIIe siècle*, Flammarion, 1994.
GALLIANI, Renato, *Rousseau, le luxe et l'idéologie nobiliaire. Étude socio-historique*, Oxford, Voltaire Foundation, SVEC 268, 1989.
GAUCHET, Marcel, «Droits de l'homme», *in* François Furet et Mona Ozouf, *Dictionnaire critique de la Révolution française*, Flammarion, 1988.（フュレ，オズーフ編『フランス革命事典』みすず書房，2000 年）
GEMBICKI, Dieter, «Corruption, décadence», *in* Rolf Reichardt et Hans-Jürgen Lüsebrink (éd.), *Handbuch politisch-sozialer Grundbegriffe in Frankreich 1680–1820*, Munich, R. Oldenbourg, 1993.
GENETTE, Gérard, *Seuils*, Éd. du Seuil, 1987.（ジュネット『スイユ』和泉涼一訳，水声社，2001 年）
GOETHE, *Les Années d'apprentissage de Wilhelm Meister*, introd. et trad. J. Ancelet-Hustache, Aubier, 1983.（ゲーテ『ヴィルヘルム・マイスターの修業時代』上下，山崎章甫訳，岩波文庫，2000 年）
GOLDSCHMIDT, Victor, «La constitution du "Discours sur les sciences et les arts"», *Revue d'histoire littéraire de la France*, n° 72, 1972.
GOUHIER, Henri, *Les Métaphysiques de Jean-Jacques Rousseau*, Vrin, 1970.
——, *Rousseau et Voltaire. Portraits dans deux miroirs*, Vrin, 1983.
[GRIMAREST, J.-L. de], *Traité du récitatif*, Paris, 1707 ; nouvelle éd., Paris, 1760.
GROSRICHARD, Alain, «Rousseau devant *Le Déluge* de Poussin» [2003], in *Jean-Jacques Rousseau et les arts visuels*.
GROTIUS, Hugo, *Le Droit de la Guerre et de la Paix*, trad. J. Barbeyrac, 2 vol., Leyde, 1759.（グローチウス『戦争と平和の法』一又正雄訳，酒井書店，

1989 年)
HELVÉTIUS, Claude Adrien, *De l'homme*, in *Œuvres*, 5 vol., Paris, 1792.（エルヴェシウス『人間論』根岸国孝訳，明治図書出版，1966 年）
HURLEY, Cecilia, «Encyclopédie ou Dictionnaire ? Le vocabulaire français des beaux-arts à la fin du XVIIIe siècle», *Études de lettres*, n° 3-4, 1999.
JASPERS, Karl, *Allgemeine Psychopathologie*, 5e édition, Berlin-Heidelberg, 1948.（ヤスパース『精神病理学原論』西丸四方訳，みすず書房，1971 年）
Jean-Jacques Rousseau et les arts visuels, textes réunis et édités par F. S. Eigeldinger, actes du colloque de Neuchâtel, 20–22 septembre 2001, Genève, Droz, 2003.
JOUIN, Henry, *Conférences de l'Académie royale de peinture et de sculpture...*, Quantin, 1883.
Journal de Trévoux, ou Mémoires pour servir à l'histoire des sciences et des arts.
JUVÉNAL, *Satires*, trad. et préface C.-A. Tabart, Gallimard, «Poésie», 1996.
KINTZLER, Catherine, *Poétique de l'opéra français, de Corneille à Rousseau*, Minerve, 1991.
LAUSBERG, Heinrich, *Handbuch der literarischen Rhetorik*, 2 vol., Munich, 1960.
LE CERF DE LA VIÉVILLE, Jean-Laurent, *Comparaison de la musique italienne et de la musique française*, Bruxelles, 3 vol., 1705–1706.
LEJEUNE, Philippe, *Le Pacte autobiographique*, Éd. du Seuil, 1975.（ルジュンヌ『自伝契約』井上範夫訳，水声社，1993 年）
——, *Je est un autre. L'autobiographie de la littérature aux médias*, Éd. du Seuil, 1980.
LINDNER, Ernst Otto, *Zur Tonkunst*, Berlin, 1864.
LORGNET, Michèle, «"Rousseau juge de Jean-Jacques — Dialogues". L'imaginaire de l'argumentation», *Francofonia*, n° 6, 1984.
MAN, Paul de, «Mme de Staël et Jean-Jacques Rousseau», *Preuves*, n° 190, décembre 1966.
——, *Allegories of Reading*, New Haven, Yale University Press, 1979.（マン『読むことのアレゴリー』土田知則訳，岩波書店，2012 年）
MARQUARD, Odo, «Der angeklagte und der entlastete Mensch in der Philosophie des 18. Jahrhunderts», in *Abschied vom Prinzipiellen*, Stuttgart, Reclam, 1981.
——, «Entlastungen. Theodizeemotive in der neuzeitlichen Philosophie», in *Apologie des Zufälligen*, Stuttgart, Reclam, 1986.
MASSEAU, Didier, *Les Ennemis des philosophes. L'antiphilosophie au temps des*

Lumières, Albin Michel, «Idées», 2000.
MATHIEU-CASTELLANI, Gisèle, *La Scène judiciaire de l'autobiographie*, PUF, 1996.
MAURICE-AMOUR, Lila, «Comment Lully et ses poètes humanisent dieux et héros», *Cahiers de l'association internationale des études françaises*, n° 17, mars 1965.
MONGRÉDIEN, Jean, *La Musique en France, des Lumières au romantisme*, Flammarion, 1986.
MONTAIGNE, *Essais*, éd. Villey-Saulnier, PUF, 1978.（モンテーニュ『エセー』宮下志朗訳，白水社，2005 年）
MONTEVERDI, Giulio Cesare, *Dichiarazione*, 1607.
MOUREAU, François, «Rousseau, librettiste de Jean-Jacques», *in* Jean-Paul Capdevielle et Peter-Eckhard Knabe, *Les Écrivains français et l'opéra*, Institut français de Cologne, 1986.
Mouvements premiers. Études critiques offertes à Georges Poulet, José Corti, 1972.
NICOLE, Pierre, *Continuation des essais de morale*, Paris, 1715.
——, *Instructions théologiques et morales...*, 2 vol., Paris, 1723.
NIETZSCHE, Friedrich, *Werke*, éd. Colli et Montinari, Berlin, 1972.
——, *Fragments posthumes*, trad. P. Klossowki et H.-A. Baatsch, éd. G. Colli et M. Montinari, Gallimard, «Œuvres philosophiques complètes», 1976.
——, *Crépuscule des idoles* (Le), ou *Comment philosopher à coup de marteau*, trad. J.-C. Hémery, éd. G. Colli et M. Montinari, Gallimard, «Idées», 1977（ニーチェ『偶像の黄昏』原佑訳，ちくま学芸文庫，1994 年）
——, *La Naissance de la tragédie*, trad. M. Haar, Ph. Lacoue-Labarthe et J.-L. Nancy, éd. G. Colli et M. Montinari, Gallimard, «Œuvres philosophiques complètes», 1977.（ニーチェ『悲劇の誕生』塩屋竹男訳，ちくま学芸文庫，1993 年）
Œuvres philosophiques et morales de Nicole, Paris, 1815.
OZOUF, Mona, *La Fête révolutionnaire (1789–1799)*, Gallimard, «Bibliothèque des histoires», 1976.（オズーフ『革命の祭典』立川孝一訳，岩波書店，1988 年）
PARIS, Jean Moïse, *Honneurs publics rendus à la mémoire de J.-J. Rousseau*, Genève, 1878.
PICHOIS, Claude, PINTARD, René, *Jean-Jacques entre Socrate et Caton*, José Corti, 1972.
PIZZORUSSO, Arnaldo, «Le personae nei 'Dialogues'», *in Rousseau selon Jean-Jacques*, Genève, 1978.
PLUTARQUE, *Les Œuvres morales et meslees de Plutarque*, trad. J. Amyot, Genève,

Stoer, 1603.

POLIN, Raymond, *La Politique de la solitude. Essai sur la philosophie politique de Jean-Jacques Rousseau*, Sirey, 1971.（ポラン『孤独の政治学』水波朗訳，九州大学出版会，1996 年

PONTAS, *Dictionnaire des cas de conscience*, 3 vol., Paris, 1734.

POULET, Georges, « Rousseau », *in* ID., *Études sur le temps humain*, Plon, 1950.（プーレ『人間的時間の研究』井上究一郎他訳，筑摩書房，1969 年）

——, « La pensée critique de Mme de Staël », *Preuves*, n° 190, décembre 1966.

——, *La Conscience critique*, José Corti, 1971.

PRUNIÈRES, Henry, *Claudio Monteverdi*, Paris, 1926.

PUFENDORF, Samuel de, *Le Droit de la Nature et des Gens* [1672], trad. J. Barbeyrac, 2 vol., Amsterdam, 1706.

QUINTILIEN (M. Fabii Quintiliani), *Institutionum oratoriarum libri duodecim, ad usum scholarum accommodati* [...] a Carolo Rollin, 2 vol. Paris, 1754.（クインティリアヌス『弁論家の教育』1–4，森谷宇一・渡辺浩司訳，京都大学学術出版会，2005 年）

RAYMOND, Marcel, *Jean-Jacques Rousseau. La quête de soi et la rêverie*, José Corti, 1962.（レーモン『ジャン＝ジャック・ルソー』松本真一郎訳，国文社，1990 年）

RAYNAUD, Philippe, « La Déclaration des droits de l'homme », *in* Colin Lucas (éd.), *The French Revolution and the Creation of Modern Political Culture*, vol. II, *The Political Culture of the French Revolution*, Oxford, Pergamon Press, 1988.

RIALS, Stéphane, *La Déclaration des droits de l'homme et du citoyen*, Hachette, « Pluriel », 1988.

ROLLAND, Romain, *Musiciens d'aujourd'hui*, Hachette, 1909.（『ロマン・ロラン全集　音楽研究』みすず書房，1965 年）

Rousseau After 200 Years. Proceedings of the Cambridge Bicentennial Colloquium, éd. R. A. Leigh, Cambridge (G.-B.), Cambridge University Press, 1982.

SAINT-ÉVREMOND, *Réflexions sur les divers génies du peuple romain*, chap. V, in *Œuvres meslées*, 2e éd., Londres, 3 vol., 1709.

——, *Œuvres de Monsieur de Saint-Évremond*, Amsterdam, 5 vol., 1726.

SAINT-PIERRE, Bernardin de, *La Vie et les ouvrages de Jean-Jacques Rousseau*, éd. M. Souriau, Paris, 1907.

SCHIEFENSBUSCH, Erna, « L'influence de Jean-Jacques Rousseau sur les Beaux-Arts en France », *Annales de la Société Jean-Jacques Rousseau*, n° 19,

1929–1930.

SCHMIDT, Lars-Henrik, *Immediacy lost. Construction of the Social in Rousseau and Nietzsche*, Copenhague, Akademisk Forlag, 1988.

SHEPHERD, Michael, *Sherlock Holmes et le cas du Docteur Freud*, trad. C. Koupernik, Flammarion, 1985.

SIEYÈS, *Reconnaissance et exposition raisonnée des droits de l'homme et du citoyen*, reproduit dans S. RIALS, *La Déclaration des droits de l'homme et du citoyen*.

SIMPSON, Joyce G., *Le Tasse et la Littérature et l'Art baroques en France*, Nizet, 1962.

STAËL, Mme de, *Lettres sur les écrits et le caractère de Jean-Jacques Rousseau*, in *Œuvres complètes de Madame la baronne de Staël-Holstein*, Firmin Didot Frères, t. I, 1844.

Tactique des assemblées législatives, suivie d'un Traité des sophismes politiques, ouvrage extrait des Manuscrits de M. Jérémie Bentham, jurisconsulte anglais, par Ét. Dumont, membre du Conseil représentatif et souverain de Genève, 2e éd. rev. et augm., Bossange, 2 vol., 1822.

TENTE, Ludwig, *Die Polemik um den ersten Discours von Rousseau in Frankreich und Deutschland*, Kiel, 3 vol., 1978.

THOMAS D'AQUIN (saint), *Summa theologica*, II, II, *Quaestio* LXVIII, *articulus* IV. (トマス・アクィナス『神学大全』20, 稲垣良典ほか訳, 創文社, 2005 年)

TITON DU TILLET, Évrard, *Le Parnasse françois*, Paris, 1732–1743.

TOUCHEFEU, Yves, *L'Antiquité et le christianisme dans la pensée de Jean-Jacques Rousseau*, Oxford, Voltaire Foundation, SVEC 372, 1999.

TROUSSON, Raymond, *La Conscience en face d'un mythe: Socrate devant Voltaire, Diderot, Rousseau*, Lettres modernes, 1967.

——, EIGELDINGER, Frédéric S. (dir.), *Dictionnaire de Jean-Jacques Rousseau*, Honoré Champion, 1996.

VALÉRY, Paul, *Cahiers*, éd. J. Robinson-Valéry, Gallimard, « Bibliothèque de la Pléiade », 2 vol., 1973–1974. (ヴァレリー『カイエ』佐藤正彰ほか訳, 筑摩書房, 1980 年)

Vie et les ouvrages de Jean-Jacques Rousseau (*La*), éd. M. Souriau, Paris, 1907.

WACHTER, Johann Georg, *Naturae et scripturae concordia commentario de literis ac numeris primaevis, aliisque rebus memorabilibus, cum ortu literarum coniunctis, illustrata, et tabulis aeneis depicta*, Leipzig, Rothe, 1752.

WATELET, Claude-Henry, *Art de peindre*, 1760.

——, LEVESQUE, Pierre-Charles, *Dictionnaire des arts*, in *Encyclopédie méthodique*,

2 vol., 1788.
WEIL, Éric, *Logique de la philosophie*, Vrin, 1967.
——, «Jean-Jacques Rousseau et sa politique», *in* ID., *Essais et conférences*, Plon, 2 vol., 1971 ; repris dans l'anthologie *Pensée de Rousseau*, éd. G. Genette et T. Todorov, Éd. du Seuil, 1984.
WYSS, André, *Jean-Jacques Rousseau. L'accent de l'écriture*, Neuchâtel, La Baconnière, 1988.

人名索引

サ 行

タ 行

ナ 行

ハ 行

マ 行

ヤ 行

ラ 行

《叢書・ウニベルシタス　1106》
告発と誘惑
ジャン=ジャック・ルソー論

2019年 12月 18日　初版第1刷発行

ジャン・スタロバンスキー
浜名優美／井上櫻子 訳
発行所　一般財団法人　法政大学出版局
〒102-0071 東京都千代田区富士見 2-17-1
電話 03(5214)5540 振替 00160-6-95814
組版: HUP　印刷: 三和印刷　製本: 誠製本

Printed in Japan

ISBN978-4-588-01106-1

著　者

ジャン・スタロバンスキー（Jean Starobinski）

1920年スイスのジュネーヴ生まれの批評家，文学研究者。ジュネーヴ大学で精神医学と文学を修め，アメリカのジョンズ・ホプキンズ大学を経て，1958年から85年までジュネーヴ大学文学部教授として思想史を講義。テーマ批評で知られるジュネーヴ学派の旗手としてジャン=ジャック・ルソー論『透明と障害』で華々しく登場し，フランスのヌーヴェル・クリティークの一翼を担うとともに，近年では文芸批評と思想史を組み合わせた領域横断的な文化史・概念史を精力的に展開してきた。ジュネーヴ大学名誉教授。フランス学士院会員。1965年から92年までジャン=ジャック・ルソー協会会長。1998年にアカデミー・フランセーズのフランス語圏大賞を受賞。2019年3月没。

訳　者

浜名優美（はまな・まさみ）

1947年生まれ。早稲田大学大学院文学研究科フランス文学専攻博士課程単位取得満期退学。南山大学総合政策学部教授・南山学園理事を経て，南山大学名誉教授。専攻は現代文明論・フランス思想。著書『ブローデル『地中海』入門』（藤原書店，2000年）。訳書にブローデル『地中海』I–V（藤原書店，1991-95年），監訳書に『叢書『アナール1929–2010』』（藤原書店，全5巻）など多数。

井上櫻子（いのうえ・さくらこ）

1977年生まれ。パリ=ソルボンヌ大学博士課程修了。慶應義塾大学文学部准教授。専攻は18世紀フランス文学・思想。共著書に『ルソーを学ぶ人のために』（世界思想社，2010年），『百科全書の時空』（法政大学出版局，2018年）。共訳書に『叢書『アナール1929–2010』』（藤原書店，全5巻），『セレブの誕生』（名古屋大学出版会，2019年）など。